Thailand
Der Süden

Michael Möbius · Annette Ster...

Gratis-Download: Updates & aktuelle Reisetipps der Autoren

Unsere Autoren recherchieren auch nach Redaktionsschluss
für Sie weiter. Auf unserer Homepage finden Sie Updates und
persönliche Zusatztipps zu diesem Reiseführer.

Zum Ausdrucken und Mitnehmen oder als
Gratis-Download für Smartphone, Tablet und E-Reader.
Besuchen Sie uns jetzt!
www.dumontreise.de/thailand-sued

Reise-Taschenbuch

Inhalt

Südthailand persönlich	6
Lieblingsorte	12
Schnellüberblick	14

Reiseinfos, Adressen, Websites

Informationsquellen	18
Wetter und Reisezeit	20
Anreise und Verkehrsmittel	22
Übernachten	26
Essen und Trinken	28
Aktivurlaub, Sport und Wellness	32
Feste und Veranstaltungen	35
Reiseinfos von A bis Z	37

Panorama – Daten, Essays, Hintergründe

Steckbrief Thailand – Der Süden	44
Geschichte im Überblick	46
Land des Lächelns und der Fettnäpfchen	50
König Bhumipol – die Seele Thailands	55
Die Nationalparks – Refugien der Tropennatur	57
Die Tierwelt in Bedrängnis	60
Geisterglaube, Buddhismus und Islam – eine lebensfrohe Symbiose	62
Aufruhr im tiefen Süden	66
Die Chao Lee – Nomaden der Meere	68
Die Thaimassage – uralte heilsame Berührung	71
Das Geschäft mit der ›Liebe‹	73
Wenn der Vollmond scheint	76

Inhalt

Unterwegs in Südthailand

Stopover in Bangkok	80
Der historische Stadtkern	83
Chinatown und Little India	90
Die modernen Stadtviertel	90
Mit dem Longtailboot durch Thonburi	91
Damnoen Saduak	104
Am Golf von Thailand	106
Phetchaburi	108
Kaeng Krachan National Park	113
Trekking im Urwald	113
Hua Hin und Umgebung	115
Khao Sam Roi Yot National Park	122
Zu Fuß und per Boot im Khao Sam Roi Yot NP	122
Prachuap Khiri Khan	125
Die südliche Golfküste	127
Ko Samui	128
Die Nordküste	132
Die Ostküste	137
Der Inselsüden	146
Nach Nathon	147
Ang Thong Marine National Park	147
Bootsausflug nach Ko Wua Talab	147
Ko Pha Ngan und Ko Tao	148
Die Südküste	150
Die Ostküste	155
Im Norden	158
Die Westküste	159
Insel der Taucher – Ko Tao	162
Die Westküste	163
Im Inselabseits	165
Der Süden	169
Andamanenseeküste und zentrales Bergland	170
Zum Indischen Ozean	173
Ranong	173
Ko Phayam	174
Von Ranong nach Khao Lak	177

3

Inhalt

Khao Lak	179
Ko Similan Marine National Park	187
Khao Sok National Park	188
Wanderungen im Khao Sok National Park	189
Phuket	**196**
Phuket Town	201
Phukets Strände	206
Inseln um Phuket	218
Provinz Krabi – das Festland	**220**
Krabi Town	225
Krabis Strände	230
Wanderung im Nopparat Thara Ko Phi Phi	
Marine National Park	233
Krabis Hinterland	237
Die Inselwelt vor Krabi	**240**
Ao Phang Nga Marine National Park	242
Ko Yao Noi	244
Bootstour in der Phang-Nga-Bucht	245
Ko Siboya	248
Ko Jum (Ko Pu)	249
Ko Phi Phi	253
Ko Lanta	258
Südliche Andamanensee	**266**
Ko Ngai (Ko Hai)	268
Ko Muk	270
Ko Kradan (Ko Ha)	271
Ko Libong	272
Ko Sukon	276
Ko Bulon Lae	277
Tarutao Marine National Park	278
Wanderungen auf Ko Tarutao	279
Sprachführer	288
Kulinarisches Lexikon	290
Register	292
Abbildungsnachweis/Impressum	296

Inhalt

Auf Entdeckungstour

Exotische Welten – Wat Phra Kaeo und Royal Grand Palace	84
Erlebnis für die Sinne – durch Chinatown und Little India	92
Elefantenreiten – mit Dickhäutern auf Du und Du	118
Der Baum des Lebens – im Hain der Kokospalmen	138
Filigrane Unterwasserwelten – am Sails Rock	166
Dschungeltour durch den Regenwald	190
Kautschuk – der Stoff, aus dem die Kondome sind	214
Im Rausch der Gewürze – thailändisch kochen lernen	228
Tung Yee Peng – eine Ökotour in den Mangroven	262
Dugong Spotting – den Seekühen auf der Spur	274

Karten und Pläne

s. hintere Umschlagklappe

▶ Dieses Symbol im Buch verweist auf die Extra-Reisekarte Thailand – Der Süden

Das Klima im Blick

atmosfair

Reisen verbindet Menschen und Kulturen. Wer reist, erzeugt auch CO_2. Der Flugverkehr trägt mit bis zu 10 % zur globalen Erwärmung bei. Wer das Klima schützen will, sollte sich – wenn möglich – für eine schonendere Reiseform entscheiden. Oder Projekte von *atmosfair* unterstützen: Flugpassagiere spenden einen kilometerabhängigen Beitrag für die von ihnen verursachten Emissionen und finanzieren damit Projekte zur Verringerung des CO_2-Ausstoßes in Entwicklungsländern *(www.atmosfair.de)*. Auch der DuMont Reiseverlag fliegt mit *atmosfair!*

Liebe Leserin,
lieber Leser,

stellen Sie sich ein Land vor, das warm ist und sonnig, wann immer Sie kommen, das schön ist, wohin auch immer Sie blicken, und das nicht zuletzt von Menschen bewohnt wird, denen es wichtig ist, das Dasein zu genießen. Wenn Ihnen das gelingt, haben Sie bereits einen guten Teil der Urlaubs-Realität von Südthailand vor Augen, wo gleich zwei Ozeane mit 1000 Inseln und bunt-belebten Korallenriffen auf fast 3000 km Tropenküste treffen. Teils so ursprünglich wie am ersten Tag, teils aber auch genau so touristisch, wie man es sich vielleicht wünscht. In der ›Badewanne Südostasiens‹ kann jeder nach seiner Fasson glücklich werden, und wer eine Kultur voller exotischer Bräuche und Traditionen sucht, dem sind authentische Urlaubserlebnisse sicher. Besonders die Tempel, Thailands originärer Beitrag zur Weltarchitektur, ringen dem Betrachter höchste Bewunderung ab. Mehrere hundert dieser stimmungsvollen Architekturzeugen des Buddhismus laden allein in der Metropole Bangkok ein.

Ob Sie also vorrangig an Natur oder Kultur interessiert sind, an Begegnungen mit warmherzigen und gastfreundlichen Menschen oder atemberaubenden Strand-, Berg- und Insel-Landschaften: Südthailand wird Sie mit offenen Armen empfangen und dieses Buch wird Ihnen ein treuer Begleiter auf Ihrer Entdeckungsreise sein. Es führt Sie auf Stadtexkursionen und Rundtouren und sagt Ihnen ganz praktisch, wo Sie in die Traumwelt der tropischen Korallenriffe abtauchen können, wo die exotischsten Sandstrände und romantischsten Resorts einladen, wo man wie Robinson allein auf ›Südseeinseln‹ leben kann. Es geleitet Sie sicher über Urwaldpfade und durch Stadtdschungel, auf Vollmondpartys und zu Jam-Sessions, bummelt mit Ihnen durch Chinatown und über Nachtmärkte und möchte Ihnen all das an Rüstzeug mitgeben, was Sie benötigen, um das Reisen und Erleben im ›Land des Lächelns‹ genießen zu können.

Wir wünschen Ihnen einen wunderbaren Aufenthalt und freuen uns auf Ihre Rückmeldung!

Dramatisch und lieblich zugleich – der Rai Leh Beach in der Provinz Krabi

Leser fragen, Autoren antworten
Südthailand persönlich – unsere Tipps

Nur wenig Zeit? – Südthailand zum ersten Kennenlernen

Ist Zeit ein Problem, dann nichts wie hin zum Inselhopping an die **südliche Andamanensee**. Bester Ausgangspunkt dafür ist **Krabi,** denn von dort ist es problemlos möglich, über den Wasserweg via **Ko Phi Phi** oder **Ko Lanta** und weiter via **Ko Ngai, Ko Muk** und **Ko Kradan** sowie **Ko Libong** an einem einzigen Tag bis hinunter nach **Ko Lipe** vorzustoßen, wo sich der Individualtourismus ein neues Zentrum geschaffen hat. Wer es einsam mag, dem sei der umliegende **Ko Tarutao National Park** mit den größten unbewohnten Inseln des Königreichs ans Herz gelegt.

Doch weniger ist manchmal mehr – deshalb kann man sich guten Gewissens auf die **Provinz Krabi** und die **Inselwelt vor Krabi** beschränken. Hier finden sich nicht nur die Strandsensationen des Landes neben Dutzenden von ›Südseeinseln‹, sondern auch die berühmtesten Kletterreviere Asiens, ausgedehnte Mangrovensümpfe, tosende Wasserfälle und Höhlenlabyrinthe – um nur einige der Natur-Highlights zu nennen.

Südthailand zum Kennenlernen

Südthailand persönlich – unsere Tipps

Die besten Standorte

Was ist ein guter Standort, um Südthailand zu erkunden?

An **Bangkok** führt kein Weg vorbei, doch erkunden möchte und kann man Südthailand kaum von der Megametropole aus, denn immerhin ist dieser fast 1000 km lange Landesteil etwa so groß wie Österreich.

Für die Erkundung der zum Pazifik gehörenden **Golfküste**, die nur wenige Kilometer südlich von Bangkok beginnt, bietet sich vor allem das urbane Ferienzentrum **Hua Hin** an. Eine Tour von ein bis zwei Tagen sollte von dort aus die Tempelstadt Phetchaburi und den Kaeng Krachan National Park zum Ziel haben. Auch eine Fahrt in den im Süden liegenden Khao Sam Roi Yot National Park ist ein Muss, denn das vogelreiche Refugium beeindruckt nicht nur mit großartigen Kalksteinlandschaften, sondern auch mit Mangrovengebieten und schönen Sandstränden.

Ko Samui, Ko Pha Ngan und **Ko Tao**, die drei berühmten Badeinseln im **Golf von Thailand,** können jeweils für sich stehen, denn jede einzelne gilt als Inbegriff eines Tropenparadieses. Das Gegenstück dazu an der rund 900 km langen und zum Indischen Ozean gehörigen **Andamanenseeküste** ist die Insel **Phuket,** bekannt als ›Perle des Südens‹ und mit gut 10 Mio. Besuchern jährlich populärste Badeinsel Gesamt-Asiens.

Wen das nicht anmacht, der wird das etwas nördlich gelegene Ferienzentrum **Khao Lak** als Standort wählen. Es eignet sich zur Erkundung der vorgelagerten Inseln Similan und Surin und auch das Urwald-Refugium Khao Sok National Park ist nahe. Wie in einem Märchenland ragen dort von Höhlensystemen durchbohrte Kalksteinformationen aus dem Urwald und umschließen mit dem Chiew Lan einen der schönsten Seen Asiens.

Südlich von Phuket dann ist **Krabi** mit seinen nahe gelegenen Ferienzentren auf dem Festland und auf vorgelagerten Inseln der Standort an der Andamanenseeküste, wo Robinsoninseln ohne Fußspuren und durchgestylte Ferienzentren lediglich zwei Gegenpole des variantenreichen Angebots sind.

Welche Städte sind besonders spannend?

Bangkok oder Khrung Thep, Stadt der Engel, wie die Thailänder ihre politische, wirtschaftliche und kulturelle Metropole nennen, lockt mit hochrangigen Sehenswürdigkeiten, einer schillernden Shoppingwelt, edlen Hotels und einem pulsierenden Nachtleben Besucher aus aller Welt und gilt als eine der faszinierendsten Städte Asiens. **Krabi** hingegen, gemütliches Metropölchen der gleichnamigen Provinz, punktet mit einer ausgezeichne-

Südthailand persönlich – unsere Tipps

ten Gastronomie, einer traumhaften Lage und Dutzenden Ausflugsmöglichkeiten zu all den Strand- und Inselsensationen im nahen Umland. Gleiches lässt sich auch über die quirlige, geradezu kosmopolitische Provinzhauptstadt **Phuket** sagen, die sich ein ganz besonderes Architekturgesicht bewahrt hat: den sogenannten sino-portugiesischen Stil, der chinesische, barocke, neoklassizistische und portugiesische Elemente vereint und in der Altstadt noch heute mit hübschen Arkaden, Balkonen und reich verzierten Dachgiebeln beeindruckt.

Welche Sehenswürdigkeiten sollte man nicht verpassen?

Unendlich viele kontrastreiche Facetten ziehen Besucher in **Bangkok** in ihren Bann: Über 400 golden blinkende Tempel und Paläste inmitten einer glitzernden Hochhauskulisse tragen dort zur einzigartigen Atmosphäre im Spannungsfeld zwischen Alt und Neu bei. Wer auf Kulturschätze aus ist, könnte hier Wochen mit Sightseeing verbringen, während es an der **Golf-** und **Andamanenseeküste** und im **zentralen Bergland** dazwischen um Natur in ihren spektakulärsten Erscheinungsformen geht. Hier finden sich marine Märchenwelten und unwirklich schöne Traumstrände. Die bizarren Kalksteinformationen, die die Natur am Festland, auf den vorgelagerten ›Südseeinseln‹ oder im urwaldreichen Hinterland prägen, finden in ganz Südostasien kein Gegenstück.

Wo kann man am besten aktiv urlauben?

Für Aktivurlauber ist ganz Südthailand ein Traumziel, kein anderes Land in Asien weist eine vergleichbare Infrastruktur auf und unter Kostenaspekten gibt es vermutlich weltweit keine Alternative.

Was **Tauchen** und **Schnorcheln** im Golf von Thailand angeht, steht Ko Tao mit über 30 Revieren der Weltklasse prima da, wie auch die prächtigen Korallenriffe der Surin- und Similan-Inseln vor der Andamanen-

Goldige Ansichten – in Bangkok stößt man an jeder Ecke auf einen Tempel

Südthailand persönlich – unsere Tipps

seeküste zu den hochkarätigsten Divespots überhaupt gerechnet werden.

Wanderziele finden sich vor allem in den Nationalparks, insbesondere in Khao Sok und auf der Insel Tarutao.

Ein spannendes Revier für **Kajak- und Bootstouren** hingegen ist der majestätische Felskessel der Phang-Nga-Bucht, an der, bei Krabi, auch die berühmtesten und besten **Kletterspots** von Südostasien einladen.

Wellness & Co. wird nirgends so großgeschrieben wie auf der Golfinsel Ko Samui, während sich das Nachbareiland Ko Pha Ngan einen herausragenden Namen für ›junge‹ **Outdoor-Aktivitäten** wie etwa Mountainbiking, Paragliding, Jetskiing, Kitesurfing etc. gemacht hat.

Was sind die Hotspots für Nachtschwärmer?

›Big Mango‹, wie **Bangkok** in Anlehnung an New York genannt wird, hat sich zur schillernden Nightlife-Metropole von Südostasien gemausert,

während **Phuket** in der Rangliste des Subkontinents immerhin auf Platz drei rangiert.

Die Möglichkeiten, Spaß zu haben, sind in beiden Destinationen schier unendlich. Doch ist man jung und vorwiegend an ausgelassenen Beach-Partys interessiert, führt kein Weg an **Ko Pha Ngan** vorbei. Nirgendwo sonst findet sich auf so kleinem Raum eine derartige Vielzahl an Musikpubs, Bars und Nachtlokalen. Die dank Luna allmonatlich wiederkehrenden Vollmondpartys der Insel stehen gar im Ruf der größten Dance & Music Beach Happenings auf Erden. Doch auch die Andamanenseeküste hat ihre Partyzentren für junge und jung gebliebene Reisende, die Inseln **Ko Lipe** und **Ko Phi Phi**.

Was sind gute Shoppingziele?

Die üppig bestückten Shopping Malls, Einkaufszentren, Märkte und Boutiquen der Touristenzentren können den Label-Jäger schon mal in einen regelrechten Kaufrausch versetzen, obwohl es für den Laien gar nicht so einfach ist, Echtes von Imitiertem zu unterscheiden. Das gilt vor allem für Mode, aber ebenso auch für Accessoires, Schmuck, Elektronikartikel und schon gar für Kunst und Antiquitäten. Selbst in den edelsten Konsumtempeln von Bangkok kann man sich nie hundertprozentig sicher sein, wirklich echte Ware zu erhalten. Doch wenn man sich damit arrangieren kann, ist die Stadt ein einziges faszinierendes Shopping-Paradies. Zentren der Einkaufslust gibt es Dutzende, und ist die Sampeng Lane in Chinatown die exotische Meile für alles und jedes, so ist der Chatuchak Weekend Market mit bis zu 15 000 Ständen auf über 18 ha Fläche nichts weniger als einer der größten Märkte weltweit.

Südthailand aktiv

Ko Pha Ngan – die populärste Strand-Party-Destination der Welt

Wie gut reist man mit öffentlichen Verkehrsmitteln?

Der öffentliche Personennahverkehr ist in Thailand dichter, pünktlicher und effizienter als in anderen Ländern Südostasiens und könnte auch vielen Ländern Europas als Vorbild dienen. Selbst die abgelegensten Ecken noch lassen sich problemlos erreichen, und mit öffentlichen Verkehrsmitteln zu reisen, ist hier schlicht ein Kinderspiel, selbst dann, wenn man des Englischen nicht mächtig ist. Wer eine Standortreise im Sinn hat, findet in allen Ferienzentren des Landes ein vielfältiges Ausflugsangebot und kann auf die überall zu findenden Mietwagen sowie Mietmotorräder zurückgreifen, die obendrein spottbillig sind.

Und noch zwei ganz persönliche Tipps zum Schluss!

Unsere Liebe zu Thailand geht auch durch den Magen. Und kaum sind wir in Krabi aus dem Flugzeug gestiegen, da zieht es uns auf den Nightmarket, wo sich zu später Stunde alles trifft, was flanieren, Freunde treffen und natürlich auch essen will. Dutzende Garküchen drängen sich dicht an dicht: Wir holen uns hier einen Snack, dort eine Suppe, lassen uns da einen Salat oder ein Currygericht schmecken – und spüren plötzlich im Kreis der so lebensfrohen Thailänder, wie beschränkt unser westliches Leben doch manchmal ist, wie sehr wir Thailand vermisst haben. Jetzt erst sind wir wirklich angekommen und können uns auf den Weg nach **Ko Yao Noi** machen. Diese Insel , obwohl in direkter Nähe zu Thailands beliebtesten Urlaubszielen gelegen, erwacht nur relativ zögernd aus tiefem Dornröschenschlaf und bietet dem an Natur und Entspannung oder Ökotourismus interessierten Reisenden ein Maximum an Urlaubslust.

NOCH FRAGEN?
Die können Sie gern per E-Mail stellen, wenn Sie die von Ihnen gesuchten Infos im Buch nicht finden:
moebiusster@dumontreise.de
info@dumontreise.de
Auch über eine Lesermail von Ihnen nach der Reise mit Hinweisen, was Ihnen gefallen hat oder welche Korrekturen Sie anbringen möchten, würden wir uns freuen.

Nostalgische Gefühle am Hat Khom auf Ko Pha Ngan, S. 160

Entspannung fernab vom touristischen Trubel auf Ko Siboya, S. 251

Lieblingsorte!

Liegender Buddha in der märchenhaften Unterwelt der Khao-Luang-Höhle, S. 111

Herrlich wie am ersten Tag – am Stausee Chiew Lan, S. 184

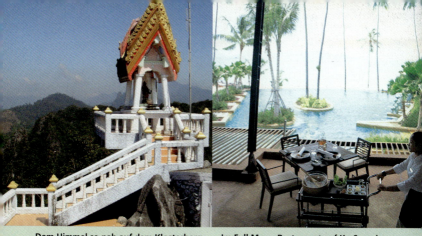

Dem Himmel so nah auf dem Klosterberg des Wat Tham Sua, S. 238

Im Full Moon Restaurant auf Ko Samui schlemmen wie im Paradies, S. 134

Die Reiseführer von DuMont werden von Autoren geschrieben, die ihr Buch ständig aktualisieren und daher immer wieder dieselben Orte besuchen. Irgendwann entdeckt dabei jede Autorin und jeder Autor seine ganz persönlichen Lieblingsorte. Dörfer, die abseits des touristischen Mainstreams liegen, ganz besondere Ausblicke, Plätze, die zum Entspannen einladen, ein Stückchen ursprünglicher Natur – eben Wohlfühlorte, an die man immer wieder zurückkehren möchte.

Im Labyrinth des Chatuchak Weekend Market in Bangkok, S. 99

Auf Ko Rawi für immer bleiben, S. 284

Schnellüberblick

Andamanenseeküste und zentrales Bergland
Zwischen Phuket im Süden und der Grenze zu Myanmar im Norden erstrecken sich unendlich lange Strände, während die farbenprächtigen Korallenriffe der vorgelagerten Inseln mit zu den hochkarätigsten Tauchrevieren in Thailand zählen und das Hinterland mit bizarren, urwelthaften Landschaften überrascht. S. 170

Phuket
So wie Mallorca in Europa ist Phuket in Asien das beliebteste Ferienziel von Pauschalurlaubern. Die Perle der Andamanensee beeindruckt mit einer unglaublichen Vielfalt an allem, was des Touristen Herz begehrt. S. 196

Die Inselwelt vor Krabi
Ob man nostalgische Palmwedelrefugien sucht oder ruhige Urlaubsinseln mit Komfort, berühmte Filmstrände oder Robinson-Eilande ohne Fußspuren – im Archipel des Glücks wird jeder Traum erfüllt. S. 240

Südliche Andamanensee
Die Inselwelt des tiefen Südens gilt mit palmengesäumten Sandstränden, verführerisch schimmerndem Meer und bunt belebten Korallenriffen als Inbegriff eines exotischen Tropenparadieses. S. 266

Stopover in Bangkok
Dank ihrer einzigartigen Atmosphäre im Spannungsfeld zwischen Alt und Neu ist die politische, wirtschaftliche und kulturelle Metropole Thailands eine der faszinierendsten Großstädte der Welt. S. 80

Am Golf von Thailand
International genießt das mit kilometerlangen Stränden gesegnete königliche Seebad Hua Hin hohes Ansehen als urbanes Ferienzentrum. Im Hinterland kann man großartige Landschaften und entlang der Golfküste kulturelle Schätze, malerische Buchten und immer wieder Strände entdecken. S. 106

Ko Pha Ngan und Ko Tao
Ko Pha Ngan erinnert mit Bambushütten an Bilderbuchstränden noch stark an vergangene Tage. Doch das Publikum ist überwiegend jung und die Vollmondfeste weltberühmt. Das kleinere Ko Tao wird seinem Spitznamen ›Ko Tauch‹ in jeder Hinsicht gerecht. S. 148

Ko Samui
Urlauber aus aller Welt genießen auf der Palmeninsel exotische Traumstrände, Unterkünfte aller Komfortklassen nebst einem überschäumenden Nachtleben. Doch auch wer Ruhe und Entspannung sucht, kann in diesem einstigen Paradies der Rucksackreisenden auf seine Kosten kommen. S. 128

Provinz Krabi – das Festland
Wahrlich märchenhaft mutet die Landschaft an, und ob an der Küste, auf den vorgelagerten Inseln oder im urwaldreichen Hinterland, stets wird nur der Superlativ der Realität gerecht. S. 220

Reiseinfos, Adressen, Websites

Palmen und Meer auf Phuket – der paradiesische Urlaub kann beginnen

Informationsquellen

Infos im Internet

Thailand ist asienweit am besten im Internet vertreten. Die Landeskennung ist ›co.th‹. Die größte thailändische Suchmaschine ist www.google.co.th (auch auf Englisch).

www.thailandtourismus.de
Die offizielle Seite des Thailändischen Fremdenverkehrsamtes (TAT) hält Wissenswertes für die Reisevorbereitung, Basisinfos zu vielen Themen, E-Broschüren und nützliche Links bereit.

www.tourismthailand.org
Die offizielle englischsprachige Seite des Thailändischen Fremdenverkehrsamtes (TAT) ist wesentlich umfangreicher als ihr deutsches Pendant. Immer einen Klick wert ist der News Room von TAT (www.tatnews.org), der u. a. eine prächtige Fotogalerie bietet.

www.sawadee.com
Thailands führendes Tourismusportal bietet auf Deutsch viele allgemeine Auskünfte, informiert aber auch über

Thailand-Apps
Die Zahl der Anwendungsprogramme für Smartphones und Tablet-Computer wächst ständig, und mittlerweile bietet nahezu jeder Ort in Thailand mit einer Reise-Internetseite die Infos auf Englisch auch über Apps an. Man kann sie sich übers Netz oder in Broschüren abgedruckte Strichcodes downloaden. Empfehlenswert sind u. a. die kostenlosen Apps des **Thailändischen Fremdenverkehrsamts** (s. rechts), die über http://mobile.tourism thailand.org abrufbar sind.

die einzelnen Regionen und Ferienzentren des Landes. Zu Letzteren führt der Link www.thailand.sawadee.com, auf dem der Großraum Südthailand mit seinen Provinzen detailliert vorgestellt wird. Die meisten Informationen dieses Portals werden vom Thailändischen Fremdenverkehrsamt (TAT) zur Verfügung gestellt.

www.thaiminator.de
Das Thailand-Webportal für Individualreisende mit allem, was nicht nur das Herz des Rucksackreisenden begehrt. Alles über Reisevorbereitung und Reisen im Land, Tipps zu den Hauptreisezielen des Südens sowie eine umfassende Linksammlung zu Thailand. Ein Gästebuch ist ebenso zu finden wie eine Reisepartner-Suchseite.

www.thailand-reisetipps.de
Privates Reiseforum zum Thema Thailand. Besonders der Süden ist mit über 8000 Beiträgen zu fast 900 Themen bestens vertreten.

www.bangkokpost.com
Der Online-Auftritt der liberalen, englischsprachigen Zeitung »Bangkok Post« informiert über aktuelle Politik, Wirtschaft und Kultur im Lande.

Fremdenverkehrsämter

Allgemeine Reiseinformationen und Broschüren erhält man beim Thailändischen Fremdenverkehrsamt. Jedes Jahr kommt das »Thailand Reisemagazin« neu heraus. Es steht, wie die Broschüren auch, zum Download bereit.

... in Deutschland
Bethmannstr. 58
60311 Frankfurt/Main

Informationsquellen

Tel. 069 138 13 90
www.thailandtourismus.de

… in Österreich
Zuständig ist das Thailändische Fremdenverkehrsamt in Deutschland (s. o.), über die Website www.tourismusthailand.at kann man lediglich Broschüren bestellen.

… in der Schweiz
Zähringerstr. 16
3012 Bern
Tel. 031 300 30 88
www.tourismthailand.ch

… in Thailand
Lediglich in Bangkok, Phetchaburi, Hua Hin, auf Phuket sowie in Krabi und Trang finden sich offizielle Fremdenverkehrsämter. Englisch wird verstanden. In ländlichen Regionen informieren die privaten Travel Agencies und Websites, die im Reiseteil aufgeführt werden.

Tourism Authority of Thailand (TAT)
1600 New Phetchaburi Road
Makkasan, Ratchathewi
Bangkok 10400
Tel. 02 250 55 00 und 16 72
(Callcenter)
www.tourismthailand.org

Lesetipps

Folgende Bücher stimmen auf Südthailand ein:

John Burdett: Der Jadereiter. München 2010. Ein Krimi aus Bangkok, in der Presse als »ungetrübtes Lesevergnügen« gelobt. Auch die anderen Bangkok-Krimis des Autors haben gute Kritiken erhalten.

Alex Garland: Der Strand. München 1999. Ein Traumstrand – für den jungen Engländer Richard das Paradies. Doch bald zeigt der Strand sein wahres Gesicht. Richard stellt fest, dass er in die Hölle geraten ist. Der Roman spielt auf einer Insel vor Ko Pha Ngan und wurde auf Ko Phi Phi verfilmt.

Rattawut Lapcharoensap: Sightseeing. Köln 2006. Sieben literarische Kurzgeschichten-Kostbarkeiten aus Thailand, die zusammen ein fantastisches Kaleidoskop des Landes bilden.

David Lung: Lek – Die Lebensgeschichte eines verkauften neunjährigen Thai-Mädchens. Gießen 2006. Dieser schockierende Lebensbericht eines Mädchens, das unverschuldet in die Prostitution gelangt, ist ein Muss für kritische Touristen.

Christopher G. Moore: Nana Plaza. Zürich 2013. Die spannenden Thriller des kanadischen Autors führen in die Unterwelt Bangkoks und sind in Thailand Kult.

Markus Reichert: Die Unruhen in Südthailand. Saarbrücken 2008. Facettenreiches Bild des Konflikts mit muslimischen Aufständischen in Südthailand, das die Wechselwirkungen zwischen Identität, Abgrenzung und politischer Macht zeigt.

Christian Velder (Hrsg.): Muschelprinz und Duftende Blüte: Liebesgeschichten aus Thailand. Zürich 1966. Die sieben buddhistisch geprägten Liebesgeschichten dieser schönen alten Ausgabe stammen aus dem 15. bis 17. Jh. und sind in ganz Thailand bekannt.

Heike Werner und Kirsten Ritscher: Ein Staubkorn auf der Erde. Unkel/Rhein 2006. Erstmals liegen Erzählungen preisgekrönter thailändischer Autoren in deutscher Übersetzung vor. Schwerpunkt sind sozialkritische Themen, in denen sich die gesellschaftliche Realität Thailands mit ihren Widersprüchen zwischen Tradition und Moderne, Stadt und Land, Arm und Reich, Mann und Frau spiegelt. Pflichtlektüre für alle, die sich ernsthaft auf Thailand einlassen wollen.

Wetter und Reisezeit

Im Zeichen des Monsuns

Südthailand liegt im Tropengürtel und damit im Einfluss der Monsunwinde, die je nach Jahreszeit aus unterschiedlichen Himmelsrichtungen wehen. Sie sorgen für drei Klimaperioden.

Von Mitte Mai bis November weht der Monsun aus Südwest und beschert die Regenzeit mit mehr oder weniger starken Niederschlägen und hoher Luftfeuchtigkeit bei Temperaturen um die 30 °C. Während des Nordostmonsuns von November/Dezember bis Februar/März ist es eher kühl. Die Temperaturen schwanken zwischen 21 °C und 28 °C, die Luftfeuchtigkeit ist gering und die Wahrscheinlichkeit für schönes Wetter jetzt am höchsten. Der kühlen Periode folgt die heiße Zeit: Gegen Ende März können die Temperaturen auf über 35 °C ansteigen, im April sind auch 40 °C keine Seltenheit. Erst wenn gegen Mitte Mai der Südwestmonsun einsetzt, kühlt es wieder ein wenig ab.

Am Golf von Siam

Am Golf von Siam wirkt sich der Südwestmonsun weniger stark aus. Besonders im nördlichen Küstenabschnitt (etwa Hua Hin) und auch in Bangkok hält sich der Niederschlag in Grenzen. Im Süden, im Bereich von Ko Samui und den Nachbarinseln, wechseln sich verregnete Tage mit sonnigen Zeiten ab. Diese Wetterlage hält sich etwa bis November, wenn der Nordostmonsun einsetzt und die Golfküste in den Einflussbereich teils heftiger Tiefdruckgebiete kommt. Ab Mitte bis Ende Dezember ist diese kurze Schlechtwetterphase meist vorüber und bis Mitte Mai etwa gibt es viel Sonnenschein. Zusammenfassend kann man sagen, dass bis auf die Monate von etwa Mitte September bis Mitte Dezember das ganze Jahr über Saison herrscht. Hochsaison (auch in preislicher Hinsicht) ist von Mitte Dezember bis Mitte Januar und von Juni bis Anfang August.

An der Andamanensee

Für den gesamten Großraum gelten die Monate von Dezember bis Ende April als beste Reisezeit. Ab etwa Mitte Dezember sind die Chancen für schönes Wetter am größten – und die Preise am höchsten. Die übrige Zeit des Jahres ist Nebensaison. Allerdings gibt es regionale Unterschiede: Phuket und Ko Phi Phi z. B. sind auch zwischen Mai und August als Reiseziel empfehlenswert. Die allermeisten Unterkünfte sind ganzjährig auf Gäste eingestellt, doch das Meer ist in der

Klimatabelle Bangkok

Wetter und Reisezeit

Zeit des Südwestmonsuns in der Regel aufgewühlt.

An der nördlichen Andamanenseeküste herrschen zwar die gleichen klimatischen Bedingungen, doch da die Strände offener sind, kann man dort zwischen Mai und Oktober oft tagelang nicht baden, viele Unterkünfte haben geschlossen. Ideale Reisezeit: Dezember bis Ende April, wobei Dezember und Januar (auch in preislicher Hinsicht) die Topsaison markieren.

Für den Großraum Krabi gilt das Gleiche wie für Phuket. In Ko Lanta, wo die Strände eher ungeschützt sind, herrscht hingegen zwischen Mai und Oktober wenig Betrieb. Die südlichen Inseln bis hinunter nach Ko Tarutao sind während des Südwestmonsuns aufgrund der dann oft rauen See mitunter nur schwer zu erreichen, daher sind die meisten Anlagen geschlossen.

Königlich überwintern

Immer mehr Senioren ziehen mit Einbruch des Winters nach Südthailand. Erleichtert wird solches Überwintern durch spezielle Visaregelungen der thailändischen Regierung. Und so bekommt, wer über 50 Jahre alt ist und ein geregeltes Einkommen hat, völlig problemlos ein sogenanntes Non-Immigrant-Visum, das zu einem Langzeitaufenthalt berechtigt.

Wer als Senior seinen Ruhesitz in Thailand nehmen will, findet ebenfalls ideale Bedingungen vor, sogar betreutes Wohnen wird u. a. auf Phuket angeboten. Umfassende Informationen liefern u. a. das thailändische Fremdenverkehrsamt (s. S. 18) und www.senior-in-thailand.de.

Zwar fahren Senioren in alle Ferienzentren des Südens, doch hat sich insbesondere Khao Lak, hier vor allem Nang Thong Beach, einen herausragenden Namen gemacht. Auch

Klimawandel und Wetterbericht

Spätestens seit Oktober 2011, als es in Bangkok zur größten Hochwasserkatastrophe seit einem halben Jahrhundert kam, ist klar, dass das Wetter auch hier verrückt spielen kann. So sollte man sich nicht allzu sehr auf allgemeine Angaben sowie Statistiken über das Wetter verlassen und sich stattdessen lieber an den kurz- und mittelfristigen Wetterberichten orientieren, die man unter www.tmd.go.th/en abrufen kann. Dank der Symbole ist die Seite außerordentlich informativ und vorausschauend – es werden auch Voraussagen für den kommenden Monat angezeigt.

Ko Lanta, insbesondere Klong Dao Beach, ist bei Älteren extrem populär, teilweise auch Phuket und Ko Samui. Die Unterkunftspreise richten sich dabei nach der Dauer des Aufenthalts: Je länger man bleibt, desto günstiger wird es.

Kleidung und Ausrüstung

Aufgrund des tropischen Klimas ist in Thailands Süden ganzjährig leichte Sommerkleidung ratsam, vorzugsweise aus Baumwolle. Neben Badeutensilien gehören lange Hosen und langärmelige Hemden ins Gepäck, die als Mücken- und Sonnenschutz dienen. Ein Pulli hilft, Fahrten in den klimatisierten Bussen ohne Erkältung zu überstehen. Wer wandern möchte, benötigt festes Schuhwerk.

Da die Thais zuerst nach dem äußeren Erscheinungsbild urteilen, ist ein seriöses Outfit außerhalb der Strandzonen sehr ratsam. Was an sonstiger Ausrüstung notwendig ist, hängt primär von den geplanten Aktivitäten ab.

Anreise und Verkehrsmittel

Einreisebestimmungen

Für die Einreise nach Thailand ist ein Reisepass erforderlich, der am Tag der Ankunft noch mindestens sechs Monate lang gültig sein muss. Auch Kinder, selbst Säuglinge, benötigen einen mit Foto versehenen Reisepass (keinen Kinderausweis!).

Ein Visum ist nicht erforderlich, wenn man maximal 30 Tage im Land bleibt und ein bestätigtes Rückflug- oder Weiterreiseticket (kein Open-date-Ticket) vorweist. Für einen längeren Aufenthalt benötigt man ein Touristenvisum, das für 30 € in einfacher Ausführung 60 Tage gültig ist. Als Re-entry-Visum berechtigt es zu maximal drei Aufenthalten à 60 Tage, wobei sich der Preis verdoppelt bzw. verdreifacht. Mit diesem Visum kann man nach Ablauf der Aufenthaltsfrist aus- und sofort wieder einreisen und so maximal sechs Monate im Land bleiben.

Mit dem Non-Immigrant-Visum kann man 90 Tage bzw. mit dem Multiple-entry-Visum bis zu einem Jahr in Thailand bleiben. Das Visum kostet 55 € bzw. 140 € für mehrere Einreisen und gilt u. a. für Senioren, die einen Langzeitaufenthalt planen. Eine Rentenbescheinigung ist in diesem Fall vorzulegen.

Die Visa stellen die diplomatischen Vertretungen Thailands vor Reiseantritt aus. Die erforderlichen Formulare erhält man online oder fordert sie telefonisch bzw. schriftlich an. Die Bearbeitungszeit dauert ca. 7–10 Tage.

Zollvorschriften

Zollfrei können persönliche Gebrauchsgüter wie Kleidung und Kosmetika, 200 Zigaretten oder 250 g Tabak und 1 l Wein oder Spirituosen mitgenommen werden.

Elfenbein, Schildpatt, Krokodilleder und andere Produkte von geschützten Tieren dürfen nicht ausgeführt werden. Antiquitäten und jegliche Buddhafiguren erfordern eine spezielle Exportgenehmigung. Auch gute Repliken können bei der Ausfuhr Probleme bereiten.

Anreise

Pauschal oder individuell?

Sicherlich ist es eine Frage der persönlichen Vorliebe, ob man pauschal oder individuell reisen möchte. Generell ist aber festzuhalten, dass es kein Land in Asien gibt, das so problemlos individuell bereist werden kann, wie Thailand. Für Urlauber mit hohen Ansprüchen an den Komfort ist eine Pauschalreise jedoch in der Regel wesentlich preiswerter. Dies gilt insbesondere für die Destinationen Hua Hin, Phuket und Ko Samui.

Flüge nach Bangkok und Phuket

Der Direktflug von Mitteleuropa nach Thailand währt rund zwölf Stunden. Drehkreuz des thailändischen Flugtourismus ist Bangkok, das allein von Frankfurt/Main von mehreren Dutzend Fluggesellschaften angeflogen wird. Andere Abflughäfen sind u. a. Berlin, München, Düsseldorf, Wien und Zürich. Preiswerte Flüge gibt es auch von Amsterdam und Brüssel aus.

Täglich direkt von Europa angeflogen wird auch Phuket. Zudem verkehren zwischen Bangkok und Phuket täglich bis über zwei Dutzend Maschinen, die Flugzeit beträgt etwa eine Stunde. Auch nach Ko Samui besteht ein regelrechter Shuttleservice. Kra-

Anreise und Verkehrsmittel

bi wird zudem mehrmals täglich von Bangkok aus angeflogen, sodass man innerhalb von ca. 15 Stunden Südthailand via Bangkok von Westeuropa aus erreichen kann. Transparenz über das oft unübersichtliche und teilweise täglich wechselnde Flugangebot bieten Vergleichswebsites. Die effektivsten sind u. a. www.touristikboerse.de, www.idealo.flug.de und www.billig-flieger-vergleich.de.

Verkehrsmittel in Thailand

Der öffentliche Personenverkehr ist in Thailand dichter, pünktlicher und effizienter als in allen anderen Ländern Südostasiens und könnte durchaus auch vielen Ländern Europas als Vorbild dienen. Einen schnellen Überblick über die Fahrpläne für Flugzeug, Bus und Zug ab Bangkok gibt die Website www.sawadee.com/thailand/transfer.

Flugverkehr

Neben Bangkok mit seinen beiden Flughäfen (s. S. 102) sind Phuket, Ko Samui und Krabi die Drehkreuze für den touristischen Luftverkehr in Südthailand. Aber auch Surat Thani, Ranong, Trang und Hat Yai besitzen Flughäfen.

Bedeutendste Fluggesellschaft ist Thai Airways (www.thaiairways.com), Tel. 069 92 87 44 44 (in Deutschland), Tel. 022 88 70 00 (in Thailand), die u. a. 7–10 x tgl. die Strecke Bangkok (Suvarnabhumi Airport)–Phuket bedient (ab 1500 Bt) sowie 3–4 x tgl. Bangkok–Krabi (ab 1500 Bt) und 2 x tgl. Bangkok–Surat Thani (ab 1100 Bt).

Die Linie Bangkok Air (www.bangkokair.com, Tel. 022 70 66 99) verbindet u. a. bis zu 7 x tgl. Bangkok (Suvarnabhumi Airport) mit Phuket (ab 2490 Bt) und bis zu 30 x tgl. Bangkok mit Ko Samui (ab 3890 Bt). Unter den Billigfliegern gilt Asia Air als mit Ab-

Mit Air Berlin nach Thailand

Air Berlin fliegt täglich nach Bangkok zu außerordentlich günstigen Preisen: ab etwa 470 € hin und zurück. Phuket ist je Strecke rund 50 € teurer. Sportgepäck darf man für ein geringes Entgelt zusätzlich zum erlaubten Gepäck mitnehmen. Geflogen wird ab Berlin, Düsseldorf und München, doch da man mit Air Berlin gleichzeitig Anschluss von den meisten Großstädten in Deutschland, der Schweiz und Österreich hat, bietet diese Gesellschaft ein umfassendes Netz. Am billigsten online buchen über www.airberlin.com, ansonsten über die gängigen Reisebüros und über die Service-Telefonnummern 030 34 34 34 34 (Deutschland), 0820 73 78 00 (Österreich), 0848 73 78 00 (Schweiz).

stand am pünktlichsten und sichersten (www.airasia.com, Tel. 025 15 99 99). Die Gesellschaft fliegt u. a. von Bangkok (Don Muang Airport) bis zu 12 x tgl. nach Phuket (ab 999 Bt), 5 x tgl. nach Surat Thani (ab 790 Bt) und 6 x tgl. nach Krabi (ab 690 Bt).

Der Billigflieger Nok Air (www.nokair.com, Tel. 1318) verkehrt bis zu 5 x tgl. auf den Strecken Bangkok (Don Muang Airport)–Phuket (ab 1100 Bt) und Bangkok–Surat Thani (ab 650 Bt), fliegt außerdem 1 x tgl. Krabi (ab 1100 Bt) und Ranong (ab 650 Bt) an und bietet zudem günstige Fly'n'Ride- sowie Fly'n'Ferry-Tickets zu den populärsten Stränden und Inseln des Südens.

Bahn

Auf der Southern Line der State Railway of Thailand verkehren Züge von Bangkok aus via Hua Hin (12 x tgl.), Surat Thani (11 x tgl.) und Hat Yai (5 x tgl.) nach Malaysia (www.railway.co.th, www.thairailways.com, Tel. 022

Reiseinfos

22 01 75 und 16 90). Die Züge sind pünktlich, komfortabel und preiswert und brauchen den Vergleich mit mitteleuropäischen Maßstäben nicht zu scheuen. Die verschiedenen Zugtypen sind mit drei Klassen ausgestattet, Schlaf- und Speisewagen sind angehängt. Die Gerichte, die in der 1. und 2. Klasse auch im Abteil serviert werden, sind mit Preisen zwischen ca. 150 und 250 Bt überteuert. Vorverkauf der Fahrkarten über das Advance Booking Office in Bangkok bis zu 60 Tage vor Reiseantritt (16 90 und 022 23 37 62, Mo–Fr 8.30–18, Sa/So bis 12 Uhr).

Bus

Nahezu alle Ortschaften und Städte in Südthailand sind untereinander und mit Bangkok durch ein vorbildliches System aus Normalbussen mit Ventilator (Fan) und klimatisierten Bussen (AC) verbunden. Eine Toilette ist in den AC-Bussen oft an Bord. Auf den Langstrecken (Tickets, auch im Vorverkauf, u. a. über die Postämter des Landes; online bucht man alle Tickets über www.thaiticketmajor.com/bus) von/nach Bangkok sind zudem Luxusbusse (VIP-Busse) mit 32 oder 24 Sitzen im Einsatz, die über Nacht fahren und in denen es sich gut schlafen lässt. Essen und Frühstückskaffee sind im Preis (ca. 1100 Bt für 1000 km) in der Regel inbegriffen. Da es in den klimatisierten Bussen nachts sehr kalt wird, sollte man einen Pulli mitnehmen.
Minibus: Zwischen den Ferienzentren in Südthailand verkehren zwölfsitzige, klimatisierte Minibusse. Im Preis enthalten ist meist ein Abholservice an der Unterkunft – eine schnelle und preiswerte Art zu reisen. Buchung über die örtlichen Reisebüros.

Fähre/Boot

Alle Inseln von touristischer Bedeutung werden mehrmals täglich von meist klimatisierten Schnellbooten bedient. Zudem verkehren längs der südlichen Andamanenseeküste zwischen Phuket und Ko Lipe Highspeed-Motorboote auf fester Strecke.

Die in Thailand verbreiteten langen, schmalen **Longtailboote** mit einer weit nach hinten herausragenden, beweglichen Antriebsschraube fahren selbst zu den kleinsten bewohnten Inseln. Sie können sehr günstig gechartert werden und sind daher ideal zum Inselhüpfen. Im Reiseteil werden alle wichtigen Infos und Preise angegeben.

Nahverkehr

Taxi: Sie verkehren nur in den größeren Städten. Man stoppt sie durch Heranwinken und zahlt den Taxameterpreis (nur in Bangkok), sofern man nicht vor Fahrtantritt einen Preis aushandelt. Eine normale Stadtfahrt in Bangkok von 5 km kostet 60 Bt (35 Bt Startgebühr plus 5 Bt/km).
Tuk-Tuk: Wo es keine Taxen gibt, da verkehren die kleinen drei-, heute zunehmend auch vierrädrigen Allroundfahrzeuge, die lautstark durch die Straßen knattern. Der Preis ist Verhandlungssache und beläuft sich auf ca. 80–120 Bt für eine normale Stadtfahrt.
Motorradtaxi: Alternativ bieten sich Motorräder an, erkennbar an den roten oder blauen Westen der Fahrer, die maximal zwei Passagiere mit manchmal mörderischer Geschwindigkeit befördern. Der Fahrpreis ist auszuhandeln und hängt u. a. vom Verkehr, dem Straßenzustand und der Nachfrage ab (ca. 50–80 Bt für eine normale Stadtfahrt).
Songthaew: Von Stadtbussen einmal abgesehen, die nur in den großen Städten fahren, werden insbesondere Songthaews im Nahverkehr eingesetzt. Es handelt sich meist um Pickups mit überdachter Ladepritsche, auf der

Anreise und Verkehrsmittel

Laut und luftig geht's mit dem Tuk-Tuk durch Bangkok

zwei Sitzbänke befestigt sind. Sie verkehren auf festen Routen und kosten ca. 10–20 Bt pro Strecke.

Mietfahrzeug

Südthailand von einem festen Standort aus mit Jeep bzw. Pkw, Motorrad oder Moped zu bereisen erfreut sich allergrößter Beliebtheit. Am günstigsten mietet man bei thailändischen Firmen (Adressen im Reiseteil). Jeeps inklusive Vollkasko kosten etwa ab 1000 Bt/Tag, Motorräder mit 120 ccm Hubraum und Halbautomatik liegen bei 150–300 Bt/Tag. Zum Ausleihen und Fahren eines Autos benötigt man offiziell einen internationalen Führerschein, für Motorräder/Mopeds genügt in der Regel der nationale. Hinterlegt wird Pass oder Passkopie.

Verkehrsregeln

Mit Linksverkehr und rechts gelenktem Fahrzeug klarzukommen ist etwas gewöhnungsbedürftig, jedoch einfacher, als sich mit der Missachtung der offiziellen Verkehrsregeln, die in etwa den Regeln in Deutschland entsprechen, zu arrangieren.

Generell haben große Fahrzeuge wie Trucks und Busse immer Vorfahrt. Um Risiken zu vermeiden, sollte man langsam, umsichtig und vorsichtig fahren und sich die thailändische Gewohnheit zu eigen machen, beim Überholen von Fahrzeugen wie von Fußgängern stets die Hupe zu betätigen bzw. nachts zusätzlich die Lichthupe zu aktivieren.

Das Straßennetz in Südthailand ist im Großen und Ganzen von ausgezeichneter Qualität. Die wichtigsten Hinweise sind auch in lateinischer Schrift ausgeschildert. An Tankstellen herrscht auf den Hauptstraßen kein Mangel. Selbst auf dem Land finden sich überall kleine Stationen, wo der Treibstoff aus Fässern abgepumpt wird. Die Benzinpreise liegen bei knapp 37 Bt/l.

25

Übernachten

Von der romantischen Palmwedelhütte mit Hängematte am Strand bis hin zur Traumvilla mit allen Hightech-Finessen in klassisch thailändischer Teakholzarchitektur reicht das breit gefächerte Angebot an Unterkünften in Südthailand. Mit Ausnahme weniger Hotels und Resorts stimmt in der Regel das Preis-Leistungs-Verhältnis. Fast immer zahlt man den Preis für das Zimmer oder den Bungalow, unabhängig von der Anzahl der Gäste, die es bewohnen.

In ländlichen Regionen und in den Städten gibt es kaum Preisunterschiede zwischen den einzelnen Saisonzeiten, doch in den Ferienzentren variieren die Preise zwischen Hochsaison (an den Küsten Dez.–Febr. und an der Golfküste auch Juli/Aug.) und Nebensaison (Rest des Jahres) gewaltig. Vor allem über den Jahreswechsel zahlt man nicht selten dreimal so viel wie sonst – was bei den Unterkünften im Reiseteil in der Regel mit angegeben ist.

»Kommen, sehen, mieten« ist nur in den Gästehäusern der Budgetklasse zu empfehlen, denn in allen anderen Häusern, insbesondere denen der Spitzenklasse, kann man bei Onlinebuchung Schnäppchenpreise erzielen, die bis zu 50 % unter den regulären Zimmertarifen liegen. Die Buchung erfolgt entweder direkt auf der Website des jeweiligen Hotels oder über spezielle Hotel- bzw. Hostelreservierungsdienste, die oft noch günstiger sind (u. a. www.booking.com, www.hotelthailand.com, www.hostelworld.com, www.hostels.com).

Guesthouses

Gästehäuser (Guesthouses) findet man in allen Regionen des Landes überwiegend in urbanen Ferienzentren und Städten. In Bangkok stellen sie eine preisgünstige Alternative zu den Hotels dar. Da vor allem junge Rucksackreisende hier wohnen, ist die Atmosphäre international und locker.

Zimmer mit Ausblick – auf Ko Samui entspannt man modern und ganz nah am Wasser

Zimmer in einem Gästehaus – sauber, akzeptabel und meist mit Ventilator *(fan)* ausgestattet – gibt es ab etwa 200 Bt. Ab 300 Bt muss man für ein Zimmer mit Bad zahlen. Mehr und mehr Gästehäuser bieten Zimmer mit Klimaanlage (AC = *airconditioning*) ab etwa 500 Bt. Manche Gästehäuser können durchaus mit gehobenem Hotelstandard konkurrieren, zumeist ist ein einfaches Restaurant angeschlossen.

Für den perfekten Schlaf

Da die Bettlaken in den Budgetunterkünften nicht immer den Hygienevorstellungen von Reisenden aus Deutschland entsprechen, empfiehlt es sich, ein eigenes dünnes Baumwolllaken mitzubringen, mit dem man sich dann auch zudecken kann. Ein Schlafsack ist dank des Klimas nicht notwendig!

Hotels

Der Standard der Hotels in allen urbanen Ferienzentren und Städten variiert von spartanisch bis höchst luxuriös. Selbst in Häusern der internationalen Spitzenklasse kann man bereits ab etwa 3000 Bt ein Doppelzimmer bekommen, in Bangkok, wo die Hotelpreise generell um etwa 50 % über dem Landesdurchschnitt liegen, ab ca. 4000 Bt. In der Mittelklasse muss man ab 1000 Bt (Bangkok ab ca. 1500 Bt) für ein Zimmer mit Bad/WC, AC, TV, Telefon und Minibar einkalkulieren. Generell gilt, dass man bei direkter Onlinebuchung oder über Hotelreservierungszentralen günstigere Preise erzielt (s. S. 26).

Bungalowanlagen und Resorts

Am Strand wohnt man in Bungalowanlagen und Resorts. Die Namensgebung ist fließend, aber im Allgemeinen liegen die Bungalowanlagen vorwiegend im unteren Preissegment, während Resorts mindestens zur Mittelklasse zählen. Ab ca. 300 Bt ist eine romantische, aber nur mit Matratze, Moskitonetz und Veranda spartanisch ausgestattete Bambushütte zu bekommen. Ab 350–500 Bt gehören

ein eigenes Bad/WC und Ventilator zur Ausstattung. Für eine Unterkunft mit Klimaanlage muss man mit 600–700 Bt rechnen.

Ein eigenes Restaurant gehört zu jeder Anlage, die besseren besitzen meist auch einen Swimmingpool. Immer mehr Resorts bieten inzwischen Spa und Wellness an. In den Nationalparks vermietet die jeweilige Parkverwaltung Bungalows (meist zwischen 600 und 1500 Bt).

Zelten

Es gibt zwar keine Campingplätze in Thailand, aber wer sehr billig reisen bzw. naturnah übernachten möchte, sollte die Mitnahme eines einfachen Zeltes erwägen. Wild zu zelten ist nirgends ausdrücklich verboten und gerade in den Nationalparks verschafft es Freiraum. Dort werden zwar oftmals auch Zelte vermietet (etwa 250–300 Bt), doch sie entsprechen nicht immer den europäischen Standards. Außerdem gibt es Leihzelte dort nur bei den Hauptquartieren, doch niemals im wirklich naturnahen Abseits.

Aber auch in den Ferienzentren sind Zelte oft nützlich, da sie in der Hochsaison einen Platz für die Nacht garantieren, wenn ohne vorherige Reservierung keine feste Bleibe mehr zu bekommen ist.

Essen und Trinken

Ohne *sanuk,* Lebensfreude, wäre das Dasein für die Thailänder eintönig und trist. Essen und Trinken, am liebsten gemeinsam mit Freunden genossen, ist *sanuk* in Reinform und bedeutet weitaus mehr als die Befriedigung eines Grundbedürfnisses. Da es Behagen *(sabai)* bereitet, es sich so gut wie möglich gehen zu lassen, wird keine Gelegenheit zu einem Essen, Snack oder guten Schluck vertan. Folglich scheint man in Thailand immer und bei jeder Gelegenheit zu essen. Siehe auch Kulinarisches Lexikon auf S. 291.

Garküchen und Restaurants

Die Anzahl der **Garküchen** in Südthailand ist auf dem Land und in den Städten schier unermesslich. Da die Thais am liebsten abends Essen gehen, gibt es überall **Nachtmärkte,** wo sich Garküchen bzw. Essensstände dicht an dicht drängen, man hier eine Suppe holt, da einen Snack nascht und dort vielleicht ein Curry- oder Fischgericht kostet. Eine sättigende Auswahl wird kaum mehr als 70–80 Bt kosten, Tee wird in der Regel kostenlos dazu serviert. Auch in den einfachen Thairestaurants am Straßenrand kann man ab etwa 80 Bt inklusive Reis und Tee etwas Leckeres aus dem Töpfebuffet auswählen.

In den Ferienzentren sowie natürlich in Bangkok und Phuket Town laden klassische **Thairestaurants** der gehobenen bis königlichen Thaiküche und auch der Nouvelle Thai Cuisine zu wahren kulinarischen Entdeckungsreisen in Sachen Gaumenschmaus und Augenweide ein. Das Ambiente ist fast immer gepflegt und stilvoll-gemütlich. Ab etwa 150–200 Bt sind im Durchschnitt

für ein Gericht anzusetzen, doch auch ein Schlemmerabend zu zweit wird kaum mehr als 2000 Bt kosten. Ähnliche Preise werden in den Restaurants der **Hotels** und **Resorts** verlangt, wo die einheimischen Gerichte allerdings stärker dem europäischen bzw. internationalen Geschmack angepasst sind. Auch in den vielen **Strandrestaurants** der Ferienzentren gilt der westliche Gaumen als das Maß der Dinge.

Gewürzorgie für den Gaumen

Die thailändische Küche ist ungeheuer vielfältig und kennt fast 3000 spezifische Gerichte. Das hat ihr in Verbindung mit ausgeklügelten Rezepturen, in denen sich Einflüsse sowohl der chinesischen und indischen wie auch der malaysischen und indonesischen Kochkünste finden, den Ruf eingebracht, eine der besten Küchen der Welt überhaupt zu sein.

Dadurch, dass zahlreiche Gerichte im Wok nur kurz angebraten werden, bleiben alle Zutaten frisch und knackig. Und so gilt die Thaiküche heute als eine der gesündesten der Welt. Eine der würzigsten ist sie sicherlich ebenfalls, denn schon in Standardgerichten sind – um nur die wichtigsten zu nennen – Koriander, Bergamotte, Knoblauch, Pfeffer, Ingwer, Kardamom, Zitronengras *(lemon grass)* und Minze feste Bestandteile. So entfalten die Gerichte ein wunderbares, vielfältiges Aroma. Nicht zu vergessen sind selbstverständlich auch Chilischoten – diese kleinen ›Gaumenterroristen‹, die das thailändische Essen neben allem anderen natürlich auch zu einem der schärfsten der Welt machen.

Essen und Trinken

Alles zusammen und alle von allem

Was am ersten Tag wegen der exotischen und scharfen Gewürze vielleicht nicht essbar erscheinen mag, empfindet man bald schon als angenehm. Zudem hat es sich in Thailand längst herumgesprochen, dass Europäer gemeinhin eher mäßig gewürzte Speisen bevorzugen, weshalb entweder die Schärfe des Essens für Ausländer reduziert oder gefragt wird, ob man das Essen *phet* (scharf) oder *mai phet* (nicht scharf) möchte. Das goldene Mittelmaß erhält, wer *nitnoi* (ein wenig) bestellt. Und wer dann noch die thailändische Speisefolge übernimmt, also reichlich Reis dazu und Suppe nebst anderen, milden Gerichten genießt, der gibt seinem Gaumen die Chance, sich schnell auf neue Geschmackserlebnisse umzustellen. Jawohl, Suppe zum Essen und nicht etwa davor oder ausschließlich, denn im Gegensatz zu der westlichen Speisefolge (Vorspeise, Suppe, Hauptspeise) werden bei einem thailändischen Menü alle Speisen mitsamt Reis auf einmal aufgetischt. Und wenn man nicht alleine sitzt, ist es auch gang und gäbe, dass alle von allem essen.

Die Mahlzeiten

Eine typische **Hauptmahlzeit**, meist am Abend eingenommen, besteht aus Reis (*khaoo plau*), denn »essen« wird auf Thai gleichgesetzt mit »Reis essen«. Dazu gibt es eine klare, meist säuerliche Suppe, klassisch *tom yam*, ein gekochtes Gericht wie etwa Kokosnusscurry (mild etwa das sämige *gaeng massaman*, scharf z. B. das *gaeng penaeng*), ein gebratenes Gericht, vorzugsweise *plah* (Fisch) oder

So schmackhafte und vielfältige Gerichte genießt man am besten in großer Runde

Reiseinfos

gai (Hühnchen), wozu ein scharf gewürzter Salat (populär ist etwa *som tam* aus grüner Papaya) mit einer Auswahl an Soßen und Rohkost gegessen wird. Nur das Dessert wird in Thailand, wie auch bei uns üblich, nach dem eigentlichen Essen serviert, und was wäre in einem Tropenparadies naheliegender, als dass es aus Früchten (s. u.) besteht?

Mittags, wenn die Hitze den Hunger ohnehin reduziert, wird eher nur ein Snack in einer Garküche eingenommen. Auch das **Frühstück** ist in Thailand traditionell natürlich ein Reisgericht, gerne *khaoo tom* (Reissuppe), *khaoo yam* (kaltes, süß-scharfes Reisgericht) oder Nudelsuppe, die die Chinesen in die Thaiküche eingebracht haben.

Messer und Löffel

Nur bei Nudelgerichten (und bei Nudelsuppen) kommen Essstäbchen als Besteck zum Einsatz, wohingegen man in Thailand sonst lediglich mit Löffel (in der rechten Hand) und Gabel (in der linken Hand) isst. Die Gabel verwendet man dazu, mundgerechte Happen auf den Löffel zu schieben. Messer hingegen gehören nicht zur gängigen Besteckkombination, denn sie sind für thailändische Gerichte, in denen stets alle Zutaten schon zerkleinert sind, völlig unnötig.

Die Getränke

Zum Essen trinkt man üblicherweise grünen **Tee** *(tschah),* der ebenso wie Wasser *(nham)* meist kostenlos serviert wird. Für europäische Mägen empfehlenswerter als ›normales‹ Leitungswasser sind in Flaschen abgefülltes Trinkwasser (im Laden 8–10 Bt/l, im Restaurant 10–25 Bt) und Mineralwasser (im Laden um 15–20 Bt/1,5 l, im Restaurant gut das Doppelte). Zumindest Ersteres gibt es überall in Stadt und Land und es ist hygienisch völlig unbedenklich.

Auch die üblichen **Softdrinks** finden sich in nahezu jedem Dorf (10–15 Bt im Laden und 20–30 Bt im Restaurant). **Fruchtsäfte** und **Shakes** in großer Auswahl hingegen werden nur in den Ferienzentren angeboten und kosten dort um ca. 60–80 Bt. Mit Ausnahme der überwiegend von Muslimen bewohnten Regionen gibt es auch **Bier** diverser Marken, das teils von deutschen Brauereien hergestellt wird. Im Laden muss man für eine 0,33-l-Flasche ab 40 Bt bezahlen, im Restaurant ab 60 Bt.

Die Thais, die ein kühles Bier zum Essen sehr schätzen, trinken zudem gern **Hochprozentiges**, und das nicht nur zum Essen. An erster Stelle steht der Sang Som, ein Rum von vermutlich nicht allzu großer Reinheit, aber großer Wirkung bei kleinem Preis (ab 120 Bt/0,375 l). Ihn genießt man auf thailändische Art mit Soda, Lemon und Eis. Den früher so beliebten Mekong, eine Art Whisky, gibt es nicht mehr im Lande.

Süß und saftig – tropische Früchte

Ananas und Kokosnuss, ganz zu schweigen von Melone und Banane, kennt jeder Europäer. In Thailand kann man aber auch weniger bekannte Tropenfrüchte mit seltsam klingenden Namen wie Rambutan, Mangostan oder Durian kosten. Anders als daheim sind die Exoten hier frisch, ausgereift und preiswert – vor allem auf den Märkten. Die meisten Früchte müssen vor dem Verzehr geschält werden und können dann bedenkenlos gegessen werden.

Essen und Trinken

Durian *(thurien;* lat. *Durio zibethinus)*: Die etwa kopfgroße ›Königin‹ der Früchte wird despektierlich auch ›Stinkfrucht‹ genannt. »Sie stinkt wie die Hölle und schmeckt wie der Himmel«, sagen ihre Verehrer. Eine gelb-grüne, stachelige Schale umschließt weißliches, cremiges Fruchtfleisch mit einem extrem süßen, karamellartigen Geschmack, das man am liebsten mit verschlossener Nase probieren möchte. Es zeichnet sich durch einen hohen Gehalt an Vitaminen aus und ist angeblich ein Aphrodisiakum. Saison: April bis September.

Jackfrucht *(khanun;* lat. *Artocarpus integrifolia/heterophyllus)*: Die direkt am Stamm wachsenden Früchte haben eine gelbgrüne, genoppte Schale und können angeblich bis zu 40 kg schwer und 60 cm lang werden. Die saftigen, gelben Fruchtfleischsegmente werden vorzugsweise eiskalt, die Samenkerne meist roh oder geröstet verzehrt. Die Jackfrucht ist mit der Durian verwandt. Saison: ganzjährig.

Mango *(mamuang;* lat. *Magnifera indica)*: Die nierenförmige und bis zu 400 g schwere Baumfrucht gibt in grünem, unreifem Zustand ein köstliches, nussig schmeckendes Gemüse ab, reif und goldgelb erinnert sie an einen Pfirsich. Am besten löst man den großen Kern mit einem Messer heraus und löffelt das Fleisch aus der Schale. Saison: März bis Mai.

Mangostan *(mang kut;* lat. *Garcinia mangostana)*: Obwohl ihr Name ähnlich klingt, ist die apfelgroße, violette Frucht mit dem kleeblattähnlichen Käppchen am Stiel nicht mit der Mango verwandt. Das weiße, saftige Fruchtfleisch unter der harten Schale der Mangostan hat einen einzigartigen, angenehm säuerlichen Geschmack und harmoniert hervorragend mit der Durian. Saison: April bis September.

Papaya *(ma la kor;* lat. *Carica papaya)*: Die länglich-ovale Frucht, die bis zu 40 cm lang, 10–20 cm im Durchmesser groß und 5 kg schwer wird, zählt zu den Melonengewächsen. In grünem, unreifem Zustand wird sie für Currys und einen scharfen Salat *(som tam)* verwendet. Die reife Frucht mit gelblich orangefarbener Schale und hellorange Fruchtfleisch schmeckt angenehm süßlich, wobei Limonen- oder Zitronensaft eine feine säuerliche Note geben können. Bei Verstopfung wirkt Papaya wahre Wunder. Saison: ganzjährig.

Pomelo *(somoh;* lat. *Citrus maxima)*: Das faserige, hellgelbe bis rosafarbene Fleisch der fußballgroßen Frucht, die der Pampelmuse ähnelt, wird von einer dicken, grünen Schale geschützt. Es schmeckt süßlich, erfrischend und überhaupt nicht bitter. Saison: ganzjährig.

Rambutan *(ngo-phruan;* lat. *Nephelium lappaceum)*: Eine rötliche und stark behaarte Schale kennzeichnet die pflaumengroße Frucht. Reif lässt sich das wenige weiße, glitschige Fruchtfleisch leicht aus der Schale drücken und vom großen Kern lösen. Die Frucht ähnelt in Aussehen und Geschmack der Litschi, hat aber eine leicht säuerliche Note. Saison: Mai bis September.

Sternfrucht oder **Karambole** *(mafu'ang;* lat. *Averrhoa carambola)*: Die längliche Frucht verdankt ihren Namen dem sternförmigen Querschnitt. Mit glänzender, durchsichtiger Haut in Hellgrün, Gelb oder Orange erinnert sie eher an eine Peperoni. Das gelbe Fruchtfleisch ist knackig, erfrischend, sehr wässrig und kernlos und kann auch mit ein wenig Salz gewürzt werden. Die Sternfrucht lässt sich schlecht schälen. Man sollte sie deshalb am besten zubereitet kaufen. Saison: ganzjährig.

Aktivurlaub, Sport und Wellness

Für Aktivurlauber ist Südthailand ein wahres Traumziel. Kein anderes Land in Asien kann eine vergleichbare Infrastruktur aufweisen. Unter Kostenaspekten gibt es vermutlich weltweit keine Alternative zu Südthailand.

Fahrrad fahren

Kaum zu glauben: Südthailand ist auch für Radler durchaus ein Traumland. Die Verkehrsdichte ist eher gering und die Straßenverhältnisse sind gut. Durch abwechslungsreiche Landschaft führen sowohl anstrengende Bergrouten als auch leicht zu bewältigende Küstenstrecken. Das Fahrrad kann im Flugzeug zumindest bei Air Berlin (s. S. 23) als Sportgepäck mitgenommen und vor Ort im Bus transportiert werden. Ersatzteile lassen sich problemlos beschaffen und alle Touristenzentren bieten Leihräder an (150–200 Bt/Tag). Auf Phuket, Ko Samui und in Krabi werden organisierte Radtouren angeboten, die Website www.cyclingthailand.com informiert u. a. über organisierte Touren von Bangkok bis nach Krabi und am Golf von Thailand entlang.

Die eindrucksvollste Radstrecke folgt dem Highway 4 ab Chumpon via Ranong nach Krabi und auch die Strecke von Khao Lak nach Khao Sok ist für Radler wie geschaffen.

Kajak

Mit ihren unzähligen und teils unbewohnten Inseln stellt die Andamanensee eines der abwechslungsreichsten Kajakreviere dar. Zentren dieses Sports sind Phuket, Ko Yao Noi und Krabi, wo zahlreiche Veranstalter organisierte Touren rund um die Phang-Nga-Bucht, nach Ko Phi Phi und in die Mangrovenwälder an der Küste anbieten. Auf fast allen anderen Inseln der Andamanensee und des Golfs kann man inzwischen Kajaks ausleihen. Es handelt sich allerdings zumeist um ›Sit-on-Top‹-Hartplastikschalen, mit denen man wahrhaftig keine ausgedehnten Touren machen möchte.

Adäquates Material für längere Kajaktouren findet man am ehesten auf Phuket, wo auch komplette Zeltausrüstungen vermietet werden. Allerdings übersteigt der Mietpreis schnell die Kosten für den Kauf eines faltbaren Kajaks, das in der Regel im Flieger als Sportgepäck ohne oder nur zu geringem Aufpreis transportiert werden kann. Insbesondere Klepperboote haben sich im Tropeneinsatz bestens bewährt (www.klepper.de).

Vom Chiew-Lan-See, einem Traumrevier im Urwaldsaum, abgesehen zählen die Phang-Nga-Bucht, die Küste zwischen Krabi und Ko Muk sowie vor allem der Tarutao-Archipel zu den besten Paddelgründen. Thailandweit die größten Anbieter von geführten Kajaktouren sind Sea Canoe (www.seacanoe.net). Und sowohl an der Golf- und Andamanenseeküste als auch im Khao Sok National Park werden Touren angeboten: von kurzen bis zu mehrtägigen Expeditionsfahrten.

Schnorcheln und Tauchen

Schnorchler finden mit Ausnahme von Hua Hin vor allen Ferienzentren interessante Felsformationen, stellenweise sogar kleine Korallenriffe. Überall gibt es Schnorchel-, Masken- und Flossenverleih. Schnorchler können darüber hinaus an den meisten Tauchausflügen teilnehmen. Will man im Golf

Aktivurlaub, Sport und Wellness

Ab nach unten – Vorbereitung zum Tauchgang auf Ko Tao

von Thailand abtauchen, ist Ko Tao mit Abstand die beste Adresse.

An der Andamanenseeküste finden sich zahlreiche intakte Korallenriffe von atemberaubender Vielfalt und Schönheit. Besonders die Riffe des Ko Similan Marine National Park, des Ko Surin Marine National Park und des Ko Tarutao Marine National Park zählen heute zu den besten Tauchdestinationen der Erde. Ein weiteres lohnenswertes Tauchrevier liegt bei Ko Lanta und den vorgelagerten Inseln.

Den besten Überblick über die Unterwasserwelten von Südthailand gibt www.diveguidethailand.com, lesenswert sind u. a. auch www.divetheworldthailand.com und www.divetip-thailand.de.

Segeln

Der Seglertreff schlechthin in Südthailand ist Phuket mit vorbildlicher Infrastruktur und Chartermöglichkeiten von Booten sowie Jachten in allen Größen und Preisklassen. Wer an einem Segeltörn fürs kleinere Budget interessiert ist, sollte sich in Krabi umhören: Während der Saison von etwa November bis Ende April/Anfang Mai werden oft zahlende Mitsegler gesucht. Beliebt ist die Route von Krabi bis hinunter in den Tarutao-Archipel. Aber auch nach Penang in Malaysia lässt sich stets ein ›Lift‹ finden, der ab etwa 50–70 €/Tag inklusive allem kostet. Daneben haben sich auch Ko Samui und Ko Lanta einen guten Namen in Seglerkreisen gemacht. Weitere Infos über www.sailing-thailand.com und www.segelnthailand.de.

Traditionelle Sportarten

Die Thais sind ein Volk von Sportenthusiasten, besonders die traditionellen Disziplinen werden gepflegt. So treffen sich am Spätnachmittag fast überall im Land meist junge Männer zum **Sepak Takraw** (auch *takrao*), eine sprechende Bezeichnung, denn ›Kick den geflochtenen Rattan‹ lautet

Reiseinfos

in etwa die Übersetzung für dieses dem Volleyball ähnliche Spiel. Zwei Mannschaften mit je drei Spielern versuchen den rund 12 cm großen Rattanball mit Füßen und Knien, Schenkeln und Köpfen über das Netz in das gegnerische Feld zu kicken, wobei nur maximal drei Ballkontakte je Team erlaubt sind und Hände oder Arme nicht eingesetzt werden dürfen. Wahrhaft akrobatische Techniken haben sich entwickelt, um den Ball auf eine Geschwindigkeit von bis zu 140 km/h zu beschleunigen. Damit ist Takraw das schnellste Ballspiel der Welt.

Neben Takraw gilt **Muay thai** (Thaiboxen) als Nationalsport des Landes. Dieser Kampfsport ist einer der ältesten der Welt, wird jedoch inzwischen kaum noch in seiner traditionellen Form ausgeübt. Bei der heute üblichen Variante mit Vollkontakt sind u. a. Schlag- und Tritttechniken mit Faust, Ellbogen, Knie, Schienbein oder Fuß erlaubt.

Traditionelle Unterhaltungsform der südthailändischen Männerwelt ist der **Büffelkampf,** bei dem in einer Arena zwei Wasserbüffel ihre Kräfte messen. Das geht in aller Regel unblutig zu, steht ganz im Zeichen maßloser Wettleidenschaft und erfreut sich vor allem auf Ko Samui und Ko Pha Ngan allergrößter Beliebtheit.

Der neueste Hit in ganz Südthailand sind **Vogelgesangswettbewerbe,** die vor allem in den ländlichen Bezirken der Andamanenseeküste in der männlichen Bevölkerung beliebt sind. Man trifft sich auf einer großen Wiese, wohin die Teilnehmer ihre eigenen, in Käfige gesperrten Piepmätze mitbringen. Diese zwitschern dann auf Kommando, was das Zeug hält (oder auch nicht). Natürlich wird auch bei dieser Gelegenheit gewettet, und das nicht zu knapp: Teils wechseln beträchtliche Summen den Besitzer.

Trekking

Südthailand zählt zwar nicht zu den klassischen Trekkingzielen, aber vor allem durch die faszinierenden Landschaften der Nationalparks führen Touren von nur wenigen Stunden bis zu mehreren Tagen. Einzigartige Eindrücke vermittelt z. B. eine Besteigung des Khao Phanom im Khao Phanom Bencha National Park nördlich von Krabi. Für die organisierte Zweitagestour (s. S. 237) benötigt man im Grunde nur ein wenig Abenteuerlust und Kondition.

Ein anderes lohnenswertes Trekkingziel ist der Khao Sok National Park (s. S. 188). Hier werden organisierte Touren in verschiedenen Schwierigkeitsgraden und Längen angeboten. Zahlreiche Tages- und Halbtagestouren kann man aber auch ohne Führer bewältigen. Ebenfalls individuell kann man die zum Tarutao Marine National Park gehörige Insel Ko Tarutao (s. S. 280) in Längsrichtung durch primären Urwald durchqueren.

Wellness

Traditionell suchen die Thais Entspannung für Leib und Seele in Massagen und Meditation und setzen die heilende Wirkung von Kräutern, Ölen und Nahrungsmitteln in der Medizin ein. In allen Ferienzentren gibt es inzwischen Wellness- und Spa-Resorts, mehrere Dutzend zählt man allein auf Ko Samui. Das Angebot umfasst Kräuterdampfbäder, Massagen, Ayurveda, Fastenkurse, Meditationsübungen, Yoga, Reiki und Teezeremonien. Aber auch Schamanismus, Healing, Chi Gong, Channeling, Chiromantie, Numerologie und vieles andere mehr kann man auf dem breit gefächerten Entspannungssektor in Südthailand erlernen und erfahren.

Feste und Veranstaltungen

Während sich die staatlichen Feiertage (s. S. 38) nach dem westlichen Kalender richten, folgen die religiösen dem Mondkalender und finden daher von Jahr zu Jahr an unterschiedlichen Tagen statt.

Dreimal Neujahr

Zu den wichtigsten Festen landesweit gehören die Feiern zu Neujahr, das die Thais mindestens dreimal begehen: In der Silvesternacht wird in Bangkok und den Touristenzentren wie in den westlichen Ländern üblich gefeiert. Ab dem ersten Tag des ersten Mondes im Januar oder Februar feiern dann die Chinesen ihr dreitägiges Neujahrsfest. Und schließlich steht vom 13. bis 15. April mit Songkran das thailändische, traditionell buddhistische Neujahr an. Wurden früher nur auf dem Land Buddhastatuen mit Wasser besprengt, um symbolisch die Sünden des alten Jahres abzuwaschen, liefert man sich heute auch in den Städten wahre Wasserschlachten. Übrigens ist man in Thailand dem abendländischen Kalender um 543 Jahre voraus, da Buddha früher als Jesus lebte.

Das Lichterfest

Loy Kratong gilt im Allgemeinen als das schönste aller Feste im Jahresreigen. Zu Ehren von Mae Khongkha, der göttlichen Mutter des Wassers, werden in der Vollmondnacht des 12. Mondes gegen Ende November auf allen Flüssen, Kanälen, Teichen und Seen des Königreiches Millionen von kleinen, lotusförmigen Schiffchen ausgesetzt, die mit brennenden Kerzen, Räucherstäbchen und Blumen befrachtet sind. Traditionell aus Bananenblättern gefertigt, mischen sich heute mehr und mehr Styroporflößchen ins Gewimmel. Dennoch ist der Anblick der Lichterteppiche auf allen Wasserflächen und -wegen beeindruckend. Auch auf dem Meer werden diese kleinen illuminierten Gabenboote ausgesetzt. Sie sollen nicht nur die Göttin entzücken, sondern auch die Sünden fort- und die Wünsche hinaustragen.

Nachtleben

Das Nachtleben in Bangkok gilt als das heißeste von ganz Asien. Auf Ko Pha Ngan trifft sich die an Beachpartys interessierte Jugend der Welt, und die dort allmonatlich am Hat Rin Beach gefeierten Full Moon Parties stehen im Ruf, die weltweit größten Dance-and-Music-Strandevents zu sein.

An der Andamanenseeküste hat Ko Phi Phi den Ruf eines Partyzentrums für junge und jung gebliebene Reisende inne, während Phuket mit dem Patong Beach einen Namen für eher teures Nachtleben hat. Bei Krabi ist vor allem der Rai Leh Beach ›in‹, während man auf Ko Lipe vor allem am Pattaya Beach nachtaktiv werden kann. Aber auch in allen anderen Ferienzentren des Südens wird der Nachtschwärmer kaum mit dem Problem der Langeweile kämpfen müssen.

Festtermine

Über die jeweils gültigen Festtermine informiert das Thailändische Fremdenverkehrsamt (www.thailandtourismus.de). Mit Abstand am ausführlichsten und aktuellsten ist www.tatnews.org (»Events« anklicken).

Reiseinfos

Festkalender

Februar

Chinesisches Neujahrsfest: erster Tag des ersten Mondes im Jan. oder Febr. im ganzen Land, s. S. 35.

Trang Under Water Wedding Ceremony: 3 Tage Mitte Febr., www.underwaterwedding.com. Unterwasserhappening mit viel Überwasserspaß nicht nur für Hochzeitspaare am Pak Meng Beach bei Trang.

Makha Bucha: Febr./März, bei Vollmond. Lichterprozessionen in allen Tempeln des Landes in Erinnerung an Buddhas erste Predigt vor Jüngern.

März

Best of Damnoen Saduak Fair: Ende März. Spektakel auf dem Floating Market nahe Bangkok, mit Bootsprozessionen, Sportveranstaltungen, Schönheitswettbewerben, s. S. 105.

April

Phuket Bike Week: 3 Tage Mitte April, www.phuketbikeweek.com. Über 30 000 Besucher bewundern 5000 Biker mit ihren ›heißen Öfen‹, Livemusik, Partys am Patong Beach u. a.

Songkran: 13.–15. April. Buddhistisches Neujahrsfest, s. S. 35.

Phuket Pride: 1 Woche gegen Ende April, www.phuket-pride.org. Größtes Schwulen- und Lesben-Event von Thailand mit Partys und Paraden.

Mai

Royal Ploughing Ceremony: Mitte Mai, Sanam Luang, Bangkok. Mit der Königlichen Pflugzeremonie (mit Prozessionen) gibt der König den Bauern im Land das Startzeichen für die Aussaat.

Visakha Bucha: bei Vollmond. Lichterprozession landesweit zur Erinnerung an Buddhas Geburt, Erleuchtung und Eingehen ins Nirwana.

Ko Samui Regatta: 5 Tage Ende Mai/Anfang Juni, www.samuiregatta.com. Eine der größten Segelregatten Thailands mit Festen auf der ganzen Insel.

Juni

Hua Hin Jazzfestival: 3 Tage Mitte Juni, www.jazzfestivalhuahin.com. Wichtigstes Fest für Jazzfans im Süden.

Juli/August

Hua Hin Regatta: 3 Tage Anfang Aug., www.varuna.org/events/hua-hin-regatta-2. Segelregatta.

September/Oktober

Phuket Vegetarian Festival: www.phuketvegetarian.com. Neuntägiges Fest mit Tranceläufern und mehreren Prozessionen in Phuket Town.

International Festival of Dance and Music: 6 Wochen Mitte Sept.–Ende Okt., www.bangkokfestivals.com. Konzerte, Opern, klassisches Ballett, Street-Dance u. a. im Thailand Cultural Center.

November

World Film Festival: 10 Tage Anfang/Mitte Nov., www.worldfilmbkk.com. Größtes Filmfestival Südostasiens mit über 80 Independent-Kinofilmen aus aller Welt.

Loy Kratong: Ende Nov. Lichterfest überall im Land, s. S. 35.

Dezember

Silvester: 31. Dez., s. S. 35.

Phuket King's Cup Regatta: 9 Tage Anfang Dez., www.kingscup.com. Seit 1987 die populärste Segelregatta von ganz Asien.

Reiseinfos von A bis Z

Ärztliche Versorgung

Das Gesundheitswesen in Thailand ist sehr hoch entwickelt. Selbst in ländlichen Regionen finden sich überall Erste-Hilfe-Stationen, in allen größeren Ortschaften gibt es außerdem Krankenhäuser. Zumeist spricht einer der Ärzte oder Pfleger Englisch. In den Städten herrscht kein Mangel an niedergelassenen Ärzten und Zahnärzten.

Ärztliche Konsultationen und Medikamente sind sehr günstig (Arztbesuch ca. 500 Bt). Dennoch empfiehlt sich der Abschluss einer privaten Auslandskrankenversicherung, die man schon ab etwa 15–20 € unter anderem über Reisebüros oder den eigenen Automobilclub abschließen kann.

Bei ernsteren Problemen empfiehlt es sich, die privaten Krankenhäuser in Thailand aufzusuchen. Ihre Kundschaft ist international, da es viele Patienten gibt, die wegen der kostengünstigen Behandlung eigens nach Thailand reisen. Die Adressen dieser Einrichtungen finden sich in den Reisekapiteln in der Infobox unter dem Stichwort Service (Bangkok S. 82, Ko Samui S. 131 und Phuket S. 199).

Apotheken

Apotheken finden sich in Thailand überall, auch auf dem Land, zumindest aber in den touristischen Orten. Sie sind mit der kompletten Pharmapalette bestückt, die man auch von zu Hause her kennt. Die Preise für Arzneien allerdings betragen oft nur einen Bruchteil von den in Deutschland üblichen. Die meisten Medikamente sind in Thailand ohne Rezept zu bekommen.

Diplomatische Vertretungen

... von Deutschland
Deutsche Botschaft
9 South Sathorn Road
Bangkok 10120
Tel. 022 87 90 00
www.bangkok.diplo.de
Mo–Fr 8.30–11.30 Uhr

Deutsches Honorarkonsulat
Anette Jimenez Höchstette
100/425 Moo 3
Chalermprakiat R. 9 Road
Phuket Town 83000
Tel. 076 61 04 07
www.deutscheskonsulatphuket.com
Mo–Fr 9–13 Uhr

... von Österreich
Österreichische Botschaft
Q. House Lumpini
Unit 1801, 18th Floor
South Sathorn Road
Bangkok 10120
Tel. 021 05 67 10
www.aussenministerium.at/bangkok
Mo–Fr 9–12 Uhr

Österreichisches Honorakonsulat
2 Moo 4 Wirathongyok Road
Phuket Town 83000
Tel. 076 24 83 34
h.wanida@gmail.com
Mo–Fr 10–12 Uhr

... der Schweiz
Schweizer Botschaft
35 North Wireless Road
Bangkok 10330
Tel. 026 74 69 00
www.eda.admin.ch/bangkok
Mo–Fr 9–11.30 Uhr

Reiseinfos

… von Thailand

Thailändische Botschaft
in Deutschland
Lepsiusstr. 64–66
12163 Berlin
Tel. 030 79 48 10
www.thaiembassy.de
Mo–Fr 9–13 Uhr

Thailändisches Generalkonsulat
in Deutschland
Kennedyallee 109
60596 Frankfurt/Main
Tel. 069 69 86 82 05
www.thaigeneralkonsulat.de
Mo–Fr 9–13 Uhr

Thailändische Botschaft in Österreich
Cottaggasse 48
1180 Wien
Tel. 01 478 33 35
www.thaiembassy.at
Mo–Fr 9–12 (telefonisch nur
14–17 Uhr)

Thailändische Botschaft in der Schweiz
Kirchstr. 56
3097 Liebefeld–Bern
Tel. 031 970 30 30–34
www.thaiembassybern.org

Thailändisches Generalkonsulat
in der Schweiz
Löwenstr. 42
8001 Zürich
Tel. 043 344 70 00
www.thai-consulate.ch
Mo–Fr 9.30–11.30 Uhr

Drogen

Gerade in den Touristenzentren werden unterschiedliche Drogen angeboten, doch die thailändischen Antidrogengesetze sind drastisch. Selbst der Konsum von Cannabis kann mit bis zu einem Jahr Gefängnis bestraft werden.

Elektrizität

Die Stromspannung beträgt 220 Volt, 110 Volt nur vereinzelt in wenigen Bungalowanlagen, die mit Stromgenerator arbeiten. Adapter sind so gut wie nie erforderlich.

Feiertage

1. Januar: Neujahr
6. April: Chakri-Tag (Inthronisation des ersten Chakri-Königs)
13.–15. April: Songkran (Thai-Neujahr)
1. Mai: Tag der Arbeit
5. Mai: Krönungstag
12. August: Geburtstag der Königin
23. Oktober: Chulalongkorn-Tag (Todestag von König Chulalongkorn Rama V.)
5. Dezember: Geburtstag des Königs
10. Dezember: Verfassungstag

Frauen unterwegs

Für allein reisende Frauen stellt sich Thailand als ein kleines Paradies dar. Die lästige Anmache durch einheimische Männer ist hier so gut wie unbekannt, da schon ein Hinterherpfeifen einem Tabubruch gleichkommt. Dennoch ist Vorsicht gerade auf und nach Partys – vor allem auf Ko Pha Ngan (s. S. 77) – geboten, da es hier in der Vergangenheit schon zu Vergewaltigungen gekommen ist.

Geld

Währung

In Thailand zahlt man mit Thailändischen Baht (Bt). Das kleinste gängige Geldstück ist 1 Bt, das größte 10 Bt (goldfarben). Lediglich auf den neueren Münzen ist der Wert auch in arabischen Zahlen eingeprägt. Noten gibt es im Wert von 10 (sehr selten), 20, 50, 100, 500 und 1000 Bt.

Reiseinfos von A bis Z

In Thailand ins Netz gehen

Internetcafés finden sich in den meisten Städten und zunehmend auch in kleineren Ortschaften des Landes. Die meisten Internetcafés verfügen auch über Headset, Webcam und ein Konto bei Skype. Das Surfen im Netz kostet ab etwa 30 Bt/Std. In den Touristenzentren kann man darüber hinaus im Hotelzimmer, im Supermarkt, in Restaurants, Cafés, Pubs etc. über WiFi-Hotspots (im deutschen Sprachraum besser bekannt als WLAN) beinahe überall auch drahtlos das Internet nutzen, wobei die Bandbreiten durchaus mit denen zu Hause vergleichbar sind. Wem auch das noch nicht genügt, der kann in Thailand auf 3G zurückgreifen, eine mit UMTS vergleichbare Technik mit einer Verbindungsrate von bis zu 7,2 MBit/s (je nach Modus). Die Deckung ist nahezu überall ausgezeichnet und die Konditionen für unbegrenztes Surfen könnten mit Preisen ab etwa 100 Bt/Woche für eine Prepaid-SIM-Karte kaum günstiger sein. Die größten Anbieter sind landesweit One Two Call (www.ais.co.th), DTAC (www.dtac.co.th) sowie TrueMove (http://truemoveh.truecorp.co.th/?ln=en). Kaufen kann man die SIM-Karten u. a. direkt in den Ankunftshallen der internationalen Flughäfen von Bangkok, Phuket und Krabi ganz ohne Bürokratie.

Wechselkurs (Stand April 2015):
1 € = ca. 37 Bt / 100 Bt = 2,70 €
1 CHF = ca. 35,67 Bt / 100 Bt = 2,80 CHF

Banken

Banken gibt es in jedem größeren Ort. Auch in den Wechselstuben in den Touristenzentren kann man Bargeld tauschen oder Reiseschecks einlösen. Selbst in kleineren Ortschaften finden sich Geldautomaten, die vor allem die gängigen Kreditkarten und EC-/Maestro-Karten akzeptieren. Kreditkarten nehmen die meisten besseren Hotels und Resorts an.

Gesundheitsvorsorge

Impfungen werden für die Einreise nach Thailand nicht verlangt. Sinnvoll sind jedoch eine Tetanus- und Polioimpfung sowie eventuell eine Hepatitis-Prophylaxe. Malaria kommt in Südthailand so gut wie nicht mehr vor. Da in Thailand über 800 000 Menschen mit HIV infiziert sind, ist entsprechender Schutz unabdingbar.

Notruf

Touristenpolizei: Tel. 11 55
Notruf: Tel. 191
Feuerwehr: Tel. 199
Sperrung von Handys, EC- und Kreditkarten: Tel. +49 116 116

Öffnungszeiten

Banken: Mo–Fr 8.30/9–15.30 Uhr
Post: Mo–Fr 8.30–12 und 13–16, Sa meist 9–12 Uhr
Ämter und Behörden: Mo–Fr 8.30–12 und 13–16 Uhr
Warenhäuser: Mo–Fr 10–19/20 Uhr
Geschäfte: Mo–Fr meist 8/9–20/21 Uhr, Viele Läden sind auch Sa/So geöffnet.

Post

Postämter gibt es in jeder Stadt. Die thailändische Post arbeitet sehr zuverlässig. Briefe und Postkarten nach und von Europa benötigen ca. 5–7 Tage. Eine Postkarte nach Deutschland kostet 15 Bt, Briefe 17 Bt (bis 10 g), danach sind es 7 Bt Aufschlag für je 10 g mehr.

Reiseinfos

Reisen mit Handicap

Eine behindertengerechte Infrastruktur gibt es in Südthailand nur in wenigen Spitzenhotels und Resorts. Dennoch trifft man relativ viele Reisende mit Behinderung, da sich dank der sprichwörtlichen Hilfsbereitschaft der Thais viele Probleme lösen lassen.

Sicherheit

Seit dem Militärputsch im Mai 2014 ist es in Thailand zu keinen gewaltsamen Auseinandersetzungen mehr gekommen, in Südthailand war von den Unruhen (S. 49) ohnehin nichts zu spüren. Nur von Reisen in die südwestlichen Provinzen Songkhla, Yala, Pattani und Narathiwat rät das Auswärtige Amt dringend ab (www. auswaertigesamt.de, s. auch S. 66). Die Region wird deshalb in diesem Band nicht vorgestellt.

Thailand gilt mit Blick auf die Kriminalitätsrate als eines der sichersten Länder Asiens. Dennoch sind die üblichen Sicherheitsvorkehrungen zu treffen. In allen Touristenzentren finden sich Niederlassungen der Touristenpolizei, deren Beamte Englisch sprechen.

Reisekasse und Preise

Thailand ist für Europäer außerordentlich preiswert. Ab 50 € genießt man zu zweit bereits unteren Mittelklassestandard. Etwa 80–100 €/Tag benötigen zwei Komforttouristen.

Der billigste Bungalow kostet ab ca. 300 Bt für zwei Personen. Im Durchschnitt sollte man aber mit Preisen ab 500 Bt rechnen. Mittelklasse-Unterkünfte gibt es ab etwa 1000 Bt, die Oberklasse beginnt bei ca. 3000 Bt. Ein Essen in einer Garküche kostet etwa 80 Bt, in Restaurants ab 100 Bt.

Souvenirs

Südthailand ist ein Paradies für Liebhaber von Kunsthandwerk, die Auswahl ist riesig. In den Touristenzentren und in Bangkok kann man für relativ wenig Geld erstehen, was das Herz begehrt. Extrem preiswert sind auch Imitate von Uhren und Designerwaren sowie Piraten-Software und Kopien von CDs bzw. DVDs. Die Einfuhr dieser Waren ist in Europa jedoch verboten.

Telefonieren

Festnetz

Thailands Telefonsystem ist modern. Telefonieren ist u. a. in der Unterkunft (teuer), in Internetcafés (auch via Skype: ab ca. 30 Bt/Std.) und vielen Reisebüros möglich. Das Angebot der öffentlichen Telefonzellen unterscheidet sich wie folgt: Rote Zellen erlauben nur Ortsgespräche mit 1-Baht-Münzen. Blaue Zellen sind mit Münzautomat, grüne mit Kartenautomat (in der Regel auch für internationale Gespräche) ausgestattet. Gelbe Zellen nehmen nur Telefonkarten der Firma Lenso an. Telefonkarten bekommt man in den Filialen von 7-Eleven und vielen Geschäften. Ortsgespräche kosten 1 Bt/ Min., Telefonate im Land 5–10 Bt/Min. und 54 Bt/Min. nach Europa.

Internationale Vorwahlen

Von Thailand aus wählt man vor der Landeskennziffer die Vorwahlen 001 (teuer), 007 (vom Handy: günstig), 008 oder 009 (vom Festnetz: günstig).

Deutschland: 0049
Österreich: 0043
Schweiz: 0041
Thailand: 0066

Reiseinfos von A bis Z

Die Ortsvorwahl ist Bestandteil der Telefonnummer und muss auch bei Ortsgesprächen mitgewählt werden.

Mobil

Mobiltelefone sind in Thailand weit verbreitet, die Netzabdeckung ist nahezu überall ausgezeichnet. Roaming ist sehr teuer, sehr günstig ist es hingegen, vor Ort eine SIMcard zu kaufen (SIMlock-freies Handy erforderlich), die ab 49 Bt kostet: Bei One2Call (www.ais.co.th) z. B. kostet ein Anruf nach Deutschland ab 5 Bt/Min.

Trinkgeld

Die Rechnungen in gehobeneren Restaurants schließen in aller Regel 10–15 % Steuern und Bedienung ein. Wird die Rechnung verdeckt überreicht, ist es jedoch üblich, ein paar Scheine zusätzlich hineinzulegen. In einfachen Restaurants wird Trinkgeld zwar nicht erwartet, doch bedankt man sich üblicherweise mit wenigstens 20 Bt für den Service. Taxifahrer erhalten in der Regel kein Trinkgeld, ebenso wie Fahrer von gecharterten Booten und Minibussen. Doch auch hier sollte man bei längeren Touren etwa 100 Bt geben.

Umgangsformen

Verhaltenstipps: Gleichmut, Geduld und Rücksichtnahme sind die Eckpfeiler der Thaigesellschaft. Aggressives Auftreten ist mit einem Tabu behaftet, Kritik zu üben verpönt, geht es um das Königshaus, sogar strafbar, wie auch ungebührliches Verhalten gegenüber religiösen Objekten verboten ist. Dem gepflegten Erscheinungsbild (z. B. lange Röcke und Hosen) wird in Thailand größte Bedeutung beigemessen (s. auch S. 50).
Handeln: In Warenhäusern herrschen

Tsunami-Warnung per SMS

Tsunami-Warnungen per SMS funktionieren nicht nur in der Theorie: Am 11. April 2012 entstand vor der Südwestküste von Sumatra ein Tsunami. Nur wenige Minuten, nachdem das Seebeben von den seismischen Stationen geortet worden war, gingen entsprechende SMS an alle Abonnenten des Tsunami-Alarmsystems – auch in Thailand. Nachdem sich das von zwei Tübinger Professoren entwickelte System in der Praxis bewährt hat, haben viele Hotels in Thailand ein entsprechendes Abonnement erstanden. Auf der Website www.tsunami-alarm-system.com kann es für einen Monat (ca. 10 €) oder ein Jahr (ca. 30 €) aktiviert werden.

in der Regel Festpreise, doch überall sonst kann man einen Rabatt von 10–40 % aushandeln. In allen Unterkünften, selbst den teuersten, lohnt es sich vor allem außerhalb der Hochsaison, nach einem Discount zu fragen.

Zeit

Thailand ist der mitteleuropäischen Zeit im Sommer um fünf und im Winter um sechs Stunden voraus.

Zeitungen und Zeitschriften

Wichtigste englischsprachige Zeitungen Thailands sind »Bangkok Post« (liberal) und »The Nation« (konservativ). Hintergrundinfos über das Zeitgeschehen liefern u. a. die Magazine »Newsweek« und »Time« auf Englisch. In Bangkok und in den Touristenzentren sind auch deutschsprachige Zeitungen und Magazine erhältlich.

Panorama – Daten, Essays, Hintergründe

Unter der Sonne Thailands findet man auch schattige Plätzchen

Steckbrief Thailand – Der Süden

Daten und Fakten

Fläche: Südthailand ca. 85 000 km² (Gesamtthailand 513 115 km², Deutschland: 357 022 km²)
Einwohner: Südthailand ca. 11,5 Mio. (Gesamtthailand ca. 70 Mio.)
Hauptstadt: Bangkok (ca. 9,5 Mio. bzw. über 14 Mio. im Großraum)
Größte Städte in Südthailand neben Bangkok: Hat Yai (ca. 210 000 Einw.), Surat Thani (ca. 135 000 Einw.), Phuket Town (ca. 90 000 Einw.), Trang (ca. 70 000 Einw.)
Amtssprache: Thai
Zeitzone: MEZ + 5 Std. (Sommerzeit) bzw. + 6 Std. (Winterzeit)
Landesvorwahl: + 66

Geografie und Natur

Südthailand erstreckt sich auf einer Länge von fast 1000 km von Bangkok aus über die Malaiische Halbinsel bis an die Grenze zu Malaysia. Die Landesbreite variiert von 15 km bis 220 km. Knapp 20 % des Landes sind bewaldet. In mehr als 300 Schutzgebieten stehen rund 17 % der gesamten Landesfläche unter Naturschutz. Von den insgesamt rund 150 Nationalparks finden sich über 40 in Südthailand, darunter rund zwei Dutzend Meeresnationalparks. Etwa 3000 km der insgesamt 3219 Küstenkilometer nimmt Südthailand ein.

Südthailand lässt sich in vier pflanzengeografische Regionen einteilen. Die am tiefsten gelegene Vegetationseinheit ist die Gezeitenzone, die meist mit Mangrovenwald bedeckt ist. In relativ trockenen Abschnitten der Gezeitenzone und der sich anschließenden Küstenzone finden sich die sogenannten Strandwälder, in denen die Kokospalme dominiert. Es folgt landeinwärts der tropische, immergrüne Regenwald, der in den Lagen bis etwa 800 m Höhe als Tiefland-Regenwald bezeichnet wird und darüber als Nebelwald.

Geschichte

Erste Spuren menschlicher Besiedlung finden sich in Thailand ab ca. 36 000 v. Chr., schon um etwa 8000 v. Chr. wird Ackerbau in der Region betrieben. Ab dem 3. Jh. v. Chr. kommt es zu ersten hinduistischen und buddhistischen Missionierungen, doch erst im 1. Jt. n. Chr. wandern Thaistämme in den Norden des Landes ein. Sie gründen 1238 ihr erstes Königreich auf ›thailändischem‹ Boden, das zunächst von Sukhothai aus regiert wird. Ab dem 14. Jh. folgt Ayutthaya als Sitz. 1767 wird der Regierungssitz von den Burmesen zerstört. 1782 besteigt König Rama I. als erster Regent der noch heute herrschenden Chakri-Dynastie den Thron. Bangkok wird zur Königsresidenz ausgebaut.

Im Verlauf des folgenden Jahrhunderts wird der Grundstein zu einem modernen Staatswesen gelegt. Im Ersten Weltkrieg engagiert sich das Land aufseiten der Alliierten. Im Zweiten Weltkrieg dann paktiert es erst mit Japan, ab 1944 erneut mit den Alliierten, wodurch es seine volle Souveränität bewahren kann. 1946 besteigt König

Bhumipol Adulyadej als Rama IX. den Thron, den er als dienstältester Monarch der Welt noch heute innehat.

Staat und Verwaltung
In Thailand besteht eine konstitutionelle Erbmonarchie mit parlamentarisch-demokratischer Regierung. Das Staatsoberhaupt ist seit dem 9. Juni 1946 König Bhumipol Adulyadej. Die Volksvertreter werden alle vier Jahre gewählt. Am 22. Mai 2014 hat das Militär die Macht übernommen, seit August 2014 regiert Ministerpräsident General Prayut Chan-o-cha, der zugleich Vorsitzender des Militärrats ist und für den Herbst 2015 Neuwahlen in Aussicht gestellt hat.

Wirtschaft und Tourismus
Thailand hat die zweitgrößte Volkswirtschaft in Südostasien mit einem Bruttoinlandsprodukt (BIP) pro Kopf von rund 5550 US-$ (2014). Nach Schätzungen wird Thailands Wirtschaft 2015 im Vergleich zum Vorjahr insgesamt um 4,6 % anwachsen, und auch für 2016 werden ca. 4–5 % Wirtschaftswachstum prognostiziert. Die Landwirtschaft macht rund 10 % des BIP aus, die Industrie 36 %, der Dienstleistungssektor 54 %. Die Arbeitslosenquote lag nach offiziellen Angaben Ende 2014 bei 0,7 %, während die Inflationsrate 2012 rund 2,1 % betrug; für 2015 werden laut Schätzungen der Zentralbank ca. 2 % erwartet.

Mit rund 25 Mio. Touristen (2014), dabei allein über 6,5 Mio. aus Europa, bildet der Tourismus mit einem Anteil von über 10 % am BIP die wichtigste Devisenquelle. Deutsche, für die Thailand auch 2014 das beliebteste Fernreiseziel war, nehmen mit fast 740 000 Besuchern (rund 9 % mehr als im Vorjahr) den zweiten Platz nach den Briten und den Russen ein. Damit konnte Thailand im Vergleich zu 2012 ein Besucherplus von um die 10 % verbuchen.

Bevölkerung und Religion
Von den ca. 70 Mio. Einwohnern (Südthailand ca. 11,5 Mio.) sind etwa 80 % Thai. Größte ethnische Minderheit ist mit 15 % die chinesischstämmige Bevölkerung. Daneben gibt es etwa 4 % islamische Malaien (vor allem in Südthailand beheimatet). Im Jahr 2014 betrug das Bevölkerungswachstum in Thailand 0,4 %. Die Analphabetenrate liegt bei 4 %.

Die überwiegende Mehrheit der Bevölkerung Thailands bekennt sich zum Theravada-Buddhismus (95 %), der Anteil der Muslime beträgt 4 %.

Sprache
Thailändisch gehört, wie u. a. auch Laotisch, zur Familie der Tai-Kadai-Sprachen, die von etwa 80 Mio. Menschen in Südostasien und im Süden Chinas gesprochen werden. Sie ist tonal, d. h. die meist einsilbigen Wörter erlangen durch Aussprache in unterschiedlichen Tonhöhen und Tonverläufen gänzlich unterschiedliche Bedeutungen. Es gilt obendrein ein eigenes Alphabet, die Sprache bleibt daher für die meisten Besucher ein Buch mit sieben Siegeln.

Mit Englisch kommt man in Thailand gut durch, mittlerweile wird es oft auch auf dem Land gesprochen. Problemlos wird Englisch selbstverständlich in den Touristenzentren verstanden.

Geschichte im Überblick

Frühgeschichte und Bronzezeit

ca. 36 000–8000 v. Chr.
Die ersten Spuren menschlicher Besiedlung finden sich in Thailand ab etwa 36 000 v. Chr. Ackerbau wird schon ab ca. 8000 v. Chr. betrieben.

ca. 7000 v. Chr.
Erste Gruppen sino-tibetischer Thais dringen vermutlich aus dem Bereich des Altai-Gebirges in den südchinesischen Raum und von dort weiter gen Süden vor.

ca. 3600 v. Chr.
In Nordthailand entwickelt sich die Baan-Chiang-Kultur (berühmte Keramikfunde), die ab ca. 3000 v. Chr. die wahrscheinlich älteste Bronzezeitkultur der Welt bildet.

3. Jh. v. Chr.
Es kommt zu ersten hinduistischen und buddhistischen Missionierungen.

Frühe Reiche

600–1000
Das sino-tibetische Volk der Mon dringt aus dem burmesischen Raum nach Mittelthailand vor und bildet dort das buddhistische Dvaravati-Reich mit der Hauptstadt Lopburi.

700–1200
Südthailand fällt in den Herrschaftsbereich des hinduistischen Srivijaya-Reiches, das von Sumatra aus große Teile des heutigen Indonesien und Malaysia beherrscht.

800–1300
Nordthailand wird von den sino-tibetischen Khmer beherrscht, die von Angkor aus regieren.

Die Königreiche Sukhothai und Ayutthaya

ab 860
Zahlreiche Thaistämme aus dem südchinesischen Raum wandern in den Norden von Thailand ein, wo sie von den Mon und Khmer die buddhistische Religion und Kultur übernehmen.

1238
Die Thais gliedern das Gebiet um Sukhothai aus dem Staatengebiet der Khmer aus und gründen ihr eigenes erstes Königreich auf ›thailändischem‹ Boden.

1277–1317
Unter König Ram Khamhaeng (1239–1317) erobern die Thais die gesamte Zentralebene und Südthailand bis zur heutigen Stadt Nakhon Si Thammarat.

1283
Der König kreiert das aus den indischen Dewanagiri-Schriftzeichen abgeleitete Thai-Alphabet. Sukhothai entwickelt sich zur Wiege der Thaikultur.

1376–1767	Das Reich von Siam, wie Thailand damals heißt, entwickelt sich von der neuen Hauptstadt Ayutthaya aus zum mächtigsten Staat in ganz Südostasien. Nachdem die Burmesen im Laufe der Jahrhunderte Siam mehrmals angegriffen haben, starten sie 1767 zum großen vernichtenden Feldzug, in dessen Verlauf Ayutthaya eingenommen und völlig zerstört wird.

Der Aufstieg der Chakri-Dynastie

1768	Einem Unterbefehlshaber mit Namen General Taksin gelingt es, der Vernichtungsaktion zu entgehen. Er lässt sich in Thonburi, der heutigen Schwesterstadt von Bangkok am Westufer des Menam Chao Phraya, zum neuen König ausrufen.
1782–1809	General Phraya Chakri setzt Taksin als König ab und begründet die noch heute herrschende Chakri-Dynastie. Als Rama I. besteigt er den Thron und lässt den Regierungssitz nach Bangkok verlegen. Die neue Hauptstadt soll dem zerstörten Ayutthaya in Prunk nicht nachstehen.
ab 1809	Unter Rama II. und III. wird die seit etwa 1700 befolgte Isolationspolitik des Landes beendet, Handelsbeziehungen zu den westlichen Kolonialmächten folgen. In einem geschickten Balanceakt gelingt es so, die Briten und Franzosen daran zu hindern, sich, wie zuvor alle anderen Länder Südostasiens, auch Siam einzuverleiben.
1868	Rama V. besteigt den Thron und ergänzt den Balancekurs durch ein umfassendes innenpolitisches Reformprogramm (u. a. Abschaffung der Sklaverei, Ausbau des Schulsystems nach europäischen Maßstäben). Damit legt er den Grundstein zu einem modernen Staatswesen.

Der Weg zur Demokratie

ab 1910	Unter Rama VI. engagiert sich Siam im Ersten Weltkrieg aufseiten der Alliierten. Da der König die Reformpolitik seines Vorgängers nicht konsequent weiterverfolgt, wächst die Kritik am absolutistischen Regierungssystem.
1932	Am 10. Dezember kommt es zum unblutigen Staatsstreich. Die absolute Monarchie wird abgeschafft. Rama VII. selbst verkündet eine neue Verfassung, die eine konstitutionelle Monarchie festschreibt.
1938	Die regierende Demokratische Volkspartei (1930 gegründet) versucht, ein sozialistisches Programm durchzusetzen. Sie scheitert an den konservativen Kräften um General Pibul Songkhram, der sich selbst als Ministerpräsident einsetzt und eine Militärdiktatur errichtet.

1939	Der Despot träumt von einem Groß-Siam, das von China bis Indien reichen soll, und gibt dem Land den Namen Thailand (Land der Freien).
1941	Der Expansionsdrang Thailands führt im Verlauf des Zweiten Weltkriegs zu einem Pakt mit Japan.
1942	Thailand erklärt den Alliierten den Krieg und marschiert in Richtung Burma, Laos, Kambodscha und Malaysia.
1944	Die 1938 gestürzte Regierung verständigt sich mit den Alliierten, der Diktator Pibul Songkhram wird gestürzt. Thailand erklärt Japan den Krieg und bewahrt dadurch seine volle Souveränität gegenüber den Alliierten.

Nach dem Zweiten Weltkrieg

1946–1992 1946 besteigt König Bhumipol Adulyadej als Rama IX. den Thron, den er noch heute als dienstältester Monarch der Welt innehat. In den folgenden Jahren wechseln sich hohe Militärs in der Landesführung ab, und Thailand orientiert sich ganz an den USA. Der Widerstand gegen die Diktatur wächst und gipfelt 1973 sowie 1992 in Demonstrationen, gegen die das Militär mit Gewalt vorgeht. Doch beide Male stellt sich König Bhumipol persönlich auf die Seite der Demonstranten.

Die gerettete Demokratie

2001 Aus den Parlamentswahlen geht der Multimilliardär Thaksin Shinawatra mit seiner Partei Thai Rak Thai (Thais lieben Thais) als Sieger hervor. Sein Regierungsstil wird zunehmend autoritär-autokratisch, und da er Islam-Gegner ist, spitzt sich die Lage in den vier vorwiegend von Muslimen bewohnten Provinzen an der malaiischen Grenze drastisch zu.

2004 Am 26. Dezember überrollt ein Tsunami mit mehreren bis zu 10 m hohen Wellen die Küste an der Andamanensee und fordert nach offiziellen Angaben in Thailand rund 5500 Tote sowie über 3000 Vermisste.

2006–2008 Im Juni wird das 60. Thronjubiläum von König Bhumipol feierlich begangen, im September stürzt das thailändische Militär mit Unterstützung der Volksallianz für Demokratie (PAD) und im Einvernehmen mit dem König den u. a. mit Korruptionsvorwürfen belasteten Regierungschef Thaksin. Aus den Parlamentswahlen im Dezember 2007 geht die von Anhängern Thaksins gegründete populistische Volksmachtpartei (PPP) als Siegerin hervor, und als 2008 die neue Regierung versucht, die Verfassung zu ändern, um dem in Abwesenheit wegen Amtsmissbrauchs mittlerweile zu zwei Jahren Haft verurteilten Thaksin Straffreiheit zu ermöglichen, ruft die PAD zu Massenprotesten auf. Bald besetzen rund 35 000 Demonstranten den Regierungssitz und im November auch den internationalen Flughafen in Bangkok. Im Dezember ordnet das thailändische Verfassungsgericht die Auflösung der PPP wegen Wahlbetrugs an, und in der Folge wählt das Parlament Abhisit Vejjajiva von der PAD zum neuen Regierungschef.

2009
Zu Beginn des Jahres wendet sich Thaksin aus dem Asyl fast täglich mit Botschaften und Aufrufen zur Revolution an seine auch als ›Rothemden‹ bekannten Anhänger, die sich unter der neu gegründeten Partei Vereinigte Front für Demokratie und gegen Diktatur (UDD) sammeln und im April den Gipfel der Südostasiatischen Staatengemeinschaft (ASEAN) in Pattaya stürmen. Ihr Ziel ist, Abhisit Vejjajiva zu stürzen. Die Unruhen greifen auf Bangkok über, es kommt zu Straßenkämpfen, der Notstand wird ausgerufen und die Anführer der gewaltsamen Ausschreitungen werden festgenommen.

2010
Dennoch legen die ›Rothemden‹ im April/Mai weite Teile Bangkoks lahm und fordern Premierminister Abhisit Veijajiva auf, das Parlament aufzulösen und Neuwahlen auszurufen. Die Regierung verhängt den Ausnahmezustand über Bangkok, den Norden sowie Nordosten des Landes und löst die Proteste am 19. Mai nach einer mehrtägigen militärischen Operation auf, doch kommen bei gewaltsamen Ausschreitungen insgesamt über 85 Menschen ums Leben und es sind mehr als 2000 Verletzte zu beklagen.

2011
Immer wieder kommt es in Bangkok zu großen, aber friedlichen Demonstrationen seitens der ›Rothemden‹, die damit den Rücktritt des Premierministers erreichen wollen. Am 3. Juli 2011 finden vorgezogene Parlamentswahlen statt, aus denen die Pheu-Thai-Partei (Nachfolgepartei der PPP) um Yingluck Shinawatra, Schwester des früheren Premierministers Thaksin Shinawatra, als Siegerin hervorgeht. Sie regiert seitdem mit einer Zweidrittelmehrheit. Die PAD um Abhisit Veijajiva wird zweitstärkste Partei. In der zweiten Jahreshälfte kommt es in Thailand zur größten Flutkatastrophe seit 50 Jahren. Fast 400 Menschen kommen ums Leben, der Sachschaden beträgt fast 12 Mrd. Euro.

2014
Am 22. Mai übernimmt das Militär die Macht. Vorausgegangen war ein halbjähriger Machtkampf zwischen der Pheu-Thai-Regierung und der Opposition. Seitdem herrscht Kriegsrecht in Thailand, wodurch die Versammlungs-, Meinungs- und Pressefreiheit stark eingeschränkt ist. Ab August regiert General Prayut Chan-o-cha als Ministerpräsident, der zugleich Vorsitzender des Militärrats ist.

2015
Für den Herbst 2015 stehen Neuwahlen in Aussicht.

Land des Lächelns und der Fettnäpfchen

Der gesamte zwischenmenschliche Bereich wird in Thailand dadurch geprägt, dass man Rücksicht auf die Gefühle anderer nimmt. Dabei gilt es, die unzähligen Fettnäpfchen zu vermeiden, in die man als farang, westlicher Ausländer, leicht stolpern kann.

In westlichen Klischeevorstellungen ist Thailand als Glanzbild eines romantischen Tropenparadieses beliebt, in dem stets lächelnde und somit glückliche Menschen leben. In der Tat ist den Thais das Lächeln ins Gesicht geschrieben, denn es dient als eine Art Schutzwall vor Konflikten, kaschiert Gefühlsregungen und hilft, Unsicherheit oder Verlegenheit zu überspielen. Man lächelt aus verschiedenen Gründen, doch im Gegensatz zu westeuropäischen Bräuchen wird nie über jemanden oder etwas gelächelt.

Gelassen und lebensfroh

Es ist fraglich, ob Thais tatsächlich glücklicher sind als andere Völker. Schließlich löst Lächeln allein keine Probleme. Dennoch ist die Lebensfreude der Thais, die sie dem farang (westlichen Ausländer) voraushaben, förmlich greifbar. Sie wurzelt im mai pen rai (Macht nichts!), das viel mehr bedeutet, als die Übersetzung hergeben kann. Dieses geflügelte Wort drückt vielmehr die Fähigkeit aus, sein Schicksal anzunehmen und sich nicht gegen etwas zu wehren, das nicht zu ändern ist. Der Buddhismus gibt den Rahmen für diese hohe Lebenskunst der Gelassenheit. Da die Thais verinnerlicht haben, dass man dem Schicksal und leidvollen Erfahrungen wie Krankheit, Alter und Tod ohnehin nicht entgehen kann, sind sie bemüht, das Leben so *sabai* (angenehm, behaglich) wie möglich zu gestalten.

Und so wird *sanuk* (reinste Lebensfreude) zu einer wichtigen Komponente im Leben der Thais, die ihren gesamten Alltag in *sanuk* und *mai sanuk* (keine Lebensfreude) einteilen: *Sanuk* ist essen gehen, Musik hören, Schwätzchen halten, ein Haus einweihen und vor allem feiern. Arbeit hingegen, insbesondere wenn sie langweilig ist, ist *mai sanuk*, das in der Steigerung zu

lambahk (Ärger) wird. Wenn ein Thai davon spricht, muss schon etwas sehr Schlimmes vorgefallen sein.

Begrüßung à la Thai

Der *wai*, das Falten der Handflächen zwischen Brust- und Stirnhöhe, entspricht dem westeuropäischen, in Thailand eher unbekannten Brauch, sich die Hände zu geben. Mit dem Händeschütteln, das hervorgegangen ist aus dem ursprünglichen Reichen der Schwerthände, zeigte man früher an, dass man keine Waffen trug. Während dieser Gruß zwischen Gleichgestellten erfolgt, ist der *wai* jedoch stets Ausdruck von Ungleichheit: Der sozial tiefer Stehende grüßt zuerst – je höher die Hände gehoben werden, desto respektvoller der Gruß. Dabei wird der hoch angesetzte *wai* mit einem tieferen beantwortet.

Der *wai* wird zwar von Ausländern meist nicht erwartet, er kann aber helfen, erste Barrieren zu überwinden. Formloser Gruß ist *sawat-dee* (sprich: sawadie, d. h. »Hallo«).

Das Gesicht wahren

Lächelt ein Thai auf die Frage nach dem Weg, antwortet aber zunächst nicht, versteht er vermutlich kein Englisch. Um nicht das Gesicht zu verlieren, wird er jemanden herbeiholen, der die Frage vielleicht beantworten kann. Notfalls gibt er irgendeine, möglicherweise auch falsche Richtung an, nur um das Gesicht zu wahren. Jemanden das Gesicht wahren zu lassen, aber auch das eigene nicht zu verlieren, ist der wichtigste Leitgedanke bei allen Verhaltensregeln. Nichts ist schlimmer als ein Gesichtsverlust, was dem Verlust der Würde gleichkommt. Wer sie antastet, begeht eine schwere Beleidigung, die auch einem *farang* nicht so leicht verziehen wird.

Körperhaltung

Gerade der richtige Umgang mit den Händen will in Thailand gelernt sein, um die Gemüter nicht zu erhitzen. Im Gespräch lässt man sie am besten unbedrohlich herabbaumeln. Sie in den

51

Hosentaschen zu vergraben wird als schlechtes Benehmen gewertet: Man hat wohl etwas zu verbergen. Die Hände hingegen in die Hüften zu stemmen oder vor der Brust zu verschränken wird als Zeichen von Aggressivität verstanden, während derjenige, der mit den Händen gestikulierend herumwirbelt, bei den Thais den Eindruck starker Erregung erweckt. Einem anderen etwas zuzuwerfen ist schlicht verletzend: Nur Tieren wirft man etwas hin. Noch schlimmer ist es, jemanden durch das Krümmen des Fingers herbeizurufen oder gar mit dem Finger auf einen Menschen zu zeigen. Diese Empfindsamkeit rührt vermutlich daher, dass Despoten früher auf diese Weise zur Fronarbeit oder zum Tode Verurteilte kennzeichneten.

Da der Kopf als Sitz des Geistes den Thais als heilig gilt, ist es eine Beleidigung, ihn zu berühren. Auch reicht man nichts über den Kopf eines anderen hinweg. Und niemals sollte man so sitzen, dass die als unrein verstandenen Füße auf einen Menschen, seinen Kopf oder – weitaus schlimmer – auf religiöse Objekte zeigen. Es ist daher absolut verpönt, die Füße auf den Tisch zu legen, die Beine übereinanderzuschlagen oder mit ausgestreckten Beinen auf dem Boden zu sitzen.

Kritik üben

Kritik von Angesicht zu Angesicht, besonders im Beisein von Dritten, wird als eine mindere Form der Gewaltanwendung betrachtet. Einen Konflikt offen auszutragen, etwa die Beherrschung zu verlieren, jemanden anzuschreien oder ausfällig zu werden, heißt nicht nur, das stärkste Tabu zu brechen, sondern sich auch in unkalkulierbare Gefahr zu begeben. Sehr leicht kann

dann der kritische Punkt erreicht sein, bei dem das Lächeln des Gegenübers der schieren Gewalt weicht. Und wer gar den König oder das Königshaus kritisiert, macht sich der Majestätsbeleidigung schuldig, die in Thailand strafrechtlich verfolgt wird (s. S. 56).

Im Alltag

Zarte Gesten zwischen Partnern sind reine Privatsache. So schickt es sich nicht für Mann und Frau, Händchen haltend oder Arm in Arm herumzulaufen. Unverzeihlich ist es, sich in der Öffentlichkeit zu küssen oder zu streicheln. Hingegen ist unter Menschen gleichen Geschlechts Körperkontakt durchaus üblich.

Bei einer Einladung pünktlich zu sein ist zwar keine Beleidigung, zeugt aber von den barbarischen Sitten des Gastes – eine halbe Stunde sollte man schon zu spät kommen. Generell werden Zeitangaben in Thailand nicht als fixe Termine angesehen, sondern lediglich als grobe Anhaltspunkte. Vor Betreten eines Zimmers sind die Schuhe auszuziehen, sonst beleidigt man den Gastgeber aufs Gröbste. Und wer danach über die Türschwelle steigt, ohne den Fuß darauf zu setzen, gewinnt enorm an Achtung. Denn laut Thaiglauben haust hier ein Geist.

Dem äußeren Erscheinungsbild wird in Thailand größte Bedeutung beigemessen. Gerade in der Provinz gilt es als absolut unschicklich, wenn Frauen kurze Röcke, knappe T-Shirts, durchsichtige Blusen oder keinen BH tragen. Hautenge Hosen, ärmellose T-Shirts und knappe Shorts sind bei beiden Geschlechtern verpönt. Den allgemeinen Regeln entsprechende Kleidung ist die Voraussetzung, um bei Behörden überhaupt ernst genommen zu werden. Schwarze Kleidung ist allerdings ungünstig, wird diese doch mit dem Tod in Verbindung gebracht.

Heilige Symbole

Heilige Symbole, darunter fallen alle Buddhastatuen und -bildnisse, auch solche in Ruinenanlagen, müssen mit höchstem Respekt behandelt werden. Ungebührliches Verhalten im Tempel und gegenüber allen religiösen Objekten kann mit Gefängnis bestraft werden. Den Regeln entsprechende Kleidung versteht sich von selbst: kein T-Shirt oder kurze, enge Hosen bzw. Röcke. Vor dem Betreten des Tempelraumes oder der Moschee zieht man die Schuhe aus, lediglich in chinesischen Tempeln darf man sie anbehalten. Auch Frauen dürfen sich in buddhistischen Tempeln frei bewegen. Allerdings ist der Kontakt zu den als heilig geltenden Mönchen tabu. Sofern ein Mann von einem Mönch angesprochen wird, kann er zwanglos mit ihm plaudern und sollte zum Abschied mit einem *wai* grüßen. Doch selbst Männer sollten Berührungen mit Mönchen vermeiden und sich z. B. im Bus nicht neben sie setzen.

Ein tägliches Ritual – die Nationalhymne
Es ist punkt acht Uhr – irgendwo in Thailand in einer Provinzstadt. Plötzlich bringt laute, blechern tönende Lautsprechermusik fast jede Geschäftigkeit zum Stillstand: Passanten erstarren, Männer legen die Hände an die Hosennaht, die Brust – mit und ohne Orden – wölbt sich, Sitzende springen auf, selbst die Kinder stehen stramm und einige Thais richten sich sogar nach Bangkok. Solche Ehrerbietung wird zwar von Touristen nicht erwartet, sehr wohl aber, dass man aufsteht und jedwede Aktivität unterbricht. Denn es ist Flaggenparade – überall im Land. Die Fernseh- und Radiosender spielen für eine Minute die thailändische Nationalhymne Phleng Chat Thai, die von einem österreichischen Emigranten komponiert und in ihrer heutigen Form am 10. Dezember 1939 eingeführt wurde. Das gleiche Prozedere wiederholt sich allabendlich um 18 Uhr, wenn die Flagge wieder eingezogen wird.

König Bhumipol – die Seele Thailands

»Wir werden das Land mit Recht-schaffenheit zum Wohle und zum Glück seiner Menschen regieren« – so verkündet es jeder König von Thailand am Tage seiner Thronbestei-gung. Und noch nie hat es in Thai-land einen Regenten gegeben, der diesen traditionellen Satz so wörtlich genommen hat wie seine Majestät König Bhumipol Adulyadej (deutsch: ›Die Stärke des Landes‹).

Obwohl es in Thailand seit 1932 nur noch eine konstitutionelle Monarchie gibt, gilt König Bhumipol (geb. 1927) heute als unumstrittene Integrations-figur. Er ist moralisch unfehlbarer Sta-bilitätsfaktor eines Landes, das seit Jahrzehnten mit Erfolg auf des Mes-sers Schneide zwischen Tradition und Moderne balanciert, vereinzelt auch zwischen Demokratie und Diktatur. Denn mehrfach hat das Militär, zuletzt 2014, die Macht im Land übernom-men und die demokratischen Grund-rechte beschnitten.

Garant der Demokratie

Als das Militär in Bangkok am 17. Mai 1992 schießend auf Demonstranten ge-gen die damalige Regierung vorging, intervenierte König Bhumipol, ließ die Tore zu seinem Palast öffnen und bot den Demonstranten Schutz. An-

Im Nationalstadion – Thai Chi mit König

schließend lud er die Parteien zu einer Audienz, in deren Verlauf die Militärs zusichern mussten, auf jegliche Gewalt zu verzichten und die Probleme auf de-mokratischem Wege zu lösen.

Sehr gut versteht sich der Regent auf geschicktes Taktieren, wie bei-spielsweise die Geschehnisse am 19. September 2006 zeigten. Nur mit seinem Einverständnis konnten Polizei und Militärkräfte die Amtszeit von Pre-mierminister Thaksin Shinawatra für beendet erklären und die Macht über-nehmen. Der König selbst hatte nie ei-nen Hehl daraus gemacht, was er von dem mittlerweile des Amtsmissbrauchs überführten Thaksin hielt. Er forderte die Bevölkerung auf, Ruhe zu bewah-ren und den Anordnungen der neuen Machthaber zu folgen, bis ein neuer Premierminister durch seine Majestät selbst im Amt bestätigt werde. Im seit Jahren schwelenden Konflikt um die politische Macht im Land (s. S. 49) hat der König zwar nicht direkt erken-nen lassen, doch es kommt nicht von ungefähr, dass die Anhänger der PAD gelbe Hemden tragen – die Farbe der Königstreuen. Den umstrittenen Mi-litärputsch 2014 gegen die Regierung der Thaksin-nahen Pheu Thai, deren Anhänger Rothemden genannt wer-den, billigte König Bhumibol nach-träglich, indem er Armeechef Prayut Chan-o-Cha per Dekret zum neuen Regierungschef ernannte. Im Herbst 2015 sollen neue Parlamentswahlen abgehalten werden.

Majestätsbeleidigung

Das Königshaus Thailands genießt allerhöchsten Respekt im Land, und wer es beschimpft, kritisiert oder auch nur mit flapsigen Bemerkungen verunglimpft, kann wegen Majestätsbeleidigung belangt werden. Das sind laut Human Rights Watch und Amnesty International Jahr für Jahr durchschnittlich etwa 50 Menschen, denen bei einer Verurteilung eine Gefängnisstrafe von 3–15 Jahren droht. Laut Reporter ohne Grenzen (ROG) wird in Thailand der Vorwurf der Majestätsbeleidigung allzuoft missbraucht, um kritische Stimmen einzuschüchtern, und entsprechend ist seit dem Militärputsch 2014 auch die Zahl der Haftbefehle wegen Majestätsbeleidigung gestiegen. Gleichzeitig wurden Internetseiten wegen ihrer angeblich die Monarchie beschädigenden Inhalte gesperrt. Somit läuft Thailand Gefahr, bald zu den »Feinden des Internets« gerechnet zu werden. Längst schon haben u. a. die Vereinten Nationen, die Europäische Union und zahlreiche Menschenrechtsorganisationen Forderungen nach Änderung des Gesetzes zur Majestätsbeleidigung gestellt.

Dabei wird der Vorwurf der Majestätsbeleidigung aber nicht vom König oder seinem Hof erhoben, sondern von den Politikern. Der König selbst meinte in seiner Geburtstagsrede im Jahr 2005: »... Wenn der König keine Fehler machen kann, ist es, als würde man auf ihn herabsehen und ihn nicht als ein menschliches Wesen behandeln. Aber der König kann Fehler machen.«

Für seine Untertanen

Der Monarch, der mehr Zeit seines Lebens auf Reisen durch das Land als in seinen Palästen verbrachte, engagiert sich auch anderweitig zum Wohl seiner Untertanen. Als einziger thailändischer König hat er alle 76 Provinzen seines Reichs besucht und sich mit den Menschen, ihren Sorgen und Nöten verbunden gezeigt. Über 1500 Entwicklungsprojekte, u. a. in der Landwirtschaft und Bewässerung, im Gesundheits- und Bildungswesen, hat er ins Leben gerufen und zum Teil aus der eigenen Schatulle finanziert. Dabei macht er keinen Unterschied, ob es sich um Projekte für seine buddhistischen Glaubensbrüder oder Thais mit islamischem Glaubensbekenntnis handelt. So sponserte er z. B. eine Übersetzung des Korans ins Thai. Auch für den Umweltschutz und für die Wiederaufforstung der Wälder setzt der König sich vehement ein.

Königsverehrung

Der Dank des Volkes könnte größer nicht sein. Selten gab es einen Monarchen auf Erden, dem solche Achtung, Zuneigung und Ehrerbietung, ja Liebe entgegengebracht wird. 1987 sprachen sich die Thais in einer Volksabstimmung dafür aus, ihrem Regenten den Beinamen ›Der Große‹ zu verleihen. Am 5. Mai 1950 als neunter König der Chakri-Dynastie Rama IX. in Bangkok gekrönt, ist König Bhumipol der dienstälteste Monarch der Welt. Dass er vom Volk als die ›Seele des Landes‹ verehrt wird, spürt man besonders deutlich am 5. Dezember, dem Geburtstag seiner Majestät, wenn ganz Thailand feiert. Ob dereinst aber auch sein Sohn, Kronprinz Maha Vajiralongkorn, gekrönt werden wird, bleibt abzuwarten, denn gemäß einer Weissagung soll die Chakri-Dynastie lediglich neun Könige haben ...

Die Nationalparks – Refugien der Tropennatur

In Südthailand zeigt sich die Tropennatur in ihren spektakulärsten Ausprägungen – hier gibt es die größten zusammenhängenden Regen- und ausgedehntesten Mangrovenwälder des Landes und einige der schönsten Korallenriffe Südostasiens. In über 40 Nationalparks präsentieren sich Flora und Fauna oft noch ganz ursprünglich.

Noch vor wenigen Jahrzehnten besaß Südthailand Landschaften von schier unvorstellbarer Vielfalt und Üppigkeit. Vom Bergland im Norden bis hinunter auf die Malaiische Halbinsel lagen unregelmäßig verstreut Mangrovensümpfe, Regen- und Nebelwälder sowie Steppen und Wiesen – Biotope, die in einer im Vergleich zu heute unglaublichen Mannigfaltigkeit von Lebewesen besiedelt wurden.

Raubbau an der Natur

Durch Jagd und Ausdehnung der landwirtschaftlichen Flächen rottete der Mensch innerhalb kürzester Zeit eine Art nach der anderen aus. So auch die Hälfte der größeren Säugetierarten, die vor allem in den drei dominierenden Vegetationseinheiten Mangroven-, Regen- und Nebelwald beheimatet sind.

Gelten im Bereich der Andamanenseeküste noch rund 80 % des Mangrovenwalds als intakt, so sind es an der Golfküste lediglich 20 %. Es folgt landeinwärts der tropische, immergrüne Regenwald, der in den Lagen bis etwa 800 m Höhe als Tiefland-Regenwald bezeichnet wird. Da gerade dieser Bereich in der Vergangenheit besonders stark unter den Eingriffen des Menschen zu leiden hatte, ist der

Mammutanteil dieser noch vor wenigen Jahrzehnten absolut dominierenden Vegetationszone ausgedehnten Plantagen gewichen. Lediglich der Nebelwald blieb aufgrund seiner oft exponierten Lage weitgehend von Übergriffen durch den wirtschaftenden Menschen verschont. Während in den 1940er-Jahren Südthailand zu nahezu 90 % mit Wald bedeckt war, sind es heute weniger als 20 %. Der Raubbau an der Natur ist deutlich zu spüren.

Naturschutz zu Wasser und zu Land

Dieser Wert entspricht im weltweiten Vergleich durchaus der Norm, im Vergleich mit vielen anderen asiatischen Ländern nimmt Thailand in Hinblick auf den Waldbestand sogar eine Spitzenposition ein. Das ist dem Naturschutzgedanken zu verdanken, der in Thailand bereits in den 1960er-Jahren aufkam. 1974 wurde mit dem Tarutao Marine National Park einer der ersten Meeresnationalparks weltweit eingerichtet, in Europa war es erst im Jahre 1992 so weit. Heute stehen in Thailand in mehr als 300 Schutzgebieten 17 % der gesamten Landesfläche unter Naturschutz (in Mitteleuropa sind es nur etwa 1 %) und Jahr für Jahr wächst die geschützte Zone.

Von den insgesamt 127 Nationalparks finden sich über 40 im Süden des Landes. Darunter auch rund zwei

Nationalparkinfos
Prospektmaterial (auch zum Download) und Online-Informationen in Englisch hält das Wildlife and Plant Conservation Department bereit (61 Thanon Phaholyothin, Chatujak, Bangkok, Tel. 025 62 07 60, www.dnp.go.th).
Da Unterkünfte in den Nationalparks begrenzt sind, ist eine rechtzeitige Reservierung unerlässlich (www.thaiforestbooking.com). Der Eintritt in alle Nationalparks kostet zumeist 200 Bt (vereinzelt auch 400 oder 100 Bt) und ist bei den Besucherzentren oder Rangerstationen zu entrichten. Anklickenswert ist auch die private Webseite www.thainationalparks.com.

Dutzend Meeresnationalparks, die insbesondere im Bereich der Andamanensee das überaus empfindliche Ökosystem der Korallenriffe nachhaltig zu bewahren versuchen. Daher gilt Südthailand heute in Taucherkreisen als eine der erstklassigsten Adressen weltweit (s. S. 32). Aber auch auf dem Land ist es erklärtes Ziel, das Leben in freier Natur zu sichern und die biologische Vielfalt zu bewahren.

Leave nothing but footprints

Im Gegensatz zu vielen anderen Ländern wird heute in Thailand versucht, das Etikett ›Nationalpark‹ zu einem Gütesiegel für den uneingeschränkten Schutz der Landschaft zu machen. Dies ist freilich nicht immer von Erfolg gekrönt, da auch hier ökonomische Interessen oft schwerer wiegen als der Naturschutz.

Aufgrund des Naturschutzes ist die Zahl der touristischen Einrichtungen in den thailändischen Nationalparks vergleichsweise gering. Zwar gibt es häufig gute Wandermöglichkeiten und fast immer einfache Übernachtungsangebote in Hütten, aber generell wird eher ein Minimum an Infrastruktur zur Verfügung gestellt. Konsequenterweise ist es in den Nationalparks untersagt, Lärm zu machen, Tiere zu stören, zu jagen, zu fangen oder gar zu töten, die natürliche Beschaffenheit der Erdoberfläche zu zerstören, Steine zu entnehmen, Bäume und Pflanzen zu beschädigen, Blumen zu pflücken etc. Ungeachtet dieser Beschränkungen ist es gestattet, nach Anmeldung bei der Parkverwaltung im Schutzgebiet zu zelten und für den vorübergehenden Bedarf Zweige zum Feuermachen zu verwenden.

Die schönsten Nationalparks auf einen Blick

Meeresschutzgebiete: Unter den Naturwundern der Andamanensee ist besonders der von bizarren Kalksteinformationen geprägte Ao Phang Nga Marine National Park (s. S. 242) zu nennen. Natur pur bietet der Tarutao Marine National Park (s. S. 278). Für Taucher empfehlen sich vor allem der Ko Similan Marine National Park (s. S. 187) und der Ko Surin Marine National Park (s. S. 177). Im Golf von Thailand ist der Ang Thong Marine National Park (s. S. 147) hervorzuheben.
Wälder: Extreme Urwaldlandschaften bieten der Khao Phanom Bencha National Park (s. S. 237) und der Khao Sok National Park (s. S. 188), der den urigsten Urwald des Südens und den wohl schönsten See des Landes umfasst, sich zur Tierbeobachtung sowie für Wander-, Kanu- und Bootstouren eignet. Größter Transitplatz für Zugvögel in Thailand ist der von Mangrovenwald und Kalksteinklippen geprägte Khao Sam Roi Yot National Park (s. S. 122) am Golf von Thailand. Nahe Hua Hin liegt der Kaeng Krachan National Park (s. S. 113), der größte Nationalpark des Landes, Refugium für wilde Tiere und auch für ausgedehnte Trekkingtouren geeignet.

Erklärtes Ziel ist, dass die Parkzone in Thailand weiterhin Wildnis bleibt. So lautet die Parole dementsprechend: »Leave nothing but footprints!« – »Bitte nur Fußabdrücke hinterlassen!«

Die Tierwelt in Bedrängnis

Schwungvoll durchs Revier – der Nashornvogel

Zwar gilt die Tierwelt Thailands als besonders arten- und bestandsreich, doch da gerade ihr natürlicher Lebensraum, insbesondere die tropischen Regenwälder des Südens, zusehends in Ackerland umgewandelt werden, hat sich die Tierpopulation in den vergangenen Jahren drastisch dezimiert.

Dutzende der insgesamt rund 280 in Thailand vorkommenden Säugetierarten sind vom Aussterben bedroht und stehen inzwischen unter Naturschutz – u. a. Tiger, deren Population auf etwa 300 Stück beziffert wird, Leoparden, Schwarzbären, Tapire und Ozelote. Selbst der Elefant, der von den Thais aufgrund seiner Kraft und Größe seit Jahrhunderten verehrt wird und Wappentier des Königreichs ist, gilt als gefährdet. Während Touristen in Südthailand die großen Vertreter der Fauna in freier Wildbahn selten zu Gesicht bekommen, sind verschiedene Affen- und Halbaffenarten sehr häufig zu finden. In ihrem natürlichen Lebensraum beobachtet man diese Tiere am besten im Kaeng Krachan National Park und im Khao Sok National Park, auf dessen See auch Wildlife Tours angeboten werden (s. S. 190).

Birdwatching

Rund 10 % aller auf Erden vorkommenden Vogelarten finden als Brut- oder Zugvögel in Südthailand eine Heimat. Ihr auffälligster Vertreter ist der prächtige schwarzgelbe Nashornvogel *(hornbill)* mit einer Flügelspannweite von bis zu 3 m. Ihm begegnet man in manchen Landesteilen noch recht häufig. Aber auch farbenreiche

Eisvögel *(kingfisher)*, Spottdrosseln, Kraniche, Reiher und zahlreiche andere Vogelarten sind zu beobachten. Herausragend für die Vogelbeobachtung sind der Kaeng Krachan National Park mit mehr als 400 verschiedenen Spezies und der Khao Sok National Park, der vor allem für seine großen Bestände an Nashornvögeln bekannt ist. Auch auf Ko Tarutao und auf Ko Yao Noi sind Nashornvögel zu sehen, wo ein fester Stamm von 50 Tieren dieser Art beheimatet ist. Gerade auch in den Mangroven lassen sich vortrefflich Vögel beobachten (s. S. 262). Und während der Khao Sam Roi Yot National Park als größter Transitplatz für Zugvögel in Thailand gilt, ist das Ko Libong Wildlife Sanctuary (s. S. 273) *der* Spot im Süden zur Beobachtung von Watvögeln, aber auch von verschiedenen Zugvögeln.

Was da kreucht und fleucht

Die Zahl der Reptilienarten, die offiziell auf ca. 300 beziffert wird, dürfte ständig schrumpfen. Zumindest auf Alligatoren und Krokodile kann man in Südthailand wohl längst einen Nachruf verfassen. Recht verbreitet sind dagegen die etwa 160 Schlangenarten, von denen die bis zu 9 m lange Python, eine Würgeschlange, die größte und die bis zu 6 m lange Königskobra die giftigste ist. Obwohl weitere 15 giftige Arten bekannt sind, darunter besonders Vipern, ist die Gefahr, auf einer Urlaubsreise gebissen zu werden, eher gering. Die Snake Farms auf den Inseln Phuket und Ko Samui bieten eine große Schlangenvielfalt. Wer Krokodile sehen will, dem gelingt das am besten in den Crocodile Parks auf Phuket und Ko Samui.

Durch Formenschönheit und Farbenpracht bestechen vor allem über 600 Schmetterlings- und Falterarten, als dessen größter Vertreter, mit über 25 cm Flügelspannweite, Atlas- und Herkulesspinner gelten. Möchte man sich Schmetterlinge anschauen, führt kein Weg vorbei am Phuket Butterfly Garden. Hier kann man sich zudem mit unglaublich vielen verschiedenen Insektenarten vertraut machen. Auch im Samui Butterfly Garden sind Hunderte von Schmetterlingen lebend und aufgespießt zu betrachten, ein Insekten- und Bienenhaus ist angeschlossen.

Am häufigsten begegnet man noch der gemeinen Stechmücke, weshalb kein Thai die kleinen, scheuen Geckos vertreiben würde, eine Echsenart, die in wohl jedem Haus zu finden ist und die sich mit Vorliebe von Mücken und anderen Insekten ernährt, von denen es in Thailand insgesamt rund 150 000 Arten geben soll. Neben der Mücke sind die winzigen Strandflöhe die wahrscheinlich meistverfluchten Tropenbewohner, gefolgt von den Ameisen, von denen die etwa 1 cm lange rote Baumameise die aggressivste und die Riesenameise mit bis zu 3 cm Länge die größte ist.

Beobachtungstouren

Einer der größten Veranstalter von Bobachtungstouren in Südthailand ist Thailand Bird Watching (www. thailandbirdwatching.com). Das Unternehmen bietet an zahlreichen Lokalitäten in Südthailand auch geführte Erlebnistouren an. Auf seiner Webseite und unter www.thailandbirding.com sind alle Vogelreviere und Listen des Artenvorkommens aufgeführt.

61

Geisterglaube, Buddhismus und Islam – eine lebensfrohe Symbiose

Auch wenn der Geisterglaube exotische Blüten treibt, ist Thai-Sein für die meisten Thais gleichbedeutend mit Buddhist-Sein. Die sprichwörtliche Präsenz von Toleranz und Lebensfreude im Königreich ist als Ausdruck dieser Lehrtradition zu verstehen. Aber auch den Muslimen, die im Süden des Landes die Religionslandschaft mitprägen, sind thailändisches Savoir-vivre und Langmut ins Gesicht geschrieben.

Barfüßig, kahl geschoren und in safranfarbene Roben gehüllt schreiten buddhistische Mönche im fahlen Licht des frühen Morgens würdevoll in langer Reihe durch die erwachende Stadt. Sie sind, wie rund 300 000 weitere Mönche überall im Land, auf ihrem alltäglichen Almosengang. Kirchensteuer nämlich wird in Thailand nicht erhoben, und so sind die mehr als 25 000 Klöster des Königreichs ganz auf Spenden der Gläubigen angewiesen, die die Bettelschalen der Mönche kniend mit Gaben füllen.

Strom des Lebens

Damit haben die Gläubigen die Gelegenheit, sich Verdienste für ihr zukünftiges Leben zu erwerben. Denn der Lehre Buddhas zufolge, der um 560 v. Chr. im heutigen Nepal geboren wurde, ist das menschliche Dasein ein ständig sich erneuernder Strom von Faktoren, die dem Karma, dem Gesetz von Ursache und Wirkung, unterliegen. Dieser Strom wird auch vom Tod nicht unterbrochen, weshalb der Mensch ist, was er früher war, und sein wird, was er heute ist.

Der Weg zu einem besseren Dasein wird im Buddhismus durch den edlen achtfachen Pfad gewiesen. Er empfiehlt rechte Erkenntnis, rechte Gesinnung, rechtes Reden, rechtes Handeln, rechtes Leben, rechtes Streben, rechte Achtsamkeit, rechtes Sich-versenken. Dass die damit umrissenen Gebote des Buddhismus bei allem Glauben alltäglich übertreten werden, ist selbstredend, denn Widersprüche zwischen Ideal und Wirklichkeit bestehen in je-

thailändischen Buddhismus, führt zu einem besseren Schicksal. Almosen an Mönche zu geben gehört ebenso dazu wie diesen Ehrerbietung und Hilfsbereitschaft zu erweisen, sich an den Verdiensten anderer zu erfreuen, gemeinsam zu beten und zu meditieren oder anlässlich von Familienereignissen im Tempel zu feiern oder zu trauern. Vor allem für männliche Thais trägt zum besseren Schicksal entscheidend bei, wenigstens ein Mal

der Gesellschaft. Ebenso wenig wie die Christen wirklich nach den Zehn Geboten leben, kann man davon ausgehen, dass das Leben der Thais ausschließlich durch das Befolgen der buddhistischen Gebote bestimmt wird. Im Gegensatz zu vielen Christen aber bereitet es den Thais kaum Probleme, mit solchen Gegensätzen zu leben, denn gemäß der buddhistischen Philosophie werden keine Verbote aufgestellt, kein »Du darfst nicht …«, sondern nur Empfehlungen, also Weghilfen, gegeben. So ist jeder Mensch für sein eigenes Schicksal verantwortlich. Und er kann dieses trotz aller Verfehlungen zum Besseren wenden.

im Leben das Mönchsgewand für mindestens eine Woche anzulegen.

So ist *Tam Bun* in Thailand untrennbar mit dem täglichen Leben verwoben. Sein tieferer Sinn ist es, seine eigene Ich-Bezogenheit und Habgier – nach buddhistischer Philosophie die Grundlagen allen Übels auf Erden – zu überwinden und so in den Genuss von *Im Bun* zu gelangen. Übersetzt bedeutet dieser Ausdruck so viel wie ›voller Glück und Freude sein‹. Seinen sichtbarsten Ausdruck findet er in Thailand in der so sprichwörtlichen Präsenz von Harmonie und Friede nebst Gleichmut, Geduld und Lebensfreude.

Schlüssel zu Freude und Glück

Tam Bun, ein traditionelles Konzept zum Erwerb religiöser Verdienste im

Eine Heimat für die Erdgeister

Ein weiteres rein thailändisches Phänomen ist die innige Verquickung des Buddhismus mit dem Geisterglauben aus früheren, vorbuddhistischen Zeiten, der in der Vorstellung von der Beseeltheit der Natur wurzelt und sich u. a. in den kleinen, vogelhausähnlichen Gebilden zeigt, die auf etwa mannshohen Pfosten in den Städten, aber insbesondere auf dem Land vor beinahe jedem Haus zu finden sind.

Diese Miniaturen aus Holz oder Zementguss sind die Wohnstätten von Erdgeistern. An der rückwärtigen Innenwand der sogenannten *chao thi* findet sich meist ein Bild des Geistes, der traditionell mit einem Schwert in der rechten und einem Buch in der linken Hand dargestellt wird. Auf einer kleinen Plattform vor dem Bild werden dem Geist Opfergaben, etwa Blumen und Räucherstäbchen oder zu besonderen Anlässen auch Speisen, dargereicht.

Errichtet werden diese Geisterhäuschen grundsätzlich, bevor ein Grundstück bebaut wird, so will man

---

Buddhismus im Web

Wer in die Tiefe gehen will, klicke u. a. folgende Seiten an:
www.hdamm.de/buddha/index. php: mit Hingabe und Wissen gestaltete Webseite, vielleicht die beste zum Thema in deutscher Sprache. Alle Fragen werden beantwortet, eine umfangreiche Linkliste rundet die Seite ab.
www.wfbhq.org: das Portal der World Fellowship of Buddhists in Bangkok.
www.thaibuddhist.com: Umfassendes über das Leben als Buddhist und Mönch in Thailand.
www.thaibuddhism.net: Wer wirklich am Buddhismus interessiert ist, kommt an dieser Seite nicht vorbei.

---

den Geist, der das Gelände bewohnt hat, für den Verlust seiner Heimat entschädigen und sein Wohlwollen sicherstellen. Beim Bau des Chao Thi sind tradierte Regeln zu beachten: So muss beispielsweise das Datum seiner Errichtung von einem Astrologen berechnet werden. Sein Standort darf nur östlich oder südlich des Hauses liegen, aber niemals gegenüber dem Eingang. Auch darf es nicht im Schatten des Hauses stehen, wie umgekehrt sein Schatten nicht das Haus treffen darf. Denn die Welt der Geister und die Welt der Menschen unterscheiden sich stark voneinander und dürfen nicht vermischt werden.

Gegen alle Geister gewappnet

Häufig sieht man solche Geisterhäuschen auch an unfallträchtigen Stellen an Straßen oder an den Orten einstiger Verbrechen, da dort nach dem Glauben der Thais bösartige Geister ihr Unwesen treiben. Gutartige und verehrungswürdige immaterielle Wesen bewohnen oft große, alte Bäume, was durch bunte Schleifen, Blumenkränze und andere Gaben angezeigt wird, während Amulette, die fast jeder Thailänder trägt, alle Bereiche der menschlichen Nöte und Hoffnungen im Alltag abdecken.

So gibt es Anhänger zur Förderung der Fruchtbarkeit und gegen Schlangenbisse und Unfälle. Auch mit Edelsteinen besetzten Ringen wird Glück bringende oder Unheil abwehrende Wirkung nachgesagt. Weiße Bänder, am Handgelenk getragen, bieten ebenfalls einen starken Schutz.

Wer auf Nummer sicher gehen will, der lässt sich vorzugsweise auf Rücken, Brust und/oder Oberarme Gebets-

Meditation

Meditationsübungen sind in allen thailändischen Klöstern üblich, in einigen kann man auch als andersgläubiger Tourist an den Retreats teilnehmen (Infos über www.retreat-infos.de). Auf der Urlaubsinsel Ko Samui lädt das Dipabhavan Meditation Center ein (www.dipabhavan.org, keine Kursgebühren, nur Spenden), auf der Nachbarinsel Ko Pha Ngan erfreut sich das Wat Khao Tham International Meditation Center (s. S. 155) größter Beliebtheit. Die in Kreisen von Ausländern populärste Meditationsstätte im Land ist der Wat Suan Mokkh (Chaiya, Surat Thani 84110, www.suanmokkh-idh.org), wo zehntägige Meditationskurse angeboten werden (2000 Bt).

formeln und Beschwörungen eintätowieren. Diese Methode wurde ursprünglich ausschließlich von Mönchen praktiziert und macht nur dann Sinn, wenn man sein Tattoo mit Respekt behandelt und es durch regelmäßigen Besuch im Tempel auffrischen lässt.

Von wegen orthodox

Aber nicht nur die Buddhisten tragen in Thailand Amulette, Ringe und Tattoos, sondern auch die Muslime, die insbesondere im tiefen Süden die Majorität bilden. Der Islam in Thailand kommt – außer in den Grenzregionen zu Malaysia (s. S. 66) – kaum je im Kleid des Fundamentalismus einher, weshalb sich auch die Stellung der islamischen Frau nur unwesentlich von der Stellung einer thailändischen Buddhistin zu unterscheiden scheint. Den Tschador oder die Burka, die in orthodoxen islamischen Ländern oft von Frauen getragen werden, sieht man in Thailand so gut wie nie. Sichtbares Zeichen der Angehörigkeit einer Frau zum Islam ist hier in aller Regel lediglich ein Kopftuch, das sie mehr oder weniger locker trägt und das meist bunt statt schwarz ist.

Auch die muslimischen Männer unterscheiden sich in Sachen Kleidung kaum von buddhistischen Thailändern. Überhaupt ist in Thailand insgesamt den Muslimen all das ins Gesicht geschrieben, was laut einem gängigen Klischee nur die Buddhisten auszeichnet: Gleichmut und Gelassenheit sowie ein freundliches Lächeln und Lebensfreude.

Aufruhr im tiefen Süden

Seit Anfang 2004 leidet der zum überwiegenden Teil von Muslimen bewohnte Süden Thailands vermehrt unter Anschlägen radikaler Angehöriger der muslimischen Bevölkerungsminderheit auf staatliche Einrichtungen. Nach Angaben von DeepSouth Watch wurden bislang über 5600 Menschen getötet und mehr als 10 000 verletzt. Das Auswärtige Amt warnt vor Reisen in diese Region.

Erst Anfang des 20. Jh. wurden die drei Südwestprovinzen an der Grenze zu Malaysia – Yala, Pattani und Narathiwat – fest ins Königreich Thailand integriert, wobei man die Andersartigkeit der Menschen, größtenteils ethnische Malaien, ignorierte. Nur ihre dunklere Hautfarbe und ihren Glauben, den Islam, übersah man nicht. So wurden diese muslimischen Südthailänder zu Thailändern zweiter Klasse.

Thailänder zweiter Klasse

Mit passivem Widerstand gegen die Obrigkeit, aber auch mit bewaffneten Aufständen und einer immer stärker werdenden Annäherung an das Nachbarland Malaysia reagierten die Muslime auf die Diskriminierung. Erst in den späten 1980er-Jahren bemühte sich Bangkok um Verständigung, ließ der König beispielsweise auch im tiefsten Süden einen Sommerpalast errichten und finanzierte u. a. eine Koran-Übersetzung ins Thai. In der Folge

Mobil auf Thailands südlichen Gewässern – junge Musliminnen auf Fahrt

kehrte Ruhe ein, auch wenn die unterschwellige Geringschätzung der Nordthailänder für ihre südlichen ›Brüder‹ bestehen blieb. Hohe Verwaltungspositionen waren den Muslimen praktisch ebenso verwehrt wie gut bezahlte Jobs in der freien Wirtschaft. Die Mischehe mit Muslimen war in den Augen der sonst so toleranten Buddhisten nahezu tabu. Hinzu kam nicht zuletzt, dass der Süden auch in ökonomischer Hinsicht das Stiefkind des Landes blieb.

Terror unter Thaksin

Dennoch blieb es ruhig, bis im Februar 2001 Thaksin Shinawatra Ministerpräsident von Thailand wurde. Es dauerte nicht lange, da lief die Situation in Yala, Pattani und Narathiwat völlig aus dem Ruder. Nach einer Anschlagserie in der Stadt Yala am 14. Juli 2005 wurde in diesen drei Grenzprovinzen der besondere Notstand ausgerufen. Bis zum Militärputsch im September 2006 und der Entmachtung von Thaksin Shinawatra wurden zahllose mutmaßliche Rebellen standrechtlich hingerichtet, und Berichten des malaiischen Geheimdienstes zufolge soll unter der Thaksin-Regierung sogar die völlige Isolierung und Aushungerung der rebellischen Provinzen zur Debatte gestanden haben. Der Premierminister von Malaysia Abdullah Ahmad Badawi habe unverblümt von einem geplanten Genozid gesprochen.

Neue Hoffnung

Nach der Absetzung Thaksins durch das Militär im Jahr 2006 standen die Zeichen erneut auf Verständigung und Aussöhnung. Die Übergangsregierung entschuldigte sich bei den Bewohnern

---

Krisengebiet-Informationen
Aktuelle Informationen unter www.amnesty.de (jährlicher Amnesty-Report Thailand), www.auswaertiges-amt.de (ständig aktualisierte Sicherheitshinweise), www.deepsouthwatch.org und www.hrw.org (aktuelle Artikel von Human Rights Watch). Detaillierte Informationen zur Geschichte des Konflikts, zu Bearbeitungs- und Lösungsansätzen sowie zur aktuellen Konfliktsituation bietet auch die Bundeszentrale für politische Bildung unter www.bpb.de, Stichwort Süd-Thailand.

---

der Region und gestand unumwunden die Verantwortung Bangkoks an den Missständen ein. Doch sonst geschah nichts unter der Regierung von Abhisit Veijajiva, noch immer sind mehr als 30 000 Soldaten und Sicherheitskräfte in der Region stationiert, noch immer gilt das Kriegsrecht und es vergeht kaum ein Tag ohne Terror. Nach Angaben von DeepSouthWatch wurden in der Region seit 2012 so viele bewaffnete Übergriffe von militanten Muslimen mit Toten und Verletzten verzeichnet wie nie zuvor. Abzuwarten bleibt nun, welche Schritte Thailands neue (Militär-)Regierung unter General Prayut Chan-o-cha ergreifen wird, um die Region zu befrieden. Allen vorausgegangenen sieben Regierungen zumindest ist es nicht gelungen, den Konflikt zu lösen. Das liegt zwar sicherlich auch daran, dass die innenpolitische Lage im Königreich seit 2004 insgesamt sehr problematisch war. Vor allem aber ist es wohl dem Militär geschuldet, das den Verhandlungen zwischen den Regierungen und den Rebellen seit jeher skeptisch gegenübersteht.

Die Chao Lee – Nomaden der Meere

Chao Lee (bzw. Chao Lay) ist die thailändische Sammelbezeichnung für verschiedene Ethnien, die traditionell als Seenomaden vor allem im Bereich der Andamanensee zwischen Myanmar und Indonesien siedelten und heute noch in Myanmar und vor allem Thailand leben. Nur wenige Völker haben ein derart inniges Verhältnis zum Meer entwickelt wie diese ›Meermenschen‹, deren tradierte Kultur heute mehr denn je durch Assimilation bedroht ist.

Die Chao Lee sind Nachfahren der um 2500 v. Chr. aus der südchinesischen Region eingewanderten Proto-Malayen. Sie haben teils eine sehr dunkle Haut und krauses Haar, hängen einem animistischen Glauben an und sprechen eine austronesische, dem Thai nicht verwandte Sprache. In der Literatur werden die Chao Lee oft abschätzig Sea Gypsies (Seezigeuner) genannt. Denn in Thailand, wie überall sonst auf der Erde, begegnete die sesshafte Bevölkerung den umherziehenden Minderheiten, die sich in Aussehen, Sprache und Glauben von ihnen unterschieden, mit Verachtung und behandelte sie in der Vergangenheit als Menschen zweiter Klasse.

Volksgruppen der Chao Lee

Rund 9500 Chao Lee soll es heute noch geben, davon etwa 7000 in Thailand. Ethnologen unterscheiden die Volksgruppen der Moklen, Urak Lawoi und Moken. Erstere haben sich im Gebiet von Phuket und Phang Nga mehr oder weniger niedergelassen, sind als Sesshafte heute weitgehend in die thailändische Gesellschaft integriert und besitzen auch die thailändische Staatsbürgerschaft. Offiziell werden sie *Thai mai* genannt, also ›Neue Thais‹.

Die oft noch staatenlosen Moken befahren mit ihren Booten nach Art ihrer Vorfahren die gesamte Andamanensee von Myanmar bis nach Malaysia. Ihr Leben ist eine stete Reise, das Boot ihr Zuhause, das Meer ihre Heimat und ihr Erhalter, das sie mit

Minderheiten in ihr eigenes Schema zu pressen, geht die tradierte Lebensweise dieser Minderheiten verloren und damit auch ihre Kultur. Dann setzt eine Assimilation ein, die zumindest bei den Moklen schon sehr weit fortgeschritten ist – nicht zuletzt auch wegen der Schulpflicht, die auch für die Urak Lawoi gilt.

Auch die auf Phuket und Ko Lanta etwa als ›Sea Gipsy Tours‹ angebotenen Touristenfahrten, in deren Rah-

Fischen, Muscheln und fast allem, was sie zum Leben benötigen, versorgt.

Die Urak Lawoi schließlich leben in schlichten Dörfern im Bereich der gesamten Küste zwischen Phuket im Norden und der Grenze zu Malaysia im Süden, wenn sie nicht als Halbnomaden zumindest zeitweise noch auf dem Meer unterwegs sind. Die meisten Urak Lawoi sind auf der zum Tarutao-Archipel gehörigen Insel Ko Lipe ansässig. Dorthin wurden sie von ihren Stamminseln, die in den Ko Tarutao Marine National Park integriert sind, in den 1970er-Jahren umgesiedelt.

Von Assimilation bedroht

Doch dem Untergang geweiht sind wahrscheinlich alle drei Gruppen, denn wenn staatliche Autoritäten versuchen, das traditionelle Leben von

men die Chao-Lee-Dörfer wie Zoos besichtigt werden, tragen zur Zerstörung der Kultur bei, während die Moken ohnmächtig zusehen müssen, wie ihre Meere von Trawlerflotten leergefischt, ihre angestammten Fischgründe in Nationalparks verwandelt werden und ihnen das Selbstbestimmungsrecht als indigenes Volk vorenthalten wird.

Hilfe im ungleichen Kampf könnte das 1997 ins Leben gerufene Andaman-Pilotprojekt der UNESCO bringen. Es will dazu beitragen, dass die Chao Lee trotz veränderter Rahmenbedingungen ihre traditionelle Lebensweise bewahren können. Auch der Tsunami vom Dezember 2004 hat den Namen der Chao Lee und die Kunde von ihrem Dasein in die Welt getragen. Die Moken kannten das Naturphänomen und wussten die Vorzeichen der Katastrophe zu deuten. Daher konnten sie sich selbst und mehrere Touristen in Sicherheit bringen.

Die Thaimassage – uralte heilsame Berührung

Die traditionelle Thaimassage ist auf Körper, Geist und Seele gleichermaßen ausgerichtet. Sie wurzelt in der ayurvedischen Medizin Indiens und gilt als eines der ältesten überlieferten Heilsysteme der Welt.

Vom Ambiente des Raumes her fühlt man sich in eine Turnhalle versetzt, und auch die etwa 20 Matten in Reih und Glied auf dem Boden fügen sich in dieses Bild ein. Doch hier wird nicht geturnt, sondern massiert. Greift da eine drahtige alte Thailänderin einem auf dem Rücken liegenden Touristen derb in die Waden, so wuchtet dort ein junges Mädchen ihren Ellenbogen mit erstaunlichem Kraftaufwand in die Leistengegend eines Kunden. Auf anderen Matten werden Beine gezerrt, Rücken mit Füßen malträtiert und Köpfe verdreht. Finger knacken, die Massierten stöhnen, während sich die Masseure und Masseurinnen angeregt unterhalten und mitunter köstlich über die meist ausländischen ›Delinquenten‹ zu amüsieren scheinen.

Ganzheitliches Heilsystem

Angesichts der Torturen, die hier – oberflächlich betrachtet – den Klienten zugefügt werden, drängt sich für

Thaimassage fordert den ganzen Körper

einen außen stehenden Betrachter schnell die Frage auf, ob eine Massage wie hier in der Thai Traditional Medical School des Wat Po in Bangkok wirklich dem Wohlbefinden förderlich oder nicht vielmehr abträglich ist. Aber man muss nur in die Gesichter der erfolgreich Behandelten schauen und sich vor allen Dingen selbst auf das Erlebnis einer traditionellen Thaimassage einlassen, um zu verinnerlichen, dass das, was hier praktiziert wird, nicht Qual bereitet, sondern ganz im Gegenteil Wohlbefinden. Dieser Genuss wird aber nicht durch eher sanftes Streichen hervorgerufen, wie bei den klassischen westeuropäischen Massagetechniken üblich, sondern durch eine kraftvoll dynamische Bearbeitung ausgewählter Energielinien, bei der der Klient mit Daumen- und Handballendruck, mit den Ellenbogen, Unterarmen, Knien und Füßen bearbeitet wird.

Durch diese ausgefeilten Techniken werden die Atmung vertieft, der Lymphfluss angeregt, die Muskeln gedehnt und gestärkt, der Wirbelkörper entlastet, das Bewegungsspektrum der Gelenke erweitert – womit nur die Wirkung auf die Physis genannt sind. Darüber hinaus aber und vor allem anderen wird eine einzigartige Wirkung vor allem auf der feinstofflichen Ebene erzielt und in der Folge kommt es zu einer Harmonisierung des Energieflusses, der Auflösung von Blockaden und damit zu einem an-

Unser Tipp

Massage-Oasen
Wat Po Thai Traditional Medical School: Wat Po (s. S. 87), Bangkok, tgl. 8–16 Uhr, www.watpomassage.com. Massage ab 420 Bt/Std., Einführungskurs in Thaimassage 9500 Bt/30 Std., Fortgeschrittenenkurs 14 000 Bt/60 Std., Kurse in Fußreflexzonenmassage 7500 Bt/30 Std.
The Sanctuary: Hat Thian, Tel. 081 271 36 14, www.thesanctuarythailand.com. Yogakurs 350 Bt/2 Std., Aromatherapiemassage 800 Bt/Std, Fußreflexzonenmassage 550 Bt/45 Min., spezielle Nacken- und Schultermassage 750 Bt/45 Min. Schlafsaal 220 Bt, Bungalows 770–1700 Bt, Häuser 900–6000 Bt. Alle Bungalows, Häuser, die Yogahalle und das Restaurant (vegetarische Gerichte und Seafood) sind in die Natur integriert.

genehmen, ganz ungewohnt klaren Lebensgefühl. Nichts anderes auch will die thailändische Bezeichnung für Thaimassage sagen, denn *nuad phaen boran* bedeutet übersetzt ›uralte heilsame Berührung‹.

Thaimassage made in India

Aus Thailand kommt die Thaimassage allerdings nicht. Sie wurzelt in der jahrtausendealten ayurvedischen Medizin, weshalb sie heute im Ruf steht, eines der ältesten überlieferten Heilsysteme der Welt zu sein. Als ihr Urheber gilt der nordindische Arzt Jivakar Kumar Bhaccha, ein Zeitgenosse und Schüler Buddhas, der in Thailand noch heute als der ›Vater der Medizin‹ verehrt wird. Mit der Verbreitung des Buddhismus gelangte das indische Heilsystem nach Thailand, wo es sich mit Einflüssen aus der chinesischen Heilkunde mischte und noch heute einen hohen Stellenwert als präventive Gesundheitsmaßnahme und als Behandlungsmethode vor allem bei Kopf- und Nackenbeschwerden, chronischen Rückenschmerzen, Schlafstörungen und innerer Unruhe in allen Bevölkerungsschichten hat.

Die traditionelle Thaimassage findet stets bekleidet (und daher auch ohne die Verwendung von Ölen) auf einer Bodenmatte statt, kann bis zu zweieinhalb Stunden dauern (in der Regel jedoch eine Stunde) und ist immer dann am besten, wenn sie von einem Absolventen der Thai Traditional Medical School des Wat Po ausgeübt wird, dem seit Mitte der 1950er-Jahre führenden Ausbildungszentrum für traditionelle Thaimassage.

In abgewandelter Form wird die Thaimassage meist in den zahllosen Wellnesszentren der Tourismusbranche angeboten, auch an den allermeisten Stränden. Wer auf Nummer sicher gehen will, sollte sich anhand eines Ausbildungszertifikats von der Qualifikation überzeugen, denn schon manch einer hat sich üble Verrenkungsschmerzen zugezogen. Die in den Rotlichtmeilen angebotenen ›Thaimassagen‹ haben nichts mit den echten medizinischen Thaimassagen zu tun!

Das Geschäft mit der ›Liebe‹

Der Tourismus hat Thailand nicht nur die erhofften Devisen beschert, sondern auch Heerscharen allein reisender Männer aus relativ wohlhabenden Teilen der Erde, die mit dem vorrangigen Ziel ins Land kommen, sexuelle Kontakte zu vergleichsweise billig käuflichen ›exotischen‹ Frauen bzw. Mädchen aufzunehmen.

Die erste Welle der Sextouristen schwappte in den 1960er-Jahren im Rahmen der Rest-and-Recreation-Programme für US-amerikanische Soldaten über das Land. In ständigem Pendelverkehr wurden vom Kampf in Vietnam erschöpfte GIs zur Erholung nach Bangkok geflogen, wo plötzlich eine schier unersättliche Nachfrage nach Frauen entstand.

Verlockungen der Stadt

Mit dem Versprechen auf eine gute Ausbildung oder einen Job wurden immer mehr, besonders auch junge Mädchen, aus ihren Dörfern nach Bangkok gelockt, wo sie mit Schulden, Drohungen und Gewalt in die Prostitution gezwungen wurden. Gleichzeitige Dürreperioden im Nordosten des Kö-

Tanz im dunklen Rotlicht – Nachtclub in Bangkok

Informationen im Web

www.child-hood.com: Unter den Stichworten ›Reisende/Reiseziele‹ werden Organisationen vor Ort genannt, die sich mit Kinderprostitution befassen.

www.depdc.org: DEPDC versteht sich als eine gemeinnützige Organisation, deren Ziel es ist, Prostitution, insbesondere Kinderprostitution, zu bekämpfen.

www.tdh.de: Seite von Terre des hommes mit Berichten zu Thailand.

www.thaicharities.org: Unter den Stichworten ›Organizations for children/women‹ finden sich umfassende Listen mit Links.

www.no-trafficking.org: UN-Projekt gegen Menschenhandel, gerade auch Kinderhandel, in Indochina.

www.unicef.org: Unter dem Stichwort ›Thailand‹ Informationen über die Situation von Kindern.

nigreiches, dem ärmsten Teil des Landes, ließen insgesamt mehr als 3 Mio. Menschen nach Bangkok migrieren. Da es kaum Arbeit für sie gab, stellte die Prostitution vielfach die einzige Erwerbsquelle für die jungen Frauen dar. Einem Polizeibericht zufolge arbeiteten 1974 bereits 400 000 Frauen und Mädchen aus den ländlichen Gebieten in den Bordellen Bangkoks. Noch 1950, dies zum Vergleich, gab es im ganzen Land etwa 20 000 Prostituierte.

Zunahme der Kinderprostitution

Als nach Beendigung des Vietnamkriegs die GIs in Bangkok ausblie-

ben, gab es eine kurze Flaute im Sexgeschäft. Doch die Lücke in der Männerschar wurde bald schon durch japanische, amerikanische und westeuropäische Touristen mehr als gefüllt, und wie geschätzt wird, nehmen heute die Deutschen den dritten Platz im ›Länderranking‹ des Sextourismus in Thailand ein, der vor allem dem Ausbreiten der Immunkrankheit Aids großen Vorschub leistet. Wie geschätzt wird, sollen zurzeit zwischen 70 % und 90 % aller Prostituierten des Landes mit HIV infiziert sein.

Mit dem Tourismus nahm auch die Kinderprostitution zu, und immer häufiger wurden nun Fälle bekannt, in denen Bauernfamilien aus dem Norden Thailands ihre Töchter an Menschenhändler verkauften, die den Mädchen gute und gut bezahlte Jobs versprachen. Es war aber nicht Skrupellosigkeit, die die Eltern zu diesem Schritt veranlasste, sondern Unwissenheit und Not.

Heute gehen realistische Schätzungen der internationalen Hilfsorganisation Médecins sans frontières von über 200 000 in Thailand zur Prostitution gezwungenen Kindern und Jugendlichen aus, der Großteil davon sind Mädchen. Die hohe Nachfrage nach Kinderprostituierten macht den Menschenhandel zum lukrativen Geschäft. Mittlerweile werden aus den Nachbarländern, besonders aus Myanmar, Laos, Kambodscha und Südchina Kinder in thailändische Bordelle verschleppt.

Boom des Sextourismus trotz Verbots

Dabei suchte und sucht ein Großteil der Freier in Thailand nicht nur Kontakt für eine Nacht, sondern für die

Dauer des gesamten Aufenthalts. Überall im Land begegnet man Touristen überwiegend älterer Jahrgänge in Begleitung von vorzugsweise jungen Thaifrauen oder eben Mädchen. Ernst zu nehmende Schätzungen gehen davon aus, dass es wahrscheinlich gut 1 Mio. Prostituierte in Thailand gibt, und das, obwohl Prostitution dort gesetzlich verboten ist.

Seit Jahren versucht die thailändische Regierung die Prostitution per Verordnung einzudämmen. Doch was nützen die rigidesten Gesetze in einer Branche, die laut Schätzung der International Labour Organisation der UNO jährlich bis zu 15 % des Bruttoinlandsprodukts erwirtschaftet, wenn zugleich die meisten Beamten und Polizisten in Relation zu möglichen Bestechungsgeldern hoffnungslos wenig verdienen.

Kampf gegen die Prostitution

Anfänge sind dennoch gemacht, und schon 1992 hat Thailand die UN-Konvention über die Rechte des Kindes ratifiziert und sich verpflichtet, Kinder vor allen Formen sexueller Ausbeutung und sexuellen Missbrauchs zu schützen. Seit Anfang der Neunzigerjahre laufen Regierungsprogramme, die Kinder durch die Schaffung neuer Erwerbsmöglichkeiten auf dem Land vor Prostitution schützen wollen. Landesweit ist u. a. die Touristenpolizei angehalten, den Gesetzen gegen die Prostitution Geltung zu verschaffen. Weltweit sollen die thailändischen Fremdenverkehrsämter die Aktivitäten der Reiseveranstalter kritisch beobachten und Unternehmen anzeigen, die für Sex in Thailand werben oder Sexreisen anbieten.

Vor allem gegen Kinderprostitution wird in Thailand rigoros vorgegangen: UNICEF und ECPAT (Arbeitsgemeinschaft zum Schutz der Kinder vor sexueller Ausbeutung) arbeiten eng mit den zuständigen Regierungsstellen zusammen. Auch das deutsche Bundeskriminalamt mischt vor Ort mit, um deutsche Staatsbürger, die sich des sexuellen Missbrauchs von Kindern und Jugendlichen in Thailand schuldig machen, der Justiz zuzuführen. Nach thailändischem wie nach deutschem Recht droht den Tätern eine bis zu zehnjährige Haftstrafe. In Thailand wird noch mit bis zu drei Jahren Gefängnis bestraft, wer sexuellen Kontakt zu Jugendlichen im Alter von 15–18 Jahren hat, während Zuhälter und Kuppler bis zu 20 Jahre Gefängnis riskieren.

Nicht wegschauen, helfen

Die Tourist Authority of Thailand (TAT) unterstützt die Regierung in ihrem Vorgehen gegen Kinderprostitution in vollem Umfang und fordert die Besucher Thailands auf, dabei mitzuhelfen, sich dem Übel Kinderprostitution entgegenzustellen. So bittet die Organisation darum, sie oder die Polizei zu informieren, wenn die Besucher davon erfahren, dass Reiseveranstalter, Organisationen oder auch Einzelpersonen Sexreisen nach Thailand anbieten oder dafür werben, insbesondere wenn dabei Kinder beteiligt sind.

Alle Touristen, so der eindringliche Hinweis, sind dazu aufgefordert, auch im Urlaub weder wegzuschauen noch wegzuhören, sondern beim Kampf gegen das Verbrechen des sexuellen Missbrauchs von Kindern Regierung und Hilfsorganisationen so gut es geht zu unterstützen.

Wenn der Vollmond scheint

Es heißt, dass die Full Moon Parties am Hat Rin Beach auf der Insel Ko Pha Ngan die größten und bekanntesten Dance & Music Beach-Happenings sind. In Spitzenzeiten werden über 40 000 Besucher gezählt, die zu Drum 'n' Bass, House, Techno, Garage und Psytrance ausflippen, aber auch auf Reggae und Pop abfahren.

Goa ist out, Ko Pha Ngan ist in, und selbst in der Nebensaison finden sich inzwischen regelmäßig bis über 20 000 Partygäste zum Beat der Trommelfell zerreißenden wattstarken Soundsysteme ein, die den Strand vom frühen Abend bis zum späten Morgen mit all dem beschallen, was DJs aus Thailand und der ganzen Welt auflegen. Getanzt wird einmal im Monat die ganze Nacht lang, und wer jung ist oder sich jung fühlt und gerne feiert, darf sich diesen Mega-Event nicht entgehen lassen.

Freudenfest für Langfinger

Unfassbar scheint heute, dass dieses Festival Ende der 1980er-Jahre mit Klampfenklängen und etwa 50 Teilnehmern seinen Anfang nahm. Da-

Am Hat Rin Beach feiern die Mondsüchtigen ausgelassen in den Morgen

mals konnte man sich noch ganz ohne Sicherheitsvorkehrungen den Tanzfreuden hingeben. Wer das heute tut, darf froh sein, wenn er am nächsten Morgen noch genügend Kleingeld hat, um seine Botschaft zu kontaktieren. Denn auch für Langfinger sind die Mondfeten das Happening schlechthin. Deshalb wird empfohlen, die Besitztümer im Safe der Unterkunft zu deponieren, Wertsachen nicht im Bungalow liegen zu lassen und möglichst auf verschiedene Taschen verteilt nur Kleingeld am Körper zu tragen.

Mit Freunden feiert es sich am besten

Wer sich von der Masse entfernt und sich allein in die nächtliche Einsamkeit oder zu den abseits gelegenen Bungalows zurückzieht, läuft sogar Gefahr, überfallen zu werden. Vor allem Frauen werden Opfer von Gewaltdelikten, nachdem sie zuvor mit in Speisen und Getränke gemischten Drogen gefügig gemacht wurden. Man sollte sich also nicht von Fremden zu einem Drink oder Imbiss einladen lassen.

Trotz Hundertschaften von Polizisten, die auch undercover unterwegs sind, steigt die Zahl der Verletzten und Toten jährlich. Schon Tage im Voraus wird von der Polizei gefilzt, wer zwischen Thong Sala und Hat Rin unterwegs ist. Wird man mit Drogen erwischt, und sei es nur ein Joint, droht Gefängnis, sofern man sich nicht an Ort und Stelle freikaufen kann.

Tipps und Tricks

Wer sich dennoch dopt oder übermäßig den Freuden des Bacchus hingibt, sollte tunlichst aufs Schwimmen

Luna sei Dank
Full Moon Warm Up Parties toben vor dem Vollmond am Hat Rin Beach in der Warm Up Bar, in der benachbarten Outback Bar, im berühmten Reggae House und in der Same Same Lodge mit Superbuffet und Rock pur.
Keine Vollmondparty ohne **Full Moon After Hour Party**, und zwar im Backyard Pub und im Baan Sabai am Ban Tai Beach.
An jedem Neumond lädt die **Black Moon Party** und an jedem Halbmond die **Half Moon Party** am Ban Kai Beach ein. Treffs sind dort vor allem das Clubland Resort und der Hin Kong Club, wo sich während der Mondfeste durchschnittlich bis zu 1000 Partyhungrige vergnügen.
Informationen zu allen Mondphasenpartys auf Ko Pha Ngan: www.fullmoonparty-thailand.com, www.fullmoonpartykohphangan.com, www.fullmoon.phangan.info.

verzichten. Und die Füße danken es, wenn man feste Schuhe trägt, denn je später der Abend, desto größer die Anzahl der Scherben im Sand.

Auch die Unterkunftspreise heben zu Vollmond ab, aber selbst für noch so viel Geld ist am Vollmondtag kein freies Zimmer mehr zu bekommen – weder am Hat Rin noch an den benachbarten Stränden. Am besten reist man ein paar Tage früher an oder bezieht andernorts Quartier, denn selbst zu den Stränden an der Nord- und Westküste sind bis zum frühen Morgen Songthaews unterwegs. Boote pendeln nach Bo Phut und Big Buddha Beach auf Ko Samui.

Unterwegs in Südthailand

Malerische Strände wie an der Nordküste von Ko Samui sind das Kapital Südthailands

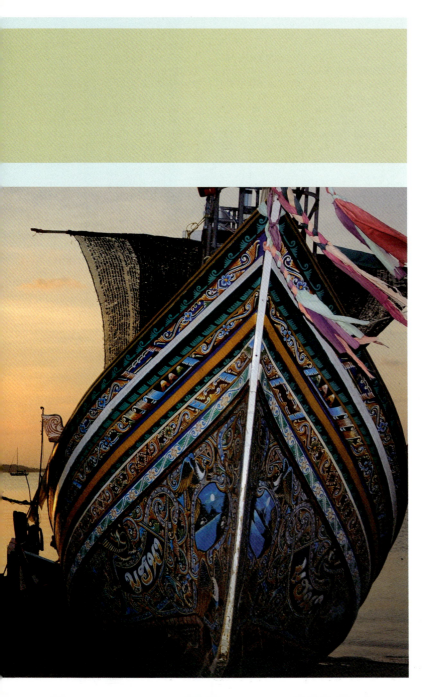

Das Beste auf einen Blick

Stopover in Bangkok

Highlight!

Bangkok: In nur 50 Jahren hat sich das ›Dorf im Pflaumenhain‹ zur Megametropole mit über 14 Mio. Einwohnern gemausert. Über 400 Tempel und Paläste inmitten einer glitzernden Hochhauskulisse tragen zur einzigartigen Atmosphäre im Spannungsfeld zwischen Alt und Neu bei. Hochrangige Sehenswürdigkeiten, eine schillernde Shoppingwelt, edle Thairestaurants und ein pulsierendes Nachtleben locken Besucher aus aller Welt an. S. 82

Auf Entdeckungstour

Exotische Welten – Wat Phra Kaeo und Royal Grand Palace: Der Tempelkomplex des Wat Phra Kaeo und des Königspalastes ist als Glanzstück thailändischer Architektur weltberühmt und eine Schatzkammer der thailändischen Künste sowie Heimstätte des am meisten verehrten Buddhabildnisses des Königreichs. 3 4 S. 84

Erlebnis für die Sinne – durch Chinatown und Little India: Kein Aufenthalt in Bangkok, ohne einen Besuch im chinesischen und dem mitten darin gelegenen indischen Viertel. Die fahrzeugfreien Basargassen scheinen die Vergangenheit zu konservieren und finden heute in ganz Südostasien kein Gegenstück. 8 – 10 6 1 2 S. 92

Kultur & Sehenswertes

Wat Arun: Der 74 m hohe Turmbau des ›Tempels der Morgenröte‹ gilt als Wahrzeichen der Stadt. 6 S. 87

Nationalmuseum: Die größte und bedeutendste Kunstsammlung ihrer Art in ganz Asien ist immer einen Besuch wert. 7 S. 87

Baiyoke 2 Tower: Nicht einmal 60 Sekunden benötigt der Highspeed-Aufzug, um Passagiere zur Aussichtsplattform des mit 304 m Höhe höchsten Gebäudes Thailands zu befördern. 11 S. 91

Aktiv unterwegs

Mit dem Longtailboot durch Thonburi: Eine Klongtour mit einem Longtailboot entführt in die Welt des Schriftstellers Joseph Conrad, als Bangkok noch zu Recht als ›Venedig des Ostens‹ gerühmt wurde. 12 – 15 6 1 S. 91

Genießen & Atmosphäre

Rembrandt Hotel: Selten nur kann man derart komfortabel wohnen und muss dafür so wenig bezahlen wie in dieser Nobelherberge, einer der beliebtesten der Stadt. 2 S. 95

Baan Khanitha: Hier wird perfektionierte königliche Thaiküche in vollendeter Umgebung serviert. 1 S. 97

Abends & Nachts

Hard Rock Café: Rockmusik *at its best* in einem angenehmen Ambiente aus US-Tradition und thailändischem Stil. 3 S. 101

Saxophone: Thailands berühmtester und populärster Jazz- und Bluestempel. 6 S. 102

Vertigo: Die höchste Freiluftbar Asiens bietet wahrhaft spektakuläre Ausblicke. 7 S. 102

Die schillernde Metropole Thailands – Bangkok!

Selten ist Fliegen so schön wie in Erwartung jenes Augenblicks, wenn beim Anflug auf ein fernes Ziel tief unten der erste Streifen Land, die ersten Bauwerke auszumachen sind. Das also ist Bangkok! Palast- und Tempeldächer zeichnen sich ab, vereinzelte Grünflächen, vor allem aber die schimmernden Glastürme himmelstürmender Wolkenkratzer in einem horizontweiten Häusermeer, die andeuten, dass die gepflegte Geruhsamkeit vergangener

Infobox

Reisekarte: ▶ E 1 und Karte 3

Touristeninformation
Tourism Authority of Thailand: Bangkok Office, 1600 New Phetchaburi Road, Makkasan, Ratchathevi, Tel. 022 50 55 00, tatbangkok@tat.or.th, www.tourismthailand.org, www.tourismthailand.org, tgl. 8.30–17 Uhr. Hier liegen zahllose Broschüren und Infohefte zu Bangkok aus, das Personal ist sachkundig und motiviert. Zwei weitere Infostellen befinden sich im Suvarnabhumi Airport, und zwar in den Ankunftshallen für Inlandsflüge (Domestic Arrivals, Tel. 021 34 00 40) und für Auslandsflüge (International Arrivals, Tel. 021 34 00 41); tgl. 8–24 Uhr geöffnet.
TAT Call Center: kostenlose Tourist Service Line, Tel. 16 72, tgl. 8–20 Uhr.
Internet: Außer der Seite des Fremdenverkehrsamts (s. o.) sind empfehlenswert www.bangkok.sawadee.com und www.bangkoksite.com (Informationen insbesondere zu den Sehenswürdigkeiten) sowie die privaten Kommerzseiten www.bangkok.com und www.1stopbangkok.com. Über Bangkoks Traveller-Meile rund um die Khaosan Road informiert http://wikitravel.org/en/Bangkok/Khao_San_Road.

Service
Tourist Police: Tel. 11 55, 023 56 06 50.
Immigration Office: Government Building B, Chaeng Wattana Soi 7, Tel. 021 41 98 89, Mo–Fr 8.30–12, 13–16.30 Uhr, www.bangkok.immigration.go.th, Mo–Fr 8.30–12 und 13–16.30 Uhr.
Bumrungrad International Hospital: 33 Sukhumvit Soi 3, Tel. 026 67 10 00, im Notfall Tel. 026 67 29 99, www.bumrungrad.com. Eines der besten Krankenhäuser Asiens, für Touristen steht ein International Patients Services Center zur Verfügung (u. a. Dolmetscher).

Verkehr
Das öffentliche Verkehrsnetz von Bangkok ist außerordentlich gut ausgebaut, dabei sehr effektiv und billig. Die Website www.transitbangkok.com informiert umfassend; mit Routenplaner. Günstig sind aber auch Fahrten mit dem Taxi, dem Motorradtaxi und dem Tuk-Tuk. Werktags ab ca. 17 Uhr sollte man sich Fahrten tunlichst verkneifen, denn dann herrscht Stau auf fast allen Straßen. Weitere Infos zum Stadtverkehr s. S. 103.

Tage längst der Hast des ökonomischen Wettlaufs gewichen ist.

Es war einmal vor 200 Jahren, da gab es anstelle von Bangkok mit seinen mehr als 12–14 Mio. Einwohnern nur Dörfer, Felder und Wasserwege. Es war einmal vor 50 Jahren, da betrug das innere Stadtgebiet noch 13 km² anstatt der heutigen 2000 km² bzw. mit dem äußeren Stadtgebiet 7700 km². Und da gab es außer den zahlreichen Klongs oder Kanälen, die der Stadt früher den Titel ›Venedig des Ostens‹ eintrugen, nur wenige Straßen und Trampelpfade für Lastenelefanten. Heute zählt man Tausende Straßenkilometer, die von Millionen von Fahrzeugen zu jeder Tages- und Nachtzeit unsicher gemacht werden und die die Stadt trotz ultramoderner Skytrains und einer U-Bahn zu einer der engsten des Fernen Ostens machen, die im wahrsten Sinne des Wortes atemberaubende Smogbelastung nicht zu vergessen.

Bangkok präsentiert sich als eine gigantische Boomtown, als ein New York des Ostens, ein monumentales Shoppingcenter mit mehr Nightlife als in irgendeiner anderen Stadt Asiens. Trotzdem ist Krung Thep, die ›Stadt der Engel‹, wie die Thais ihre Kapitale in der Kurzform bezeichnen (s. rechts), immer noch ein Hort des Alten und Schönen: Mehr als 400 golden blinkende Tempel und Paläste erheben sich als Refugien der Ruhe inmitten des hektischen Treibens. Hier öffnet sich ein farbenprächtiger Markt, dort eine autofreie Bilderbuchgasse. Und zumindest in manchen Stadtteilen stößt man immer wieder auf Wasserstraßen im Saum von Palmen und hölzernen Pfahlbauten. Dort fühlt man sich ins 18. Jh. zurückversetzt, als am 6. April 1782 Ban Makok, das ›Dorf im Pflaumenhain‹, aus dem Bangkok werden sollte, von König Rama I. zur Hauptstadt erhoben wurde.

Stadt der Engel

Krung Thep ist lediglich eine Kurzform von *Krung Thep Mahanakhon Amon Rattanakosin Mahinthara Ayuthaya Mahadilok Phop Nopparat Ratchathani Burirom Udomratchaniwet Mahasathan Amon Piman Awatan Sathit Sakkathattiya Witsanukam Prasit,* dem mit 168 Buchstaben längsten Ortsnamen der Welt, der übersetzt so viel bedeutet wie ›Stadt der Engel, große Stadt und Residenz des heiligen Juwels Indras, uneinnehmbare Stadt des Gottes, große Hauptstadt der Welt, geschmückt mit neun wertvollen Edelsteinen, reich an gewaltigen königlichen Palästen, die dem himmlischen Heim des wiedergeborenen Gottes gleichen, Stadt, die von Indra geschenkt und von Vishnukarm gebaut wurde‹.

Der historische Stadtkern

Jene Stelle in einer Schleife des mächtigen Flusses Menam Chao Phraya, wo sich König Rama I. einst seinen Palast bauen ließ, ist die Keimzelle der Stadt. Dort treibt die uns so exotisch erscheinende siamesische Architektur ihre schönsten Blüten. Einen Besuch der **Palast- und Tempelanlagen** **3** **4** (s. Entdeckungstour S. 84) ist ein Muss, gelten sie doch als die berühmtesten in Thailand. Mindestens einen Tag sollte man dafür reservieren.

Sanam Luang **1**

Zentrum des historischen Stadtkerns ist der Sanam Luang. Wenn das große Rasenoval des Platzes nicht für königliche Zeremonien oder für Drachenflugwettkämpfe benutzt wird, ist es eine beliebte Spiel- und Picknickwiese für das Stadtvolk. ▷ S. 87

Auf Entdeckungstour: Exotische Welten – Wat Phra Kaeo und Royal Grand Palace

Der Komplex des Wat Phra Kaeo 3 und des heute nicht mehr als Residenz dienenden Königspalastes 4 ist Schatzkammer der thailändischen Künste und als Glanzstück thailändischer Architektur weltberühmt. Hier ist auch das am meisten verehrte Buddhabildnis des Königreichs beheimatet – der Smaragd-Buddha.

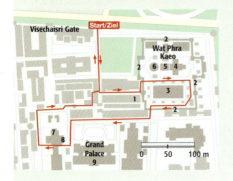

Öffnungszeiten: tgl. 8.30–12, 13–15.30 Uhr (geschl. bei königlichen Zeremonien), Tel. 022 22 00 94 u. 022 22 22 08, www.palaces.thai.net, Eintritt 500 Bt

Dauer: ein halber Tag

Kleidung: Bei Bedarf ist an der Kasse adäquate Kleidung erhältlich.

Blickfang am Sanam Luang, dem historischen und kulturellen Zentrum Thailands, ist die weiße, zinnenbewehrte Mauer des Königspalastes und die dahinter aufsteigende Traumkulisse goldfarbener, grüner und roter Staffeldächer zwischen prunkvollen Giebelfeldern sowie den unzähligen Pagoden und filigranen Turmnadeln des Wat Phra Kaeo. Dieser Tempelkomplex, das religiöse Herz des Landes und bekannt auch als **Temple of the Emerald Buddha,** verschmilzt zu einem einzigen atemberaubenden Kunstwerk, das auch in architekturgeschichtlicher Hinsicht ein Highlight darstellt.

Archetyp der Architektur

Die Lage Thailands auf dem Boden jahrhundertealter buddhistisch geprägter Reiche trieb die Kunstentfaltung voran. Nur so ist es verständlich, dass die Kultur des Landes seit dem 7. Jh. eine derart auffällige Homogenität aufweist. Die Stile wandelten sich, die Ikonografie der religiös verstandenen Kunst und Kultur aber blieb im Wesentlichen gleich. Einheitlich wirkt das der Lehre Buddhas zugrunde liegende Streben nach Harmonie, Vergeistigung und Friede. Die Klosteranlage *(Wat)* verkörpert den Archetyp thailändischer Architektur.

Nach Passieren der Kasse und der **Königlichen Münzsammlung (1)** betritt man den eigentlichen Tempelbezirk des **Wat Phra Kaeo** unter den eindringlichen Blicken von gewaltigen Dämonen, die paarweise die insgesamt sechs Eingangstore bewachen und mit ihren grellen Farben eine abschreckende Wirkung auf böse Kräfte haben sollen.

Der angrenzende **Wandelgang (2)** schließt den Komplex gegen die Außenwelt ab. Er illustriert vom Besuchereingang aus im Uhrzeigersinn

das auf dem indischen Nationalepos Ramayana beruhende »Ramakien«, das den Sieg des Guten über das Böse symbolisiert. Es ist die bedeutendste Nationaldichtung des Landes, gilt als Meisterwerk der thailändischen Literatur und ist mit über 50 000 Versen auch ihr umfangreichstes Werk.

Das zentrale Heiligtum

Jenseits dieses farbenprächtigen Bilderzyklus erwartet den Besucher eine Fülle von Gebäuden, Monumenten, Statuen und Figuren. Angesichts dieser unglaublichen Vielfalt lässt man sich am besten von Bauwerk zu Bauwerk treiben, um schließlich den **Bot (3)** zu erreichen, das rechteckige zentrale Heiligtum einer jeden Klosteranlage. Es zeigt stets gen Osten, wohin Buddha blickte, als er Erleuchtung erlangte, und weist ein mehrfach gestaffeltes Dach auf, das mit glasierten Keramikkacheln geschmückt ist. Im Wat Phra Kaeo ist es zusätzlich von einem prachtvollen Säulengang umgeben.

Im Innern des Bot, hier wie überall mit prachtvollen Wandmalereien ausgestattet, finden u. a. die Ordinationsfeierlichkeiten statt. Hoch über den Gläubigen thront auf einem goldenen Altar die unermesslich kostbare Statue des **Emerald Buddha** (Smaragd-Buddha), deren ihrem Namen zum Trotz aus Jade gefertigt und nur 75 cm hoch ist. Die Thais sprechen dem vor über 500 Jahren im Norden des Landes entdeckten Abbild Buddhas göttliche Macht zu und verknüpfen mit ihm das Schicksal ihres Landes.

Wo die Könige begraben sind

Gegenüber vom Bot zieht eine lange, von Balustraden umgebene Terrasse den Blick an. Über eine von zwei goldenen *Chedis* (s. S. 86) flankierte Treppe steigt man hinauf zur

85

Marmorplattform des mit farbigen Fayencen geschmückten **Königlichen Pantheons (4)**. Es birgt die Urnen der verstorbenen Chakri-Könige und ist lediglich am Chakri-Tag (6. April) der Öffentlichkeit zugänglich. Sein kreuzförmiger Grundriss wird von einem Prang gekrönt. Dieser phallusförmige und ursprünglich hinduistischen Gottheiten (insbesondere Shiva) geweihte Tempelturm ist dem kosmischen Berg Meru nachempfunden und eine thailändische Adaption der Khmer-Tempelheiligtümer, deren berühmtester Bauzeuge der heute in Kambodscha gelegene Angkor Wat ist. Aber auch im Königreich Thailand, besonders im Nordosten des Landes, sind eindrucksvolle Zeugnisse jener Zeit erhalten. Das künstlerische Erbe der Khmer fand Eingang in nahezu alle neueren Stilentwicklungen Thailands.

Buddhistische Zahlenmystik

Westlich angrenzend und an seinem pyramidenförmig gestuften Dach erkennbar, erhebt sich mit der **Bibliothek (5)** ein klassisches *Mondhop,* in dem die heiligen Schriften aufbewahrt werden. Es zeichnet sich durch außerordentlich geschmackvolle Dekorationen aus und blickt direkt auf das höchste Bauwerk einer jeden Klosteranlage, den Haupt-*Chedi,* der im Wat Phra Kaeo vollständig mit vergoldeten Ziegeln überzogen ist und daher auch als **Goldene Pagode (6)** bezeichnet wird. Er wurde in seiner früher halbkugel-, seit der Sukhothai-Periode (13./14. Jh.) glockenförmig und seit der Ayutthaya-Periode (14.–18. Jh.) spitz zulaufenden Turmform vom indisch-buddhistischen Stupa abgeleitet, der in seiner Konzeption wahrscheinlich auf vorbuddhistische Hügelgräber für Fürsten zurückgeht. Entsprechend birgt der Chedi Reliquien, angeblich von Bud-

dha selbst. Auch das Wort *chedi* geht auf die Zeit Buddhas zurück und bedeutet ›anordnen‹, ›aufhäufen‹ und im übertragenen Sinne ›geistig fixieren‹. So ist der Chedi Architektur und gleichzeitig Ermahnung im weitesten Sinne. Darauf weist die in den Abmessungen vieler Chedis erscheinende Zahlensymbolik hin, die das Bauwerk zum geometrischen Abbild der buddhistischen Kosmologie macht.

Die schmucke Pracht des Königs

Vom Zentralheiligtum gelangt man in den angrenzenden **Königspalast (Royal Grand Palace)**, der in seiner Pracht dem Wat Phra Kaeo um nichts nachsteht. Der innere Palastbereich wird vom König genutzt und ist nicht zugänglich. Kunstkenner richten ihr Augenmerk vor allem auf den 1789 als Audienzhalle errichteten **Dusit Maha Prasat (7)**, der mit seinem neuneckigen Chedi auf vierfach gestaffeltem Dach als Beispiel unverfälschter klassischer Thaiarchitektur gilt.

Als eines der schönsten Gebäude im traditionellen Stil wird der östlich angrenzende **Amporn Phimok Prasat (8)** in der Literatur zitiert. Die hölzerne Umkleidehalle des Königs wird als vollkommenster Pavillon des Landes gerühmt. Von zierlicher Statur, offenbart sie erst auf den zweiten Blick die Schönheit der minutiös gearbeiteten Schnitzereien und die Harmonie der Proportionen. Die königliche Residenz **Chakri Maha Prasat (9)**, 1872 im Zentrum des Palastkomplexes erbaut, vereinigt in einer eigenwilligen und höchst exotischen Mischung thailändische und europäische Stilformen. Sie wird der seit 1800 andauernden Bangkok-Periode zugerechnet, deren rokoartiges Übermaß an dekorativem Beiwerk den bis heute andauernden Stillstand des Stilwandels anzeigt.

Der historische Stadtkern

Lak Muang [2]

Thanon Lak Muang

Einige Meter südöstlich des Platzes befindet sich ein kleines, tempelartiges Bauwerk, das den offiziellen Mittelpunkt Bangkoks, sogar des ganzen Königreichs beherbergt, von dem aus alle Entfernungen gemessen werden. Der phallusförmige Grundstein Lak Muang wurde von König Rama I. niedergelegt, um die Stadt vor Unheil zu bewahren. Auch der Schutzgeist von Bangkok hat hier seine Wohnstatt. Tag und Nacht strömen Gläubige herbei, um Hilfe zu erbitten und Opfergaben darzubringen. Wer erhört wird, spendet bunte Tücher oder engagiert eine Tanzgruppe, die Tänze im Tempelhof aufführt.

Wat Phra Kaeo [3], Königspalast [4]

s. Entdeckungstour S. 84

Wat Po [5]

2 Thanon Sanamchai, Tel. 022 25 95 95, www.watpho.com, tgl. 8.30–17.30 Uhr, 200 Bt, auf respektvolle und angemessene Bekleidung achten (Shorts sind u. a. nicht erlaubt)

Nördlich des Palastes (s. Entdeckungstour S. 84) streben die 95 teils mit bunten Keramiken, teils mit Gold geschmückten Ziertürme des größten und auch ältesten Tempelbezirks der Stadt gen Himmel. Der 1789 errichtete Wat Po bildet ein fantastisches Gewirr von Einfriedungen, Wandelgängen, Lehrsälen und Gebetshallen. Er wird von mehreren hundert Mönchen bewohnt, ist Sitz der bedeutendsten Schule für traditionelle Thaimedizin und Thaimassage (s. S. 71) und beherbergt den größten und berühmtesten **liegenden Buddha** des Königreiches. Die vollständig vergoldete Statue mit den beeindruckenden Maßen von 45 m Länge und 15 m Höhe stellt Buddha beim Eingang ins Nir-

wana dar. Knapp 400 weitere, meist vergoldete Buddhafiguren aus verschiedenen Stil- und Kunstepochen können in den Galerien rings um das Heiligtum bestaunt werden.

Wat Arun [6]

158 Thanon Wang Derm, Tel. 024 66 31 67, www.watarun.net, tgl. 8.30–17.30 Uhr, 100 Bt, auf respektvolle und angemessene Bekleidung achten

Vom Thien Pier am Ende der Thanon Thai Wang kann man für ein paar Baht in einem Flussboot zum schräg gegenüberliegenden Wat Arun Pier übersetzen. Das Ufer des Menam Chao Phraya wird hier vom ›Tempel der Morgenröte‹ beherrscht, dessen 74 m hoher zentraler Turmbau *(prang)*, dekoriert mit zigtausend farbig lackierten chinesischen Porzellanstücken, als das Wahrzeichen Bangkoks gilt. Vor allem bei Sonnenaufgang und abends im Licht der farbigen Scheinwerfer bietet das schillernde Bauwerk einen majestätischen Anblick. Auf einer Außentreppe kann man bis in eine Höhe von 20 m emporsteigen. Von dort eröffnet sich ein faszinierendes Panorama auf die Tempelanlage, den träge dahinströmenden Fluss, den Wat Po und den Königspalast.

Nationalmuseum [7]

Thanon Chaofa Chanasongkhram, Tel. 022 24 13 33, www.museumvol unteersbkk.net, www.nationalmuse ums.finearts.go.th, Mi–So 9–16 Uhr, 200 Bt, Führungen auf Deutsch und Englisch Mi, Do um 9.30 Uhr

Zurück am Thien Pier besteigt man ein Expressboot zum Chan Pier (via Phrannok Pier) oder man nimmt ein Taxi zum Nationalmuseum. Der verschachtelte Komplex, in dem einst der Vizekönig – ein Titel, der 1886 abgeschafft wurde – residierte, gibt der größten

87

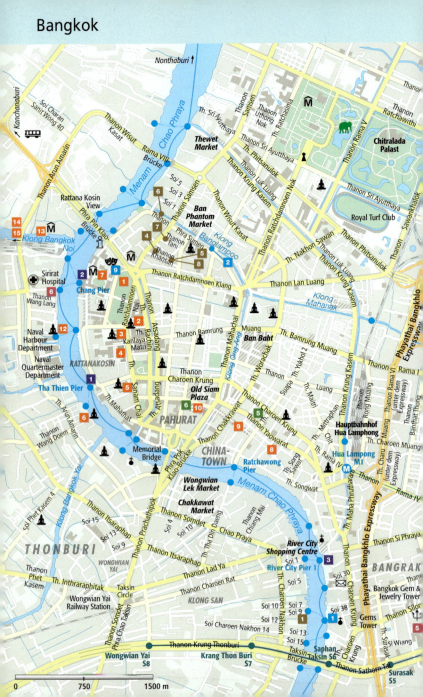

Bangkok

Sehenswert

1. Sanam Luang
2. Lak Muang
3. Wat Phra Kaeo
4. Royal Grand Palace
5. Wat Po
6. Wat Arun
7. Nationalmuseum
8. Sampeng Lane
9. Itsaranuphap Lane
10. Sikhtempel Siri Guru Singh Sabha
11. Baiyoke 2 Tower
12. Wat Rakhang Khositaram
13. Königliches Barkenmuseum
14. Wat Suwannaram
15. Taling Chan Floating Market

14, 15 s. Karte S. 94

Übernachten

1. Peninsula Bangkok
2. Rembrandt Hotel
3. Swiss Lodge
4. Viengtai Hotel
5. Rikka Inn
6. Bhiman Inn
7. NapPark Hostel@ Khao San
8. Budget Guesthouses
9. Sananwan Palace

Essen & Trinken

1. Baan Khanitha
2. Lemongrass
3. Cabbages & Condoms
4. Face
5. Bonita Cafe & Social Club
6. Wang Lang Food Market

Einkaufen

1. Thanon Sukhumvit
2. Thanon Ploenchit
3. Central World Plaza
4. Siam Paragon
5. Thanon Charoen Krung und Thanon Yaowarat
6. Pahurat Market
7. Chatuchak Weekend Market
8. Jim Thompson
9. Montien Plaza

Aktiv

1. Tha Thien Pier
2. Chang Pier
3. River City Pier 1
4. Bangkok Bike Rides

Abends & Nachts

1. Bamboo Bar
2. Brown Sugar: The Jazz-Boutique
3. Hard Rock Café
4. Narcissus
5. Q Bar
6. Saxophone
7. Vertigo
8. Siam Niramit
9. National Theater

und bedeutendsten Kunstsammlung ihrer Art in ganz Asien ein würdiges Domizil. Sie umfasst Artefakte aus allen Epochen von der Prähistorie bis in die Neuzeit. Die Krönungsinsignien und die Regalien früherer Könige sind ausgestellt. Neben Skulpturen aller Stilrichtungen sind Musikinstrumente, Bücher und Masken, Wandmalereien und Holzschnitzereien, Porzellan, Mode, Waffen und viele andere Kunstschätze zu sehen.

Chinatown und Little India

s. Entdeckungstour S. 92

Die modernen Stadtviertel

Mit dem Skytrain unterwegs

Als kontrastreiche Ergänzung im Sightseeingprogramm empfiehlt sich eine Fahrt mit dem Skytrain. Die Hightech-Hochbahn erschließt das moderne Bangkok, in dem alles Alte und Schmuddelige durch Architektur überdeckt, durch Konsumtaumel verdrängt wird. Insbesondere an den Straßen Silom, Rama I., Ploenchit und Sukhumvit sowie am Siam Square, wo einige der elegantesten Konsumpaläste Asiens einladen, glaubt man sich angesichts der Labeljäger und auch der Preise in

Thonburi

einem Wirtschaftswunderland. Den größten Kick verspricht eine Fahrt mit dem Highspeed-Aufzug des **Baiyoke 2 Tower** 11 (3 Thanon Ratchaprarop), der nicht einmal 60 Sekunden benötigt, um Passagiere zur Aussichtsplattform des mit 304 m Höhe höchsten Gebäudes Thailands zu befördern (10.30–22 Uhr, 300 Bt).

Mit dem Longtailboot durch Thonburi

Start: Tha Thien Pier, Bootscharter für 2–3 Std. ca. 2500–3500 Bt

Eine Klong-, also Kanaltour mit einem Longtailboot durch den teilweise recht amphibisch anmutenden Stadtteil **Thonburi** entführt in die Welt des Schriftstellers Joseph Conrad, als Bangkok noch zu Recht als ›Venedig des Ostens‹ gerühmt wurde. Straßen nämlich gab es damals kaum in diesem von Wasserläufen durchzogenen Teil des Königreiches. Doch während die Klongs in Bangkok seit den 1950er-Jahren weitgehend zugeschüttet und durch Straßen verdrängt wurden, erfüllen sie in der Schwesterstadt noch die gleichen Aufgaben wie eh und je.

Idealer Ausgangspunkt für die kontrastreiche Entdeckungsfahrt ist der **Tha Thien Pier** 1 am Menam Chao Phraya, wo nicht nur die großen Flussboote an- und ablegen, sondern auch die auffallend schmalen und langen, dabei kiellosen und flachen und zumeist gelb-grün gestrichenen Rüa Hang Yao – übersetzt: ›Langschwanzboote‹. Sie verdanken ihren Namen der weit nach hinten herausragenden, beweglich gelagerten Antriebsschraube und sind wie geschaffen, die oft nur wenige Meter breiten Kanäle und Kanälchen des Stadtteils Thonburi zu befahren. Wer ein wenig abenteuerlich veranlagt ist, kann ein solches Boot chartern. Da die Bootsführer oft kein Englisch verstehen, sollte man sich im Hotel möglichst den Zeitrahmen, Besuchspunkte und Zielort sowie die Preisvorstellung aufschreiben lassen.

Kaum ist der PS-starke Außenborder röhrend auf Touren ▷ S. 94

Schauen und genießen – mit dem Longtailboot auf dem Klong

Auf Entdeckungstour: Erlebnis für die Sinne – durch Chinatown und Little India

Kein Aufenthalt in Bangkok, ohne nicht auch das chinesische und das mitten darin gelegene indische Viertel besucht zu haben. Die fahrzeugfreien Basargassen scheinen die Vergangenheit zu konservieren.

Ausgangspunkt: per Flussboot zum **Ratchawong Pier**, wenige Gehminuten von der **Sampeng Lane** 8 entfernt. Ausgangspunkt für die Bootstour sind der **Tha Thien Pier** 1 beim Wat Po und der **Chang Pier** 2 beim Nationalmuseum.

Dauer: ein halber Tag zu Fuß

Die am Ufer des Menam Chao Praya gelegene Bootsanlegestelle **Ratchawong Pier** entpuppt sich als Zeitmaschine, denn sie entführt den Stadtbummler nach Chinatown. Grob gesagt erstreckt sich dieses nicht genau abgegrenzte Viertel südlich der Thanon Charoen Krung und es ist eines der am dichtesten besiedelten Viertel der Stadt. Sein Herz wird durch die **Sampeng Lane** 8 (auch: Soi Wanit 1) und die kreuzende **Itsaranuphap Lane** 9 gebildet. Diese schmalsten und bei Weitem malerischsten Gassen von Bangkok beeindrucken mit einem einzigartigen Chaos aus unzähligen Geschäften, Handwerkerläden, kleinen Maschinenfabriken, Obst- und Gemüsemärkten sowie Essensständen unter chinesischen Schriftzeichen und bunten Papierlaternen.

China in Thailand
Die Chinesen bilden mit rund 15 % der Gesamtbevölkerung die größte ethnische Minderheit des Landes, denn sie leben mit den Thai seit den Anfängen des Königreiches zusammen. Bis in die Neuzeit hinein förderten die Könige die Einwanderung von Chinesen, die wegen ihres unternehmerischen Talents geschätzt werden. Während die Chinesen traditionell Handel betreiben, widmen sich die Thai eher der Landwirtschaft und der Verwaltung

Mittlerweile kontrollieren die Chinesen zwar gut und gerne drei Viertel der gesamten thailändischen Wirtschaft, aber Probleme gab es dennoch nie. Als Meister der Assimilation haben sie von selbst eine gewisse ›Thaiisierung‹ vollzogen: Sie übernahmen weitgehend die Lebensweise, die Religion und die Namen der Thai und lebten trotz des homogenen Viertels zu keinem Zeitpunkt abgekapselt von ihrer nichtchinesischen Umwelt. Und so findet der Käufer in den Gassen

alles, was im Land begehrt ist: z. B. Reispapier mit goldenen Schriftzeichen für den Tempelbesuch oder Räucherstäbchen und chinesische Glückwunschkarten. Und wer in Thailand Begräbnissen beiwohnt, ersteht hier die Modelle profaner Güter wie Autos oder Häuser, die dann während der Trauerzeremonie verbrannt werden.

Ihre Küche gaben die Chinesen im Laufe der Jahrhunderte nicht auf. Über die mit Läden für Devotionalien reich bestückte Thanon Chakrawat geht es zur Soi Wainit, wo man zwischen den zahlreichen Markt- und Essensständen vor dicht gedrängt stehenden und oft altmodischen Häusern in chinesischen Aromen schwelgen kann.

Indien in China
Sind Chinesen heute in jeder größeren Stadt von Thailand zu Hause, leben Inder vorwiegend in Bangkok. Ihre Zahl wird auf rund 100 000 geschätzt, und ihre Enklave liegt mitten im chinesischen Viertel in Bangkok, wo sie vor allem anderen in der Textilbranche tätig sind. Zentrum der meist aus dem Norden Indiens stammenden Sikhs und Hindus ist der labyrinthartige **Pahurat Market** 6 (Thanon Pahurat), wo Berge von Samt- und Seiden-, Baumwoll- und Crêpestoffen ausliegen und von Schneidern zu Saris und Wickelröcken, Blusen und Anzügen verarbeitet werden.

In den Duft der edlen Stoffe mischen sich das Odeur von Kräutermischungen und Räucherstäbchen sowie der Wohlgeruch von Currys und gewürzten Tees. Überragt wird das exotische Ensemble von der goldenen Kuppel des **Siri Guru Singh Sabha** 10 (Thanon Pahurat, tgl. 8.30–22 Uhr), des größten Sikhtempels außerhalb Indiens – ein prachtvoll mit Marmor verkleidetes Heiligtum dieser im 15. Jh. entstandenen Religion.

Stopover in Bangkok

Mit dem Longtailboot durch Thonburi

gekommen, gleiten auf der rechten Flussseite die malerischen Silhouetten von **Wat Phra Kaeo** 3 und vom **Königspalast** 4 (s. S. 84) vorüber. Am gegenüberliegenden Ufer setzen die rotgolden leuchtenden Giebelflächen des **Wat Rakhang Khositaram** 12 malerische Akzente. Und gerade das aus Holz gebaute und mit kunstvollen Schnitzereien versehene Ensemble der Bibliotheksgebäude lohnt ein Anlegen und einen längeren Blick.

Nächster Stopp sollte der etwa 400 m flussaufwärts gelegene und direkt hinter dem Wang Lang Pier beginnende **Wang Lang Food Market** 6 sein, der sich als ein wahres Schlaraffenland für Hungrige mit knappem Budget präsentiert. Für Studenten von der nahe gelegenen Thammasat-Universität etwa, die zur Mittagszeit in Scharen übersetzen, um die Tausende von Essensständen zu bevölkern, die diesen Markt zu einem der größten der Stadt machen. Ab etwa 50–70 Bt ist man für eine sättigende Mahlzeit dabei, aber spannender ist, viele verschiedene kleine Snacks zu versuchen, die es schon ab 5 Bt gibt.

Nun ist es nur noch ein kurzes Wegstück, bis es nach links in den **Klong Bangkok Noi** hineingeht, der den ursprünglichen Flussverlauf des Maenam Chao Phraya markiert, doch im Laufe der Jahrhunderte durch den Bau künstlicher Kanäle verkümmerte. Er führt direkt zum **Königlichen Barkenmuseum** 13, wo über 50 mit kunstvollen Schnitzereien versehene Prunkboote zu betrachten sind. Highlight ist dabei die aus einem einzigen Teakbaum gefertigte und 46 m lange königliche Barke Sri Suphannahongse, deren Bug den Kopf des heiligen

Schwans darstellt, königliches Symbol für Macht und Weisheit (The Shed of the Royal Barges, Thanon Arum Amarin, tgl. 9–17 Uhr, 100 Bt bzw. 200 Bt mit Kamera).

Der Klong Bangkok Noi führt weiter zum **Wat Suwannaram 14**, der auch als ›Goldener Tempel‹ bekannt ist und ein prachtvolles Motiv abgibt. Apropos: Wer hier am Wochenende unterwegs ist, der muss einfach am weiter klongaufwärts liegenden **Taling Chan Floating Market 15** anlegen. Dieser Schwimmende Markt ist zwar nicht vergleichbar mit Damnoen Saduak (s. S. 104), doch malerisch ist er allemal mit seinen vielen schwer beladenen Obst-, Gemüse-, Fisch- und Fleischbooten sowie den allgegenwärtigen schwimmenden Garküchen (Klong Chak Phra, Sa, So 8–16 Uhr).

Nun wird es ländlicher auf dem Klong Bangkok Noi, und nur kurz nachdem das Longtailboot in den nach rechts abzweigenden Klong Bang Ramru abgebogen ist, schippert man, den Verkehrslärm von ›Metropolis‹ noch deutlich im Ohr, durch eine fast schon dörfliche Idylle mit Palmenhainen und Bananenstaudenwäldern zwischen hölzernen Pfahlbauten, wo badende Kinder, angelnde Männer und waschende Großmütter das lebenspralle Bild bestimmen.

Übernachten

›Kommen, sehen, mieten‹ ist nur in den Gästehäusern der Budgetklasse zu empfehlen, denn in allen anderen Häusern, insbesondere denen der Spitzenklasse, kann man bei Onlinebuchung Schnäppchenpreise erzielen, die bis zu 50 % unter den regulären Zimmertarifen liegen. Die Buchung nimmt man entweder direkt auf der Website des jeweiligen Hotels vor oder wendet sich an die speziellen Hotelreservierungsdienste, die oft noch günstiger sind (so etwa www.asiarooms.com, www.hotelthailand.com und die auf S. 82 unter ›Internet‹ genannten Kommerzseiten).

Drei Zonen bieten sich für die Quartiersuche an. Vollendeter Luxus und größtmögliche Nähe zu den kulturellen Highlights der Stadt zeichnen die Hotels am **Ufer des Menam Chao Phraya** aus. Unzählige Häuser von der untersten Budgetklasse bis hin zum mittleren Segment liegen im Umfeld der ›Traveller-Meile‹ **Thanon Khaosan**. Sie liegen zentral in der Nähe der Sehenswürdigkeiten, des Flusses und des Southern Busterminal. Skytrain und U-Bahn erschließen die modernen Stadtviertel um die **Thanon Silom** und

Unser Tipp

Bezahlbarer Luxus

Ob in der Marmorlobby, den 407 Panoramazimmern und Apartments oder in den vier Restaurants, darunter das beste für indische Küche in Bangkok, stets wartet das **Rembrandt Hotel 2** mit einem Superlativ auf. Dabei bleiben die Preise für die mit viel Holz und Pastelltönen zum Entspannen einladenden und doch reich mit Hightech ausgestatteten Standardzimmer erschwinglich. Zum Haus gehören mehrere Bars und Shoppingarkaden, ein Business Center und ein Swimmingpool auf dem Dach. Wer stressfrei vom oder zum Flughafen will, wird in einer Komfortlimousine befördert. In Sachen Preis-Leistungs-Verhältnis gibt es kein vergleichbares Hotel in der Stadt (19 Sukhumvit Soi 18, Tel. 022 61 71 00, www.rembrandtbkk.com, EZ ab 3050 Bt, DZ ab 3200 Bt).

Stopover in Bangkok

Thanon Sukhumvit mit zahlreichen Hotels von der gehobenen Budget- bis zur höchsten Luxusklasse. Hier wohnt man zwar weiter entfernt vom historischen Zentrum, genießt dafür aber die stadtgrößte Dichte an Restaurants, Geschäften und Nightlife-Adressen.

Das Feinste vom Feinen – **Peninsula Bangkok 1** : 333 Thanon Charoen Nakhon, Tel. 028 61 28 88, www. peninsula.com, DZ ab 17 000 Bt inkl. Frühstück, Suiten ab 20 000 Bt. Wenn das Beste gerade gut genug ist, wählt man dieses Fünf-Sterne-Haus in Toplage am Ufer des Menam Chao Phraya, das von internationalen Reise- und Lifestyle-Magazinen bereits mehrfach ausgezeichnet wurde.

Bezahlbarer Luxus – **Rembrandt Hotel 2** : s. Unser Tipp S. 95

Edles Boutique-Hotel – **Swiss Lodge 3** : 3 Thanon Convent, Tel. 022 33 53 45, www.swisslodge.com, DZ ab 2390 Bt inkl. Frühstück, bei mindestens 3 Tagen Aufenthaltsdauer Rabatt. Das feine Boutique-Hotel ist schon seit über 20 Jahren eine der empfehlenswertesten Adressen bei der Silom Road und beeindruckt mit sehr individuellem Service, mit modernen, eleganten und dennoch gemütlichen Zimmern sowie einer Gartenterrasse für einen entspannenden Chill-out.

Mittelklasse beim Backpackerviertel – **Viengtai Hotel 4** : 42 Thanon Ram Buttri, Tel. 022 80 54 34, www.vieng tai.co.th, EZ/DZ ab 1920 Bt inkl. Frühstück. Die 215 Zimmer des siebengeschossigen Mittelklassehotels sind in angenehmen Farben gestaltet. Vorteil des Hauses ist sein Standort in direkter Nähe zur Thanon Khaosan und der Hauptsehenswürdigkeiten von Bangkok.

Mitten im Szeneviertel – **Rikka Inn 5** : 259 Thanon Khaosan, Tel. 022 82 75 11, www.rikkainn.com, EZ/DZ ab 1150 Bt, Balkonzimmer 1750 Bt. Wenn man mitten in der Khaosan-Traveller-Szene gut und relativ günstig wohnen will, empfiehlt sich dieses gut geführte Hotel mit ansprechend im Thai-Vintage-Look der 1960er- bis 1980er-Jahre dekorierten Zimmern auf vier Etagen, alle mit AC, TV, Kühlschrank, Safe und WLAN. Die Bäder sind gepflegt (heißes Wasser), und auf dem Dach lädt ein schicker kleiner Pool zum Entspannen ein.

Klein, fein und günstig – **Bhiman Inn 6** : 55 Thanon Phra Sumen, Tel. 022 82 61 71–75, www.bhimaninn.com, EZ ab 1000 Bt, DZ ab 1200 Bt inkl. Frühstück. Nahe dem Menam Chao Phraya und der Thanon Khaosan gelegenes neues Boutique-Hotel mit 45 Zimmern und gutem Preis-Leistungs-Verhältnis. Ein kleiner Pool gehört ebenso zum Haus wie ein Restaurant.

Edel-Backpacker – **NapPark Hostel@ Khao San 7** : 5 Thanon Tani, Tel. 022 82 23 24, www.nappark.com, Bett im Dormitory von 400–550 Bt, im Lady-Dormitory 500 Bt. Stylische Oase der Ruhe inmitten des Trubelzentrums in einem aufwendig im feinsten Thai-Retro-Stil renovierten Stadthaus. Die Ausstattung ist edel, die Lage sensationell, die großen Dormitorys sind ganz in Weiß gehalten und extrem sauber. Für Alleinreisende gibt es zurzeit keine populärere Adresse in der ganzen Stadt. Rechtzeitige Reservierung ist ein Muss!

Für den kleinsten Geldbeutel – **Budget Guesthouses 8** : Thanon Khaosan und Nebengassen. Schlafsaal etwa ab 300 Bt/Pers., EZ ab 500 Bt, DZ ab 600 Bt. Preiswerte und einfache Unterkünfte in kleinen Gästehäusern. Oftmals bestehen die Wände aus dünnen Spanplatten und die sanitären Einrichtungen sind zu beanstanden, deshalb genau ansehen.

Transithotel am Airport – **Sananwan Palace 9** : 18/11 Moo 11, Thanon Sukapibarn 5 , Bangpli Yai, Samutpra-

Adressen

kan, Tel. 027 52 16 58 oder 081 864 46 15, www.bangpli.com, DZ 300–450 Bt (Fan), 500–750 Bt (AC). Wer nahe dem Suvarnabhumi Airport übernachten will, hat es schwer, eine bezahlbare Bleibe zu finden. Ausnahme ist dieses Hotel im Vorort Bangpli. Die Zimmer sind einfach, aber sauber, mit eigenem Bad/WC und TV ausgestattet und auch ein einfaches Restaurant ist angeschlossen. Nur wenige Gehminuten entfernt lädt beim Kloster am Klong eine romantische Marktzeile ein, die sich am Kanal entlangzieht. Über die Website/telefonisch lässt sich ein Abholdienst bestellen (500 Bt), die Hälfte kostet es mit dem Taxi vom Flughafen. Da die Adresse den Fahrern oft unbekannt ist, kann man sich über die Website eine Adresskarte auf Thailändisch ausdrucken.

Essen & Trinken

Essen ist mit Abstand die liebste Freizeitbeschäftigung der Bangkoker. Wo immer man in dieser Stadt geht und steht, stets sind eine Garküche oder ein Essensmarkt, ein einfaches Lokal oder ein Restaurant nicht fern.

Preisgekrönte Thaiküche – **Baan Khanitha 1** : 36/1 Thanon Sukhumvit Soi 23, Tel. 022 58 41 81, www.baan-khanitha.com, tgl. 11–23 Uhr, um 1500 Bt für 2 Pers. ohne Getränke, Reservierung und gepflegte Garderobe obligatorisch. Das Ambiente des mehrfach als bestes Restaurant von Bangkok preisgekrönten Gourmettempels wird geprägt von edlem Teakmobiliar und ausgesuchten Antiquitäten. Die Gerichte der königlich thailändischen Küche sind Gaumenschmaus und Augenweide zugleich. Wer einmal hier gespeist hat, was auch draußen auf der Veranda im schattigen Grün möglich ist, kommt wieder, wann immer es der Geldbeutel erlaubt.

Nouvelle Thai Cuisine – **Lemongrass 2** : 5/1 Thanon Sukhumvit Soi 24, Tel. 022 58 86 37, tgl. 11–14, 18–23 Uhr, Hauptgericht 400–600 Bt. Das sehr atmosphärisch mit Bambusmobiliar und Antiquitäten eingerichtete Spitzenrestaurant der Nouvelle Thai Cuisine ist eine Institution für die in Bangkok lebenden Europäer, denn der Küchenchef zaubert gelungene Kreationen der klassisch thailändischen Küche mit mediterranem Touch. Insbesondere die Currys (z. B. Duck Red Curry, 410 Bt) sind unnachahmlich gut. Wer mehr auf Rohkost steht, dem empfiehlt sich z. B. der scharfe Som-Tam-Salat (310 Bt).

Exotisch in jeder Hinsicht – **Cabbages & Condoms 3** : 10 Thanon Sukhumvit Soi 12, Tel. 022 29 46 **10**, www.pda.or.th/restaurant, tgl. 11–22 Uhr, Vorspeisen um 120 Bt, Salate 150–200 Bt, Currys und sonstige Hauptgerichte ab 250 Bt. Man sitzt im tropischen Garten oder in mit Holz, Erdfarben und indirekter Beleuchtung gemütlich eingerichteten Speiseräumen und genießt beste Thaigerichte zu fairen Preisen; auch zahlreiche vegetarische Gerichte (ab 120 Bt). Der frivole Name erklärt sich dadurch, dass das Restaurant im Dienst einer Familienplanungs- und AIDS-Hilfe-Organisation steht. So bekommt man mit der Rechnung einige kostenlose Kondome. Auch der angeschlossene Shop, in dem prächtige Bouquets aus Kondomen als Blickfang dienen, lohnt einen Besuch.

Oase der Ruhe und Gastlichkeit – **Face 4** : 29 Thanon Sukhumvit Soi 38, Tel. 027 13 60 48, www.facebars.com, tgl. 11–24 Uhr, Vorspeisen 210–620 Bt, Hauptgerichte 420–700 Bt. Stilvolles Ensemble traditioneller Thaihäuser mit mehreren Restaurants unter einem Dach. Im Innenhof lädt das mit Antiquitäten verzierte **La Na Thai** zu klassisch thailändischer Küche ein, im

Lieblingsort

Im Labyrinth des Chatuchak Weekend Market 7

Der Wochenendmarkt von Chatuchak ist mit seinen 8000 bis 15 000 Ständen – wer weiß das schon genau? – und ca. 200 000 Besuchern pro Tag einmalig in ganz Asien! In diesem über 18 ha großen Shoppinglabyrinth gibt es nichts, was es nicht aus erster, zweiter oder dritter Hand gibt, kein Preis ist hier fix. Und türmen sich dort auf mehreren hundert Meter langen Auslagen Berge von Kleidung, so sind die Stände auf der anderen Seite mit Souvenirs aus ganz Asien überladen. Exotische Pflanzen und Kräuter, Kosmetika und Gewürze, Musikinstrumente und Pythonschlangen, Bonsaibäume und Opiumpfeifen: ›You name it – you get it!‹ (www.chatuchak.org, Sa/So ca. 6–18 Uhr, am einfachsten zu erreichen mit dem Skytrain bis zur Endstation Mochit).

Stopover in Bangkok

Vom Vertigo den Blick auf Bangkok genießen …

Hazara verwöhnt indische und japanische Küche, das **Misaki** bietet Sushi, und die **Facebar** ist eine der gepflegtesten Cocktailadressen der Stadt.
Crossover-Vegan-Küche – **Bonita Cafe & Social Club** 5 : 56/3 Thanon Pan Street, Silom (200 m von der Myanmar-Botschaft), Tel. 026 37 95 41, www.facebook.com/bonita.c.sc, Mo 11.30–15.30, Mi–So 18–21.30 Uhr, Hauptgerichte ca. 200–350 Bt. Dieses Restaurant ist *der* Renner bei in Bangkok lebenden Veganern. Das hat vor allem mit den Gerichten zu tun, die der japanische Besitzer und seine thailändische Frau aus den besten organisch angebauten Zutaten kreiert.
Schlaraffenland für Geldknappe – **Wang Lang Food Market** 6 : Thanon Wang Lang, Bangkok 10700, s. S. 94

Einkaufen

Shoppingparadies – **Thanon Sukhumvit** 1 : An dieser kilometerlangen Straße findet sich die größte Dichte an Shoppingadressen. Textilien, Gürtel, Schuhe, Uhren und Koffer, aber auch maßgeschneiderte Kleidung in hochwertiger Qualität gibt es zuhauf. Auch in Sachen Seide kann man hier in zahlreichen Fachgeschäften – und nur dort sollte man als Laie Seide kaufen in Bangkok! – fündig werden.
Einkaufszentren – **Thanon Ploenchit** 2 : Elegante, klimatisierte Einkaufszentren reihen sich an der Thanon Ploenchit, der westlichen Verlängerung der Sukhumvit, und vor allem an der weiterführenden Thanon Rama I. aneinander.
Beliebtestes Kaufhaus – **Central World Plaza** 3 : Rama I. Das größte Einkaufszentrum von Südostasien ist erste Adresse für Luxus-Shopping.
Designermode – **Siam Paragon** 4 : Rama I. Hier gibt es mit Abstand die meisten Dependancen der teuersten Toplabels der Modebranche.
›Goldene Meilen‹ – **Thanon Charoen Krung** und **Thanon Yaowarat** 5 : Gold, dessen Preis sich nach dem aktu-

ellen Goldkurs richtet, ist ein beliebtes Mitbringsel und diese beiden Straßen in Chinatown sind reich mit Läden gesegnet. Von Antiquitäten und Edelsteinen sollte man als Laie allerdings unbedingt die Finger lassen.

Indischer Markt – **Pahurat Market** `6` : s. Entdeckungstour S. 92

Im Labyrinth – **Chatuchak Weekend Market** `7` : s. Lieblingsort S. 99

Seide – **Jim Thompson** `8` : 9 Thanon Surawong, Tel. 02 26 32 18 00, www. jimthompson.com/index.asp, tgl. 9–21 Uhr. Seide allerfeinster Qualität.

Alles aus China – **Sampeng Lane** `8` : s. Entdeckungstour S. 92

Kunsthandwerk satt – **Montien Plaza** `9` : Thanon Surawong, tgl. 10–22 Uhr. Edles Shoppingcenter mit entsprechenden Preisen und der vielleicht größten Auswahl an thailändischem Kunsthandwerk in Bangkok.

Aktiv

Boottrips – **Tha Thien Pier** `1` , **Chang Pier** `2` : s. Entdeckungstour S. 92

Schippern mit Stil – **Flussfahrten:** Zahlreiche Boote verschiedener Komfortklassen laden zu abendlichen Sightseeing- und Dinnertouren auf dem Menam Chao Phraya: ab **River City Pier 1** `3` (Thanon Charoen Krung 30) z. B. mit den modernen Ausflugsschiffen ›Chao Phraya Princess‹ (Tel. 028 60 37 00, www.thaicruise.com, 1400 Bt inkl. üppigem Buffet).

Bangkok mit dem Rad – **Bangkok Bike Rides** `4` : 14/1-B Soi Promsi 2, Sukhumvit 39, Tel. 227 12 53 05, www.bang kokbikerides.com. Geführte Tagestouren durch den Stadtdschungel, zehn verschiedene Routen (1150–3650 Bt).

Abends & Nachts

Bangkoks Nachtleben hat einen eindeutig körperbezogenen Ruf, wird es doch in der Regel mit den rund 300 000 Prostituierten in Verbindung gebracht, die u. a. an der Thanon Patpong ihrem Gewerbe nachgehen. Dass Prostitution offiziell verboten ist und die meisten Frauen, Mädchen und Männer, die sich anbieten, HIV-positiv sind, hat dem Geschäft bislang keinen Abbruch getan. Doch natürlich gibt es auch andere Aspekte des Nachtlebens in Bangkok. Ausführlich informieren die Onlinemagazine www.bk.asia-city. com, www.bangkok.sawadee.com/ nightlife.htm sowie das ›Nachtportal‹ www.bangkok2night.com. In der Samstagsausgabe der Tageszeitung »Bangkok Post« (www.bangkokpost. com) finden sich ebenfalls Hunderte von Hinweisen.

Lokale und Musikkneipen

Jazz-Venue mit Stil – **Bamboo Bar** `1` : The Oriental Hotel, Bangrak, Tel. 026 59 90 00, tgl. 17–1, Fr/Sa bis 2 Uhr. *Die* Adresse für erlesenen Live-Jazz (ab 21 Uhr) in eleganter Atmo. Die Preise sind happig, doch der Besuch ist ein Erlebnis!

Bester Soundmix – **Brown Sugar** `2` : 469 Wanchat Junction, Thanon Phrasumen, Tel. 022 82 03 96, www.brownsu garbangkok.com, Di–Do und So 17–1, Fr–Sa bis 2 Uhr. Musik-Institution seit den 1980er-Jahren, mehrfach bezeichnet als eine der besten Musikbars der Welt, ist in neue Räumlichkeiten umgezogen. Allabendlich ab 21.30 Uhr Livemusik, wobei die Musiker einen Soundmix von Rhythm 'n' Blues bis hin zu Reggae bieten.

Eine Institution – **Hard Rock Café** `3` : 424/2–6 Soi 11, Siam Square, Tel. 026 58 40 90, www.hardrock.com, tgl. ab 11.30 Uhr. Eines der 155 Hard Rock Cafés auf Erden – Musik zu amerikanisch inspiriertem Essen in einem angenehmen Ambiente aus US-Tradition und thailändischem Stil. Ab 21.30 Uhr gibt

Stopover in Bangkok

es tgl. Livemusik und an den Wochenenden geht es richtig ab.

Sound & Light vom Feinsten – **Narcissus** 4 : 112 Tjhanon Sukhumvit Soi 23, Tel. 022 58 48 05, www.narzclub bangkok.net, tgl. 21–2 Uhr, 350–700 Bt Eintritt inkl. 2 Drinks. Gigantisch großer Nachtclub im griechischen Tempelstil für Bangkoks gestylte Discoszene, die sich hier ab etwa 23 Uhr zum Mix teils international bekannter DJs die Nacht um die Ohren tanzt.

Top-Discotempel – **Q Bar** 5 : 34 Thanon Sukhumvit Soi 11, Tel. 08 23 08 32 46, www.qbarbangkok.com, tgl. ab 21 Uhr, Eintritt 300–700 Bt inkl. 1 Drink. Discotempel im New-York-Lounge-Look mit ›world's top international touring DJ's‹, deren Sound u. a. House, Hip-Hop, Drum 'n' Bass und Soulful Jazz umfasst.

Jazz at its best – **Saxophone** 6 : 3/8 Victory Monument, Thanon Phayathai, Tel. 022 46 54 72, www.saxo phonepub.com, tgl. ab 18, Musik ab 21 Uhr. Thailands berühmtester und populärster Jazz- und Bluestempel, der schon mehrmals als ›Best Music Venue‹ preisgekrönt wurde. Abends wird vor allem Jazz in allen Varianten live gespielt.

Höhepunkt in Asien – **Vertigo** 7 : Banyan Tree Hotel, 21/100 Thanon South Sathorn, Tel. 026 79 12 00, www.bany antree.com/en/bangkok. Der **Vertigo Grill** (tgl. 18–23 Uhr) mit der angeschlossenen **Moon Bar** (tgl. 17–1 Uhr), der höchsten Freiluftbar Asiens, bietet bei entsprechenden Preisen wahrhaft spektakuläre Ausblicke; um gepflegte Garderobe wird gebeten.

Kulturelles

Der Welt größtes Bühnenspektakel – **Siam Niramit** 8 : 19 Thanon Tiamruammit, Tel. 026 49 92 22, www. siamniramit.com, tgl. ab 17.30, Show ab 20 Uhr. Die Bühnenproduktion

mit über 150 Darstellern, die im Laufe der Show mehr als 500 Kostüme tragen, fand nun auch einen Eintrag ins Guinness-Buch der Weltrekorde. Wenn auch das ganze Spektakel, das innerhalb von 90 Min. und in der Regel vor gut 2000 Gästen die Geschichte des Königreiches Thailand zeigen will, zum Teil ziemlich ins Kitschige abrutscht, bleibt dem Betrachter nur das ehrfürchtige Staunen angesichts der fantasievollen Kostüme, der hervorragenden musikalischen Untermalung, der Sound-&-Light-Effekte sowie auch des schlicht gigantischen und einzigartig stilvoll angerichteten Buffets. Da das Theater ziemlich weit außerhalb liegt, ist es empfehlenswert, eine Tour zu buchen (über die Unterkünfte, alle Reisebüros), die dann inkl. Transfer und Rundgang im angeschlossenen Museumsdorf ist und 1850 Bt bzw. 2350 Bt kostet, wenn man einen der besten Sitzplätze wählt.

Klassisch Thai – **National Theater** 9 : Thanon Na Phratat, Sanam Luang, Programmauskunft Mo–Fr 8–16 Uhr, Tel. 022 21 01 71, www.finearts.go.th, Eintritt variiert zwischen kostenlos und etwa 500 Bt. Maskentanz und klassisches Theater, aber auch zeitgenössische Aufführungen aus dem In- und Ausland. Vorführungen meist Mi, Fr, Sa, So um 14 und 17 Uhr.

Infos & Termine

Touristeninformation
s. Infobox s. S. 82

Flugzeug
Suvarnabhumi International Airport: ausgesprochen: Su-Wana Poom, 30 km östlich der Stadt, Callcenter Tel. 021 32 18 88, www.suvarnabhumiair port.com. Zuständig für alle internationalen sowie auch nationalen Flüge mit Thai Airways, Thai Smile und

Adressen

Bangkok Air (s. S. 23); alle anderen Inlandflüge nach Südthailand werden über den Flughafen Don Muang abgewickelt (s. Kasten). Duty free auch bei Arrival, Ankunft auf Level 2.

Weiterkommen: Taxifahrt ins Zentrum ca. 45–50 Min., ca. 400–500 Bt (regulärer Taxipreis plus 60 Bt Airport-Aufschlag), Ticket am Schalter des Taxi Service Counter auf Level 1. Limousinenservice (www.bangkokairportlimo.com, Coupon am Limousine Service Counter auf Level 2; auch online) ins Stadtzentrum (ab 1150 Bt) sowie auch nach Hua Hin (ab 2850 Bt). Am schnellsten und günstigsten gelangt man in die Stadt mit dem Suvarnabhumi Airport Rail Link (www.airporttraillink.railway.co.th). Zwei Linien sind eingerichtet, und die Suvarnabhumi Airport Express Line verkehrt von 6–24 Uhr alle 15 Min. zum City Air Terminal Makkasan (15 Min., 90 Bt), wo man u. a. in die U-Bahn umsteigen kann. Die auf gleichen Gleisen verlaufende Suvarnabhumi Airport City Line endet nach 30 Min. (45 Bt) am Bahnhof Phaya Thai mit Umsteigemöglichkeit in den Skytrain.

Bahn

Hauptbahnhof Hua Lamphong: Thanon Rama VI, Tel. 16 90 und 022 23 70 10. Mit Southern Line 12 x tgl. nach Hua Hin (ca. 3 Std., 44–202 Bt für 3.–1. Klasse); 12 x tgl. nach Surat Thani, dort Fähre nach Ko Samui, Ko Pha Ngan oder Ko Tao (8–11 Std., 107–519 Bt); 5 x tgl. nach Hat Yai (14–17 Std., 149–734 Bt). Ticketvorverkauf beim Advance Booking Office, Tel. 022 23 37 62, www.railway.co.th, Mo–Fr 8.30–18, Sa/So bis 12 Uhr.

Bus

Southern Bus Terminal: Thaling Chan, Stadtbezirk Thonburi, Tel. 1490 und 024 35 11 99, www.home.transport.co.th/en. Hin mit Bus Nr. 79, 515 und

Achtung: Inlandflüge

Über den Suvarnabhumi International Airport werden lediglich die von Thai Smile und Bangkok Air angebotenen Inlandflüge nach Südthailand abgewickelt. Die Low-Cost-Airlines Air Asia, Nok Air und Orient Thai hingegen verkehren vom 25 km nördlich der Stadt gelegenen Don Muang Airport (www.donmuangairportonline.com), der fast 48 km vom Suvarnabhumi entfernt ist. Zwischen beiden Flughäfen verkehren zwischen 5 Uhr und Mitternacht 1–2 Shuttlebusse stdl., aber die Transferzeit kann über 2 Std. betragen. Schneller geht es in der Regel mit dem Taxi, das 350 Bt kostet. Bangkok erreicht man von Don Muang aus am schnellsten (etwa 1 Std.) mit dem Taxi (rund 200–300 Bt, je nach Ziel); siehe dazu auch Flugverkehr auf s. S. 23.

556 (20 Bt, ca. 45 Min.) ab Victory Monument (nahe Thanon Khaosan), mit dem Taxi ab Khaosan-Gegend 100–120 Bt. Von Bangkoks Busterminal aus Tag- und Nachtverbindungen in verschiedenen Komfortklassen zu allen Orten in Südthailand, die in diesem Reiseführer vorgestellt werden. Nach Surat Thani bezahlt man im AC-Bus 548–843 Bt, Phuket kostet 626–1058 Bt, Krabi 553–1150 Bt (je nach Komfort). Information und Online-Buchung am besten über www.transitbangkok.com, Stichwort ›Go Outside Bangkok‹. In den Reisebüros auch kombinierte Bus-/Bahn- und Fährtickets für die Reise auf die Inseln im Golf von Thailand und in der Andamanensee.

Innerstädtischer Verkehr

Skytrain: Hightech-Hochbahn mit zwei Linien und insgesamt ca. 23 km langer Strecke, tgl. 6–24 Uhr im Mi-

Stopover in Bangkok

nutentakt, einfache Fahrt 15–52 Bt, Tagesticket 130 Bt; die Website www.bts.co.th informiert ausführlich (s. auch Plan 2 auf der Reisekarte).

U-Bahn: etwa 10 km lange Strecke vom Hauptbahnhof Richtung Norden, wo sie die Thanon Sukhumvit kreuzt. Fahrpreise 15–40 Bt, weitere Infos unter www.bangkokmetro.co.th.

Bus: Fahrzeuge ohne Klimaanlage verkehren im 5-Minuten-Takt auf den Hauptrouten. Sie sind meist hoffnungslos überfüllt, einfache Fahrt ab 8 Bt. Klimatisierte Busse, die nicht gar so überfüllt sind, fahren nur auf den wichtigsten Strecken, einfache Fahrt max. 24 Bt. Ein Busstreckenplan ist unerlässlich (an Kiosken und in Supermärkten), es informieren die Websites www.bmta.co.th und www.transit bangkok.com, die auch einen Reiseplaner umfassen.

Flussboot: Am schnellsten und billigsten bewegt man sich auf dem Menam Chao Phraya fort, besonders wenn man in der flussnahen Thanon Khaosan wohnt. Nummerierte Boote ca. 6–18 Uhr im 10- bis 30-Minuten-Takt, einfache Fahrt ca. 10–40 Bt. Die Website www.chaophrayaexpressboat.com informiert über alle Routen, auch über eine Touristenroute entlang dem Chao Phraya (150 Bt für 1 Tag).

Taxi: Wegen des enormen Smogs empfehlen sich klimatisierte Wagen. Taxis mit dem Schild ›Meter‹ auf dem Dach sind mit Taxameter ausgestattet, die in der Regel auch eingeschaltet werden. Wenn nicht, lautet der Zaubersatz »Please put the meter on!« Grundgebühr 35 Bt, danach 5 Bt/km, eine Stadtfahrt kostet etwa 60–150 Bt.

Motorradtaxi: Wer in Eile ist, setzt sich auf den Sozius eines Motorradtaxis. Die schnellen Maschinen kommen überall durch und selbst eine komplette Stadtdurchquerung ist kein Thema. Die Angst fährt bei 120 km/h mitten im

dicken Stau freilich mit. Die Preise variieren je nach Strecke und Stauwahrscheinlichkeit, vor Antritt der Fahrt vereinbaren, in etwa identisch mit Taxifahrten.

Tuk-Tuk: Die dreirädrigen Mopedkutschen, die sich inmitten tiefblauer Abgaswolken mit ohrenbetäubendem Geknatter fortbewegen und dem Fahrgast eine Überdosis Kohlendioxid garantieren, werden auch als Wahnsinn auf drei Rädern bezeichnet. Preise unbedingt vor Antritt der Fahrt aushandeln, ca. 80 Bt zahlt man für eine kurze Strecke.

Termine

In Bangkok werden die landesweit gefeierten Feste besonders prunkvoll begangen – eine Auswahl:

Chinese New Year: Bei Vollmond zwischen dem 21. Jan. und 19. Febr. Farbenprächtige Umzüge in Chinatown.

Visakha Bucha: Vollmondnacht im Mai. Prozessionen von Gläubigen zu den Tempeln der Stadt.

Royal Ploughing Ceremony: Mitte Mai, Sanam Luang, Bangkok. Mit der Königlichen Pflugzeremonie gibt der König Millionen von Bauern im Land das Startzeichen für die Aussaat; mit Prozessionen.

Loy Krathong: Vollmondabend im Nov. Prozession von Gläubigen zum Tempel auf dem Goldenen Berg.

Königsgeburtstag: 5. Dez. Umzüge in der Stadt, vor allem im Bereich des Saman Luang, wo ein Volksfest einlädt, abends Feuerwerk.

Damnoen Saduak

▶ D 1

Der mit Abstand beliebteste Tagesausflug von Bangkok hat die schwimmenden Märkte von Damnoen Saduak

Damnoen Saduak

Die Ruhe vor dem Touristensturm – der schwimmende Markt von Damnoen Saduak

zum Ziel, etwa 100 km westlich bei Samut Songkhram. Allmorgendlich zwischen 7 und 11 Uhr bieten auf den verzweigten Kanälen des Provinzortes Hunderte von Marktfrauen in kleinen Holzbooten ihre Waren an. Nur der Vermarktung durch den Tourismus ist es zu verdanken, dass dieser Letzte von früher mehreren hundert Floating Markets in Bangkoks Umgebung weiterhin existiert. Mit dem Ausbau der Straßen verloren die Kanäle an Bedeutung, der Handel auf dem Wasser wurde überflüssig. Eigens für die Besucher wurden Brücken und Fußwege angelegt, die nicht zuletzt den Hobbyfotografen optimale Perspektiven ermöglichen, denn malerisch sind die Märkte nach wie vor. Gegen 9 Uhr etwa, wenn die zahlreichen organisierten Touren eintreffen, bleibt dem Lokalkolorit aber nur noch wenig Raum. Es heißt also, sehr früh aufzustehen und den ersten Linienbus gegen 5 Uhr zu nehmen, um vor dem Touristenansturm in Ruhe entlang der Marktkanäle umherschlendern zu können.

Infos & Termine

Internet: www.floating-market-bangkok.com.
Organisierte Tour: Buchung über alle Unterkünfte und Reisebüros, Halbtagestour ca. 900 Bt inkl. Führer, Abholung am Hotel, Abfahrt um 6 Uhr.
Bus/Boot: ab Bangkok Southern Busterminal nach Klong Damoen Saduak, ab ca. 5 Uhr im 40-Minuten-Takt (ca. 2 Std., ca. 50–95 Bt), weiter mit dem Mietboot, ca. 300–400 Bt/Std. (Paddelboot) bzw. 500–800 Bt (Longtailboot). Taxi (rund 1,5 Std. je Weg) kostet von/nach Bangkok inkl. 2 Std. Wartezeit in Damnoen Saduak 1750 Bt.

Best of Damnoen Saduak Fair: März. Großes Spektakel auf dem Floating Market, u. a. mit Bootsprozessionen, Schönheitswettbewerben, Sportveranstaltungen.

Das Beste auf einen Blick

Am Golf von Thailand

Highlight!

Khao Sam Roi Yot National Park: Großartige Landschaften mit bis zu 600 m hohen Kalksteinfelsen, ausgedehnten Höhlensystemen, Sandstränden sowie Mangroven- und Marschgebieten machen neben einer reichen Vogelwelt den besonderen Reiz dieses Nationalparks der ›300 Gipfel‹ aus. Auch die Infrastruktur lässt nichts zu wünschen übrig. S. 122

Auf Entdeckungstour

Elefantenreiten – mit Dickhäutern auf Tour: Seit Jahrhunderten schon machen sich die Thailänder Kraft und Geschicklichkeit der ehemals zigtausend im Königreich lebenden Elefanten zunutze. Heute sind die Rüsseltiere vom Aussterben bedroht bzw. in der Tourismusbranche tätig, in der sie für Ausritte und Shows arbeiten. S. 118

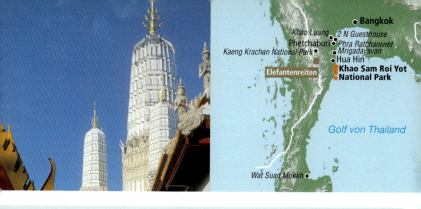

Kultur & Sehenswertes

Khao Luang: Diese Tropfsteingrotte besteht aus untereinander verbundenen Höhlen, mittendrin wurden zahllose Buddhastatuen aufgestellt. S. 111

Phra Ratchaniwet Mrigadayavan: Der komplett restaurierte Teakholzpalast aus dem frühen 20. Jh. gilt als Meisterwerk klassisch thailändischer Palastarchitektur. S. 121

Aktiv unterwegs

Kaeng Krachan National Park: Das größte Schutzgebiet Thailands beeindruckt mit einer artenreichen Fauna und einer atemberaubenden Urwaldlandschaft. S. 113

Khao Sam Roi Yot National Park: Zu Fuß und per Boot die landschaftlichen Highlights erleben. S. 122

Wat Suan Mokkh: Unter Ausländern ist dieses Kloster die populärste Meditationsstätte in Thailand. S. 127

Genießen & Atmosphäre

2 N Guesthouse: ›Urlaub auf dem Land‹ genießen und Einblick in das Alltagsleben gewinnen. s. S. 112

Sofitel Centara Grand Resort: Feinster Kolonialstil in einer Parkanlage am Meer machen dieses Haus in Hua Hin zu einem Schmuckstück. S. 116

Chao Lay: Der gemütlich-rustikal eingerichtete Pfahlholzbau am Meer ist eine der besten Seafood-Adressen von Hua Hin. S. 120

Abends & Nachts

Nightmarket: Der Nachtmarkt von Hua Hin ist landesweit bekannt und führt auf eine kulinarische und kulturelle Entdeckungsreise. Und auch sonst ist Hua Hin berühmt für sein munteres Nachtleben – die beliebtesten Flaniermeilen für Nachtschwärmer sind die Straßen Soi Selakam und Soi Bintabat. S. 120

Urbane Ferienzentren und großartige Landschaften

Wenn auch die thailändische Verwaltung den Großraum Südthailand erst am Isthmus von Kra (s. S. 173) beginnen lässt, so bildet die Mündung des Flusses Mae Klong bei Samut Songkhram, wenige Kilometer südlich von Bangkok, doch die geografische Grenze. Dort nämlich beginnt die Malaiische Halbinsel, deren Westküste bis hinunter an die Grenze zu Malaysia auf den Golf von Thailand blickt. Als ein Randmeer der Südchinasee gehört der Golf zum Pazifik, und er besteht aus einer weit ausladenden Ebene, die erst nach dem postglazialen Meeresspiegelanstieg überflutet wurde. Da hier einige der größten Flüsse Thailands münden, werden die Küsten von weiten Schwemmlandebenen im Saum oft kilometerlang gestreckter Strände gebildet. Mal sind sie umkränzt von Mangrovenwäldern oder bizarren Felsformationen, mal von sanft reliefierten Hügeln, während das Hinterland rasch bis zum über 1800 m hoch aufragenden Zentralgebirge hin ansteigt.

In touristischer Hinsicht geht es hier noch relativ ruhig zu, lediglich im Umfeld von Hua Hin sind mehrere urbane Ferienzentren entstanden, die zunehmend auch von Fernreisenden besucht werden. Weiter südlich wären zahlreiche Küstenabschnitte konkurrenzfähig, doch hält sich die Infrastruktur in Grenzen, weil das Gros der Urlauber die Inseln Ko Samui, Ko Pha Ngan und Ko Tao aufsucht.

Infobox

Reisekarte: ▶ D 2–8

Internet
Die offizielle Website des Thailändischen Fremdenverkehrsamtes (www.thailandtourismus.de) bietet allgemeine Hinweise (keine eigene Website für den Golf von Thailand). Auf dem Thailandportal www.thailand.sawadee.com wird die in Provinzen eingeteilte Region detailliert vorgestellt.

Verkehrsmittel
Da eine Eisenbahnlinie und ein teils als Autobahn ausgebauter Highway nahe der gesamten Küstenlinie verlaufen, lässt sich der gesamte Großraum perfekt per Bus und Bahn erkunden (Fahrpläne ab Bangkok auf www.sawadee.com/thailand/transfer).

Phetchaburi ▶ D 2

Die ›Stadt der Diamanten‹ gehörte im 17. und 18. Jh. dank der im Flussbett gefundenen Edelsteine zu den wohlhabendsten des Königreiches. Zuvor war sie für über ein Jahrtausend eine der bedeutendsten Stationen auf dem langen Karawanenweg von der Malaiischen Halbinsel nach Indien gewesen. Aus jener glorreichen Zeit stammen auch die meisten der rund drei Dutzend Tempelanlagen. Ihre lackierten Dächer und gold schimmernden Türme verleihen der rund 50 000 Einwohner zählenden Hauptstadt der gleichnamigen Provinz eine charmante, leicht altertümliche Note.

Der Wat Mahatat überragt die Stadt mit seinen maiskolbenförmigen Türmen

Lieblingsort

Khao Luang – märchenhafte Unterwelt ▶ D 2
Feuchtigkeit tropft von meterlangen Stalaktiten, Räucherwerkschleier wehen im Dämmerlicht, und scheint dann die Nachmittagssonne durch ein Deckenloch im Grottenhimmel herein, tanzen Kaskaden in Regenbogenfarben, werden zahlreiche Buddhafiguren zwischen weißen Tropfsteingebilden, unbehauenem Fels und kristallen funkelnden Wänden auf das Herrlichste illuminiert. Im goldenen Glanz erstrahlt ein etwa 5 m langer liegender Buddha (s. auch S. 112).

Am Golf von Thailand

Unser Tipp

Homestay in Phetchaburi – 2 N Guesthouse

Land und Leute besser verstehen – das ist die Leitidee des 2 N Guesthouse, das unter Leitung von Nisa und Nit (›2 N‹) steht, zwei Schwestern, die früher als Touristenführerinnen gearbeitet haben und daher auch ausgezeichnetes Englisch sprechen. Man erhält ausführliche Informationen über die großen und kleinen Sehenswürdigkeiten der Region, über das Kulturleben der Stadt und kann so Thailand von innen kennenlernen, ohne dabei auf seine Privatsphäre verzichten zu müssen: Das Gästehaus im Thaistil steht separat in einem gepflegten Garten außerhalb des Stadtzentrums und bietet insgesamt 6 angenehm große und komfortable Doppelzimmer, die alle mit AC, TV, Kühlschrank und WIFI sowie Bad/WC und einer separaten Terrasse ausgestattet sind. Im Preis inkl. sind das köstliche Frühstück (u. a. mit Kokos-Pfannkuchen, süßem Klebereis), die Abholung am Bahnhof von Phetchaburi sowie gepflegte Fahrräder, mit denen man Stadt und Land erkunden kann. – Kurz und gut: eine der besten Homestay-Adressen, die wir kennen (98/3 Moo 2 Bankum, Muang District, Tel. 08 18 17 11 34, www.2nguesthouse.blogspot.com, EZ/DZ 580 Bt).

Die Tempelanlagen

Ein Stadtplan des Touristenbüros führt zu 20 Tempeln, die Besucher empfangen. Bemerkenswert sind der **Wat Yai Suwannaram** mit Fresken aus dem 17. Jh., der **Wat Kamphaeng Laey** mit Stuckdekorationen und alten Mauerresten aus der Khmer-Epoche sowie der aus der Ayutthaya-Periode stammende **Wat Mahatat**, der den Turmheiligtümern der Khmer nachempfunden ist.

Khao Wang

Kiri Ratthaya, Khlong Krachaeng, Phetchaburi 76000, tgl. 8.30–16.30 Uhr, 150 Bt; ein angeschlossenes Museum ist Mi–So 9–16 Uhr geöffnet; Tuk-Tuk ab Zentrum ca. 50 Bt

Von den Tempeln einmal abgesehen, zieht insbesondere der Khao Wang, der ›Palast auf dem Hügel‹ die Aufmerksamkeit auf sich. Der neoklassische Komplex liegt auf einer knapp 100 m hohen Erhebung etwa 2,5 km außerhalb des Stadtzentrums beim Highway 4. König Rama IV. ließ die gepflegte Anlage im Jahr 1860 als Sommerresidenz errichten, die von dem wahrhaft exotischen Phra Nakhon Khiri Historical Park umrahmt wird. Vom Fuß des Hügels ist er in etwa 15 Minuten auf einem steilen Fußweg oder bequem mit einer Seilbahn (50 Bt hin und zurück) zu erreichen.

Khao Luang

Thong Chai, Phetchaburi 76000, tgl. 9–15 Uhr, Anfahrt mit dem Motorradtaxi/Tuk-Tuk ca. 50–70 Bt

Rund 5 km vor der Stadt in Richtung Bangkok liegt die Tropfsteingrotte Khao Luang (s. Lieblingsort S. 111), die aus einem System untereinander verbundener Höhlen besteht. Inmitten der märchenhaften Unterwelt aus Stalagmiten und Stalaktiten wurden viele Buddhastatuen aufgestellt. Am eindrucksvollsten präsentiert sich die Hauptgrotte, in die zwischen 11 und 14

Kaeng Krachan National Park

Uhr das Sonnenlicht durch ein Deckenloch fällt und die Figuren und Tropfsteine optisch verzerrt erscheinen lässt.

Übernachten

Top im Ort – **Royal Diamond Hotel:** 555 Moo 1, Thanon Petchkasem, Phetchaburi 76000, Tel. 032 41 10 61, www.royaldiamondhotel.com, DZ ab 1600 Bt; über Buchungsmaschinen wie www.booking.com ab 680 Bt. Einzige empfehlenswerte Adresse in der Stadt, gute Mittelklasse mit hellen Zimmern.
Auf dem Land – **2 N Guesthouse:** s. Unser Tipp links

Infos

Tourism Authority of Thailand: 500/51 Thanon Petchkasem (gegenüber Khao Wang), Tel. 032 47 10 05, www.tourismthailand.org/Phetchaburi, tgl. 8.30–16.30 Uhr.
Internet: Empfehlenswerte Adressen sind www.thailand.sawadee.com/phetchaburi/.
Bahn: Bahnhof nördlich des Zentrums. 10 Verbindungen tgl. von/nach Bangkok (34–153 Bt, ca. 2,5 Std.) und Hua Hin (14–59 Bt, ca. 30 Min.).
Bus: Busbahnhof nördlich des Khao Wang. Ab dem frühen Morgen alle 30 Min. Busse von/nach Bangkok Southern Busterminal (46–75 Bt; ca. 2 Std.) und Hua Hin (22–35 Bt, ca. 1 Std.).
Innerstädtisch: Tuk-Tuks und Motorradtaxen kosten regulär 30 Bt für eine Stadtfahrt, eine Fahrt im Sammeltaxi kostet 10 Bt/Pers.

Kaeng Krachan National Park ▶ C/D 2/3

Der 1981 eingerichtete Kaeng Krachan National Park ist mit einer Fläche von nahezu 3000 km² das größte Schutzgebiet des Königreiches. Er erstreckt sich im Westen der Provinz Phetchaburi entlang der Grenze zu Myanmar in einer durchschnittlichen Höhenlage von rund 500 m und gilt als eines der letzten Refugien für wild lebende Elefanten, Tiger, Leoparden und Bären, um nur einige der 57 Säugetierarten zu nennen, die in den ausgedehnten Regen- und Nebelwäldern ein Zuhause haben. Auch die Vielfalt an Vögeln – über 400 Arten sind bekannt – sucht ihresgleichen.

Trekking im Urwald

Im Kaeng Krachan National Park sind Trekkingtouren von mehreren Tagen, aber auch Tagestouren möglich. Guides, die jedoch nur sehr wenig Englisch sprechen, werden im Nationalparkamt vermittelt, und auch die Unterkünfte im Kaeng-Krachan-Dorf unterhalb der Staudamm-Mauer sind hilfreich (S. 114).

Highlight eines Parkbesuches ist der etwa einen Tag in Anspruch nehmende Aufstieg zum **Panoen Thung,**

Trekking im Urwald

Am Golf von Thailand

Restaurants am Seeufer

Im Kaeng-Krachan-Dorf gibt es mehrere einfache Restaurants, auch im Restaurant der Parkverwaltung kann man günstig essen, aber die mit Abstand beste Thaiküche zu günstigen Preisen (um 80–150 Bt) bieten die kleinen Restaurants an der Zufahrtsstraße vom Dorf zum Parkhauptquartier: Dort sitzt man auch am schönsten, nämlich teils in kleinen Palmwedelpavillons direkt über dem Seeufer – besonders schön, wenn die Sonne untergeht.

dem mit 1207 m höchsten Gipfel der gesamten Region. Einfacher gestaltet sich ab dem Ende des ausgeschilderten Fahrwegs die etwa dreistündige Wanderung zum **Thorthip-Wasserfall**, der sich aus einer Höhe von knapp 100 m über neun Kaskaden in einen Urwaldkessel ergießt.

Für Entspannung pur stehen die kühlen Fluten des rund 46 km^2 großen **Kaeng-Krachan-Stausees**, der sich direkt beim Hauptquartier des Nationalparkamtes öffnet und im Rahmen von Bootstouren (ein Charterboot mit Platz für 10 Pers. kostet ab 850 Bt) entdeckt werden kann. Begehenswert ist die **Dammstraße** des Stausees (ab dem Kaeng-Krachan-Dorf den Schildern zum Nationalparkhauptquartier folgen, dann rechts ab auf den Damm), von der aus man einen herrlichen Seeblick genießt; nach ca. 2 km führt die Straße ins Dorf zurück.

Übernachten

An der Durchgangsstraße im Kaeng-Krachan-Dorf sind mehrere Bungalowanlagen ausgeschildert, die Preise liegen bei etwa 600–500 Bt pro Nacht. Am schönsten sind jedoch die Anlagen zwischen Dorf und Nationalpark-

hauptquartier, die alle oberhalb vom Seeufer liegen.

Zum Wohlfühlen – **Petchvarin Resort:** 248 Moo 11 Kladluang Tha Yang, Tel. 081 76 34 8 62, 032 42 20 72, www. petchvarinresort.com, Bungalows ab 3500 Bt. Im Umland des Nationalparks finden sich zahlreiche edle Country-Resorts – das Petchvarin ist mit direkt am Phetchaburi-River in einer üppigen Parkanlage gelegenen stilvollen Holzbungalows im Thaistil eines der schönsten. Auch ein Pool und ein Spa-Zentrum sind angeschlossen, es werden Fahrräder vermietet und zahlreiche Aktivitäten angeboten.

Zweckmäßig – **Nationalparkamt:** Beim Parkzentrum (am Seeufer ausgeschildert) werden AC-Bungalows für 1200–3000 Bt für bis zu 4 Pers. vermietet.

Naturnah – **Camping:** Mehrere Zeltplätze sind eingerichtet, u. a. beim Nationalparkamt, Verleih von Zelten (200 Bt). Am schönsten ist der Buddycamp (ca. 3 km ab Kaeng-Krachan-Dorf Richtung Parkhauptquartier), der eine gepflegte Zeltwiese mit Sitzbänken direkt am Seeufer bietet; mit Restaurant und Verleih von Zelten (250 Bt).

Aktiv

Organisierte Tour – Die Fahrt in den Nationalpark inkl. Besuch des Stausees, einer Bootstour und einer Dschungelwanderung steht bei den meisten Veranstaltern in Hua Hin auf dem Programm (S. 120), dauert etwa 13 Std. und kostet alles inkl. um 3000 Bt/Pers. Eine 3-tägige Wildlife-Tour kostet ab 5200 Bt alles inkl., Buchung über www. thainationalparks.com.

Infos

Kaeng Krachan National Park: Amphur Kaeng Krachan, Phetchaburi 76170, Tel. 032 46 73 26, www.thainational

parks.com, www.dnp.go.th, www.thaiforestbooking.com. August bis Oktober ist der Nationalpark geschlossen (Eintritt 200 Bt), beste Besuchszeiten von Dezember bis März.

Geld: Im Kaeng-Krachan-Dorf findet sich ein ATM, der auch die gängigen Kreditkarten akzeptiert.

Songthaew: mehrmals tgl. von Phetchaburi (beim Uhrturm) für 50 Bt zum Kaeng-Krachan-Dorf am Rand des Nationalparks (1,5 Std.). Von dort aus per Motorradtaxi für 50 Bt zum Headquarter des Nationalparks.

Taxi: Ein Taxi ab Phetchaburi kostet um 1500 Bt.

Hua Hin und Umgebung ▸ D 2/3

1926 ließ sich Seine Majestät König Rama VII. 185 km südlich von Bangkok einen Sommerpalast an den kilometerlangen Strand nahe einem unbedeutenden Fischerdorf setzen. Wahrscheinlich in Anlehnung an Schloss Sanssouci gab er seiner neuen Residenz den Namen Klai Kangwon (›Ohne Sorgen‹). Von jenem Jahr an ging es bergauf mit dem Dorf, das nach einem Felsen in Form eines Kopfes bald Hua Hin genannt wurde. Dieser Fels steht am Strand vor dem Sofitel Centara Grand Hotel, das bis in die 1980er-Jahre Hua Hin Railway Hotel hieß und im britischen Anti-Kriegsfilm »The Killing Fields – Schreiendes Land« von 1984 als Hotel Le Phnom zu Weltruhm kam. Durch den Kinohit entwickelte sich Hua Hin zum Ferienzentrum internationalen Zuschnitts mit mittlerweile rund 60 000 Einwohnern und einer wachsenden Skyline. In urbanem Ambiente finden sich luxuriöse Resorts, edle Restaurants, Nachtlokale und ein umfassendes Angebot an Aktivitäten.

Sehenswert

Da die Königsfamilie die Gebäude der Sommerresidenz **Klai Kangwon** 1 noch heute nutzt, sind sie nur zur Besichtigung freigegeben, wenn niemand vom Königshaus anwesend ist (ca. 3 km nördlich vom Stadtzentrum, tgl. 8–16 Uhr, 40 Bt).

Unverändert zeigt sich die **Hua Hin Railway Station** 2 aus den frühen 1920er-Jahren als Paradebeispiel für feinste klassische Thaiarchitektur.

Strände

Die Strände von Hua Hin und Umgebung erstrecken sich über Kilometer an einem Saum von Kasuarinen. Obwohl sie relativ feinsandig und von heller, wenn auch zumeist nicht weißer Farbe sind, können sie in Sachen Exotik nicht mit denjenigen der weiter südlich gelegenen Inseln konkurrieren. In seinem nördlichen Bereich ist der Golf von Thailand zu flach und das Wasser aufgrund der zahlreichen Zuflüsse zu stark von Sedimenten durchsetzt, als dass es jene berückend azurblaue oder türkisgrüne Klarheit aufweisen könnte, die man zumeist mit Thailand assoziiert.

Hua Hin Beach

Der eigentliche Hua Hin Beach beginnt südlich vom Pier jenseits der Thanon Naretdamri, wo er nahtlos von Shops und Restaurants gesäumt wird. Je weiter südlich man vordringt, desto ruhiger und auch badetauglicher wird es. Der schönste Strandabschnitt beginnt etwa in Höhe des Sofitel Centara Grand Resort und zieht sich bis zu einem weithin sichtbaren Tempelhügel. Das sind gut und gerne 5 km und mit jedem Kilometer wird es ruhiger.

Am Golf von Thailand

Khao Takeap Beach

Ein von Affenhorden belagerter Treppenweg führt auf den **Khao Takeap** **3**. Von seiner mit einem Tempel gekrönten Höhe öffnet sich ein beeindruckendes Panorama über Land, Strand und Meer. Der Strand trägt nun den Namen **Khao Takeap Beach** und zeigt sich in großen Abschnitten als eine weite, breite Sandfläche, die sanft ins Meer ausläuft und daher gerade auch für Kinder ideal ist. Aber mit der Ruhe ist es hier inzwischen vorbei, denn der Tourismus hat Fuß gefasst und ein neues Ferienzentrum ist entstanden (grüne Songthaew ab Hua Hin 10 Bt, Motorradtaxi ca. 50 Bt).

Südlich von Hua Hin

Weiter südlich, nun schon 15 km von Hua Hin entfernt, lädt der von Touristen selten besuchte **Suan Son Beach** ein. Gesäumt von Kasuarinen erstreckt er sich weit und einsam am Ozean. Der nach 5 km anschließende **Khao Tao Beach** ist unter Thais auch für seine guten Seafood-Restaurants bekannt (mit dem Bus bis zur ausgeschilderten Abzweigung, wo Motorradtaxis warten).

Zu Fuß zum Aussichtspunkt

Hua Hin aus der Vogelperspektive – das muss man sich einfach gönnen, zumal es vom Stadtzentrum aus gerade mal 3 km bis hinauf auf den Stadthügel **Khao Hin Lek Fai** **4** sind. Der Blick hinunter auf den Royal Hua Hin Golf Club und über die weit ausgedehnte Stadt hinaus aufs Meer lohnt in jedem Fall den Aufstieg – vor allem bei Sonnenuntergang.

Übernachten

Die Budgetklasse ist gut vertreten, auch strandnah, und bietet im Gegensatz zu der extrem breit gefächerten Spitzenklasse kein gutes Preis-Leistungs-Verhältnis.

Kolonialstil-Schmuckstück – **Sofitel Centara Grand Resort & Villas Hua Hin** **1**: 1 Thanon Damnoen Kasem, Tel. 032 51 20 21, www.centralhotelsresorts.com, DZ ab 6400 Bt, Villen ab 8200 Bt bei Internetbuchung. Das erste Resort des Königreiches, 1923 als Hua Hin Railway Hotel eröffnet und Ende der 1980er-Jahre zu einem Luxushaus der ersten Klasse umgebaut, präsentiert sich außen wie in seinen 207 Zimmern und Suiten größtenteils noch ganz im feinsten Kolonialstil. Die 13 ha große Parkanlage bietet reichlich Platz, etwa für vier luxuriöse Swimmingpools. Weit und breit gibt es kein Pendant zu diesem Haus.

Edel im alten Stil – **Baan Bayan** **2**: 119 Thanon Petchkasem, Tel. 032 53 35 40-4, www.beachfronthotelhuahin.com, DZ ab 4200 Bt. ›Step back in time‹ ist das Motto des feinsten Boutique-Hotels der Stadt in einer schmucken Holzvilla aus dem frühen 20. Jh. Die 24 Zimmer strahlen Eleganz und Charme aus, sind so stilvoll wie modern eingerichtet und noch in ihrer kleinsten Version 50 m² groß. Direkt am Strand, mit Swimmingpool.

Günstig und strandnah – **New Beach Guest House** **3**: 113/23 Thanon Petchkasem, Tel. 032 53 26 35, www.newbeachguesthouse.com, DZ ab 960 Bt (Nebensaison) bzw. 1200 Bt (Hochsaison). Rund zehn Gehminuten südlich vom Zentrum, aber nur zwei vom Strand entferntes Gästehaus unter deutscher Leitung, ruhige Lage in der Nachbarschaft vieler anderer ähnlicher Häuser. Die Zimmer sind groß und gepflegt, alle mit Bad/WC, Kühlschrank, Minibar, TV und Balkon. Ein naher Swimmingpool kann kostenlos genutzt werden.

Gute Budgetwahl – **Cha-ba Chalet** **4**: 1/18 Thanon Srasong, Tel. 032 52

Hua Hin

Sehenswert

1 Klai Kangwon
2 Hua Hin Railway Station
3 Khao Takeap
4 Kao Hin Lek Fai

Übernachten

1 Sofitel Centara Grand
   Resort & Villas Hua Hin
2 Baan Bayan
3 New Beach Guest House
4 Cha-ba Chalet
5 Sea Harmony Eco Lodge

Essen & Trinken

1 Sasi Restaurant
2 Brasserie de Paris
3 Chao Lay
4 Chat Chai Market
5 Nightmarket

Einkaufen

1 Hua Hin Bazaar
2 Thanon Kamnoadvitee
3 Hua Hin Grand Night
   Market

Aktiv

1 Hua Hin Golf Center
2 Hua Hin Water Sports
   Center

Abends & Nachts

1 Nachtmeilen Soi Selakam
   und Soi Bintabat

---

11 81, www.chabachalet.com, DZ ab
765 Bt. Der dreigeschossige Neubau
macht nicht gar so viel her, aber die 33
schlichten, sauberen Zimmer (alle mit
Bad/WC, AC, TV) sind günstig.

Öko-Boutique-B&B – **Sea Harmony
Eco Lodge** 5 : 8/10 Takiab 6 Takiab Village, Tel. 08 51 09 26 80, www.seahar
monyhuahin.com, DZ ab 1710 Bt bei
Online-Buchung. Ruhig und strandna-
hes B & B-Haus der Spitzenklasse, das
ganz und gar vom Öko-Gedanken getragen wird. Mit 7 stylischen Zimmern,
edlem Aufenthaltsraum, Garten, Organic Café. Man kommt und bleibt.

Essen & Trinken

Von den Spitzenlokalen der Luxusresorts abgesehen, befinden sich in Hua
Hin die besten Restaurants im Bereich
der Thanon Naretdamri zwischen der
Kreuzung Thanon Dechanuchit und
dem Pier. Meist wird Seafood serviert.

Dinnershow – **Sasi Restaurant** 1 : Sasi
Garden Theatre, 83/159 Thanon Nong
Kae, Tel. 081 880 40 04, www.sasires
taurant.com/02_daily_act.htm, Menü
mit Show 750 Bt, tgl. 19.15–20.30 Uhr.
Thailändische Tanzshow zu einem üppigen Menü. Reservieren!   ▷ S. 120

Auf Entdeckungstour: Elefantenreiten – mit Dickhäutern auf Tour

Seit Jahrhunderten nutzen die Thailänder Kraft und Geschicklichkeit der ehemals zigtausend im Königreich lebenden Elefanten. Heute sind die Rüsseltiere in der Tourismusbranche tätig – in Hua Hin nicht nur bei Ausritten und Shows.

Reisekarte: ▶ D 3

Touranbieter: Hutsadin Elephant Foundation, 176 Moo 7, Thanon Nongplub, ca. 400 Bt per Tuk Tuk hin und zurück, Tel. 032 827 098 100, www.hutsadin.com.

Ausritte: tgl. 9–15 Uhr

Preis: 600 Bt/30 Min., 1000 Bt für einen 3-stündigen Mahout-Kurs

Der Weg wird abschüssig und das Gejohle laut, als die Elefantendame Song Kran unter Anleitung des auf ihrem Nacken sitzenden *Mahout*, wie die Elefantentrainer genannt werden, Schritt für Schritt eine etwa 1,5 m hohe Felsstufe hinabsteigt und unbeirrt in den angrenzenden Wald trottet. Weiter geht's heftig schaukelnd kreuz und quer auf ausgestampften Pfaden durchs mehr oder weniger dichte Grün und zum Elefantencamp zurück, das nach insgesamt 30 Minuten erreicht wird. Die zurückgelegte Distanz ist nicht der Rede wert. Aber ein Erlebnis ist es schon, diesem etwa 4 t schweren Dickhäuter in 2,50 m Höhe auf dem Rücken zu sitzen und durch das Umland von Hua Hin zu schaukeln. Auch das anschließende Waschen des Elefanten ist durchaus spannend, aber am eindrücklichsten ist es, sich im Rahmen eines Mahout-Kurses selbst um das Tier zu kümmern.

Tourismus als Rettungsanker

In Thailand ist Elefantenreiten heute der Renner jeder Saison, womit sich der Fremdenverkehr als Lebensversicherung für die Dickhäuter entwickelt hat. Doch gut behandelt werden die Tiere in der Regel nicht, weshalb hier vor Elephant Trek Tours gewarnt werden soll. Empfehlenswert hingegen ist das Angebot der Hutsadin Elephant Foundation, die sich dem Schutz der Dickhäuter verschrieben hat und ihnen ein sicheres und eben auch würdiges Auskommen gewährleistet.

In den Wäldern nämlich, wo die Elefanten traditionell beim Transport von Stämmen eingesetzt wurden, haben sie seit dem Holzeinschlagverbot von 1989 keine Arbeit mehr, und in der Folge blieb vielen Mahouts nur das Betteln, denn ein Elefant benötigt nicht weniger als rund 200 kg Futter am Tag, das er in Form von Gräsern und Blättern, aber auch Früchten, Wurzeln und Zweigen zu sich nimmt.

Vom Aussterben bedroht

Um diesen Mordshunger zu stillen, bedarf es täglich etwa 17 Stunden, und kaum ist Song Kran von ihrem Touristenspaziergang wieder in das Camp zurückgekehrt, macht sie sich am Futterplatz über einen wahren Bambusberg her, den sie sich büschelweise mit dem Rüssel ins Maul schiebt. Auch die Besucher können zum Füttern ins Grünzeug und zu Bananen greifen, die Song Kran mit vorsichtigem Rüsselgriff den Teilnehmern am Mahout-Kurs aus den Händen frisst.

Die wild lebenden Artgenossen haben es da schon wesentlich schwerer, ihren Appetit auch nur annähernd zu stillen, denn durch die Zerstörung der Teakwälder des Nordens und der Regenwälder des Südens haben sie keinen natürlichen Lebensraum mehr, sind entsprechend vom Aussterben bedroht und fristen nur noch in einigen wenigen Nationalparks ihr obendrein von Wilderern gefährdetes Leben. So u. a. im Khao Sok National Park (s. S. 188) und vor allem im Kaeng Krachan National Park (s. S. 113) nahe Hua Hin, wo noch etwa 200 der landesweit vielleicht 700 Exemplare in kleinen Herden umherziehen. 1950 sollen es in ganz Thailand noch über 13 000 Tiere gewesen sein. Zum Vergleich: Anfang des 18. Jh. kämpften in Thailand allein über 20 000 Elefanten in der königlichen Armee, zwischen 120 000 und 150 000 Dickhäuter tummelten sich dazu in freier Wildbahn.

Mit Zuckerrohr und Bananen gesättigt, geht's für Molly bald zur nächsten Runde im Geschäft, denn ihr Futter im Wert von 15 000 Bt monatlich will verdient sein.

119

Am Golf von Thailand

Feine französische Küche – **Brasserie de Paris 2** : 3 Thanon Naretdamri, Tel. 081 32 53 06 37, www.brasserie deparis.net, tgl. ab 17 Uhr, Vorspeisen um 350 Bt, Hauptgerichte um 500–700 Bt. Der schöne Meerblick von der zweiten Etage und die Küche mit Schwerpunkt Fisch und Meeresfrüchte sprechen für dieses moderne Restaurant, das zu den besten der Stadt zählt.

Tafeln mit Meerblick – **Chao Lay 3** : 15 Thanon Naretdamri, Tel. 032 51 34 36, tgl. ab 10 Uhr, Hauptgerichte ab ca. 280 Bt. Zweigeschossiger Pfahlholzbau direkt über dem Wasser, gemütlich-rustikal eingerichtet und eine der besten Seafood-Adressen der Stadt. Man wählt à la carte oder am großen Buffet.

Lecker und billig – **Chat Chai Market 4** : Der große Markt von Hua Hin bietet von frühen Morgen bis in die späten Abendstunden Thaispezialitäten für wenig Geld.

Größte Auswahl mit Atmo – **Nightmarket 5** : Thanon Dechanuchit, tgl. 18–24 Uhr. Wenn abends die Imbissstände öffnen, kann man preiswert auf kulinarische Entdeckungsreise gehen.

Einkaufen

Kunsthandwerk – **Hua Hin Bazaar 1** : Thanon Damnoen Kasem, tgl. 10–23/24 Uhr. Zahlreiche Geschäfte und Stände.

Mode – **Thanon Kamnoadvitee 2** : tgl. 10–22 Uhr. An der Shopping Mall sind vor allem Dependancen der Modebranche reich vertreten.

Von allem etwas – **Hua Hin Grand Night Market 3** Thanon Petchkasem, beim Hua Hin Grand Hotel, Mi–So ab 18 Uhr. Kitsch und Kunsthandwerk, Kleidung sowie Imitationen jeder Art.

Imitationen – **Nightmarket 5** : s. o. Der Nachtmarkt von Hua Hin hat sich insbesondere mit (in Europa verbotenen) Imitationen von Markenlabels einen Namen gemacht.

Aktiv

Die besten Informationen über alle Sportmöglichkeiten in Hua Hin gibt es unter **www.huahinsport.com.**

Golfen – **Hua Hin Golf Center 1** : Tel. 032 53 04 76–78, www.huahingolf. com. 18 Loch.

Wassersport aller Art – **Hua Hin Water Sports Center 2** : Tel. 081 857 43 28, www.huahin-watersports.com. Größter Anbieter in Sachen Wassersport, z. B. Kite-Surfing (5400 Bt/3 Std.), Hochseeangeln (6000 Bt/4 Std.), Katamaran-Charter (20 000 Bt/Tag) oder Wasserki (4000 Bt/Std.), aber Renner sind hier die Paramotor-Tandemflüge (25 Min. 3800 Bt).

Für jeden etwas – **Touren:** Dutzende Veranstalter bieten sich an, einen umfassenden Überblick gibt die Website www.huahintours.net. Populär sind insbesondere Halbtagestouren ins Umland von Hua Hin (ab 1000 Bt), Tagestouren zum Khao Sam Roi Yot Nationalpark (1700 Bt), zu den Tempeln von Phetchaburi (1700 Bt), zum Kaeng-Krachan-Nationalpark (ab 2200 Bt), zum Wasserfall Pa La U (1800 Bt), zum Floating Market von Damnoen Saduak (S. 104; 1900 Bt) und nach Bangkok (Tagestour ab 2800 Bt, 2 Tage 5400 Bt) sowie nach Kanchanaburi (ab 2600 Bt). Auch Segeltouren, u. a. auf einem 20 m langen Schoner, stehen auf dem Programm (Tagestour 3800 Bt); Übernachtungstouren zur privaten Resortinsel Ko Talu (ab 5400 Bt).

Abends & Nachts

Einige hundert Bier- und Go-go-Bars sind es sicherlich, die in Hua Hin mittlerweile um Kundschaft werben, die

120

Hua Hin und Umgebung

meisten von ihnen stehen unter ausländischer Leitung.

Nachtmeile – **Soi Selakam/Soi Bintabat 1:** In dem Viertel zwischen diesen Straßen findet sich die dichteste Konzentration an Lokalen.

Bars – **Hua Hin Bazaar 1:** s. S. 120. Abends Hotspot des Nachtlebens.

Infos & Termine

Tourist Information Center: 39/4 Thanon Petchkasem, Tel. 032 61 14 91 und 032 47 10 05, tgl. 8.30–20 Uhr.

Internet: www.huahin.sawadee.com, www.tourismhuahin.com, www.huahinafterdark.com, www.huahintoday.net (Sprachrohr der in Hua Hin lebenden Ausländer), www.khaotakiab.com (Website des neuen Ferienstandortes Khao Takeap).

Tourist Police: am Ende der Thanon Damnoen Kasem vor dem Strand, Tel. 032 51 62 19 und 11 55, www.huahin tpd.go.th.

Bahn: etwa stdl. von/nach Bangkok (3 Std., 44–202 Bt) und Surat Thani (5–8 Std., 63–317 Bt), 2 x tgl. von/nach Malaysia.

Bus: Busbahnhof an der Thanon Liap Thang Rot Fai. Von den frühen Morgen- bis in die späteren Abendstunden zwischen Hua Hin (Thanon Srasong) und Bangkok Southern Busterminal alle 30–45 Min. AC-Busse (3,5 Std., 142–180 Bt je nach Komfort). Außerdem Busse aller Komfortklassen zu allen Städten in Südthailand.

Kombitickets (Bahn/Bus und Schnellboot): Buchung über www.lompray ah.com oder Reisebüros, z. B. Ko Tao 1050 Bt, Ko Samui 1400 Bt, Ko Pha Ngan 1300 Bt.

Minibus: Von der nördlichen Thanon Petchkasem aus verkehren zwischen 6 und 19 Uhr mehrmals stdl. Minibusse nach Bangkok zum Victory Monument für 200 Bt/Pers. (2 Std.).

Taxi: Bangkok Zentrum oder Suvarnabhumi International Airport ab 2000 Bt. bzw. 3200 Bt (Minibus). Buchung über www.siamtaxiservice.com oder Reisebüros.

Mietfahrzeuge: Niederlassungen internationaler Verleihfirmen. Wesentlich günstiger sind die lokalen Firmen, Buchung über die örtlichen Reisebüros. Motorräder kosten ca. 150–200 Bt/Tag für 100-ccm-Maschinen bis hin zu 1800 Bt für Big Bikes; auch Fahrräder kann man an zahlreichen Stellen ausleihen – etwa 100–180 Bt/Tag sind anzusetzen.

International Kite Festival: Mitte März. Drachenfestival.

Hua Hin Jazzfestival: Mitte Juni, www.jazzfestivalhuahin.com. 3 Tage mit internationalen Musikern aus aller Welt.

Hua Hin Regatta: 3 Tage Anfang Aug., varuna.org/events/hua-hin-regatta-2.

Hua Hin Food Festival: Ende Nov. Vier Abende lang dreht sich in Hua Hin von 19.30 bis 1 Uhr alles ums Essen. Zahllose Essensstände laden ein, Hunderte von Spezialitäten sind zu kosten.

Vintage Rallye: Dez. Oldtimer-Parade mit rund 60 Fahrzeugen auf der 225 km langen Strecke von Hua Hin nach Bangkok.

Rund um Hua Hin

Phra Ratchaniwet Mrigadayavan ▶ D 2

Bang Kra Beach, ca. 15 km nördlich von Hua Hin, tgl. 9–16 Uhr, 100 Bt

Fantastisch mutet der auf 1000 Pfeilern ruhende zweigeschossige Phra Ratchaniwet Mrigadayavan an. Der komplett restaurierte Teakholzpalast wurde im Jahre 1924 von König Rama VI. direkt am Strand erbaut. Er gilt als ein Meisterwerk der klassisch thailändischen Palastarchitektur und wird im Rahmen aller Sightseeingtou-

Am Golf von Thailand

ren angefahren, die die Region nördlich von Hua Hin zum Ziel haben. Besonders eindrucksvoll ist die Thronhalle mit ihren verspielten Balustraden und Erkern.

Cha-am ▶ D 2

Auch Cha-am, ein paar Kilometer weiter nördlich, steht auf dem Programm der Rundfahrten. Der Badeort ist vor allem bei thailändischen Touristen und Wochenendausflüglern aus Bangkok beliebt. Ausländische Besucher sieht man insbesondere vor den hohen Hotelkomplexen, die im Süden der Stadt den kilometerlangen Strand säumen.

Wasserfall Pa La U ▶ D 3

Der rund 60 km westlich von Hua Hin in Richtung der Grenze zu Myanmar gelegene Wasserfall Pa La U ist ebenfalls am einfachsten im Rahmen von organisierten Touren zu besuchen. Über nicht weniger als 16 Stufen stürzt er in die von Urwald ummantelte Tiefe und ist damit einer der mächtigsten Wasserfälle des Königreiches – vorausgesetzt, es hat ausreichend geregnet. Alle Stufen zu erklimmen ist ein mehrstündiges Unterfangen, aber man kann problemlos bis zur dritten Kaskade gelangen, wo ein Badepool ins erfrischende Nass einlädt. Dorthin werden alle organisierten Touren geführt. Auf dem Tagesprogramm steht in der Regel auch der Besuch eines Elefantencamps mit der Möglichkeit zum Ritt auf den Dickhäutern (s. Entdeckungstour S. 118).

Khao Sam Roi Yot National Park! ▶ D 3

Rund 60 km südlich von Hua Hin erstreckt sich der rund 100 km² große

Nationalpark der ›300 Gipfel‹. Großartige Landschaften und eine reiche Vogelwelt machen seinen besonderen Reiz aus. In dem Schutzgebiet wurden seinerzeit die meisten Außenaufnahmen für den preisgekrönten Film »The Killing Fields« gedreht. Das landschaftliche Spektrum umfasst menschenleere Sandstrände und urwüchsige, bis 600 m hohe Kalksteinfelsen ebenso wie ausgedehnte Höhlensysteme. In den Mangroven- und Marschgebieten des Parks überwintern zwischen November und März mehr als 200 Arten von Zugvögeln. Viele weitere Arten legen auf ihrer Reise in weiter südlich gelegene Winterquartiere zwischen September und November sowie auf der Rückreise zwischen März und April/Mai einen Zwischenstopp ein. Seit mehreren Jahren allerdings ist die Anzahl der Vögel rückläufig, da große Teile der Feuchtgebiete am Rand des eigentlichen Schutzgebietes trockengelegt wurden bzw. Shrimps-Farmen als Standort dienen.

Zu Fuß und per Boot im Khao Sam Roi Yot NP

Phraya Nakhon und Tham Sai

Rund drei Stunden Zeit sind für die Besichtigung Phraya Nakhons, die auch ohne Führer gut zu finden ist, einzuplanen.

Das Highlight im Schutzgebiet ist die Höhle **Phraya Nakhon**, deren Schönheit König Rama V. bereits im Jahre 1890 begeisterte. Vom Laem-Sala-Parkamt führt der Weg auf einen Plateauberg mit guter Aussicht. Von dort geht es steil in die Grotte hinab und durch mehrere Felstore hindurch in eine große, nach oben hin offene Tropfsteinhöhle mit Sinterterrassen. In ihrer Mitte erinnert ein kleiner Tempel an den königlichen Gast.

Khao Sam Roi Yot National Park

Zu Fuß und mit dem Boot im Khao Sam Roi Yot National Park

Ein Erlebnis ist auch der Besuch der etwas weiter südlich gelegenen **Tham Sai**. Diese Höhle zeichnet sich durch ein monumentales kuppelartiges Gewölbe aus, von dem bis zu 15 m lange Stalaktiten herabhängen.

Khao Daeng Viewpoint
Etwa 30-minütiger Fußmarsch
Der Blick vom **Khao Daeng Viewpoint** auf dem 157 m hohen Gipfel reicht weit übers Land. Vom Khao-Daeng-Parkamt führt ein Weg zu dem ausgeschilderten Aussichtspunkt. Am besten unternimmt man den Aufstieg kurz vor Sonnenaufgang, wenn das Licht am schönsten ist und die Tierwelt, insbesondere die zahlreichen Vögel, ringsum erwacht.

Mangroventour
Lohnenswert ist auch eine Bootstour über den etwa 1,5 km vom Parkamt entfernten **Klong Khao Daeng**, einen für seinen Vogelreichtum bekannten Mangrovenkanal von etwa 4 km Länge. Beste Zeit für dieses Erlebnis ist der späte Nachmittag (ab ca. 16.30 Uhr), und eindrucksvoller noch als die Bootsfahrt ist es, dem Kanal mit einem Kajak zu folgen, das man am Kanal nördlich vom Hauptquartier Khao Daeng für rund 500 Bt/Tag ausleihen kann. Beim Hauptquartier des Parks (Khao Daeng)

Vogelbeobachtung
In Thailand gibt es kaum einen besseren Platz zur Vogelbeobachtung als den Khao Sam Roi Yot National Park. Im Nationalparkamt erhält man eine Broschüre über die Vogelwelt mitsamt Hinweisen zu den besten Aussichtsposten (Check List and Guide to Bird Finding). Bei Interesse werden ornithologische Führungen in den Bereich der Thung Sam Roi Yot angeboten, bei der es sich um eine der größten Marschlandschaften des Landes handelt.

Am Golf von Thailand

Ein kleiner Tempel erinnert in der Höhle Phraya Nakhon an königlichen Besuch

startet ein rund 1 km langer **Mangrove Nature Trail** zu einem lehrreichen Spaziergang durch die Mangroven.

Übernachten

Komfort am Strand – **Dolphin Bay Resort:** Phu Noi Beach, Tel 032 55 93 33, www.dolphinbayresort.com, Bungalow- und Balkonzimmer ab 1690 Bt, Transfer von Hua Hin 600 Bt, von Bangkok 3200 Bt. Am nördlichen Parkrand an einem 5 km langen, oft menschenleeren Sandstrand gibt es eine Komfortanlage mit Zimmern, Apartments, Bungalows und Villen in verschiedenen Komfortstufen. Großer Pool, Ausleihe von Fahrrädern und Kajaks, Organisation zahlreicher Touren.
Zweckmäßig – **Nationalparkämter:** einfache Bungalows (mit Ventilator) für 5 Pers. landeinwärts beim Hauptquartier Khao Daeng und strandnah beim Parkzentrum Laem Sala. Ab 1200 Bt.

Am Puls der Natur – **Camping:** Beim Hauptquartier Khao Daeng und beim Parkzentrum Laem Sala werden auch Zelte vermietet (150 Bt), am schönsten ist Camping am Laem Sala Beach. Wer ein eigenes Zelt dabeihat, kann sich auch auf dem Campground am rund 1 km langen Sam Phraya Beach niederlassen, den man oft ganz für sich allein hat: Kasuarinen und Pavillons bieten Schatten, die sanitären Einrichtungen sind in Ordnung.

Essen & Trinken

Authentisch und günstig – **Nationalparkämter:** Den beiden Parkzentren und dem Campground am Sam Phraya Beach ist jeweils auch ein Open-Air-Restaurant angeschlossen, es wird eine einfache und authentische thailändische Küche gepflegt, die Portionen sind üppig, die Preise niedrig: Die Gerichte liegen zwischen 80 und 150 Bt und gerade Meeresfrüchte sind hier außerordentlich günstig.

Infos

Khao Sam Roi Yot National Park: Tel. 032 82 15 68, www.thainational parks.com, www.dnp.go.th, www. thaiforestbooking.com, Tageseintritt 200 Bt, auf einer kostenlosen Karte sind alle wichtigen Einrichtungen und Natur-Highlights verzeichnet. Zwei Parkzentren laden im Schutzgebiet ein und das Hauptquartier (mit einer kleinen naturkundlichen Ausstellung, tgl. 8.30–16.30 Uhr) befindet sich bei Khao Daeng. Dort wird auch Englisch gesprochen, man kann Unterkünfte buchen, Informationen abrufen und Führer mieten etc.

Bus/Songthaew: etwa stdl. Verbindung von Hua Hin nach Pran Buri (10 Bt), dort weiter per Songthaew nach Ban Bang Pu (50 Bt) und zum Laem-Sala-Parkzentrum (50 Bt). Alternativ ab Pran Buri mit dem Motorradtaxi (ca. 150 Bt) oder Taxi (ca. 300 Bt).

Auto/Motorrad: Mit Abstand am empfehlenswertesten ist die Anreise mit einem eigenen Fahrzeug, da man dann auch innerhalb des ausgedehnten Parks mobil ist. Von Hua Hin nach Pran Buri (südl. von Hua Hin), dann der Beschilderung folgen, bis zum Hauptquartier rund 37 km.

Taxi/Organisierte Tour: etwa achtstündiger Tagesausflug ab Hua Hin ca. 2000 Bt (max. 4 Fahrgäste) oder ca. 1700 Bt/Pers. mit organisierter Tour.

Prachuap Khiri Khan ▶ D 4

Die Geschichte dieses rund 40 km südlich von Khao Sam Roi Yot gelegenen Städtchens, Metropole der gleichnamigen Provinz und von den rund 30 000 Einwohnern kurz Prachuap oder Khiri Khan genannt, begann am 18. August 1868 mit der Ankunft von König Mongkut und seinen Gästen, die sich einfanden, um eine von seiner Hoheit selbst vorausgesagte Sonnenfinsternis zu beobachten. Die Finsternis kam, kurz darauf zog die illustre Schar wieder gen Bangkok und Prachuap, nur als Provisorium errichtet, verfiel. Dann zogen Banditen aus dem nahen Burma ein und hielten den Schlupfwinkel bis in die 1930er-Jahre. Erst zu diesem Zeitpunkt begann sich hier eine richtige Siedlung zu bilden, die heute, weil durch wuchtige Felsen geschützt an einer 8 km lang gestreckten Halbmondbucht gelegen, eines der wichtigsten Fischereizentren des Landes ist.

Sehenswert

Touristische Attraktion ist der **Khao Chong Krachok,** der ›Spiegelberg‹. Je nach Lichtverhältnis macht er seinem Namen alle Ehre, und auf seinem Gipfel, erreichbar über rund 400 Stufen, lädt ein kleiner Tempel ein, der wegen seiner zahllosen Buddhareliquien sehenswert ist. Schön ist das Panorama von der Höhe auf Bucht und Stadt, erlebenswert sind die Affenhorden, die den Stiegenweg belagern.

Sonstige Sehenswürdigkeiten gibt es nicht, aber wer auf dem Weg nach Süden einen Stoppover im touristischen Niemandsland machen möchte, ist in diesem durchaus charmanten und schön gelegenen Städtchen richtig. Vor allem wenn die Nacht anbricht, die Städter die Buchtpromenade bevölkern und die Essensstände auf dem **Nachtmarkt** nahe dem Busbahnhof öffnen, hat Prachuap eine charmante Atmosphäre.

Am Golf von Thailand

Strände

Die Stadtstrände entlang der 8 km langen **Ao Prachuap** sind schlickig und wegen Verschmutzung nicht zum Baden geeignet. Rund 6 km nördlich der Stadt lohnt sich ein Besuch des von Kalksteinfelsen begrenzten **Ao Noi Beach** beim gleichnamigen Fischerdorf. Das Wasser ist klar und lädt zu Badefreuden ein. Ebenso am 5 km südlich von Stadt und Ao Prachuap gelegenen **Ao Manao Beach**, der einer der saubersten an der gesamten Golfküste ist, da er mehrmals monatlich von den Soldaten des nahe gelegenen Royal Thai Air Force Camps gereinigt wird. Hier kann man sogar Liegestühle und Sonnenschirme ausleihen. Schlichte Strandrestaurants bieten günstige Thaigerichte.

Hat Wanakon Marine National Park ▶ D 4

Rund 20 km südlich von Prachuap liegt dieser 1992 errichtete, etwa 38 km² große Nationalpark, der vor allem dem Schutz der Küstenwälder und der darin lebenden Vögel dient. Er umfasst kilometerlange Sandstrände im Kasuarinen- und Buschsaum, und am idyllischsten präsentiert sich der Strand an der im Norden gelegenen **Makha Bay**, von der aus man eine schöne Aussicht auf die zwei vorgelagerten und zum Park gehörigen Inseln **Ko Jan** und **Ko Tay Sri** genießt. Drei Nature Trails von 2 km, 3,5 km und 6 km Länge führen in die Natur. Diese Pfade bieten morgens zwischen 6 und 8 Uhr beste Gelegenheiten zur Vogelbeobachtung.

Übernachten

Im Ort und auch an der Strandpromenade Richtung Norden gibt es zahlreiche einfache Hotels (DZ ab 500 Bt), aber den besten Gegenwert bietet:

Am Strand im Zentrum – **Hadthong Hotel:** 21 Thanon Suseuk, Tel. 032 60 10 50–55, www.hadthong.com, DZ ab 1040 Bt. Direkt hinter dem Strand im Stadtzentrum gelegenes achtgeschossiges Mittelklassehotel mit gepflegten Balkonzimmern, die dann am schönsten sind, wenn sie Meerblick bieten (1070 Bt); der Dachpool ist herrlich zum Schwimmen und das Restaurant bietet hervorragende Thaiküche (Menü 150–400 Bt).

Naturschön – **Hat Wanakon Marine National Park:** Beim Hauptquartier gibt es zahlreiche Bungalows, die simpel eingerichtet, aber sauber und teils mit Ventilator (ab 1000 Bt), teils mit AC (ab 1600 Bt) ausgestattet sind. Zelte kann man ausleihen (200 Bt), das Zeltareal liegt unter Bäumen direkt am Strand nahe dem Restaurant und den sanitären Anlagen.

Infos

Nationalparkamt: Hat Wanakon Marine National Park, Moo 7 Tum Bon Huai Yang, Tel. 032 61 90 30, www.dnp. go.th, www.thaiforestbooking.com. Beim Betreten des Parks ist Eintritt zu zahlen (100 Bt), und man erhält eine Broschüre, in der alle wichtigen Einrichtungen und Natur-Highlights verzeichnet sind. Das Parkzentrum liegt 3 km entfernt am Strand.

Geld: In Prachuap Khiri Khan finden sich zahlreiche Banken mit Geldautomaten überall in der Stadt.

Bahn: etwa stdl. von/nach Bangkok (4 Std., 58–272 Bt), Hua Hin (1 Std., 14–70 Bt), Surat Thani (4–7 Std.), 2 x tgl. von/nach Malaysia. Der Bahnhof liegt beim Zentrum, rund 400 m von der Strandpromenade entfernt.

Bus: Es bestehen Verbindungen mit Bangkok (5 Std., ab 157 Bt), Hua Hin

(1,5 Std., ab 65 Bt), Chumpon (3,5 Std., ab 140 Bt) und zu allen Städten in Südthailand. Die 3 Busbahnhöfe (AC-Busse, Fanbusse, AC-Busse von/ nach Bangkok) liegen nahe beim Bahnhof an der Thanon Phitak Chat.

Die südliche Golfküste ▶ D 4–8

Die rund 170 km lange Strecke von Prachuap Khiri Khan bis hinunter nach Chumpon führt durch touristisches Niemandsland. Wer die Hauptstraße verlässt, kann sich noch ein wenig in dem Gefühl sonnen, Pionier zu sein. Zahlreiche (Strand-) Gründe gäbe es zum Abbiegen, aber das öffentliche Transportsystem ist schlecht, und so sind die zahlreichen Sandbuchten, die die Küste säumen, denen vorbehalten, die über ein eigenes Fahrzeug verfügen. Also den Thailändern, die es vor allem an den Wochenenden an die Strände lockt, die zumeist nur über Stichstraßen zu erreichen und kaum auf die Bedürfnisse westlicher Besucher eingerichtet sind. Auch die beiden populärsten Ferienorte der Region – **Ban Krut** und **Bang Saphan** – machen da absolut keine Ausnahme.

Chumpon ▶ C 5

Je weiter man nach Süden kommt, desto üppiger wird die Landschaft, die nun zunehmend von großen Plantagen dominiert wird. Ölpalmen- und Kautschukpflanzungen herrschen vor und bestimmen das Bild bis hinunter nach Chumpon, der etwa 80 000 Einwohner zählenden Hauptstadt der gleichnamigen Provinz. Sehenswürdigkeiten gibt es keine und lediglich

als Sprungbrett nach Ko Tao ist die geschäftige Metropole in touristischer Hinsicht von Bedeutung: Wer hier als Ausländer per Bus oder Bahn ankommt, wird entsprechend gleich weitergeleitet.

Surat Thani ▶ C 7

Bei Chumpon biegt der Highway 4 nach Westen ab, um den Isthmus von Kra, wo die Malaiische Halbinsel am schmalsten und Thailand nur 45 km breit ist, gen Westen Richtung Ranong am Indischen Ozean zu queren.

Der Highway 41 hingegen, als Autobahn ausgebaut, verläuft an Chumpon vorbei nach **Surat Thani** hinunter, Hauptstadt der gleichnamigen Provinz und ca. 135 000 Einwohner groß. Für Touristen ist es eine reine Durchgangsstation auf dem Weg nach Ko Samui, Ko Pha Ngan und Ko Tao. Ob man nun mit dem Bus oder der Bahn ankommt, stets wird man von Ticket-›Schleppern‹ angesprochen und zum Fährhafen weitergeleitet.

Wer eine meditative Ader hat, kann im **Wat Suan Mokkh** bei Chaiya nördlich von Surat Thani an Meditationskursen teilnehmen (s. S. 65).

Der tiefe Süden ▶ D 8

Gen Süden schließt sich die nach der gleichnamigen Stadt benannte Provinz **Nakhon Si Thammarat** an, die in touristischer Hinsicht noch ganz und gar in den Kinderschuhen steckt und zur Provinz von Songkhla überleitet. Sie wird bereits zum politisch instabilen tiefen Süden gerechnet und sollte von ausländischen Besuchern aufgrund der anhaltenden Unruhen bis auf Weiteres gemieden werden (s. S. 66).

Das Beste auf einen Blick

Ko Samui

Highlight!

Ko Samui: Trotz ständig wachsender Besucherzahlen konnte sich das einstige Paradies der Rucksackreisenden seinen ursprünglichen Tropenzauber bewahren. Urlauber aus aller Welt genießen auf der Palmeninsel exotische Traumstrände, Unterkünfte aller Komfortklassen nebst einem überschäumenden Nachtleben. Doch auch wer Ruhe und Entspannung sucht, kann voll auf seine Kosten kommen. S. 130

Auf Entdeckungstour

Der Baum des Lebens – im Hain der Kokospalmen: In der Vorstellung der Touristen prägt keine Baumart das Bild tropischer Küsten so sehr wie die Kokospalme, doch für die Thais ist sie weit mehr als nur ein Spender von Assoziationen und Schatten, gilt sie doch aufgrund ihrer vielseitigen Nutzbarkeit als ein wertvolles Geschenk der Natur. S. 138

Kultur & Sehenswertes

Büffelkämpfe: Die unblutigen Wettkämpfe sind ein Erlebnis, ebenso für die wettbegeisterten Dörfler wie für die Touristen und durchaus auch für Kinder. S. 137

Strände: Ko Samui bietet die Strandsensationen im Golf von Thailand – als schönster gilt der rund 6 km lange Chaweng Beach, so weiß wie Schnee und so fein wie Puderzucker. Der in Sachen Optik exotischste Strand ist der Choeng Mon Beach, der zweitpopulärste der Lamai Beach. S. 141, 137, 145

Aktiv unterwegs

Ang Thong Marine National Park: Der schönste Ausflug von Ko Samui führt in den Ang-Thong-Archipel mit über 40, teils dicht mit Urwald überwucherten Inseln, die Schauplatz des von Alex Garland verfassten Romans »The Beach« waren. S. 147

Genießen & Atmosphäre

Tree Tops: Vor solcher Kulisse in solch vollendeter Lokalität hat man wohl noch nie Weltklasse-Schlemmereien genossen! 3 s. S. 142

Jungle Club: Ruhiger und idyllischer und doch nahe am Geschehen kann man in Chaweng nicht wohnen – ein Platz für Genießer. 8 S. 142

Abends & Nachts

The Green Mango: Dieser Club genießt einen legendären Ruf beim jungen Partyvolk. 1 S. 144

Sounds Bar: Inselweit ist dies der einzige Club mit einem eigenen Pool, was allnächtlich zu wilden Wasserfeten führt. 4 S. 144

Fusion Nightclub: Musik- und Tanzoase und mit Abstand die beliebteste Nachtadresse am Lamai Beach. 8 S. 146

Highlight des Strandtourismus in Südostasien – Ko Samui!

Paradefotos von Ko Samui zieren die Farbumschläge unzähliger Thailandprospekte, denn diese Insel gilt als die Strandsensation Südostasiens. Rucksackreisende aus westlichen Landen entdeckten in den frühen 1970er-Jahren Ko Samui – und damit das Paradies, das zu finden sie sich aufgemacht hatten. Wenige Jahre später schon war der ›Geheimtipp‹ in aller Munde, und heute sind es gut 1,5 Mio. Besucher jährlich, die den Weg auf dieses tropische Eiland finden. Und ob sie nun trunken sind von Singha-Bier und Traumstränden, einem überschäumenden Nachtleben, Unterkünften in allen Abstufungen zwischen Bambusbungalows und Teakholzvillen oder von Menschen, Landschaft und Tropenwärme – noch alle sind sich einig darin, dass Ko Samui ein einzigartiges Fleckchen Erde ist.

247 km² machen die durchschnittlich 14 km breite und 20 km lange Insel zur drittgrößten des Königreiches. Die mit den meisten Stränden ist sie ohne Frage, die mit den meisten Kokospalmen obendrein, denn mehrere Millionen Palmen sind, neben der Fischerei, die solide Lebensgrundlage der rund 50 000 chao samui, die auf dem rund 35 km entfernten Festland als eine besonders lockere und lustige Gattung Mensch bekannt sind. Nur ein Drittel der Fläche wird genutzt, denn das Inselinnere ist unwegsam und besteht aus einem bis über 630 m hoch aufragenden Gebirgszug mit Sekundärwald und kleinen Dschungelrefugien.

Mit kulturellen Highlights kann Ko Samui zwar nicht aufwarten, dafür aber mit mehr als zwei Dutzend erschlossenen Stränden von zusammen über 26 km Länge. Ab dem Fähranleger im Dorf Nathon führt die ungefähr 50 km lange Ringstraße (4169) einmal um die Insel und zu allen wichtigen Urlaubszentren.

Aktiv auf Ko Samui

In allen Unterkünften und Restaurants liegen Prospekte von Outdoor- und Tourenveranstaltern aus und die meisten Anbieter offerieren einen kostenlosen Abholdienst vom Feriendomizil. Das breite Angebot erlaubt es, an jedem Urlaubstag eine andere Sportart zu erproben.

Elefantenritte sind auf Ko Samui ein Renner. Eine halbstündige Tour kostet 800–1000 Bt. Größter Anbieter für **Jachtcharter** ist Samui Ocean Sports, Tel. 081 940 19 99, www.sailing-in-sa mui.com. Eine kleinere Jacht für bis zu vier Personen inkl. Skipper für einen Tag (7 Std.) kostet 9600–13 500 Bt je nach Saison, vier Tage für einen Törn rund um Ko Samui, Ko Pha Ngan und Ko Tao kosten 55 000–61 000 Bt. **Kajaks** werden an allen Stränden verliehen: Einer für ca. 150 Bt/Std. bzw. Zweier für 200 Bt/Std., geführte Halbtagestouren ca. 1000 Bt, Exkursionen in den Ang Thong Marine National Park ca. 2000 Bt. Ebenfalls an den Stränden finden **Segler** Laserboote und kleine Cats ab 1000 Bt/Std. (Segelkurs, 5 Std., 6200 Bt/Std.). **Windsurfer** bekommen Funboards für ca. 650 Bt/Std. (Anfängerkurs etwa 3800 Bt für 5 Std.). Kein Strand kommt ohne **Tauchschule** aus: Open-Water-Kurs in einer niedergelassenen Schule für 16 000–20 000 Bt. Da die Korallenriffe von Ko Samui un-

Ko Samui

Infobox

Reisekarte: ▶ D 7 und Karte 8

Infos

Tourist Office: Ban Nathon, Tel. 077 42 05 04, tatsamui@tat.or.th.
Internet: www.kosamui.de, www.sa mui.de, www.samui.org, www.on-sa mui.com, www.kosamui.com, www. samuiguide.com und www.siamdir. com (alphabetisch aufgebaute Suchmaschine).

Service

Tourist Police: Nathon, Tel. 077 42 12 81, im Notfall Tel. 11 55.
Immigration Office: Nathon, Tel. 077 42 10 69, Mo–Fr 8.30–12, 13–16 Uhr.
Geldautomaten: an den populärsten Stränden und in Nathon.
Krankenhaus: Samui International Hospital, Chaweng Beach, North Beach Road, Tel. 077 23 07 81, 077 42 22 72, www.sih.co.th. Beste Einrichtung der Insel.

Anreise

Die Insel ist perfekt ans Festland angebunden, tgl. wird Ko Samui allein von Bangkok, Phuket und Krabi aus rund 40 x angeflogen. Wer mit Bus oder Bahn anreist, erreicht die Insel via Surat Thani, von wo aus mindestens stdl. Bootsanschluss besteht. Von allen Ferienzentren des Südens aus wird Ko Samui auch mit Minibussen angefahren; dann ist die Fährpassage inklusive. Ansonsten sind Bus-/Bahn- und Bootskombitickets überall erhältlich.
Flugzeug: Samui Airport (www.sa muiairportonline.com) im Osten der Insel. Mit Bangkok Air bis zu 30 x tgl. von/nach Bangkok für ab 3890 Bt, 2 x tgl. von/nach Phuket ab 3100 Bt, au-

ßerdem 1 x tgl. eine Verbindung mit Krabi (3100 Bt). Vom Flughafen zu den Stränden per Minibus 120–500 Bt oder Taxi 400–1200 Bt. **Flughafen Surat Thani** (www.suratthaniairport.com), mit Thai Airways und Air Asia von/nach Bangkok ab 1100 Bt bzw. ab 790 Bt. Ab dem Flughafen besteht ein Shuttle-Service zum Bootspier für Ko Samui, das Kombiticket kostet ab 350 Bt.
Boot: Vom Donsak-Bootspier bei Surat Thani 5–19 Uhr stdl. mit den Fähren von Raja Ferry Port (1,5 Std., 130 Bt) und anderen Gesellschaften. Infos über alle Verbindungen unter www. lomprayah.com, www.seatrandisco very.com, www.rajaferryport.com. Von/nach Ko Pha Ngan tgl. bis zu über 20 x (ab 300 Bt), ab Nathon und Thong Sala 30 Min., ab Big Buddha Beach und Hat Rin 50 Min., ab Mae Nam Beach und Thong Sala 20 Min. Von/nach Ko Tao 6–8 x tgl. (2–3 Std., ca. ab 600 Bt).
Kombitickets: Vom/zum Bahnhof wie auch Busbahnhof in Surat Thani besteht ein Zubringerdienst von/ab Bootspier, aber entspannter reist man mit einem Kombiticket, das Bus/Bahn, Transfer und das Boot umfasst. Verkauf in den meisten Reisebüros auf Ko Samui und in allen Touristenzentren auf dem Festland. Von/nach Bangkok zahlt man 421–1450 Bt (je nach Bus-/Zugtyp), Krabi 600 Bt, Phuket 650 Bt (Info und Online-Buchung u. a. unter www.lomprayah.com).

Inselverkehr

Songthaew: von Nathon zu allen Stränden (z. B. Maenam 60 Bt, Lamai 150 Bt).
Mietfahrzeug: zahlreiche Vermieter, Motorräder ab 150–200 Bt/Tag, Jeeps ab 1000 Bt/Tag.

131

Ko Samui

Sehenswert
1. Big Buddha
2. Imperial Boat House
3. Overlap Stone
4. Samui Butterfly Garden
5. Samui Aquarium & Tiger Zoo
6. Chedi Laem Sor
7. Wasserfall Na Muang

Übernachten
1. Peace Resort
2. Coco Palm Resort
3. Secret Garden
4. New Lapaz Villa
5. Samui Honey Cottages
6. Le Paradis
7. First Bungalow Beach Resort
8. Jungle Club
9. Green Villa
10. Beer's House Beach Bungalows

Essen & Trinken
1. Full Moon Restaurant (Anantara Resort)
2. Nadimo's
3. Tree Tops
4. Poppies
5. Radiance Restaurant (Spa Resort & Health Center)

Einkaufen
1. Siri
2. Ash Tailor Samui
3. Benjavadee
4. Samui Chiang Mai Art and Deco
5. Golden House
6. Life's a beach
7. Thai Organic Life
8. Mr. Samui's
9. Siddartha
10. Samui Hotclub

Aktiv
1. Samui Bungy
2. Samui Institute of Thai Culinary Arts/Kochkurse
3. Health Oasis Resort
4. Tamarind Retreat

Abends & Nachts
1. The Green Mango
2. Mint Bar
3. Reggae Pub
4. Sounds Bar
5. Sweet Soul Café
6. Solo Club
7. Chill Inn
8. Fusion Nightclub
9. Sub Club

bedeutend sind, führen Tauchexkursionen meist nach Ko Tao (ab 4800 Bt) oder zum Sails Rock (ab 5000 Bt). Reine Schnorcheltouren nach Ko Tao kosten um 2400 Bt. Verschiedene **Sightseeingtouren** führen zu den Highlights der Insel (ab 800 Bt), in die Berge (1750 Bt), zum Ang Thong Marine National Park (ca. 1900 Bt), nach Ko Tao (ab 1900 Bt) oder auf einer Dschunke rund um Ko Samui (2750 Bt).

Die Nordküste

▶ Karte 8, B 3–G 2

Zum Bang Po Beach ▶ B 3–1

In **Nathon,** dem Hauptdorf der Insel im Westen, laden an zwei Straßen ein kleiner Essensmarkt und viele Restaurants zum Verweilen. Außerdem gibt es im Ort alle wichtigen Serviceadressen.

Die Ringstraße führt von hier durch lichte Kokospalmenhaine rund 6 km Richtung Norden zum **Bang Po Beach,** der zwar eine schöne Optik und viel Ruhe bietet, doch zum Baden nur bedingt geeignet ist. Damit ist er prädestiniert als ›New Age Spot‹, denn mehrere Healing- und Meditationsoasen haben sich hier etabliert.

Mae Nam Beach

▶ Karte 8, D/E 1/2

Etwa 5 km weiter wird **Ban Mae Nam** mit dem ca. 4 km langen **Mae Nam Beach** erreicht. Die Bungalowanlagen verteilen sich in Palmenhainen hinter dem goldgelben und grobkörnigen Strand, der zumeist mit spiegelglat-

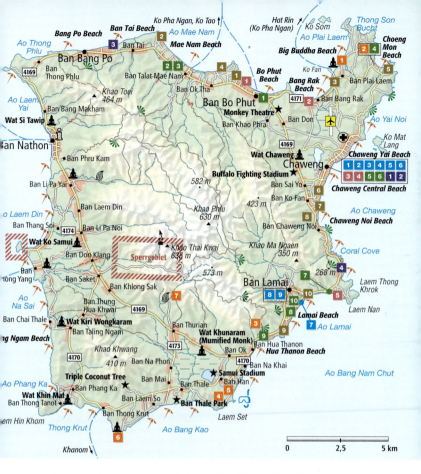

tem Wasser aufwartet, während die Straße ungehört im Hinterland verläuft. Parallel zum Strand erstreckt sich im Meer die Korallenkette eines schützenden Riffs, sodass Schnorcheln und andere Wassersportarten hier angesagt sind. Allerdings läuft das Wasser bei Ebbe teils weit zurück, Baden ist dann nicht überall ideal. Wer Ruhe sucht und dabei relativ preisgünstig wohnen will, sollte hier ein Domizil suchen, auch wenn sich heute mehr und mehr Spitzenresorts zwischen die Budgetbungalows drängen.

Bo Phut Beach ▶ Karte 8, E/F 2

Östlich an den Mae Nam Beach schließt sich der rund 3 km lange **Bo Phut Beach** an, der ebenfalls recht grobkörnig ist und sich zu einem kleinen Wassersportzentrum, insbesondere für Windsurfer, entwickelt hat. Zum Baden eignet sich am besten der östlichste Strandabschnitt, denn in der zentralen Zone mit dem fein herausgeputzten Dorf **Ban Bo Phut** verderben Tang und Algen teilweise den Spaß. Im Dorf mit vielen gestylten

Lieblingsort

**Dining im Anantara –
Schlemmen wie im Paradies**
Anantara bedeutet so viel wie
›Wasser ohne Grenzen‹ – und eine
entsprechend große Bedeutung
kommt dem Element in diesem Luxusresort zu. Schon der Eintritt auf
einer Holzbrücke im Fackelschein
über einen Lotusteich hinweg ist
ein Erlebnis. Kommt man dann im
Full Moon Restaurant [1] an einem
der 30 Tische mit Blick auf Pools in
Seegröße zur einen und dem Meer
zur anderen Seite zu sitzen, ist
man schlicht hingerissen, von den
kulinarischen Kreationen des Maître de Cuisine ganz zu schweigen.
Selbst die Preise dieses Spitzenrestaurants der italienischen Küche
akzeptiert man dann lächelnd.
(Anantara Resort, Bo Phut Beach,
Tel. 077 42 83 00, www.samui.
anantara.com, tgl. 12–22.30 Uhr,
Reservierung ist ein Muss.)

Ko Samui

Unser Tipp

Vegetarisch edel
Im **Nadimo's** `2`, einem libanesischen Spitzenrestaurant auch der vegetarischen Küche, kann man sich selbst davon überzeugen, dass ›Grünfutter‹ alles andere als langweilig ist! Freilich sind die Gerichte genauso teuer, wie es die modernen Glas- und Beton-Räumlichkeiten dieses Luxusresorts vermuten lassen, unter 500 Bt wird man kaum satt werden. Die Gerichte sind allerdings stark milchlastig, nichts für Veganer (Prana Resort, Bang Rak Beach, Bo Phut, Tel. 077 42 63 62, www.pranaresorts.com, tgl. 7–22 Uhr).

Boutiquen und Restaurants diverser Küchen geht es ruhig zu. Das Ambiente mutet ein wenig mediterran an – hier nehmen vorzugsweise britische Mittelklasseurlauber Quartier.

Hinter dem Dorf, an der Hauptstraße, ist das **Monkey Theatre** ausgeschildert. Von einem Besuch der vielerorts auf der Insel angepriesenen Affen-Shows wird dringend abgeraten, da hier die Tiere unter unwürdigsten Bedingungen gehalten werden.

Big Buddha Beach
▶ Karte 8, F/G 2

Auffallend viele Familien und Backpacker legen am benachbarten **Big Buddha Beach** Langzeitaufenthalte ein. Während des Sommerhalbjahres mag diese Wahl gut sein, auch wenn der etwa 2 km lange, feinsandige und weiße Strand bei Flut in manchen Abschnitten auf Handtuchbreite zusammenschrumpft. Im Winter aber, wenn der Ostwind dominiert und das Meer zurückdrängt, wird hier oft ein schlammiger Grund entblößt. Ein weiteres Manko ist die Lärmbelästigung durch die parallel zum Strand verlaufende Straße, die u. a. zum Samui Airport führt. Besucherattraktion ist der **Big Buddha** `1`, eine 12 m hohe goldfarbene Statue auf einer Halbinsel am östlichen Strandende.

Übernachten

Refugium – **Peace Resort** `1` : Bo Phut Beach, Tel. 077 42 53 57, www.peaceresort.com, Bungalows 4100–8600 Bt (je nach Komfortstufe). Seit mehr als 30 Jahren eine der beliebtesten Adressen am Strand; mit Spielplatz und Pool, Bibliothek/Leseraum. Die luftigen Bungalows in fünf Komfortstufen sind im modernen Thaistil eingerichtet, ein Pool steht zur Verfügung.

Feiner Boutique-Resort – **Coco Palm Resort** `2` : Mae Nam Beach, Tel. 077 24 72 88, www.cocopalmbeachresort.com, Bungalows (alle mit AC) von 3000–13 000 Bt (je nach Saison/Komfortstufe). Superschicke Gartenanlage, in der mehrere Dutzend Bungalows in fünf Komfortstufen und einige Luxusvillen den Pool umrahmen; angeschlossen ist ein Hotelbau mit edel im Thaistil eingerichteten Zimmern.

Gut und günstig am Strand – **Secret Garden** `3` : Big Buddha Beach, Tel. 077 24 52 55, www.secretgarden.co.th, Bungalows 1300–3100 Bt (je nach Saison und Komfort) inkl. Frühstück. Direkt an den Strand angrenzendes Resort mit gepflegten Bungalows und Zimmern, die Garten- oder Meerblick haben; alle mit Kühlschrank, TV, DVD/CD-Spieler, Safe. Die Fußböden sind aus poliertem Teakholz, die Badezimmer haben europäischen Standard. Das angeschlossene Restaurant liegt direkt am Meer.

Ostküste/Choeng Mon Beach

Ausgezeichneter Gegenwert – **New Lapaz Villa** 4 : Mae Nam Beach, Tel. 077 42 52 96, www.newlapaz.com, Bungalows und Zimmer 1150–2300 Bt bzw. 1500–3000 Bt (je nach Saison und Komfort). Etwa 50 helle AC-Bungalows in einer gepflegten, aber etwas engen Anlage, teils direkt hinter dem Strand; Familienbungalows mit zwei Schlafzimmern. Mit kleinem Pool, Kanuverleih und Aktivitätsangebot.

Einkaufen

Besondere Souvenirs – **Siri** 1 : Ban Bo Phut, Tel. 077 42 75 40, tgl. 16–22 Uhr. Wer das besondere Souvenir sucht. z. B. Designerkleidung aus Hongkong, allerlei Buntes aus Indien, Schmuck aus Sri Lanka oder Amulette aus Thailand, sollte bei Siri vorbeischauen, die mit künstlerischem Auge manches Feine aus Fernost bietet.

Maßgeschneider – **Ash Tailor Samui** 2 : Paradise Beach Resort, Ban Mae Nam, Tel. 077 33 23 57, www.ashtailorsamui. com, Mo–Sa 10–13, 15–20.30 Uhr. Meister Ash steht im Ruf, der beste Schneider der Insel zu sein! Ob Mann, Frau, Kind: Man wird begeistert sein!

Exotisches Kunsthandwerk – **Benjavadee** 3 : Ban Mae Nam, Tel. 077 44 71 98, tgl. 10–17 Uhr. Inselweit die wahrscheinlich größte Auswahl an Kunsthandwerk jeder Art – ob man nun Keramiken, Schmuck, Edelsteine oder chinesische Teeservices sucht.

Die Ostküste

▶ Karte 8, H 2–F 6

Choeng Mon Beach ▶ H 2

Vom Big Buddha führt eine Stichstraße zum **Choeng Mon Beach** an der Ostküste hinüber. Von Palmen und al-

ten Kasuarinen gesäumt zieht sich der blütenweiße feinsandige Strand entlang einer perfekt geformten Halbmondbucht zu einem vorgelagerten Inselchen hin. Exotischer könnte die Landschaft nicht sein. Da dank eines schützenden Korallenriffs draußen vor der Bucht das Wasser zu jeder Jahreszeit ruhig und seicht ist, kann man ganzjährig Badefreuden genießen – ein Paradies gerade auch für Familien, zumal es äußerst ruhig zugeht. Allerdings sind viele Unterkünfte für Normalsterbliche nicht bezahlbar, so auch das **Imperial Boat House** 2 , das vermutlich bekannteste Hotel der Insel. Sehenswert sind die zu luxuriösen Domizilen umgebauten Reisbarken rings um den Swimmingpool. Bei Preisen ab ca. 8000 Bt kann man sicherlich auch eine ausgefallene Optik verlangen.

Am Weg nach Chaweng kommt man an der **Samui Crocodile Farm** vorüber, deren Prospekte überall auslegen und die auch im Rahmen vieler organisierter Inseltouren an- ▷ S. 141

Büffelkampf

Während großer Feste und an den meisten Feiertagen, also mindestens ein- bis zweimal im Monat, werden in einer der insgesamt sieben Büffelkampfarenen der Insel *bullfightings* ausgetragen. Die unblutigen Wettkämpfe sind ein Erlebnis, ebenso für die wettbegeisterten Dörfler wie für die Touristen und durchaus auch für Kinder. Oft werden Ritte auf den bis zu 600 kg schweren Wasserbüffeln angeboten. In jeder Unterkunft weiß man, wann der nächste Kampf ansteht, den auch unzählige Flugblätter ankündigen. Der Eintritt für männliche Besucher beläuft sich in der Regel auf etwa 180–350 Bt (je nach Kampf und Arena), Frauen bezahlen nichts.

Auf Entdeckungstour: Der Baum des Lebens – im Hain der Kokospalmen

In der Vorstellung der Touristen prägt keine Baumart das Bild tropischer Küsten so sehr wie die Kokospalme. Doch für die Thais ist sie mehr als nur Spender von Assoziationen und Schatten, gilt sie doch aufgrund ihrer vielseitigen Nutzbarkeit als wertvolles Geschenk der Natur, was bei einer Tour durch einen Palmenhain und einer Inselrundfahrt deutlich wird.

Reisekarte: ▶ Karte 8

Ausgangspunkt: Überall auf der Insel

»*Coconut picking is monkey business*« – sagen die Samuianer und schicken täglich lieber ihre wohl nach Tausenden zu zählenden dressierten Schweinsaffen auf die Palmen, als dass sie selbst in die Lüfte klettern würden. Kaum hat so ein putziger grauer Primat sekundenschnell den Palmschopf erreicht, ›regnet‹ es auch schon Kokosnüsse, denn das etwa 50 cm große Tier aus der Gattung der Makaken wurde in einer speziellen Affenschule darauf dressiert, im Dienste des Menschen auf Kokospalmen zu klettern und die reifen *maphrao* so lange zu drehen, bis sie zu Boden fallen.

Symbol für Tropen und Exotik
Die Kokospalme, Symbol für Tropen und Exotik, gehört zu Ko Samui wie

Sonne, Strand und Meer. Nirgends sonst in Thailand findet sich eine vergleichbare Palmendichte wie hier, wo mehrere Millionen Exemplare die gesamte Insel dominieren. Für die Bewohner Ko Samuis aber ist ›der Baum des Lebens‹ aufgrund seiner Verwendbarkeit mehr als ein Symbol.

Kokospalmen gedeihen so problemlos wie Unkraut – in Feuchtgebieten genauso wie direkt am Strand im Einflussbereich des Salzwassers. Schon im Alter von etwa fünf Jahren tragen sie Früchte – bis zu 180 Stück jährlich – und sie können bis zu 100 Jahre alt werden. Doch Kokosnüsse können auch töten: Jahr für Jahr werden etwa 150 Menschen Opfer des Fallobstes. Ein 4 kg schweres Exemplar erreicht beim Fall aus 25 m Höhe fast 80 km/h und übt beim Aufprall gut 1 t Druck aus. Gerade bei Wind sollte man deshalb größtmögliche Vorsicht walten lassen.

Was die Palme hergibt

Im Rahmen einer Inselrundfahrt entlang der Ringstraße kann man sich ein anschauliches Bild von der schier unerschöpflichen Pflanzenmenge und ihrer Nutzbarkeit machen. Nahezu die ganze Zeit geht es unter Palmen hindurch an Plantagen vorbei, die für Besucher offen stehen und in denen man überall den Affen bei der Ernte zuschauen kann.

Kaum ein Teil dieser bis über 30 m hoch aufragenden holzigen Pflanze, der nicht verwendet werden könnte. Werden Häuser heute meist auch aus Stein oder Hartholz gebaut, so findet sich doch noch so manche Wohnstätte, die aus aufgesägten Stämmen von *Cocos nucifera* besteht. Auch im Bootsbau wird das Holz traditionell verwendet. Vor allem aber dienen die Palmblätter als Dacheindeckung, die selbst bei heftigen Monsunregen kein Wasser durchlassen. Ein Bungalow mit Palmwedeldach gehört daher zum Klischeebild einer tropischen Trauminsel wie die Kokospalme selbst.

Die Schalen der Kokosnüsse dienen als Brennmaterial: Wann immer es irgendwo auf der Insel schwelt und qualmt, ist es meist ein Feuer aus Kokosnussschalen, das zuverlässig Mücken und Sandflöhe vertreibt. Wo vor Häusern Orchideen wachsen, tun sie dies bevorzugt auf den Fasern der Kokosnüsse, die ein prächtiges Pflanzensubstrat und einen Torfersatz abgeben. Die Fasern können außerdem zu Seilen, Matten, Körben, Säcken, Teppichen und Hüten verarbeitet werden und sind als Wärmedämmung ebenso beliebt wie als Füllung in Matratzen.

Mehrwert der Nuss

Insbesondere auf dem Markt in Nathon, dem Hauptdorf der Insel, kann man sich einen Überblick über die Vielfalt möglicher Kokosnussschalen-Produkte verschaffen, und kaum eine

139

Kokosnussplantage, in der nicht das Fruchtfleisch der Kokosnuss in Brennöfen (die mit Nussschalen befeuert werden) getrocknet wird.

Das Endprodukt aus dem Fruchtfleisch heißt Kopra, das zahlreiche Mineralien, Vitamine, Spurenelemente und ungesättigte Fettsäuren enthält. Aus ihm werden wiederum Kokosflocken, Kokosfett und vor allem Kokosöl gewonnen, das immerhin rund 8 % des Bedarfs an Pflanzenöl in der Welt abdeckt und sich zum Braten und Backen ebenso eignet wie als Basis für Cremes, Seifen, Shampoos und zunehmend auch für Biodiesel. Wie man Kopra herstellt, wird auf den Plantagen gezeigt, die man bei einer Inselumrundung ansteuert.

Für das leibliche Wohl

Doch auch die frische Kokosnuss ist ein Genuss. Das leicht mineralhaltige Kokoswasser ist ein ebenso wohlschmeckendes wie erfrischendes und nahrhaftes Getränk. Davon kann man sich während der Inselrundfahrt in nahezu jedem Restaurant am Wegesrand selbst überzeugen, und nur wenige Baht kostet es, sich eine Kokosnuss mit ein paar Machetenhieben öffnen zu lassen und das Kokoswasser zu genießen. Auf Inseln ohne Quellen dient es sogar als Trinkwasserersatz, denn drei bis sechs Nüsse pro Tag decken den Flüssigkeitsbedarf vollständig. Da das Kokoswasser in der geschlossenen Nuss steril bleibt, kann es im Notfall sogar als Blutserumersatz direkt in die Vene injiziert werden. Obendrein lässt man Kokosnusswasser auch zu Wein vergären, der Ausgangsstoff zum Destillieren von Arrak, einem starken Branntwein, ist.

Die Kokosmilch dann schließlich gibt nicht nur der Piña Colada sowie vielen anderen Cocktails ihren aromatischen Geschmack, sondern gerade auch den typischen thailändischen Currys. Auch die meisten thailändischen Desserts werden aus Kokosmilch zubereitet, doch die Milch selbst entsteht nicht in der Nuss, sondern wird hergestellt, indem das Kokosfleisch mit heißem Wasser püriert und dann durch ein Tuch gepresst wird.

Lagerfeuer aus Kokosnussschalen halten Insekten fern

Ostküste/Chaweng Beach

gefahren wird. Vor einem Besuch aber kann nicht eindringlich genug gewarnt werden kann, denn die Tiere werden hier unter unwürdigsten Verhältnissen gehalten, und auch die Shows selber spotten jeder Beschreibung.

Übernachten

Das Preisniveau ist hoch – wer nicht pauschal anreist, besucht den Strand meist nur im Rahmen eines Ausflugs. *Für den kleineren Geldbeutel –* **Samui Honey Cottages** 5 : Choeng Mon Beach, Tel. 077 24 50 32, www.samuiho ney.com, Bungalows 4500–7000 Bt (je nach Saison und Kategorie). Gartenanlage direkt hinter dem Strand mit großen Cottages in vier Komfortstufen, die alle mit AC, TV, Minibar und Kühlschrank ausgestattet sind.

Einkaufen

Erlesene Mitbringsel – **Samui Chiang Mai Art and Deco** 4 : Chor Chang Villas Resort, Tel. 077 96 03 75, tgl. 11–22 Uhr. Antiquitäten, Kunst und traditionelle thailändische Möbel; man ist auch bei der Verschiffung behilflich.

Chaweng Beach

▶ Karte 8, G/H 3/4

Der Sand des **Chaweng Beach** ist so weiß wie Schnee und so fein wie Puderzucker. Die üppige Fülle seines Palmensaumes betont die makellose Halbmondform der Bucht, in der das Wasser in allen Farbschattierungen zwischen Zarttürkis und Kobaltblau schimmert. Außer im Winter, wenn der Wind an manchen Tagen die Wellen hochpeitscht, zeigt das Meer seine sanfte Seite. Nur ganz allmählich senkt sich der von scharfen Korallen freie Sandstrand in das ebenso klare wie

warme Wasser. Baden ist bei jedem Gezeitenstand das reinste Vergnügen. Der rund 6 km lange und 20 bis 50 m breite Strand gliedert sich in drei Abschnitte. Auch wenn mancherorts ein Spalier aus Liegestühlen und Sonnenschirmen das Bild bestimmt, stellt sich kaum ein Gefühl der Enge ein.

Chaweng Yai Beach ▶ G/H 3
Extrem seicht und warm und damit ideal für Kinder ist der durch ein Korallenriff vom offenen Meer geschützt liegende Chaweng Yai Beach. Es geht ruhig zu; die Urlauber wohnen zumeist in edlen Resorts und reisen pauschal an.

Chaweng Central Beach ▶ G 4
Chaweng Central ist zweifellos eine Augenweide, wird aber extrem stark frequentiert und ist daher sehr laut. Tagsüber kann der Lärm der Motorboote, Wasserscooter und Jetskis als außerordentlich störend empfunden werden, abends dann das Nachtleben. Das Publikum ist gemischt: Backpacker treffen auf Promis, abends geben sich alle ein Stelldichein auf dem Strip, wie die hinter den Resorts parallel zum Strand verlaufende Straße genannt wird. Dort findet sich die größte Dichte an Restaurants und Boutiquen, Bars, Diskotheken und Nachtclubs der Insel, wo immer, auch spät in der Nacht, viel Betrieb herrscht.

Chaweng Noi Beach ▶ G 4
Durch ein kleines Kap vom Zentralstrand getrennt wird der Chaweng Noi Beach, der mit abgeschliffenen Felsen gespickt und daher malerisch anzusehen ist. Doch beim Baden ist Vorsicht geboten, zumindest im Winter herrschen gefährliche Strömungen. Weil der Strand nur wenige hundert Meter lang, aber von Resorts nahtlos gesäumt wird, ist es hier immer relativ eng.

141

Ko Samui

Übernachten

Von einigen Bungalowanlagen abgesehen, reihen sich Resorts der Mittel- und Luxusklasse nahtlos aneinander, sodass sich die Übernachtungspreise am Chaweng Beach zwischen 2500 und 8000 Bt bewegen.

Nomen est omen – **Le Paradis** 6 : Chaweng Central, Tel. 077 23 90 41–43, www.leparadisresort.com, 14 Villen ab 5700 Bt, aber bei Onlinebuchung immer wieder Angebote, bei denen man, auch in der Hochsaison lediglich ab 2000 Bt bezahlt. Der Name verspricht nicht zu viel, denn schwerlich findet man in Thailand ein Resort, in dem Tradition, Moderne und Natur harmonischer vereint sind.

> ## *Unser Tipp*
>
> **Sky dining ...**
> ... so lautet trefflich das Motto des **Tree Tops** 3 , in dem man hoch über dem Boden in ebenso edlen wie romantischen Tree-Tops-Séparées diniert. Vor solcher Kulisse in solch vollendeter Lokalität hat man wohl noch nie gespeist! Hier ist alles superlativ, sogar das Musikprogramm, das man selber auswählen kann, und nirgendwo sonst auf der Insel umfasst die Speisekarte derart ausgesuchte Weltklasse-Schlemmereien. Unsere Empfehlung: ›Candlelight Degustation‹, ein Menü aus sechs sensationellen Gängen mit den jeweils perfekt abgestimmten exklusiven Weinen dazu (Tree Tops, Anantara Lawana Resort, Tel. 077 96 03 33, www.lawana-chaweng.anantara.com/tree-tops, tgl. 18–23.30 Uhr, Vorspeisen 390 Bt, Hauptgerichte ab 950 Bt, Menü 3990 Bt).

Edle Thaihäuser aus Teakholz, die ursprünglich in Ayutthaya nördlich von Bangkok standen, bieten allerhöchsten Komfort.

Strandrenner seit 40 Jahren – **First Bungalow Beach Resort** 7 : Chaweng Central, Tel. 077 23 04 14, www.firstbungalowsamui.com, Bungalows ab 3900 Bt, DZ ab 2400 Bt, bei Onlinebuchung oft Rabatt. Die ›Urgroßmutter‹ aller Bungalowanlagen in Chaweng aus den frühen 1970er-Jahren spielt nach mehreren Faceliftings nun in der Mittelklasse. Über 30 m^2 große Komfortbungalows direkt am Strand oder mit Strandblick und 80 Zimmer, natürlich auch Pool, Bar und Restaurant.

Out of time – **Jungle Club** 8 : Chaweng Noi, Tel. 08 18 94 23 27, www.jungleclubsamui.com, je nach Komfortstufe kosten Bungalows 800–12 000 Bt. Die 1,5 km zum Strand nimmt man gerne in Kauf (Shuttle-Service), bietet doch das unter französisch-thailändischer Leitung stehende Resort auf einem mit Palmen bestandenen Wie-

Ostküste/Chaweng Beach

So türkisblau das Meer, so schneeweiß der Strand – am Chaweng Beach

senhügel hoch über Chaweng Noi die mit Abstand schönste Aussicht auf die Bucht – ob von den Bungalows, dem luftigen Strohdach-Restaurant oder dem kleinen Pool. Die Atmosphäre ist angenehm locker, regelmäßig werden Barbecues und relaxte Partys organisiert. Ruhiger, idyllischer und doch nahe am Geschehen kann man in Chaweng nicht wohnen – ein Platz für Genießer. Bungalows in fünf Komfortklassen von urig-rustikal über gepflegt-komfortabel bis hin zu exotisch-luxuriös (alle mit Fan, nicht mit AC).

Essen & Trinken

Auf Ko Samui zählt man mehr Restaurants als in einer mittleren deutschen Stadt. Am größten ist die Auswahl am Chaweng Beach. Aber auch das Preisniveau ist superlativisch. Sucht man das Besondere, kann man schnell 1000–2000 Bt und mehr für ein Dinner zu zweit ausgeben.

First-class dining – **Tree Tops** 3 : s. Unser Tipp s. S. 142

Ambitionierte Küche – **Poppies** 4 : Chaweng Central, Tel. 077 42 24 19, www.poppiessamui.com, tgl. ab 11.30 Uhr, Vorspeisen ab 250 Bt, Hauptgerichte ab 300 Bt. Am südlichen Strandende mit exotischem Flair. Die Speisekarte listet erlesene Gourmetköstlichkeiten der thailändischen und internationalen Küche auf; große Auswahl auch an Vegetarischem.

Gesundes vom Allerfeinsten – **Radiance Restaurant** 5 : im Spa Resort & Health Center, zwischen Chaweng und Lamai, Tel. 077 23 08 55, tgl. ab 7 Uhr, Salate 50–220 Bt, vegetarische Gerichte 60–220 Bt, Rohkostteller 90–250 Bt. Weniger fancy und gestylt als vielmehr locker und erdnah. Die Speisekarte dieses zweigeschossigen Strandrestaurants listet mehr als hundert Köstlichkeiten auf, allerdings ausschließlich Seafood, etwa 20 vegetarische Gerichte und rund zwei Dutzend Salate, sodass Fleischgenießer nicht auf ihre Kosten kommen. Auch für ein gesundes Frühstück ist dies die angesagte Inseladresse.

Ko Samui

Einkaufen

Echte und imitierte Markenware, Kitsch und Kunsthandwerk, Fashion und Fummel, Echt- und Raubdrucke – am Strip von Chaweng gibt es in zahllosen Läden alles. Günstiger kauft man in Nathon und Lamai, wo freilich das Angebot nicht so üppig ist.

Schmuckelig – **Golden House** 5: Chaweng Lake Road, Tel. 077 41 35 31 (kostenloser Abholdienst), tgl. ab 10 Uhr. Große Auswahl an Schmuck jeder Art, man kann auch nach eigenen Vorlagen anfertigen lassen und den Goldschmieden auf die Finger schauen.

Go Bikini – **Life's a beach** 6: Central Chaweng Beach Road, Tel. 077 42 26 30, tgl. 10–22 Uhr. Original australische Strandbekleidung – fein und teuer.

Biobio – **Thai Organic Life** 7: gegenüber dem **Radiance Restaurant** 5, Tel. 081 089 77 66, www.thaiorganiclife.com, tgl. 9–20 Uhr. Hübscher kleiner Laden mit Naturkosmetik, -kost und -medizin. Die Auswahl ist riesig, auch Bücher und CDs zum Thema sind im Angebot, Kleidung (aus nicht behandelter Baumwolle); die frisch gepressten Fruchtsäfte sind eine Sünde (und auf jeden Fall 60 Bt) wert.

Aktiv

Bungee-Jumping – **Samui Bungy** 1: Chaweng, Soi Reggae, Tel. 077 41 42 52, www.samuibungy.com, Sprung 1700 Bt. Direkt über dem See beim Reggae Pub. 50-m-Sprünge, Tandem-Sprünge und ›Submersion Jumps‹, bei denen man kurz in den See eintaucht. Freier Transfer von/zur Unterkunft.

Thailändisch kochen – **Samui Institute of Thai Culinary Arts – SITCA** 2: Chaweng, gegenüber dem Central Samui Beach Resort, Tel./Fax 077 41 31 72, www.sitca.net. Kochkurse sind die Renner jeder Saison und das Institut

ist *die* Adresse schlechthin (tgl. zwei Klassen, 2250 Bt/Tag und Person). Man kann auch die hohe Kunst des Schneidens und dekorativen Arrangierens von Früchten erlernen (Tageskurs 3500 Bt).

Abends & Nachts

Chaweng und Lamai sind die Zentren der Nachtlust. Am Strip von Chaweng geben gepflegte Pubs, coole Cafés und funky Clubs den Ton an. In diesem Epizentrum des allabendlichen Nachtbebens wiederum tut sich insbesondere die Straße **Soi Green Mango** mit zahlreichen Lokalen hervor:

Funky House – **The Green Mango** 1: Soi Green Mango, Tel. 077 42 26 61, tgl. 18–2 Uhr. Fast schon legendär ist der Ruf des Clubs, wo das Partyvolk in großer Zahl hinströmt, um zu ›funky, uplifting‹ House auszuflippen.

Mainstream – **Mint Bar** 2: Soi Green Mango, Tel. 087 089 87 26. Regelmäßig sind hier die international berühmtesten DJs unter Vertrag, vor 22 Uhr ist nichts los, Eintritt meist 200 Bt.

Eurohouse und Techno – **Reggae Pub** 3: Soi Reggae, Chaweng Lake. Legendärer Club, wo heute allerdings weniger Bob Marley gehuldigt wird als vielmehr Eurohouse und Techno. Stimmung nicht vor 23/24 Uhr.

Wilde Poolpartys – **Sounds Bar** 4: Soi Green Mango, tgl. 23–5 Uhr, www.soundclubsamui.com. Inselweit einziger Club mit einem eigenen Pool, was zahlreiche Tänzer zu Hip-Hop und R 'n' B immer wieder zu fast schon exhibitionistischen Show-offs hinreißt.

Hip-Hop, House und Drum 'n' Bass – **Sweet Soul Café** 5: Soi Green Mango, tgl. 18–2 Uhr. Bei überwiegend Hip-Hop, House und Drum 'n' Bass geht es hier mit Abstand am wildesten zu.

Chill-out-Venue – **Solo Club** 6: Soi Green Mango, tgl. 0–6 Uhr. Samuis po-

144

Ostküste/Lamai Beach

pulärster After-Party-Venue und *der* Tipp, wenn man vor dem Zubettgehen noch bei Drinks und Tanz entspannen will; etwas versteckt hinter dem Starbucks gelegen.

Lamai Beach ▶ Karte 8, G/F 5/6

Südlich von Chaweng steigt die Insel steil aus dem Meer auf. Von zwei ausgeschilderten Aussichtpunkten an der Straße kann man das herrliche Panorama genießen. Dazwischen liegt, umrahmt von Granitfelsen, die kleine Bucht **Coral Cove.** Zum Baden gibt es bessere Plätze, doch zum Schnorcheln ist das vorgelagerte Riff ideal. In idyllischer Lage am Hang stehen einige Bungalows.

Das Einzige, was abends und nachts eventuell die Stille stören kann, sind Jubel und Trubel vom benachbarten **Lamai Beach.** Der etwa 5 km lange, fein- bis grobsandige Strand schrumpft bei Flut teils arg zusammen, ein Felskap trennt ihn in zwei Abschnitte. Am Saum des Strandes stehen zwischen Palmen auffallend viele Bungalowanlagen der Budgetklasse. Dahinter verläuft die Dorfstraße, die sich mit Restaurants, Nachtclubs, Bier- und Go-go-Bars als ein weiterer Strip vorstellt. Das Publikum dieses nach Chaweng zweitpopulärsten Strandes ist im Durchschnitt eher jung, nachtaktiv und liebt Wassersport.

Übernachten

Zum Wohlfühlen – **Green Villa** 9: Tel. 077 42 42 96, www.sawadee. com/hotel/677304/, Fan-Bungalows ab 600 Bt, AC-Bungalows ab 1600 Bt. Am Südrand von Lamai gelegene Anlage in einem lichten Palmenhain. Zum Strand sind es nur 500 m, es ist ruhig und familiär, die günstigen Bun-

Unser Tipp

Für Leib und Seele
Auf Ko Samui haben sich mittlerweile zahlreiche Resorts auf Wellness und Spa spezialisiert, die auch Nicht-Hotelgästen offen stehen: u. a. das **Health Oasis Resort** 3 beim Mae Nam Beach (Ao Bang Po, Tel. 077 60 20 96, www. healthoasisresort.com), das **Tamarind Retreat** 4 (Tel. 077 42 42 21, www. tamarindretreat.com) und **The Spa Resort & Health Center** 5 (Tel. 077 23 08 55, www.thesparesorts.net), beide zwischen Chaweng und Lamai gelegen. Die Preise sind recht günstig, u. a. Massagen ab 500 Bt/45 Min., Yoga ab 450 Bt/90 Min., Yogakurse ab 8200 Bt/5 Tage, Meditationskurse ab 5500 Bt/3 Tage, Reiki ab 6800 Bt/3 Tage, Thaimassagekurs ab 6200 Bt/5 Tage, Fastenkurs ab 32 000 Bt/8 Tage.

galows bestehen aus Holz und sind bescheiden, aber ausreichend eingerichtet, während die Komforthäuser Mittelklassestandard haben; auch ein kleiner Pool und ein nettes Restaurant laden ein.

Globetrotter-Treff – **Beer's House Beach Bungalows** 10: Tel. 077 25 65 91, www.beerhousebungalow.com, Bungalow 500–700 Bt (je nach Lage), DZ 800–1450 Bt. Hier wohnt die Szene der Langzeitreisenden günstig und zünftig. Außer den Bungalows am Strand, die alle mit Fan und Bad/ WC ausgestattet sind, sich allerdings etwas dicht im Palmenschatten drängeln, werden im Haupthaus moderne AC-Suiten angeboten. Der Strand eignet sich ideal zum Baden und es ist ruhig. Die Trubeltreffs liegen ca. 10 Gehminuten entfernt.

Ko Samui

Einkaufen

Schmuck-Wunderland – **Mr. Samui's**
8: South Lamai Beach Road, tgl.
10–22 Uhr. Ketten, Armbänder, Ringe,
Ohrringe, Edel- und Halbedelsteine;
auch offen für eigene Ideen.

Funky – **Siddartha 9**: Lamai/Hua Thanon, (meist) tgl. ab 10/11 Uhr. Hip-
pie-Kleidung aus Indien, Bali-Bikinis
u. a.

Sarongs und mehr – **Samui Hotclub**
10: Lamai Beach Road, Tel. 077 23 22
76, tgl. 10–22 Uhr. Thailändische Fi-
scherhosen und Kaftans, auch schön
bedruckte Sarongs, eine Auswahl von
edlen handgebatikten Textilien u. a.

Abends & Nachts

Chill-out am Beach – **Chill In 7**: Lamai
Beach, tgl. 8–2 Uhr. Man sitzt direkt
hinter dem Strand in komfortablen
Rattan-Sesseln, schwingt in einer Hängematte oder bettet sich auf weiche
Polster am Beach und erfreut sich an
chilled-out Musik, einer üppigen Auswahl an Drinks sowie relativ günstigen Gerichten.

Musikoase – **Fusion Nightclub 8**:
Main Road, tgl. 18–2 Uhr. Größter
Danceclub am Ort, alle Soundarten
zwischen Acid-Jazz und Funky-House;
vor 22 Uhr ist aber kaum was los.

Technotempel – **Sub Club 9**: Main
Road, tgl. ab 21/22 Uhr. Trommelfell-
zerreißender Techno-Sound ist das
Markenzeichen dieses Discotempels.

Der Inselsüden

▶ Karte 8, B–F 7/8

Auf Ko Samui ist es kein Problem, Alternativen zu den großen Hauptstränden zu finden, denn Dutzende kleine
Buchten säumen die abseits liegende

Südküste. Selbst während der Hochsaison garantiert sie einen Urlaub in
absoluter Ruhe. Allerdings sind die Badefreuden eingeschränkt, da die Strände oft schlickig, mit scharfen Muschel-
bzw. Korallenfragmenten durchsetzt
und sehr gezeitenabhängig sind.

Sehenswert

Einen Überblick über die Region kann
man sich vom **Overlap Stone 3** aus
verschaffen. Den Aussichtspunkt, der
direkt südlich von Lamai an der Straße ausgeschildert ist, erreicht man in
einer etwa 15-minütigen Wanderung.

Weiter südlich folgt der nur bei
höchstem Wasserstand badetaugliche
Hua Thanon Beach. Daran schließt der
Schnorchelspot **Laem Set** an, wo Urlauber in wunderschönen, aber auch
sehr teuren Bungalows am Hang ein
Quartier finden.

In der Nähe lädt der **Samui Butterfly Garden 4** ein, in dem Hunderte
Schmetterlinge fliegend und aufgespießt zu betrachten sind; beliebt, aber
nichts für Tierfreunde! (Natien Beach,
gegenüber Centara Villas Samui, Tel.
077 42 40 20 , tgl. 9–17.30 Uhr, 300 Bt).
Von dort ist es nur ein kurzes Stück
zum ziemlich heruntergekommen
Samui Aquarium & Tiger Zoo 5, bei
Thailändern beliebt vor allem wegen
der Tiger- und Vogelshow (tgl. 13
Uhr) und weil man sich hier für 250 Bt
mitsamt Tiger fotografieren lassen
kann (Ban Harn Beach, Tel. 77 42 40
17, www.samuiaquariumandtigerzoo.
com, tgl. 11–17 Uhr, 850 Bt).

Vorbei an Ban Thale und an dem
kilometerlangen Schlickstrand der
Bang Kao Bay erreicht man auf teils
unbefestigten Wegen durch endlose
Kokoshaine schließlich das **Südkap.** Die
weithin sichtbare, in der Sonne golden leuchtende Pagode **Chedi Laem**

Ang Thong Marine National Park

Sor 6 (Thanon Laem Sor) gibt hier ein schönes Fotomotiv ab.

Nach Nathon

▶ Karte 8, B–D 3–7

Die größtenteils von flach auslaufenden und zum Baden untauglichen Stränden gesäumte Westküste von Ko Samui ist touristisch weniger erschlossen. Es gibt nur einige Luxusresorts. Allerdings kann man hier großartige Sonnenuntergänge genießen. Auf dem Rückweg nach Nathon über die Ringstraße (4169) lädt bei Ban Thurian der **Wasserfall Na Muang** 7 zu einem erfrischenden Bad im Dschungel ein.

Ang Thong Marine National Park ▶ D 6

Der schönste Ausflug von Ko Samui führt in den etwa 20 km westlich gelegenen **Archipel Ang Thong** mit über 40, teils dicht mit Urwald überwucherten Inseln, der seit 1980 unter Naturschutz steht. Weltberühmt wurden die bis über 400 m aus dem Meer ragenden Kalksteineilande als Schauplatz des von Alex Garland verfassten Romans »The Beach«. Der gleichnamige Kinohit wurde allerdings auf Ko Phi Phi (s. S. 253) gedreht. Dennoch enttäuscht die intakte Inselnatur die durch den Roman geweckten Vorstellungen nicht.

Bootsausflug nach Ko Wua Talab

Bootstouren in den Nationalpark werden von Ko Samui aus ganzjährig tgl. von zahlreichen Anbietern angeboten, Ganztagestour (Soft Drinks und ein einfacher Lunch sind in der Regel im Preis enthalten) von ca. 1800 Bt bis 2000 Bt/Pers. (inkl. Kajaktour).

Die organisierten Bootstouren steuern die Hauptinsel **Ko Wua Talab** mit dem Nationalparkzentrum an, wo ein Strand zum Baden und der Aussichtsberg **Utthayan Hill** zu einer ca. 30-minütigen Wanderung (feste Schuhe!) einladen. Bei den Korallenriffen von **Ko Thai Plao** und **Ko Sam Sao** kann man mit Schnorchel und Taucherbrille die tropische Unterwasserwelt erkunden. Ein Höhepunkt der Tour ist das Bad im türkisfarbenen, kristallklaren Salzwasser-›Kratersee‹ **Thale Noi** auf **Ko Mae Ko**.

Mit dem Boot im Ang Thong Marine NP

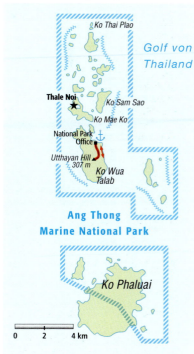

Das Beste auf einen Blick

Ko Pha Ngan und Ko Tao

Highlight!

Ko Pha Ngan: Die Insel erinnert mit Bambushütten an Bilderbuchstränden noch stark an vergangene Globetrottertage. Das Publikum ist überwiegend jung und die Vollmondfeste sind mittlerweile weltberühmt. Längst aber laden auch Neumond- und Halbmondfeste ein, irgendwo auf der übersichtlichen Insel steigt stets eine Party. Nirgendwo sonst in Südthailand findet sich auf so kleinem Raum eine derartige Vielzahl an Musikpubs, Bars und locker flockigen Nachtlokalen. S. 150

Auf Entdeckungstour

Filigrane Unterwasserwelten – am Sails Rock: Will man im Golf von Thailand abtauchen, ist Ko Tao mit Abstand die beste Adresse, denn das Meer ist sauber und klar und die zahlreichen Korallenriffe entführen in eine märchenhafte maritime Welt mit einer ungemein artenreichen Flora und Fauna. Über 30 Tauchreviere der Weltklasse laden ein, doch keines kann sich mit dem Sails Rock messen, dem abwechslungsreichsten und spektakulärsten Divespot der Region. S. 166

Kultur & Sehenswertes

Thong Nai Paan Noi Beach: Dieser Strand schmiegt sich als perfekt geformte, etwa 1 km lange Bucht zwischen Felsnasen, von deren Saum der Wald zum Inselinnern ansteigt. S. 157

Ko Nang Yuan: Der Anblick der durch drei weiße Sandstrände miteinander verbundenen Inselchen mutet paradiesisch an. S. 163

Aktiv unterwegs

Ko Pha Ngan: Das Angebot an Aktivitäten auf der Insel ist in Thailand nahezu einzigartig. S. 150, 155

Horizon Muay Thai Boxing Camp: Das Camp am Hat Thian Beach ist eine der wenigen professionellen Boxschulen in Thailand, die auch Ausländer aufnimmt. S. 156

Genießen & Atmosphäre

Thong Yang Bungalows: In dieser urig-romantischen Budget-Anlage am Ban Tai Beach ist man nahe am Geschehen und doch ›Lichtjahre‹ davon entfernt. S. 153

Fisherman's Restaurant & Bar: Die Fisch- und Meeresfrüchtegerichte dieses rustikal-gemütlichen Strandrestaurants am Ban Tai Pier suchen ihresgleichen auf der Insel. S. 154

Abends & Nachts

Full Moon Parties: Die allmonatlichen Partys am Hat Rin Beach stehen im Ruf, die weltweit größten und bekanntesten Dance-and-Music-Beach-Happenings zu sein. Aber auch die Neumond- und Halbmondpartys haben es in sich. S. 155

In Touch: Großzügiger Beach-Venue am Sai Ri Beach auf Ko Tao mit mehreren Zonen zum Entspannen in einem kunstreichen Ambiente. S. 165

Trauminsel in der Südchinasee – Ko Pha Ngan!

Nostalgiker verspüren einen Hauch vergangener Globetrotteratmosphäre auf dem ca. 12 km von Ko Samui entfernten und ca. 170 km² großen Ko Pha Ngan. Die stark gebirgige und bewaldete Insel mutet wild an und auch ihre zahlreichen Strände umweht der Zauber ursprünglicher Schönheit. Da die Reisekonzerne bislang Zurückhaltung gezeigt haben, wird es wohl noch eine Weile dauern, bevor der sehr stark ausgeprägte Individualtourismus vom Pauschaltourismus verdrängt wird.

Bis dahin wird die Bambushütten-Romantik der ›guten alten Zeit‹ wenigstens teilweise fortbestehen. Und auch die berühmt-berüchtigten Full Moon Parties am Hauptstrand der Insel werden weiterhin ausschweifend gefeiert und bleiben so abgefahren, wie es in der heimischen Boulevardpresse immer wieder mal nachzulesen ist. Nirgendwo sonst in Südthailand findet sich auf so kleinem Raum eine derartige Vielzahl an Musikpubs, Bars und locker flockigen Nachtlokalen.

Auch wer eine aktive Ader hat, kann auf diesem Eiland sein Paradies finden: Die meisten Aktivitäten werden im Inselsüden mit dem Schwerpunkt Hat Rin Beach angeboten.

Aktiv auf Ko Pha Ngan

Dutzenderlei Aktivitäten werden auf der Insel angeboten, nicht alles findet man überall, aber dank zentraler Buchungsstellen und deren Abholdienst kann auch, wer im Inselabseits wohnt, an allem teilnehmen. Information über alle Aktivitäten und Buchung – auch online – bei **Backpackers**

Thailand am Hat Rin Beach (S. 155). Das vielfältige Angebot umfasst u. a. Elefantenritte (ab 1000 Bt/Std.), Kochkurse (ab 1350 Bt/Tag), Bootsfahrten in den Ang Thong Marine National Park (ab 850 Bt) und um Ko Pha Ngan (ab 850 Bt), Schnorchelausflüge nach Ko Tao (ab 850 Bt), Kajakverleih (150 Bt/Std.), Kurse in Thai-Massage (8000 Bt/30 Std.), in Yoga (8500 Bt/3 Tage), Thai-Boxen (4800 Bt/1 Woche), Kite-Surfing-Kurse (11 000 Bt/3 Tage) und Tauchkurse (Open Water ab 10 800 Bt/ 3 Tage) sowie Reiki, Healing und Ayurveda, Trekking, Wasserski, Jetskiing.

Die Südküste

▶ Karte 6, B 4–E 6

Die Strände an der Südküste östlich des Hauptortes **Thong Sala** sind unschön grau und stark gezeitenabhängig. Zum Baden ist das Meer nur bedingt geeignet, da das Wasser sehr flach, oft trübe und von Muschelbänken durchsetzt ist.

Zwischen Ban Tai und Hat Rin Nai ▶ Karte 6, C 5–E 6

Erst ab dem **Ban Tai Beach** wird der Strand ansehnlicher. Doch aufgrund der geringen Wassertiefe kann man nur jenseits der etwa 200 bis 400 m weit vorgelagerten Korallenriffe schwimmen. Dennoch sind hier und am benachbarten **Ban Kai Beach** zahlreiche Bungalowanlagen in allen Preisklassen zwischen etwa 350 und mehreren 1000 Bt zu finden, denn

Ko Pha Ngan/Südküste

es herrscht Ruhe, abgesehen von den allmonatlichen Neumond- und Halbmondfesten, die vor allem zwischen November und Juni gefeiert werden (S. 155). Die Schnorchelmöglichkeiten längs des Riffs sind attraktiv und die Sonnenuntergänge fantastisch.

Zwischen Ban Kai und Hat Rin ▶ Karte 6, D/E 5/6

Östlich von **Ban Kai** steigt die Küste steil über Granitklippen an. Bis zum Südostkap der Insel liegen zwischen

Infobox

Reisekarte: ▶ D 6 und Karte 6

Internet
Tourismus: www.phangan.info, www. kohphangan.com, www.my-kohphangan.com (deutschsprachig).
Aktuelle Neuigkeiten über die Insel: www.kohphangannews.org.

Service
Geld: Banken mit Geldautomaten in Ban Thong Sala, Automaten an allen größeren Stränden.
Polizei: Thong Sala, Tel. 077 37 71 14.
Siam International Clinic: Hat Rin Beach, Tel. 077 37 55 21, www.siamin terclinic.com. Bei ernsteren Problemen empfiehlt sich das Samui International Hospital (s. S. 131).

Anreise
Die Inseln sind perfekt ans Festland angebunden und am schnellsten mit dem Flugzeug via Ko Samui erreichbar. Wer mit dem Bus oder Zug anreist, erreicht Ko Pha Ngan am günstigsten und schnellsten via Surat Thani, ab Ko Samui gibt es über zwei Dutzend Bootsverbindungen tgl., zwischen Ko Pha Ngan und Ko Tao bis zu 12 x tgl.
Boot: vom Bootspier bei Surat Thani 9–12 x tgl. via Ko Samui mit den Schnellbooten von Raja Ferry Port (2,5 Std., 300 Bt) und anderen Gesellschaften. Infos über alle Verbindungen

unter www.lomprayah.com, www.sea trandiscovery.com, www.rajaferryport. com. Von/nach Ko Samui 9–12 x tgl. (ab 300 Bt/Pers.), ab Nathon 30 Min., ab Mae Nam Beach 20 Min., ab Big Buddha Beach 50 Min. Von/nach Ko Tao 6–7 x tgl. (ca. 1,5 Std., 450 Bt/Pers.).
Kombitickets: kombinierte Bus-/Zug- und Schnellboot-Tickets, u. a. von/nach Bangkok 925–1350 Bt (je nach Bus-/Zugtyp), Krabi 1050 Bt, Phuket 1000 Bt. Verkauf in den meisten Reisebüros auf den Inseln und in allen Touristenzentren auf dem Festland; stets aktuelle Fahrpläne unter www.phangan. info. Information und Online-Buchung u. a. unter www.lomprayah.com.

Inselverkehr
Im Hauptort der Insel, Ban Thong Sala, legen die Fähren an. Einige Strände an der Ostküste und der Bottle Beach im Norden sind nur per Boot oder zu Fuß zu erreichen.
Songthaew: von Thong Sala zu allen Stränden außer der Ostküste und der Bottle Beach (50–300 Bt).
Longtailboot: 1 x tgl. (nur Febr.–Okt.) Thong Nai Paan Express von Maenam (Ko Samui) via Hat Rin, Hat Yuan, Hat Yao, Hat Sadet nach Thong Nai Paan (300 Bt); von Chalok Lam zur Bottle Beach 250 Bt.
Mietfahrzeuge: Motorräder ab 150 Bt/Tag, Jeeps ab 1000 Bt/Tag.

151

Ko Pha Ngan

Sehenswert
1 Paradise Waterfall
2 Wat Khao Noi

Übernachten
1 Rainbow Bungalow
2 Thong Yang Bungalows
3 Drop In Club Resort
   & Spa
4 Suncliff Resort
5 Sarikantang Resort
6 The Sanctuary
7 Plaa's Than Sadet
8 Panviman Resort
9 Baan Panburi Village
10 Smile Bungalows
11 Long Bay Resort
12 Haad Son Bungalows

Essen & Trinken
1 Om Ganesh
2 Fisherman's Restaurant
   & Bar
3 Chantara Restaurant
4 The Vegan Café
5 The Village Green

Aktiv
1 Backpackers Thailand
2 Wat Khao Tham
3 Wat Po
4 Horizon Muay Thai
   Boxing Camp
5 Green Dot Trail
6 Khao Ra Trail

Abends & Nachts
1 Clubland Resort
2 Hin Kong Club
3 Warm Up Bar
4 Outback Bar
5 Reggae House
6 Same Same Lodge
7 Backyard Pub
8 Baan Sabai
9 Big Boom Bar
10 Apple Bar Party
11 Moon Set Party

Felsen und Wald zahlreiche kleine Sandbuchten, die unter den Namen **Hin Lor Beach** und **Bangson Beach** zusammengefasst werden. Die Idylle wird nur bei Ebbe getrübt, wenn das Meer einen mehr oder weniger breiten Schlick- und Korallengürtel freilegt. Unterkünfte der unteren bis mittleren Preisklasse sind reichlich vorhanden, darunter wildromantisch gelegene Bungalows für den Einsamkeits- und Naturfreak.

Hat Rin Nai Beach und Leela Beach ▶ Karte 6, E 6

Am benachbarten **Hat Rin Nai Beach,** wo ein Fähranleger die Überfahrt zum Big Buddha Beach auf Ko Samui ermöglicht, geht es zwar schon wesentlich lauter zu, aber immer noch vergleichsweise relaxt. Der puderzuckerfarbene Strand erfreut sich großer Beliebtheit, obwohl er bei Flut nur handtuchbreit ist und keine idealen Schwimmbedingungen bietet. Das Gleiche gilt auch für den etwa 15 Gehminuten entfernten **Leela Beach,** der sich als schmales, teils mit Mangrovenbäumen gespicktes Sandband präsentiert. Früher unterhielten hier die Anhänger von Bhagwan ein kleines Zentrum und am Strand sieht man manchmal einige Ehemalige meditieren.

Hat Rin Beach ▶ Karte 6, E 6

An der Ostseite des Kaps spannt sich der **Hat Rin Nok Beach,** meist kurz Hat Rin Beach genannt, als weißer Feinsandstreifen auf etwa 500 m Länge am Saum eines Palmenhains zwischen Felsen. Vielen gilt der auch als ›Sunrise Beach‹ bekannte Strand als der schönste der Insel. In jedem Fall ist er der mit Abstand beliebteste Strand und er kann das ausgeprägteste Nachtleben vorweisen. Kein Wunder also, dass es im Durchschnitt teurer ist als andernorts auf Ko Pha Ngan.

Jeden Monat sind an diesem Strand die **Full Moon Parties** das begehrte Ziel Tausender junger Reisender (s. Panorama S. 76 und S. 155).

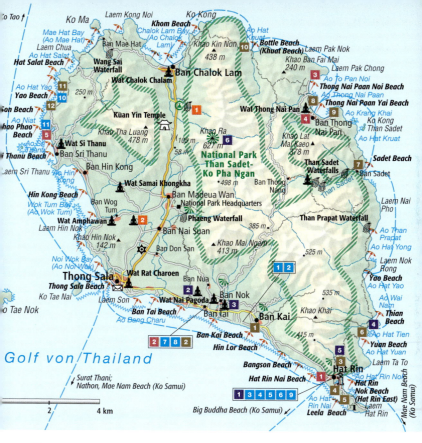

Übernachten

Mehrere Hundert Bungalowanlagen laden ein. Wenn auch das Komfort- und damit das Preisniveau relativ gestiegen ist, so findet man doch immer noch Hütten ab ca. 500 Bt bzw. von 700 bis 800 Bt mit AC. Während der Hochsaison aber steigen die Preise mit der Nachfrage; über den Jahreswechsel und kurz vor Vollmond ist es oft ein Ding der Unmöglichkeit, eine Bleibe zu finden.

Der Preisschlager – **Rainbow Bungalow** 1 : Ban Kai Beach, Tel. 077 23 82 36, www.rainbowbungalows. com, 400–500 Bt (Bad/WC, Fan, Gartenblick), 600–1200 Bt (Bad/WC, teils AC, teils Fan; Meerblick). Hübsche und sehr gepflegte Anlage unter Palmen am Strand, Bungalows in drei Komfortklassen.

Refugium – **Thong Yang Bungalows** 2 : Ban Tai Beach, Tel. 077 23 81 92, www.thongyangbungalow.com, 500–1500 Bt (je nach Saison und Komfort). Wunderschön in Klippen und den angrenzenden Wald integrierte Budget-Anlage mit 22 individuell gestalteten Bungalows (AC und Fan). Es ist ruhig, im angeschlossenen Restaurant kann man gut und günstig essen, ein

153

Ko Pha Ngan und Ko Tao

kleiner Strand lädt (bei Flut) zum Baden ein.
Für Genusstraveller – **Drop In Club Resort & Spa 3**: Hat Rin Nok Beach, Tel. 077 37 54 44, www.dropinclubresortspa.com, DZ inkl. Frühstück 1600–3200 Bt (regulär) bzw. 2200–3800 Bt (Vollmondperiode). Die um einen Pool gruppierten zweigeschossigen Häuser im Thaistil bieten alles, was der verwöhnte Reisende begehrt (u. a. AC, TV, Safe, Minibar). Sie sind geschmackvoll dekoriert und mit Teakmobiliar ausgestattet. Etwa 300 m abseits vom Strand, sieben Komfortklassen.
One Million Dollar View – **Suncliff Resort 4**: Hat Rin Nai Beach, Tel. 077 37 54 63, 500–700 Bt (Fan), 1200–1500 Bt. Die Hügellage über dem Strand mit Panoramablick ist Gold wert. Zum Hat Rin Nok Beach sind es nur ein paar Gehminuten. Man wohnt zentral und dennoch in völliger Ruhe in gepflegten, teils zweigeschossigen Bungalows. Besonders in der höheren Preisklasse gutes Preis-Leistungs-Verhältnis.
Ganz billig mit Pool – **Sarikantang Resort 5**: Leela Beach, Tel. 077 37 50 55, www.sarikantang.com, 1500–4500 Bt bzw. 2300–6000 Bt (Hochsaison bzw. Vollmondperiode). Komfortanlage mit Pool oberhalb des zentralen Strandabschnitts mit teils recht schicken und aussichtsreichen Steinbungalows.

Essen & Trinken

Das Preisniveau ist generell niedriger als auf Ko Samui. Für 100–200 Bt kann man in einem der zahlreichen Restaurants recht gut essen. Ausgefallenes bieten die beiden folgenden Adressen:
Günstig indisch essen – **Om Ganesh 1**: Hat Rin Nai Beach, beim Bootsanleger in der Himalaya Art Gallery, Tel. 085 688 68 69, tgl. 11–2 Uhr, Hauptgerichte ab 80 Bt. Indisches Restaurant mit authentischen Gerichten wie Currys, Tandoris, Biriyanis und Thalis, einer rein vegetarischen Reisplatte. Dazu frische Chapatis und Naan.
Fisch & Meeresfrüchte – **Fisherman's Restaurant & Bar 2**: Ban Tai Pier, Tel. 08 44 54 72 40, tgl. ab 11 Uhr, Hauptgerichte ab 220 Bt. Das Setting am

Weiß, schmal und sehr beliebt – der Hat Rin Nai Beach

Meer ist fantastisch, die Atmosphäre rustikal-gemütlich, der Service perfekt, und die Fisch- und Meeresfrüchte-Gerichte der Thai-Küche könnten besser nicht sein. Kein Wunder, dass das Restaurant im Ruf steht, das beste der Insel zu sein.

Aktiv

Vielfältiges Angebot – **Backpackers Thailand** **1** : Hat Rin Beach, Tel./Fax 084 191 12 66, www.backpackersthailand.com, s. S. 150.

Meditation – **Wat Khao Tham** **2** : Ban Tai, www.kowtahm.com. Jeden Monat ab dem 10. zehntägige Vipassana-Kurse.

Sauna – **Wat Po** **3** : Ban Nok. Das kleine Kloster ist wegen seiner Kräutersauna sehr beliebt, tgl. 15–18 Uhr.

Abends & Nachts

Black Moon und Half Moon Party – **Clubland Resort** **1** , **Hin Kong Club** **2** : s. S. 77

Full Moon Warm Up Parties – **Warm Up Bar** **3** , **Outback Bar** **4** , **Reggae House** **5** , **Same Same Lodge** **6** : s. S. 77

Full Moon After Hour Party – **Backyard Pub** **7** , **Baan Sabai** **8** : s. S. 77

Sonstige Partys – **Big Boom Bar** **9** : Hat Rin Beach.

Infos

Backpackers Information Center : s. o. *Die* Infoquelle schlechthin für Ko Pha Ngan.

Boot: tgl. mehrmals von Ko Samui/ Big Buddha Beach–Hat Rin Nai (ca. 50 Min., 200 Bt). Mehrmals tgl. Ko Samui/ Mae Nam–Hat Rin Nok (ca. 20 Min., ab 200 Bt/Pers.); Febr.–Okt. 1 x tgl. mit dem Thong Nai Paan Express via Hat Thian und Hat Sadet nach Thong Nai

Party, Party

Um die ansteigende Kriminalität einzudämmen, wurden am 27. Oktober 2014 alle Parties auf Ko Pha Ngan bis auf die monatlich stattfindenden Fullmoon-Partys verboten. Da aber die Partys monatlich mehr als 100 Mio. Baht in die Inselkassen spülen, wurde das Verbot bereits im November wieder gelockert: Hat Rin ist nun offizielle Partyzone, und auch in Ban Tai dürfen wieder Partys stattfinden. – Allerdings mit neuen Auflagen wie u. a. Kameraüberwachung oder die Einrichtung von Notausgängen. Auch will die Polizei die Partyzonen verstärkt observieren, zusätzlich sollen mehr Ausländer bei verdeckten Ermittlungen im Kampf gegen Drogenkonsum eingesetzt werden. Partys, die außerhalb von Hat Rin und Ban Tai stattfinden, müssen nun offiziell um 2 Uhr nachts enden.

Paan (150 Bt). Alle Strände zwischen Thong Sala und Hat Rin werden angefahren.

Songthaew: nach Thong Sala 150 Bt, nach Thong Nai Paan 200 Bt, nach Chalok Lam 300 Bt, nach Hat Yao 200 Bt.

Die Ostküste

▶ Karte 6, E–F 2–6

Zwischen Hat Rin und Thong Nai Paan reicht der Urwald bis an die hier äußerst klippenreiche und größtenteils unzugängliche Ostküste heran. Nur vereinzelt öffnen sich kleine verschwiegene Sandbuchten in dieser touristisch noch eher unterentwickelten Inselregion.

Da sie nur per Boot oder auf einem Waldpfad ab Hat Rin Nok (s. Unser Tipp S. 158) erreichbar sind,

155

Unser Tipp

Thaiboxen
Das **Horizon Muay Thai Boxing Camp** 4 zählt zu den wenigen professionellen Boxschulen in Thailand, die auch Ausländer aufnehmen. Täglich zweimal zwei Stunden unterrichten ausgebildete Fachlehrer, die fließend Englisch sprechen, im Thaiboxen. Zum Camp gehört eine Ferienanlage mit zwar schlichten, aber romantischen und panoramareichen Bungalows aus Naturmaterialien und einem Restaurant. Auch ein gut ausgestattetes Trainingscenter ist angeschlossen. Ein kompletter Muay-Thai-Trainings-Tag kostet 700 Bt, für Privatunterricht sind 800 Bt/Std. zu bezahlen, eine Woche kostet 4000 Bt bzw. 6000 Bt inkl. Unterkunft und Frühstücksbuffet, ein Monat ab 21 500 Bt (Hat Thian Beach, Tel. 089 588 12 41, www.horizonmuaythai.com).

---

sind sie während der Regenzeit häufig von der Außenwelt abgeschnitten.

Zwischen Hat Rin und Hat Sadet ▶ Karte 6, E–F 3–6

Wer nach der ›guten alten Zeit‹ sucht, sollte dem **Hat Yuan Beach** einen Besuch abstatten. Er liegt rund 5 km nördlich von Hat Rin Nok und bildet zusammen mit dem benachbarten **Hat Thian Beach,** wo sich inzwischen ein alternatives Yoga- und Wellnesszentrum sowie eine professionelle Schule für Thaiboxen (s. Unser Tipp oben) etabliert haben, ein wahres Refugium, das allerdings von Jahr zu Jahr bekannter wird. Rund 3 km weiter Richtung Norden erstreckt sich die weiße Sandbucht von **Hat Yao.**

Hat Sadet Beach

▶ Karte 6, E/F 3

Motorisiert ist erst der **Hat Sadet Beach** wieder zu erreichen, der vom Than Sadet durchflossen wird. Nicht weniger als 14-mal nahm König Rama

V. ein Bad in den angeblich heilsamen Fluten des Flusses. König Rama VII. machte es ihm nach und auch der jetzige König kam zu Besuch. Unlängst wurden der Fluss und der größte Teil des Nordwestens der Insel zum **Nationalpark Than Sadet-Ko Pha Ngan** erklärt. Während der Strandabschnitt südlich des Flusses einsam und weitgehend naturbelassen ist, liegt am nördlichen Flussufer das kleine Fischerdorf **Ban Sadet,** in das mehrere Bungalowanlagen integriert sind.

Thong Nai Paan Beaches ▶ Karte 6, E 2

Die beiden Feinsandstrände der kesselförmigen Doppelbucht von **Thong Nai Paan** sind von Klippen und Dschungelhügeln umkränzt und bieten ideale Bedingungen zum Schwimmen und Schnorcheln. Wegen der miserablen Straßenanbindung lag der Ort lange im Dornröschenschlaf. Inzwischen aber wurde die Straße ausgebaut, sodass der bislang noch traumhaft schöne Doppelstrand auf dem besten Weg ist, zu einem zweiten Hat Rin zu

Ko Pha Ngan/Ostküste

›erblühen‹. Die Bucht wird durch einen Hügel in zwei Teile getrennt. Im südlichen ca. 1,5 km langen Abschnitt **Thong Nai Paan Yai** mit dem kleinen Dorf **Ban Thong Nai Paan** laden unter Palmen ein rundes Dutzend Ferienanlagen der Budget- und Mittelklasse ein. Der nördlich anschließende schönere **Thong Nai Paan Noi** schmiegt sich als perfekt geformte, etwa 1 km lange Bucht zwischen Felsnasen, von deren Saum zum Inselinnern der Wald ansteigt. Zum Baden ist sie ideal und in der Nähe der Felsbegrenzungen kann man recht gut schnorcheln.

Übernachten

Die Seele baumeln lassen – **The Sanctuary** **6** : s. S. 72
Wegen der Aussicht – **Plaa's Than Sadet** **7** : Ban Sadet, Tel. 088 383 12 68, www.plaa-thansadetresort.com, Bungalows 500 Bt und 650 Bt. 15 Holzbungalows mit dem Dschungel im Rücken sowie Strand und Meer zu Füßen. Schlicht, aber liebevoll ausgestattet (alle mit Bad/WC, Fan), mit wunderschönen Aussichten von den sehr großen Veranden. Vor allem die Thaigerichte im Restaurant sind eine Wucht. Es herrscht eine familiäre Atmosphäre. Die fünf Gehminuten den Hang hinab zum Strand nimmt man gerne in Kauf.
Spitzenklasse – **Panviman Resort** **8** : Thong Nai Paan Noi, Tel. 077 44 51 01–09, www.panviman.com, DZ ab 5200 Bt, Bungalows ab 7200 Bt. Die Panoramalage am Hang über dem Strand ist unvergleichlich schön, ebenso wie die Ausstattung der rund 45 Cottages und 30 Zimmer, alle mit großen Glasfronten und Glastüren, die den Komfort eines Vier-Sterne-Hauses bieten. Das Restaurant hoch oben auf dem Hügel ist ebenfalls vom Feinsten, ein weiteres Restaurant lädt am Strand ein. Außerdem gibt es einen Pool.

Unter dem Palmwedeldach – **Baan Panburi Village** **9** : Thong Nai Paan Yai, Tel. 077 23 85 99, www.baanpanburi village.com, 600–1100 Bt (Nebensaison) bzw. 650–1600 Bt (Hochsaison). Direkt an den Strand angrenzende Anlage mit Palmwedeldachbungalows in drei Komfortstufen von den schlichten Garden Huts mit Fan bis hin zu den aufs Meer blickenden Seaview Huts mit AC. Gemütlich-romantisches Restaurant, am Abend sitzt man zum Candlelight Dinner direkt auf dem Strand.

Essen & Trinken

An Strandrestaurants herrscht kein Mangel, und wenn es sich lohnt, stellen die meisten auch Tische auf den Sand, wo man dann zu Kerzenlicht und Wellenschlag günstig dinieren kann.
Tafeln mit Blick – **Chantara Restaurant** **3** : Santhiya Resort, Thong Nai Paan Noi, Tel. 077 42 89 99, tgl. ab 17 Uhr. Die Panoramalage des zu drei Seiten hin offenen Restaurants ist vollendet, das Ambiente stilvoll. Die Speisen diverser Küchen, Schwerpunkt Thai, sind geschmacklich und optisch formvollendet zubereitet.
Geschmacksbomben – **The Vegan Café** **4** : Thong Nai Paan Yai, The Yoga Studio (rund 300 m vom Strand entfernt am Waldrand), Tel. 077 44 51 92, Mo–Sa 12–16 Uhr, Hauptgerichte um 100–150 Bt. Dieses kleine, dem Yoga-Studio angeschlossene Café serviert außerordentlich leckere vegetarische und vegane Gerichte, wobei alle Zutaten, wann immer möglich, aus biologischem Anbau stammen. Die Säfte und Smoothies sind schlicht göttlich, aber auch die üppigen Salate und Gemüsegerichte suchen Ihresgleichen in Thong Nai Paan. Das Restaurant liegt am Weg zum Wang Thong Waterfall, rund 5 Gehminuten außerhalb des Dorfes.

157

Ko Pha Ngan und Ko Tao

Trekkingtouren für Dschungel-Einsteiger

Der **Green Dot Trail** 5 führt parallel zur ansonsten weglosen Ostküste vom Hat Rin Beach (Laluna Bungalow) zum etwa 4 km entfernten Hat Yuan Beach und zum Hat Thian Beach. Bis zum Ziel ist der Pfad mit grünen Farbklecksen markiert. Die reine Gehzeit pro Weg beträgt etwa 1,5 Std.

Der **Khao Ra Trail** 6 hat den mit 627 m höchsten Berg der Insel zum Ziel. Ausgangspunkt der etwa zweistündigen Wanderung mit teils steilen Aufstiegen ist das Dorf Ban Madue Wan an der Straße zwischen Thong Sala und Ban Chalok Lam. Da der Trail teils schlecht zu finden ist, empfiehlt sich die Mitnahme eines Führers (500 Bt/Tag, ab Hauptquartier des Than Sadet-Ko Pha Ngan National Park).

sel und erfreut sich wegen der Ruhe und optimaler Badebedingungen im sanften Meer allergrößter Beliebtheit. So kann es während der Hochsaison schwer sein, ein vakantes Quartier zu finden. Er ist etwa 500 m lang, feinsandig, von goldener Farbe, in Palmenhaine gefasst und blickt auf bewaldete Berge.

Die Anreise erfolgt von Thong Nai Paan oder aber von **Ban Chalok Lam,** dem größten Fischerdorf der Insel, das von Thong Sala aus per Songthaew erreichbar ist. Die Atmosphäre am Strand ist geruhsam, es werden Bootstouren angeboten, diverse Restaurants und Internetcafés laden zum Verweilen ein, auch Motorräder können ausgeliehen werden. Einen Abstecher wert ist der **Paradise Waterfall** 1 . Er ist an der Straße von Chalok Lam nach Thong Sala ausgeschildert und bietet sich mit seinen zwei Naturbecken zum Abkühlen an.

Infos

Touristeninformation: www.thong-nai pan-magazine.com, www.thong-nai pan.com

Boot: Febr.–Okt. 1 x tgl. Ko Samui/Mae Nam via Hat Rin Nok, Hat Thian und Ban Sadet bis Thong Nai Paan (300 Bt). Zu den Stränden Hat Yuan, Hat Thian und Hat Yao Taxiboot ab Hat Rin Nok (150 Bt je Strand).

Minibus/Taxi: Thong Nai Paan wird von Thong Sala und Hat Rin aus angefahren, pro Weg 300 Bt.

Im Norden

▶ Karte 6, C/D 1/2

Bottle Beach ▶ D 1

Der auch als **Hat Khuat** bekannte Strand liegt isoliert im Norden der In-

Übernachten

Treff der Rucksackreisenden – **Smile Bungalows** 10 : Bottle Beach, Tel. 085 429 49 95, www.smilebungalows.com, Standardbungalow 520 Bt, Komfort 690–920 Bt. Die 27 Bungalows (alle mit Fan, Bad/WC) sind mit relativ großem Abstand zueinander locker in einer Gartenanlage verteilt. Die Atmosphäre ist entspannt und angenehm.

Abends & Nachts

Noch mehr Party – **Paradise Waterfall** 1 : Etwa zweimal im Monat tanzen hier über 1000 Gäste zu Trance und Techno.

Infos

Boot: 2 x tgl. von/nach Ban Chalok Lam (200 Bt).

Fußweg: Von Thong Nai Paan oder Ban Chalok Lam geht man jeweils ca. 5 km (mind. 2 Std.) auf teils recht beschwerlichen Pfaden.

Motorrad: Mit einem Straßenrad ist die Piste schwer zu meistern, besser ist ein Crossbike.

Die Westküste

▶ Karte 6, A/B 1–4

Entlang der felsigen Westküste finden sich insgesamt zehn Buchten mit touristischer Infrastruktur. Da die Badebedingungen aufgrund geringer Wassertiefe und vorgelagerter Muschel- und Korallenbänke nicht optimal sind, können sie dem Vergleich mit anderen Inselstränden allerdings nicht standhalten. Der nördlich von Thong Sala auf einem Hügel gelegene **Wat Khao Noi** 2 (auch: Wat Khao Phu Noi) ist der älteste Tempel der Insel und gefällt vor allem wegen der Aussicht.

Hat Yao Beach und Chao Phao Beach ▶ Karte 6, A 2

Eine Ausnahme bildet der etwa 1 km lange und teilweise extrem breite **Hat Yao Beach** (nicht zu verwechseln mit seinem Namensvetter an der Ostküste), der neben genügend Tiefe zum Baden und Schnorchelfreuden auch malerische Sonnenuntergänge bietet. Zudem verfügt er über eine gute Infrastruktur mitsamt einem entspannten Nachtleben. Budget- und Luxusreisende finden hier gleichermaßen ihr Urlaubsglück. Empfehlenswert ist auch der zwei Buchten weiter südlich gelegene, etwa 500 m lange **Chao Phao Beach** mit gelbweißem feinem Sand.

Übernachten

Für jeden etwas – **Long Bay Resort** 11 : Hat Yao Beach, Tel. 077 34 90 57, www.longbay-resort.com, Bungalows in sieben Preisstufen von 1800–4600 Bt (je nach Lage und Ausstattung). Die Gartenanlage ebenso wie die Bungalows von gehobenem Standard (alle u. a. mit AC, TV, Minibar) sind gepflegt. Das Restaurant direkt am Strand erfreut mit authentischer Thaiküche. Nierenförmiger Pool und Kinderpool, Tauchschule und Verleih von Fahrrädern und Kanus.

Markante Lage – **Haad Son Bungalows** 12 : Son Beach/Chao Phao Beach, Tel. 077 34 91 03, www.haadson.net, 1450–5500 Bt (Nebensaison), 2600–8000 Bt (Hochsaison). Die rund vier Dutzend Bungalows liegen entwede am Strand oder haben Strandblick. Die komfortableren sind aus Stein erbaut und geschmackvoll eingerichtet.

Essen & Trinken

Klassisch Thai mit World Cuisine – **The Village Green** 5 : Chao Phao Beach, hinter den Sea Flower Bungalows, Tel. 082 81 00 06, Thaigerichte durchschnittlich 100–160 Bt. Zweigeschossiges Holzrestaurant im Thaistil, Speisebalkon mit schönem Blick auf den Sonnenuntergang. Gerichte aus aller Welt, teils ausgefallen kreiert, darunter viel Vegetarisches. Ein Renner ist u. a. die große Enchilada-Platte mit Sauerrahm und Guacamole (180 Bt).

Abends & Nachts

Partys – Die **Apple Bar Party** 10 findet jeden Sonntag am Hat Yao Beach statt, die **Moon Set Party** 11 (3 Tage vor Vollmond) in der **Pirate's Bar** am Chao Phao Beach. Ansonsten geht es hier eher ruhig zu.

Lieblingsort

Auf Spurensuche nach der ›guten alten Zeit‹ – Hat Khom
▶ Karte 6, C 1

Wer nostalgisch die Spuren vergangener Globetrottertage sucht, kann auf Ko Pha Ngan selbst heute noch fündig werden. ›Hat Khom‹ lautet das Stichwort, und hin zur kleinen Sandbucht im Felssaum kommt man nur zu Fuß, mit dem Crossbike oder am besten mit einem Boot von Ban Chalok Lam aus. Die Optik ist vor allem während des Sonnenuntergangs faszinierend, die vier kleinen Bungalowanlagen fügen sich ins romantische Bild, und das vorgelagerte Korallenriff ist das einzige der Insel, das den Namen verdient. Schnell geschieht es hier, dass man die Zeit vergisst und hängen bleibt.

Insel der Taucher – Ko Tao

Fischerboote treiben auf dem gescheckten Malachit des flachen Küstenwassers, Sandstreifen leuchten zwischen Korallenfelsen, grüne Hänge säumen palmenbestandene Strände im Süden und Westen des wegen seiner Form ›Schildkröteninsel‹ genannten Eilandes. Nicht mehr als 7 km ist es lang, nur 3 km breit, trägt aber dennoch fast 400 m hohe Berge. An den insgesamt mehr als 7 km langen feinen Stränden nächtigen in mittlerweile mehr als 100 Bungalowanlagen jährlich über 100 000 Besucher. Für die etwa 800 permanenten Inselbewohner stellt der Tourismus, der hier seit den frühen 1990er-Jahren boomt, natürlich die Haupteinnahmequelle dar.

Infobox

Reisekarte: ▶ D 6 und Karte 7

Touristeninformation
Gedruckte Informationen im kostenlosen »Koh Tao Info Booklet«.
Internet: www.koh-tao.de, www.koh tao.com, www.on-koh-tao.com, www. kohtaoonline.com.

Service
Geld: Banken mit Geldautomaten in Ban Mae Hat.
Polizeistation: Mae Hat, Tel. 077 45 66 31.
Gesundheit: Kliniken in Mae Hat.

Anreise
Ko Tao kann wie Ko Pha Ngan auch ab Surat Thani (und Ko Samui) erreicht werden, aber schneller geht es via Chumpon (s. auch S. 127).
Boot: von/nach Surat Thani 2 x tgl. mit dem Schnellboot (4,5 Std., 800 Bt), Nachtboot 9 Std. (550 Bt), von/nach Chumpon 4–6 x tgl. (2 Std., 600 Bt), Nachtboot 5 Std. Von/nach Ko Pha Ngan 6–7 x tgl. (1,5 Std., 450 Bt), von/nach Ko Samui 6–8 x tgl. (2 Std., 600 Bt.).
Kombitickets: kombinierte Bus-/Zug- und Schnellboot-Tickets, Bangkok 1100 Bt, Hua Hin 1100 Bt, Krabi 900 Bt, Phuket 1000 Bt. Onlinebuchung und Information u. a. unter www.lompray ah.com.

Inselverkehr
Songthaew: von Ban Mae Hat zum Sai Ri Beach sowie Chalok Ban Kao 50 Bt/ Pers., zur Thian Ok Bay 120 Bt, nach Tanote 300 Bt.
Longtailboot-Taxi: von Mae Hat nach Ko Nang Yuan 150 Bt, nach Chalok Ban Kao 200 Bt und nach Ao Tanote bis 500 Bt, Inselumrundung 2000–3000 Bt fürs Boot (bis zu 4 Pers.).
Mietfahrzeuge: Vermietung an allen Stränden. Motorrad ab 150 Bt, ATV ab 500 Bt, Jeep ab 1000 Bt. Achtung: Die Straßen auf der Insel sind teils in einem fürchterlichen Zustand und definitiv nichts für ungeübte Fahrer!

Übernachten
Unterkünfte können über die o. g. Websites und auf der Seite der Vereinigung der Inselresorts www.kohtao bungalows.com online gebucht werden. Eine Auswahl von mehr als 50 Unterkünften bietet www.kohtaoho tels.net.

Ausnahmsweise werden die Urlauber nicht in erster Linie von den Inselstränden angelockt, sondern vielmehr von nahe liegenden Tauchrevieren (s. Entdeckungstour S. 166). Sie versprechen, die mit Abstand schönsten im gesamten Golf von Thailand zu sein. So ist der Andrang groß und während der Hochsaison (Dez.–März, Juli–Sept.) werden Nicht-Taucher in den meisten Bungalowanlagen dann oft auch nicht akzeptiert.

Aktiv auf Ko Tao

Kajaks werden an den meisten Stränden verliehen (150 Bt/Std.). **Schnorchler** können sich an allen Stränden Masken und Flossen ausleihen (zusammen 150 Bt), dort dann auch Organisation von Schnorcheltrips, u. a. einmal rund um die Insel (ab 1000 Bt). **Wasserskifahrer** leihen sich Monoski oder Wakeboard (1500 Bt/20 Min.) z. B. beim Blacktip Water Sport Center (s. S. 166, 169). Ko Tao hat auch für **Kletterfans** einiges zu bieten, bis hin zu anspruchsvollen Spots der Kategorie Five-Star Boulder. *Die Kletteradresse der Insel ist Good Time Adventures, die sowohl Schulung als auch geführte Touren anbietet (Kletterkurs 1,5 Tage 4800 Bt, Masterkurs (3–6 Wochen) 26 000 Bt; Tel. 087 275 36 04, www.gtadventures.com).*

Die Westküste

▶ Karte 7, A 1–3

Alle Besucher erreichen Ko Tao am **Mae Hat Beach** mit dem Hauptdorf Mae Hat. Vom Meer aus zeigt sich der Strand wunderschön, doch beim Baden und Wassersport stört der rege Bootsverkehr.

Die Toptauchspots von Ko Tao

Vom Sails Rock einmal abgesehen (s. Entdeckungstour S. 166) tragen die ca. 5 km nordwestlich von Ko Tao gelegenen **Chumpon Pinnacles** einen herausragenden Namen. Sie bilden bis über 16 m hohe Korallensäulen und sind oft Tummelplatz diverser Großfische. Die vier Reviere rings um **Ko Nang Yuan** (s. u.) bieten eine enorme Vielfalt in Sachen Flora und Fauna in relativ geringer Tiefe (etwa 6–12 m). Gerade Anfänger wissen das zu schätzen. Versierte Höhlentaucher hingegen können sich beim **Green Rock** ihren Adrenalinstoß holen. Für nächtliche Tauchgänge ist dieser Ort ebenfalls ideal, obwohl der **White Rock** als der populärste Nachttauchspot gilt. **Shark Island,** direkt vor dem Südzipfel von Ko Tao gelegen, ist ein farbenprächtiger Anemonengarten-Spielplatz zahlreicher Arten von Korallenfischen sowie auch Leopard- und Riffhaien.

Wesentlich angenehmer wohnt man an der nördlich anschließenden Bucht, etwa zehn Gehminuten entfernt, mit dem weißsandigen **Sai Ri Beach**. Mit rund 1,7 km Länge ist er der längste sowie mit mehreren Dutzend Bungalowanlagen und Resorts in allen Preis- und Komfortstufen auch der touristischste aller Inselstrände.

Nördlich vorgelagert liegt das in Privatbesitz eines Tauchresorts stehende **Ko Nang Yuan,** das im Hausprospekt als »the only place with three joined beaches in the world« gepriesen wird. Ob das nun stimmt, sei dahingestellt. Der Anblick der durch weiße Sandstrände miteinander verbundenen Inselchen mutet jedenfalls paradiesisch an. Unter Wasser lädt eine reiche Korallenwelt zum Staunen ein. Will man an Land gehen, sind 100 Bt zu

Ko Pha Ngan und Ko Tao

entrichten, der Aufenthalt selbst ist kostenlos.

Übernachten

Panorama und Komfort satt – **Tipwimarn Resort:** Tel. 077 45 64 09, www.thipwimarnresort.com, 1070–7040 Bt (Nebensaison), 1966–8700 Bt (Hochsaison). Die mit Abstand panoramareichste Adresse des Strandes beeindruckt mit stilvollen Bungalows in zehn Komfortklassen aus Naturmaterialien, die geschickt in den Hang integriert sind. Ihr Interieur ist ebenso exotisch und geschmackvoll wie das Exterieur. Auch ein Pool lädt ein. Das Restaurant ist wegen seiner Konstruktion und Aussicht einzigartig. Auf einer überdachten Veranda sitzt man klassisch an niedrigen Tischen auf dem Boden und genießt ausgezeichnete Thaiküche.

Exklusive Taucherinsel – **Nang Yuan Island Dive Resort:** Ko Nang Yuan, Tel. 086 312 71 28, www.nangyuan.com, Bungalows in sage und schreibe 12 Komfortstufen von 1250–12 500(Nebensaison) bis 1500–14 000 Bt (Hochsaison). Die drei Inselchen sind im Besitz des PADI-Tauchresorts, was für exklusive Privatsphäre und – zumindest ab dem Nachmittag – für absolute Ruhe spricht. Seit über 20 Jahren schon ist es *die* Adresse auf Ko Tao und daher extrem stark nachgefragt. Einige der Bungalows schmiegen sich wildromantisch an die Küstenfelsen.

Ökofreundlich – **Sai Ree Cottage:** Tel. 077 45 63 74, www.saireecottagediving.com, Bungalows 500–3500 Bt (je nach Komfort). Geschmackvoll gestaltete und weitläufige Anlage, die sich ökofreundlich vorstellt. Große Auswahl an Bungalows in acht Komfortklassen vom schlichten Holzhäuschen (mit Fan) im Stil der ›guten alten Zeit‹ bis hin zum rosafarbenen Ziegelbungalow mit AC.

Essen & Trinken

Beste Thai-Küche – **The Gallery Restaurant:** Sai Ri Beach, Tel. 077 45 65 47, www.thegallerykohtao.com, Mo–Sa 12–15, 17–22 Uhr, Hauptgerichte ca. 100–600 Bt. Dieses mit viel Leidenschaft geführte Restaurant bietet beste Thai-Küche zu fairen Preisen und in angenehmer Atmosphäre. Auch der Service ist perfekt, und kein Wunder, dass das kleine Lokal (nur 8 Tische) heute im Ruf steht, das beste Restaurant der Insel überhaupt zu sein. Unbedingt zu empfehlen sind u. a. die Currys, vor allem das Panaeng sowie Massamen, und wer einen süßen Zahn hat, wird die Desserts lieben, so etwa die Kokosnussbananen oder das selbstgemachte Eis, vor allem die Sorte White Choc Mulberry. Dem Restaurant angeschlossen ist auch eine kleine Galerie, in der der Besitzer seine Unterwasserfotos präsentiert. Reservierung ist für abends ein Muss!

Frisch & lecker – **Living Juices:** Sai Ri Village, gegenüber Asia Divers, Tel. 092 338 32 73, tgl. 8.30–18.30 Uhr, Hauptgerichte ab 150 Bt. Die Säfte, Shakes und Smoothies, Wraps und vor allem die Salate sind schlicht göttlich, – schade ist allerdings, dass das Lokal so klein ist (nur 4 Tische).

Feine Backwaren – **Through The Looking Glass:** Sai Ri Beach (gegenüber 7 Eleven), tgl. 6.30–14 Uhr, Hauptgerichte um ca. 120 Bt. Unter englischer Leitung stehende Bäckerei mit köstlichem Kuchen und Gebäck, Pasteten und Sandwiches. Perfekt für ein üppiges Frühstück oder einen delikaten Lunch.

Französisch – **Le Petit Palace:** Sai Ri Beach, Tel. 097 190 40 61, tgl. ab 9 Uhr, Hauptgerichte um 250–400 Bt. Französisches Restaurant mit ausgezeichneten Crêpes, Vorspeisetellern, aber auch

Ko Tao/Im Inselabseits

Der kleine Archipel von Ko Nang Yuan ist Ko Tao direkt vorgelagert

leckeren Hauptgerichten und guten Getränken (u. a. Mojitos, große Auswahl an belgischen Bieren und französischen Weinen).

Abends & Nachts

An den Hauptstränden Sai Ri, Chalok Ban Kao und in Mae Hat ist erstaunlich viel los. Zumindest in der Hochsaison findet jede Nacht irgendwo eine Party statt, worüber Flugblätter informieren.
Im Baum – **Fizz Beach Bar:** Sai Ri, Tel. 806 278 73 19, tgl. 11–2 Uhr. Treffpunkt zum Sonnenuntergang-Gucken. Dank der relaxten Atmosphäre und *groovy sounds* bleiben die meisten gleich hängen an dieser ausgefallen, weil im Innern eines Baumes eingerichteten Bar. Fr lockt die Beach Party.
Kunst, Musik und Cocktails – **In Touch:** Sai Ri, Tel. 077 45 65 14, tgl. ab 17 Uhr. Großzügiger Strandtreff mit mehreren Zonen zum Relaxen in kunstreichem Ambiente. Die Cocktails sind berühmt und Mi und Sa lassen DJs in den Energy Party Nights progressiven Sound ertönen.
Longdrinks und Buckets – **The Whitening:** Mae Hat, Tel. 077 45 61 99, tgl. ab 13 Uhr. Allabendlich kann man in diesem Open-Air-Pub die exotischsten Longdrinks zu erfrischender House-Musik schlürfen, aber Fr, wenn die Beach Party Night lockt, schlürfen alle nur eines: ›Bucket‹, einen Eiskübel voller Mekong-Cola-Gemisch.

Im Inselabseits

▶ Karte 7, B 1–3

Die ganz im Norden gelegene **Mango Bay** ist ebenso exklusiv wie Ko Nang Yuan, denn nur per Boot ist dieses Schwimm- und Schnorchelparadies erreichbar. Ein einziges Resort schmiegt sich an den malerischen Urwaldhang.

Intakte Korallenriffe, aber so gut wie keinen Strand findet man auch an der **Hin Wong Bay.**   ▷ S. 169

Auf Entdeckungstour: Filigrane Unterwasserwelten – am Sails Rock

Will man im Golf von Thailand abtauchen, ist Ko Tao mit Abstand die beste Adresse. Im sauberen und klaren Wasser entführen zahlreiche Korallenriffe in eine märchenhafte marine Welt mit einer artenreichen Flora und Fauna. Von den mehr als 30 Tauchrevieren von Weltklasse ist das am Sails Rock der abwechslungsreichste und spektakulärste Divespot der Region.

Reisekarte: ▶ D 6

Touranbieter: PADI Gold Palm IDC-Blacktip Dive Resort & Water Sport Center, Strand der Tanot Bay, Tel. 077 45 64 88, www.blacktip diving.com

Tourdauer: 7–16 Uhr

Preis: 3000 Bt inkl. zweier Tauchgänge

Über bizarren Strukturen in Hirn- und Pilz-, Geweih- und Fächerform, über purpurroten Kalkalgen und gelben Schwämmen, glitzernden Röhrengeflechten und blau leuchtenden Ästen, über Grünalgen und Blumentieren, Tentakelspiralen oder den filigran schwebenden Fangarmen der Seeanemonen schießen Heerscharen schillernder Meeresgeschöpfe umher, während Kaiserfische und Blaupunktrochen, Ammenhaie und Schildkröten, mächtige Mantas und drollige Kugelfische als elegante Schwimmer vorüberziehen. Am Sails Rock können Anfänger ebenso wie versierte Taucher schöne Tauchgänge erleben. Zudem ist es das beste Revier im Golf, um Großfische und den seltenen Walhai zu beobachten.

Einzigartige Tiefblicke

Die eindrucksvollsten Tauchreviere im gesamten Bereich des Golfs von Thailand finden sich rings um die Insel Ko Tao, die in Kreisen deutscher Unterwasserfreaks nicht umsonst den Übernamen ›Ko Tauch‹ trägt. Etwa 30 Divespots der Weltklasse laden hier ein, was nicht zuletzt auch der Entfernung zum Festland zu verdanken ist (immerhin sind es 74 km bis Chumpon) bzw. der damit einhergehenden Sauberkeit des Meeres, das Tiefblicke von 20–30 m ermöglicht. Beim Sails Rock (Hin Bai) beträgt die Sicht mit etwas Glück sogar spektakuläre 40 m und gerne nimmt man daher die etwa einstündige Anfahrt zu diesem exponiert weit draußen Richtung Ko Pha Ngan liegenden Tauchrevier in Kauf. Die beste Zeit für Tauchgänge am Golf ist Dezember bis März, gute Bedingungen herrschen aber auch bis August/September.

Mit voller Kraft stampft die MV Geziena, das etwa 15 m lange Tauchboot des Blacktip Dive Resort, von Ko Tao aus in Richtung auf das offene Meer, und beim Frühstücksbuffet und dem anschließenden Briefing vergeht die Zeit wie im Flug. Danach werden die einzelnen Gruppen eingeteilt – auf je drei Taucher kommt ein Guide, und schon zeichnet sich voraus in der bis zum Horizont offenen Wasserweite der Sails Rock ab: ein einsam aus dem Meer ragender Felsklotz von etwa 15 m Höhe.

Ein Fünfsterne-Tauchrevier

Nachdem das Schiff vor Anker gegangen ist, springen die Teilnehmer gruppenweise ins glasklare Meer. Fertigmachen zum Abtauchen – und los geht's: an den über und über mit gelben und grünen Blumenkorallen und mit verschiedenen Anemonenarten bewachsenen Steilwänden entlang senkrecht in die bis zu 40 m messende Tiefe. Hier zeichnen sich bald große, buschige Schwarzkorallen ab. Makrelen und Fledermausfische stehen in der sanften Strömung, Barakudaschwärme ziehen vorüber und vereinzelt schauen aus Öffnungen in der vertikalen Korallenwand Skorpionfische und Muränen hervor. Bei etwa 18 m Tiefe geht es vom Sink- in den parallel zum Grund verlaufenden ›Gleitflug‹ über und mit sanften Flossenschlägen steuern

167

die Taucher die Nordwestwand der Insel an. Dort nämlich öffnet sich The Chimney, ein senkrecht nach oben führender Kamin mit einem Licht spendenden ›Fenster‹ auf 12 m Tiefe und einem Ausgang auf 6 m Tiefe inmitten eines Seeanemonenfeldes, das von lauter bunten Anemonenfischen umschwärmt wird.

Nach 50 Minuten geht es wieder an Bord. Das zeitlupenlangsame Hinaufgleiten durch diese mit Korallen gespickte marine Märchenhöhle ist auch für versierte Unterwasserfreaks ein unvergessliches Erlebnis. Immerhin handelt es sich beim Korallenriff um das weltweit komplexeste Ökosystem nach dem tropischen Regenwald.

Das Leben am Riff

Die einzigartigen Korallenriffs werden von mehr als 100 000 Arten belebt. Dabei fängt alles ganz winzig und unscheinbar mit den mikroskopisch kleinen Larven der Korallenpolypen an, die auf geschlechtlichem Weg gezeugt werden. Sie treiben so lange im Meer dahin, bis sie sich an einen passenden Ort in maximal 50 m Tiefe und 20–30 °C warmem Wasser anheften können. Langsam entwickeln sie Tentakeln und wachsen zu 2,5–10 mm großen Korallenpolypen heran, während sich gleichzeitig ihr Kalksteingehäuse, ihr Skelett, bildet. Die Fortpflanzung kann aber auch durch Teilung erfolgen, indem die Korallen Äste oder Knospen hervorbringen, die zu Tochterpolypen werden und selbst Knospen treiben.

Der Vorgang wiederholt sich in ständig wachsendem Tempo, sodass schnell eine Kolonie von Tausenden, eng miteinander verbundenen Korallenpolypen entsteht. Alte Polypen sterben ab und hinterlassen die abgesonderten Kalkskelette, auf denen neue Polypen weiterbauen. Auf diese Weise wächst ein Korallenriff jährlich um durchschnittlich 1 cm in die Höhe.

Von Zerstörung bedroht

Jahr für Jahr schreitet die Zerstörung dieses einzigartigen Ökosystems auf Ko Tao, in Thailand und auch überall sonst in den Tropen fort. So trifft manchmal leider auch unter Wasser der Ausspruch des Tourismusexperten Professor Torsten Kirstges zu, dass der Tourist oft zerstört, wenn er gefunden hat, was er sucht. Einige Touristen sind sich des sensiblen Ökosystems nicht bewusst und zerstören leichtfertig mit ihren Flossen oder den aufs Riff geworfenen Ankern die feinen Korallenstrukturen und damit das, was Jahrzehnte des Wachstums bedarf. Daher sollte man als Taucher ganz vorsichtig sein und sich achtsam durch die Unterwasserwelt bewegen.

Recht häufig lassen sich am Riff Muränen beobachten

Als einer der besten Schnorchelspots überhaupt gilt die **Tanot Bay,** wo man direkt vom Strand aus abtauchen kann. Die erforderliche Ausrüstung erhält man im **Blacktip Dive Resort & Water Sport Center** (s. S.162), das außerdem Kajaks verleiht und Wasserski organisiert.

Auch die einsame **Leuk Bay** fasziniert mit ihrer marinen Vielfalt im kristallklaren Wasser und dem Strand, der in eine Palmenplantage übergeht. Preiswerte Unterkünfte ziehen vor allem Budgetreisende an.

Übernachten

In die Natur integriert – **Ao Muong Resort:** Mango Bay, Tel. 077 45 66 65, www.kohtaoaomuong.com, 1600–2600 Bt (Nebensaison) bzw. 2000–3500 Bt (Hochsaison). Ganz allein im Inselnorden gelegene Ferienanlage. Wunderbar, wie die 15 Bungalows zwischen und auf die Granitfelsen gesetzt sind, die den Waldhang hinter dem Strand überziehen. Und wieder gibt es ein herrliches Panorama. Dazu ist es relativ erschwinglich.
Für Ruhebedürftige – **Ao Leuk Bungalows:** Leuk Bay, Tel. 077 45 67 79, www.aowleuk2.com, 450–2000 Bt. Möchte man direkt am Strand und günstig wohnen, so bieten diese fünf Bungalows, die alle mit großen Panoramafenstern ausgestattet und sehr gepflegt sind, ein gutes Preis-Leistungs-Verhältnis.

Der Süden

▶ Karte 7, A/B 3/4

An der Südspitze lädt die **Thian Ok Bay** ein, die im Privatbesitz eines Resorts ist. Landschaftlich ist es vielleicht die reizvollste Bucht der Insel. Gegen ein geringes Entgelt erhalten auch Nichtgäste Zutritt.

Kaum zu glauben, dass nur eine Hügelkette zwischen diesem kleinen, weltentrückten Paradies und der **Chalok Ban Kao Bay** liegt. Am zweitpopulärsten Inselstrand drängt sich alles eng an eng und die Zufahrtsstraße hat sich zu einer Traveller-Meile gemausert. Zum Schwimmen ist es hier und in den angrenzenden Buchten, die über einen Fußweg erschlossen sind, zumindest bei Ebbe nicht optimal.

Übernachten

Gut und günstig – **Koh Tao Tropicana Resort:** Chalok Ban Kao Bay, Tel. 077 45 61 67, www.koh-tao-tropicana-resort.com, DZ ab 400 Bt, Bungalows 900–1800 Bt. Zahlreiche Steinbungalows, teils direkt am Strand, und gepflegte Zimmer im Haupthaus, teils schön mit Holz verkleidet. Eine der vergleichsweise besten Adressen.
Erste Wahl für Taucher – **Blacktip Dive Resort:** Tanot Bay (s. Entdeckungstour S. 166). Bungalows in sechs Komfortstufen von 600 bis 2800 Bt (Nebensaison) bzw. 800–3000 Bt (Hochsaison).

Essen & Trinken

Spitzenpanorama – **New Heaven:** über der westlichen Thian Ok Bay, Tel. 087 933 13 29, tgl. ab 9 Uhr, Gerichte um 250 Bt. Lokal mit der schönsten Aussicht auf Ko Tao, zu genießen bei guter Thaiküche.

Abends & Nachts

Beach Hang Out – **Buddha on the Beach:** Chalok Ban Kao, tgl. ab 16.30 Uhr. Strandtreff mit entspannter Atmosphäre und Cocktails, dazu Indie- und Funkklänge. Mehrmals pro Woche auch Livemusik und DJ-Nächte.

Das Beste auf einen Blick

Andamanenseeküste und zentrales Bergland

Highlights!

Ko Similan Marine National Park: Neun Inseln bilden den unbewohnten Archipel und diese oft wie Skulpturen geformten Granitbuckel mit ihren weißen Strandsäumen geben ein exotisches Bild ab. Atemberaubend vielfältig zeigt sich die Unterwasserwelt. S. 187

Khao Sok National Park: In diesem meistbesuchten Schutzgebiet Thailands ragen fantastisch geformte Kalksteinformationen auf. Wer noch nie in einem Baumhaus gewohnt oder in Urwaldflüssen gebadet hat, weiß gar nicht, was er verpasst hat. S. 188

Auf Entdeckungstour

Dschungeltour durch den Regenwald: Der Regenwald, König aller Wälder, wächst langsam und stirbt schnell, denn unaufhaltsam fressen sich die Kettensägen durch das grüne Universum, um Platz für immer mehr Plantagen und Menschen zu schaffen. Nur in den Nationalparks noch ist er als Relikt vorhanden und nirgends sonst in Thailand kann man das ›Abenteuer Urwald‹ entspannter genießen als vom Stausee Chiew Lan aus. S. 190

Kultur & Sehenswertes

Ko Phayam: Diese 30 km² große Insel ist zwar kein Geheimtipp mehr für Globetrotter, aber noch immer überwiegen die romantischen Palmwedelhütten. S. 174

Khao Lak Beach: Vereinzelte Felsbänder setzen Akzente im 3 km langen goldgelben Meeressaum, von dem die mit Urwald bedeckten Hänge des Khao Lak Lamru National Park steil ansteigen. S. 180

Aktiv unterwegs

Unterwasser-Naturlehrpfad: In Taucherkreisen genießt der Ko Surin Marine National Park sogar einen besseren Ruf als die Similan-Inseln. Außerdem gibt es hier den ersten Unterwasser-Naturlehrpfad Thailands. S. 178

Dschungel und Tiere: In Sachen Tierbeobachtung und Dschungeltrekking gibt es zum Khao Sok National Park kein Pendant in Thailand. S. 189, 195

Genießen & Atmosphäre

Nang Thong Bay Resort: Die anmutige Gartenanlage mit exklusiven Strandbungalows und einem gepflegten Restaurant direkt am Nang Thong Beach ist sehr beliebt bei Reisenden aus Deutschland. S. 183

Our Jungle House: Entlang einer monumentalen Kalksteinwand im Khao Sok National Park fließt ein Urwaldfluss. An ihm liegen, locker verteilt, urig-anmutige Bungalows und Baumhäuser. S. 194

Abends & Nachts

Hippie und Rasta Baby Bar: Hier feiert man auf Ko Phayam relaxte Strandabende mit musikalischer Untermalung, an der Rasta Baby Bar sporadisch auch Beach Parties. S. 176

Die Kneipendichte auf **Khao Lak** ist hoch, aber von einem Nachtleben im eigentlichen Sinn kann keine Rede sein.

Traumstrände, Korallenriffe und Urwälder

Strände gibt es an der Andamanenseeküste wie Sand am Meer, doch zwischen der Grenze zu Myanmar (Burma) bei Ranong im Norden und Phuket im Süden erstrecken sich die längsten des Königreiches. Insbesondere bei Khao Lak ziehen sie sich kilometerlang, d. h. fast 40 km lang im Saum von Kasuarinen, Laubbäumen, Palmen, Bananenhainen und Lagunen am blauen Band des Ozeans hin, was vor allem ältere Urlauber und Familien mit Kindern zu schätzen wissen. Je nördlicher man reist, desto gebirgiger wird das größtenteils noch mit primärem Regenwald bewachsene Hinterland und desto einsamer sind die Strände und ausgedehnter die Mangrovenwälder, die die stark zerlappte Küste säumen.

Die farbenprächtigen Korallenriffe der vorgelagerten Surin- und Similan-Inseln zählen mit zu den hochkarätigsten Tauchrevieren Thailands, und im hohen Norden direkt an der Grenze zu Myanmar vor Ranong lockt die alternative Ferieninsel Ko Phayam all diejenigen an, denen Ruhe und Erholung in schöner Natur über alles geht.

Doch nicht nur an der Küste und unter Wasser gibt es in dieser Region Vielfältiges zu entdecken, sondern gerade auch im bis zu 1400 m hoch aufragenden Binnenland, das hier größtenteils noch mit primärem Regenwald bewachsen ist und in weiten Abschnitten unter Naturschutz steht. So auch in der Gegend des Khao-Sok-Nationalparks, der als der spektakulärste von Südthailand gilt und mit bizarren, urwelthaften Landschaften überrascht. Auch die Infrastruktur ist einzigartig – man kann sogar in Baumhäusern wohnen –, und wer eine aktive Ader hat, kann hier zu zahlreichen Abenteuern aufbrechen. Nicht zuletzt zum in dichten Urwald eingebetteten Stausee Chiew Lan, der im Ruf steht, einer der landschaftlich eindrucksvollsten Seen von ganz Südostasien zu sein.

Infobox

Reisekarte: ▶ A–C 5–8

Internet

www.suedthailand.info: Die deutschsprachige Website stellt den gesamten Großraum der Andamanenseeküste inkl. der vorgelagerten Inseln ausführlich vor, und auch über den Khao Sok National Park wird informiert. Empfehlenswert, auch wenn viele Angaben veraltet sind.
www.thailands-inseln.de: Diese Website informiert auf Deutsch ausführlich über die meisten Inseln der Andamanensee, mitsamt Bootsfahrplänen und Karten.

Verkehrsmittel

Da der gut ausgebaute Highway 4 von Phuket im Süden bis hinauf nach Ranong nahe der Küstenlinie verläuft, lässt sich der gesamte Großraum perfekt per Bus erkunden, obwohl es ein Maximum an Freiheit bietet, ein eigenes Fahrzeug zu haben. Khao Sok liegt im Schnittkreuz zwischen den Strandzentren der Andamanenseeküste und des Golfs von Thailand und ist ebenfalls perfekt angebunden. Obendrein verkehren Minibusse zwischen allen Ferienzentren.

Ranong

Üppiges Grün säumt einen Strand im Ko Surin Marine National Park

Zum Indischen Ozean ▶ B/C 5/6

Vor **Chumpon** (s. S. 127) erreicht der Highway 4 eine bedeutende Kreuzung: Hier biegt der Highway 41 nach Süden Richtung **Surat Thani** (s. S. 127) ab, während die eigentliche Hauptstraße jetzt die Golfküste verlässt, um den **Isthmus von Kra**, wie die Malaiische Halbinsel in ihrem mittleren, schmalsten Abschnitt genannt wird, gen Westen Richtung Ranong zu queren.

Schon bald hinter der Abzweigung führt die Straße im Zickzack in das zunehmend gebirgiger und wilder werdende Grenzland zu Myanmar hinein, und bald geht es mitten durch den Dschungel hindurch, der hier, wo die höchsten Niederschläge von ganz Thailand verzeichnet werden, eine kleine ›grüne Hölle‹ bildet. Insbesondere nach Regenfällen und im Morgengrauen tropft der Wald vor Feuchtigkeit; Wasserschleier wehen, steigen auf wie Dampf aus heißer Vegetation, und scheint dann die Sonne hinein, tanzen die Kaskaden in allen Regenbogenfarben.

Ranong ▶ C 6

Nach rund 115 km wird **Ranong** erreicht, die rund 28 000 Einwohner große Hauptstadt der nördlichsten der Provinzen, die zum Indischen Ozean hin liegen. Die vor 250 Jahren von Chinesen gegründete Stadt treibt über den direkt angrenzenden **Victoria Point,** den südlichsten Punkt des Nachbarlandes, einen blühenden Handel mit Myanmar, doch Touristen dürfen nur auf einen Tagesbesuch hinüber (so sie ein ›Re-Entry‹-Visum für Thailand haben), was sich aber in keiner Weise lohnt. Sollte sich Myanmar eines Tages auch in dieser Region öffnen, wird Ranong, das seinen Wohlstand bislang vor allem der Fischerei verdankt, ein bedeutendes Ziel für Urlauber sein. Zurzeit liegt es noch im Abseits bzw. wird von den meisten Besuchern nur als Transitstation auf dem Weg von/nach Ko Phayam besucht.

Sehenswürdigkeiten, insbesondere Wasserfälle, gibt es reichlich im Umland (Infos/Touren über die u. g. Unterkünfte), aber Highlight der Stadt sind die **Raksawarin-Thermalquellen** an der Thanon Kamlangsap im Süden, etwas außerhalb der Stadt im **Raksa- warin Park Arboretum.**

Übernachten

Beste Wahl – **Tinidee Hotel:** Thanon Tamuang, Tel. 077 82 60 03, www. tinideeranong.com, DZ ab 1600 Bt bei Onlinebuchung. Großzügiges Mittelklassehotel mit 138 Komfortzimmern, einem großen Pool und einer Spa-Abteilung mit Jacuzzibecken, die von Thermalwasser gespeist werden.

Travellers' Treff – **Kiwi Orchid Guesthouse:** 1 Thanon Phetchkasem, Tel. 077 83 28 12, kiwiorchid@hotmail.com, DZ ab 300 Bt. Direkt beim Busbahnhof gelegener Treff der Rucksackreisenden und *die* Infostelle, wenn man zwecks ›Visa Run‹ nach Myanmar hinüber oder das Umland von Ranong näher kennenlernen möchte. Es werden auch Touren angeboten, Motorräder und Fahrräder vermietet. Die Zimmer sind spartanisch, aber für eine Nacht in Ordnung. Ein Restaurant ist angeschlossen.

Relaxen im Grünen – **Thansila Resort:** 129/2 Soi Thara, Thanon Petchkasem, Tel. 077 82 34 05, thansilaresort@hotmail.com, Zimmer 950–2400 Bt. Wunderschön und ruhig im satten Grün am Fluss nahe der Thermalquelle gelegene Anlage, mit Liebe gestaltet. Den besten Gegenwert bieten die komfortablen River-View-Zimmer, teils mit urigen Badewannen.

Infos & Termine

Kiwi Orchid Guesthouse: s. o. Gute Infoquelle über die Stadt und ihre Umgebung.

Internet: www.thailand.sawadee.com/ranong, www.ponplace-ranong.com.

Myanmar: Über das Prozedere zum ›Visa Run‹ nach Myanmar informiert die letztgenannte Webseite und das Kiwi Orchid Guesthouse (s. links).

Flug: Nok Air bedient tgl. die Strecke von/nach Bangkok ab 650 Bt. Der Ranong Airport (Tel. 077 86 22 29) liegt rund 26 km südlich der Stadt am Highway 4, Taxi dorthin um 250 Bt.

Bus: Busbahnhof am Highway 4, 6 x tgl. Verbindungen mit Krabi (255 Bt) und Phuket (240 Bt) via Khao Lak (um 150 Bt), außerdem 6–8 x tgl. mit Chumpon; auch Surat Thani und Bangkok werden angefahren.

Minibus: Auf der Strecke nach Surat Thani (um 200 Bt) via Chumpon (150 Bt) sind auch Minibusse im Einsatz; zu buchen über die Unterkünfte in Ranong und auf www.ponplace-ranong.com.

Boot: Die Boote nach Phayam (rund 2 Std., 200 Bt) fahren tgl. um 9.30 und 14 Uhr von Saphan Plaa, rund 5 km außerhalb vom Stadtzentrum; Anfahrt mit dem Songthaew für 20 Bt, aber auch die Unterkünfte in Ranong organisieren den Transport. Wer mit dem eigenen Fahrzeug anreist, folgt ab dem südlichen Ortseingang von Ranong den Schildern; Parken am besten bei einer der Unterkünfte in Ranong (s. links). Während der Hochsaison (ca. Dez.–April) verkehren auch Schnellboote tgl. um 10, 14.30, 14, 16.30 Uhr (ca. 35 Min., 270–500 Bt).

Ko Phayam ► B 6

»Welcome to Ko Phayam« – grüßt ein Schild direkt am Anleger der Fährboote in **Ko Phayam Village.** Dass es sich bei diesem Willkommensgruß nicht um einen inhaltsleeren Slogan handelt, wird man sehr schnell spüren – und dann will man gar nicht mehr weg. So geht es vielen der meist mit dem Rucksack anreisenden Besucher, denn wenn auch mittlerweile fast alle der rund 500 Einwohner am Tourismus partizipieren, so haben sie doch

Ko Phayam

noch nichts von ihrer sprichwörtlichen Freundlichkeit verloren. Auch die rund 30 km² große Insel selbst präsentiert sich heute nicht viel anders als vor wenigen Jahren, als sie noch als ›Geheimtipp‹ gehandelt wurde. Ihr Inneres ist dicht mit Cashewnussbäumen bewachsen und wird von Fuß- bzw. Mopedwegen und nicht von Straßen erschlossen. Lediglich an den Bilderbuchstränden hat sich viel getan, aber noch immer überwiegen die romantischen Palmwedelhütten, auch wenn sich mittlerweile die ersten Resorts breitmachen.

Strände

Vorzeigestrand der Insel ist der rund 3 km lange und je nach Gezeitenstand bis über 100 m breite **Ao Yai,** der fast den gesamten Südwesten der Insel einnimmt, in grün bewachsene Felsen gefasst und von Kokospalmen gesäumt ist. Das Meer ist hier oft etwas rau und baut Wellen auf, ideal für Bodysurfer, aber auch zum Baden. Hier findet sich die größte Dichte an Beachbars und Bungalowanlagen in allen Komfortabstufungen, aber viele Besucher bevorzugen die wesentlich ruhigeren Strandbuchten im Inselnorden und besuchen den Strand lediglich im Rahmen von Ausflügen.

Insbesondere die Strände an der weiten Halbmondbucht **Ao Khao Kwai** im Norden erfreuen sich größter Beliebtheit, doch sind hier die Badefreuden teils eingeschränkt, da das Meer bei Ebbe weit zurückläuft und ein mit Muschelbänken durchsetztes Watt freilegt. Aber die Optik des durch ein Felskap zweigeteilten, im Süden von Mangroven, im Norden von Primärwald gesäumten Strandes ist schlicht traumhaft. Und nirgends sonst wohnt man romantischer und

günstiger als hier. Vom nördlichen Strandende aus verlaufen zudem Fußwege zu verschwiegenen Buchten am Nordzipfel der Insel, wo insbesondere der in Urwald gefasste **Ao Kwang Peeb** gefallen kann: Hier lässt es sich prächtig schnorcheln.

Übernachten

Komfortalternative – **Buffalo Bay Vacation Club:** Ao Khao Kwai, Tel. 085 961 03 75, www.buffalobayclub. com, Fan-Bungalows 1200–2500 Bt (Nebensaison), 1800–4000 Bt (Hochsaison) bzw. mit AC 3500–5000 Bt. 22 Bungalows, teils einfach, teils sehr komfortabel mit TV, DVD-Spieler und Minibar ausgestattet. Das Aktivitätsangebot ist umfassend (auch Tauchzentrum), und es werden Touren organisiert. Sehr populär bei Familien mit Kindern.

Urig und gemütlich – **Mr. Gao:** Ao Khao Kwai, Nordstrand, Tel. 077 87 02 22, www.mr-gao-phayam.com, Bungalows ab 700 Bt, Saison ab 900 Bt. 10 große und komfortable Holzbungalows am sanft ansteigenden Hang hinter dem Strand, alle mit Meerblick-Balkon und Bad/WC. Dazu ein gutes Restaurant und nette Besitzer. Auch Angeltouren.

Markante Lage – **Kao Kwai Hill Bungalows:** Ao Khao Kwai, Tel. 081 847 62 85, Bungalows ab 350 Bt. In panoramareicher Lage auf dem Felskap über dem Doppelstrand gelegene Anlage mit kleinen, grün gestrichenen Holzbungalows (alle mit Bad/WC), die denkbar schlicht, aber eben romantisch sind; viele Stammgäste, man fühlt sich wohl, erreicht den Strand über einen steil abfallenden Pfad.

Gerne für lange – **Phayam Coconut Beach Resort:** Ao Yai, Tel. 089 920 81 45, www.koh-phayam.com, Bungalows 300, 500, 800, 1000 Bt. Großzü-

Andamanenseeküste und zentrales Bergland

gige Bungalows aus Holz und Stein direkt hinter dem Strand in vier Komfortklassen (alle mit Bad/WC), und wer länger bleiben möchte, kann die großen Komfortbungalows (mit Kitchenette) für 10 000 Bt/Monat mieten; auch Fahrradverleih.

Abends & Nachts

Wer Nachtleben sucht, ist falsch auf Ko Phayam, wo ab 22 Uhr fast überall der Strom abgeschaltet wird.
Relaxte Strandabende mit musikalischer Untermalung – bieten u. a. die **Hippie Bar** am Nordrand vom Ao-Khao-Kwai-Strand und die **Rasta Baby Bar** am Nordrand von Ao Yai. Dort auch sporadisch Beach Parties.

Infos

Internet: www.kohphayam.org
Geld: Bank sowie Geldautomaten gibt es nicht auf der Insel (Ranong); diverse Unterkünfte und Geschäfte wechseln Bargeld zu schlechten Kursen, Kreditkarten werden nur von wenigen Resorts akzeptiert.
Tickets: Über das dem Multikulti-Restaurant angeschlossene Reisebüro kann man alle Tickets buchen.
Gesundheit: Es gibt kein Krankenhaus, lediglich eine Erstehilfe-Station.
Boote: Die Boote (2 Std.) nach Ranong verkehren morgens gegen 9 und mittags gegen 14 Uhr (200 Bt), während die Speedboote (nur in der Saison) tgl. um 9, 13 und 14 Uhr ablegen und 270–500 Bt kosten. Die Boote und Schnellboote legen am Pier beim Dorf an.
Inselverkehr: Hinter dem Pier warten die Motorradtaxis, mit denen man sich zum Strand/zur Bungalowanlage nach Wahl bringen lassen kann: Zum Ao Khao Kwai muss man rund 50–70 Bt ansetzen, zum Ao Yai 70–100 Bt.
Mietmotorrad: Fast jede Anlage vermietet oder vermittelt Motorräder, die hier ab 150–300 Bt/Tag kosten.

Unser Tipp

Schlemmen im Multikulti
Der Apfelkuchen aus der German Bakery beim Pier des Ko Phayam Village ist eine Sünde wert, der Kaffee ist der beste auf der Insel, die Pizzen aus dem Pizzaofen sind unschlagbar gut, die thailändischen und vegetarischen Gerichte spitze. Die Preise sind gehoben (etwa ab 250 Bt für eine Pizza), aber angemessen. Ko Phayam Village, tgl. 8–22 Uhr.

Von Ranong nach Khao Lak

Ein Genuss – Kajakfahren an der Andamanenseeküste

Auch im Ko Phayam Village gibt es Mietmotorräder, u. a. über das Multikulti-Restaurant.

Von Ranong nach Khao Lak ▶ C 6–A/B 8

Die Distanz von Ranong nach Khao Lak entlang dem gut ausgebauten Highway 4 beträgt rund 180 km, doch kann man die Strecke nicht an ihrer Länge, sondern nur an der Vielzahl herrlicher Ausblicke auf das mit Regenwald bestandene Hinterland und die in Mangrovenwälder gefasste Küstenzone ermessen. Immer wieder auch laden Hinweisschilder zum Besichtigen von Wasserfällen ein, und wer mit dem eigenen Fahrzeug unterwegs ist, sollte sich wenigstens einen Tag lang Zeit nehmen, um die Natursehenswürdigkeiten am Weg zu erkunden. Das Highlight der Region aber ist der **Ko Surin Marine National Park**.

Ko Surin Marine National Park ▶ A/B 7

Das rund 55 km weit draußen vor der Küste im Grenzgebiet zu Myanmar liegende und nicht gar so einfach zu erreichende Meeresschutzgebiet, das schon 1981 eingerichtet wurde, wird vergleichsweise selten besucht. Es gilt als Refugium für eine überaus artenreiche Unterwasserflora und -fauna und seine Korallenriffe wurden durch

Andamanenseeküste und zentrales Bergland

den Tsunami vom 26. Dezember 2004 vergleichsweise schwach in Mitleidenschaft gezogen. Ganz im Gegensatz zu der kleinen Siedlung der Chao Lee (s. S. 68) an der Westseite der Hauptinsel **Ko Surin Neua**. Ihre Häuser wurden nahezu vollständig zerstört. Erst Monate später kehrten die Menschen auf ihre Stamminsel zurück, wo sie noch fast nach Art ihrer Vorväter überwiegend vom Fischfang leben.

Unterwasserparadies

In Taucherkreisen genießen die fünf Inseln einen noch wesentlich besseren Ruf als etwa die Similan-Gruppe. Hier wurde der erste **Unterwasser-Naturlehrpfad** Thailands eingerichtet. Er umfasst zehn Stopps und alles in allem muss man einen kompletten Tauchgang für das Erlebnis ansetzen.

Selbst Schnorchler entdecken hier farbenprächtige Korallenriffe. Nur mit Maske und Schnorchel ausgerüstet erhält man nirgendwo sonst in Asien bessere Einblicke in die Unterwasserwelt. Insbesondere der nur etwa 200 m breite Kanal zwischen den beiden Hauptinseln bietet reinste Augenverführung. In dem bei Flut nur etwa 2 m tiefen Wasser zu treiben und zu staunen, ist ein unvergessliches Erlebnis.

Eine noch weitaus größere Vielfalt an Unterwasserflora und -fauna erleben Taucher in den beiden weiter im Süden gelegenen Revieren in Wassertiefen zwischen etwa 8 und 25 m.

Übernachten

Einzige Unterkunft – **Nationalparkverwaltung:** Die 16 Bungalows der Nationalparkverwaltung auf Ko Surin Neua liegen direkt am Kanal zur Nachbarinsel (mit Fan 2000 Bt, mit AC 3000 Bt, Zeltplatz 100 Bt, Zeltmiete 300 Bt). Unbedingt frühzeitig unter www.thaiforestbooking.com reservieren.

Aktiv

Tauchen und Schnorcheln – ab Khao Lak Tagesausflug ca. 3000 Bt inkl. Transfer, Lunch, Schnorchelausrüstung. Drei- bis viertägige Tauchtouren ab 13 000 Bt.

Infos

Mu Ko Surin National Park: Tel. 076 47 21 45, 076 47 21 46, www.dnpgo. th, www.thainationalparks.com und www.thaiforestbooking.com. Der Eintritt in den Park kostet 400 Bt/Pers.
Internet: Die Website www.surinislands.com stellt den Archipel ausführlich vor, www.ko-surin-diving.com gibt erschöpfend Auskunft zum Tauchen, schöne Fotos bietet www.surinbeachthailand.com.
Verkehr: Die meisten Besucher des Nationalparks reisen von Khao Lak aus an.
Taxi/Boot: Der Taxitransfer ab Khao Lak zum Pier des Tourist Service Center des Nationalparks bei Kura Buri kostet etwa 2500 Bt. Ab dort geht tgl. um 9 Uhr ein Boot nach Surin (ca. 4 Std., 1700 Bt), das man über www.thaiforestbooking.com auch online reservieren kann.
Bus/Boot: Wer mit dem Bus anreist, nimmt ab Ranong oder Takua Pa (bei Khao Lak) den Bus Nr. 435 bis Kura Buri; weiter dann mit dem Motorradtaxi (50 Bt) oder Taxi (ca. 200 Bt/Pers.) zum Pier des Tourist Service Center des Nationalparks. Die ersten Busse starten gegen 8 Uhr, für das Boot kommen sie zu spät an, sodass man dann in Kura Buri übernachten muss (mehrere einfache Unterkünfte im Ort, z. B. direkt nördlich neben der Brücke, wo ein Bungalow 350 Bt kostet).
Mietfahrzeug: ab Khao Lak auf dem Highway 4 Richtung Ranong bis Ki-

lometer 721 bei Kura Buri, links weiter bis zum Bootsanleger (2 km), wo man sein Fahrzeug über Nacht parken kann.

Ko Kho Khao ▶ B 7

Wer Ruhe sucht und einmal ganz und gar abschalten will, findet auf der küstennahen und relativ unbekannten Insel, nur wenige Kilometer vom Städtchen **Takua Pa** (s. S. 181) entfernt, sein Urlaubsparadies. Dörfer gibt es auf dem rund 17 km langen und bis zu 5 km breiten fast durchweg flachen Grasbuckel zwar keine, aber umso mehr Strände mit einer Handvoll Resorts. Die von Kasuarinen gesäumten weißgelben Sandbänder erstrecken sich entlang der zum Meer hin offenen Westküste der Insel.

Übernachten

Purer Strandgenuss – **Amandara Island Resort:** Tel. 081 913 21 12, www.amandararesort.com, 3050–4800 Bt (Nebensaison), 3450–5500 Bt (Hochsaison). Sehr ansprechendes und komfortables Drei-Sterne-Resort. 25 geräumige Bungalows mit großen Glasfronten und edlen Hölzern, teils direkt auf dem Strand. Näher kann man dem Meer nicht kommen. Mit Pool, Tauchexkursionen.
Klassisch schön und günstig – **Ko Kho Khao Resort:** Tel. 076 41 70 73, www.kkkresort.com, 1800–3200 Bt (Nebensaison) und 2800–6000 Bt (Hochsaison). Gepflegtes Drei-Sterne-Resort mit drei Pools und zwei Restaurants in einer hübschen Parkanlage mit Palmen. Bungalows im klassischen Thaistil mit recht aufwendiger Einrichtung. Alle Doppelzimmer haben Aircondition, TV, Minibar und andere Extras.

Infos

Internet: www.gokohkhokhao.com
Transfer: zu allen Inselresorts, ab Phuket Airport ab 2000 Bt, ab Khao Lak ab 1000 Bt.
Mietfahrzeug: auf dem Highway 4, wenige Kilometer südlich von Takua Pa, nach Ban Bangmuang abbiegen und bis zum Bootspier in Ban Nam Khem (3 km) fahren. Überfahrt wenige Minuten (20 Bt/Pers. und Motorrad).

Khao Lak

▶ B 8 und Karte 4, A 1/2

Am 26. Dezember 2004 erlangte das Ferienzentrum **Khao Lak** traurige Berühmtheit. An jenem schwarzen Tag überrollten drei über 10 m hohe Tsunamiwellen die Küste. Nirgendwo sonst im Land waren so viele Tote zu beklagen wie hier und nirgendwo sonst hinterließen die Wellen eine derartige Verwüstung.

Doch bereits zehn Monate später verkündeten die Medien, dass Khao Lak dank aufopfernder Hilfe vieler Freiwilliger aus aller Welt auf dem Weg sei, zu einem neuen Ferienzentrum zu erblühen. Schon zur Saison 2005/2006 herrschte in vielen Strandabschnitten wieder reger Fremdenverkehr, seitdem sind die rund 5000 Zimmer in nahezu 100 Resorts und Bungalowanlagen wieder zu jeder Saison komplett ausgebucht. Von der Naturkatastrophe ist heute nichts mehr zu sehen.

Strände

Auch der 12 km lange, nur von Lagunenmündungen unterbrochene Strand, für den Khao Lak seit über

179

Andamanenseeküste und zentrales Bergland

20 Jahren berühmt ist, strahlt in alter Schönheit. Und nach Norden hin, wo sich das Sandband bis hinauf zum rund 35 km entfernten Städtchen Takua Pa erstreckt, werden von der Tourismusbranche ständig neue Strände ›entdeckt‹.

Khao Lak Beach

Von den fünf Strandabschnitten weist der zentrale **Khao Lak Beach** die beste Infrastruktur auf und überzeugt durch seine tropische Schönheit. Vereinzelte Felsbänder setzen Akzente im 3 km langen goldgelben Meeressaum, von dem die mit Urwald bedeckten Hänge des **Khao Lak Lamru National Park** (s. S. 182) steil ansteigen. Der südliche Abschnitt, etwa 500 m lang, wird unter dem werbewirksamen Namen **Sunset Beach** vermarktet. Außer bei tiefer Ebbe bietet er gute Bademöglichkeiten. Doch der Highway 4 ist nahe und der Verkehrslärm kann als störend empfunden werden.

Der nördliche Abschnitt hingegen, auch **Nang Thong Beach** genannt, ist makellos. Zu allen Gezeiten ist er zum Baden ideal, was Reisende mit Kindern und ältere Urlauber zu schätzen wissen. So ist der Anteil an Überwinterern im Rentneralter aus deutschen Landen und aus Schweden überproportional hoch. Obwohl der Tsunami hier alle strandnahen Anlagen zerstört hat, laden mittlerweile wieder mehr als zwei Dutzend Unterkünfte der mittleren bis gehobenen Preisklasse zum Aufenthalt und zeugt nichts mehr von der Katastrophe.

Richtung Norden

Im Norden geht der Nang Thong Beach jenseits einer Lagunenmündung bald in den etwa ebenso langen **Bang Niang Beach** über, mit dem er auch alle Vorteile gemeinsam hat. Der Urwald des Hinterlandes allerdings ist

weniger ausgeprägt und das Meer wegen Sedimenten oftmals nicht so klar. Zwischen gut zwei Dutzend Resorts können die Urlauber wählen.

Nördlich einer Lagune schließt sich der **Khuk Khak Beach** an, der sich bis zum etwa 3,5 km entfernten Korallenkap **Laem Pakarang** hinzieht, von wo aus man in beide Richtungen einen weiten Blick über den Meeressaum genießen kann. Der Strand läuft flach ins hier sehr seichte Meer, sodass das Baden nur suboptimal ist. Zum Ausgleich genießt man teils vollkommene Einsamkeit.

Khao Lak

Auf Khao Lak ist von den Verwüstungen durch den Tsunami nichts mehr zu sehen

Jenseits des Korallenkaps zieht sich über viele Kilometer der flache **Bang Sak Beach**. Er ist vor allem bei Luxusreisenden sehr beliebt. Sie können sich in zwei der teuersten Unterkünfte der gesamten Region, darunter auch ein Fünf-Sterne-Resort, verwöhnen lassen. Südlich des Khao Lak Lamru National Park und etwa 6 km vom Khao Lak Beach entfernt, erstreckt sich der **Khao Lak South Beach**. Dem ruhigen, etwa 800 m langen Strandabschnitt fehlt die Weite der nördlichen Strände, sodass auch preiswertere Unterkünfte ihre Dienste anbieten.

Ausflüge ins Umland

Nach Takua Pa ▶ B 7/8 und Karte 4, A/B 1/2
Abgesehen von Ausflügen nach Phuket und zur Phang-Nga-Bucht sowie in die Nationalparks der Region bietet sich u. a. eine Busfahrt ins etwa 40 Minuten entfernt liegende beschauliche Städtchen **Takua Pa** mit dem morgendlichen Markt an. Auf dem Weg dorthin sind zwei kleinere **Wasserfälle** ausgeschildert. Einen Abstecher lohnt am ehesten der **Chong Fah Waterfall** mit Badepool am Waldsaum, der am

Andamanenseeküste und zentrales Bergland

besten mit Motorrad oder Fahrrad zu erreichen ist.

Südlich von Khao Lak ▶ B 8 und Karte 4, A 2/3

Weitere Wasserfälle laden zum Besuch des nahen **Khao Lak Lamru National Park** ein, dessen Hauptquartier sich direkt nördlich vom Sunset Beach am Highway 4 findet. Auf einem rund 3 km langen Naturpfad, der durch Regenwald zu einer einsamen Sandbucht in den Klippen führt, lässt sich der Park erkunden. Fahrten im Longtailboot führen durch die Mangrovenlandschaft im südlich an den Nationalpark anschließenden **Khlong Thap Liang Estuary**.

Rundfahrten ▶ B 7/8 und Karte 4, A/B 1–4

Wer ein Motorrad mietet, kann zu mancher Tagestour durch das abwechslungsreiche Umland von Khao Lak aufbrechen. Gen Süden empfiehlt sich ein Ausflug von etwa 200 km entlang der Küste bis **Khok Kloi**. Auf dem Rückweg wählt man in Thai Muang die Nebenstrecke nach **Thung Maphrao**. Richtung Norden führt eine rund 110 km lange Rundstrecke über Takua Pa, Kapong und Thung Maphrao. Lohnenswert ist auch ein Abstecher zur vor Takua Pa gelegenen Insel **Ko Kho Khao** (s. S. 179).

Tauchspots ▶ A/B 7/8, B/C 7

Auch Freunde der Unterwasserwelt kommen in Khao Lak auf ihre Kosten. Anfang 2006 wurde vom World Wildlife Fund (WWF) in den küstennahen Gewässern in 6 bis 8 m Tiefe gelegenes **Korallenriff** entdeckt, das bis dahin gänzlich unbekannt war. Des Weiteren ziehen zwei Wracks in naher Umgebung die Sporttaucher an, doch die berühmtesten Spots überhaupt sind die **Similan-Inseln**, die **Surin-Inseln** und der südlich der Surin-Gruppe gelegene **Richelieu Rock.**

Zu all diesen Destinationen werden von November bis April/Mai Tauchfahrten organisiert, und wer das ganz ausgefallene Taucherlebnis sucht, der sollte an einer (meist zweitägigen) Exkursion zum **Stausee Chiew Lan** des Khao Sok National Park teilnehmen, der für eine wahrhaft urwelthafte Über- wie Unterwasserlandschaft steht und extrem fischreich ist (u. a. Riesenwelse, s. Lieblingsort S. 184).

Übernachten

Vier-Sterne-Komfort – **Mukdara Beach Villa and Spa:** Bang Niang Beach, Tel. 076 42 99 99, www.mukdarabeach. com, 12 000–14 000 Bt (je nach Komfortstufe). Hauptsächlich von Pauschaltouristen frequentiertes Luxusresort, das mit seinen drei Pools sowie Restaurants, Tennisplatz, Fitnesszentrum und vor allem den edlen Villen im klassischen Thaistil gut und gerne vier Sterne verdient.

Für Genussurlauber – **Khaolak Orchid Beach Resort:** Khuk Khak Beach, Tel. 076 48 61 41, www.khaolakorchid. com, 1650–3500 Bt (Nebensaison) bzw. 4300–9500 Bt (Hochsaison). Ganz allein am weiten Strand erstreckt sich das dreigeschossige Komforthotel in Form eines Halbmondes, das einen überdimensionalen Pool sowie alle Annehmlichkeiten eines Spitzenhauses bietet. Die Zimmer sind elegant und stilvoll eingerichtet, dabei über 40 m² groß, die Familienzimmer sogar 80 m².

Naturnaher Preisschlager – **Poseidon Bungalows:** Khao Lak South Beach, Tel. 087 895 92 04, www.similantour. nu, 950–1450 Bt für 2 Pers., 1550 Bt für 3 Pers., 1650 Bt für 4 Pers. Die aus der Gründerzeit von Khao Lak stammende Anlage steht unter schwedischer Leitung. Mit ihren 15 neuen

Khao Lak

sehr lichten und luftigen Bungalows, die teilweise wildromantisch am Hang über Privatbuchten stehen, die vielleicht empfehlenswerteste Anlage der Budgetklasse in Khao Lak. Einige Bungalows können von vier Personen bewohnt werden, sind also perfekt für Familien geeignet.

Ganz billig am Beach – **Green Beach Resort:** Nang Thong Beach, Tel. 076 42 00 46 und 087 263 37 24, www.khao lakgreenbeachresort.com, 1400–2400 Bt (1 Pers.) bzw. 1600–2600 Bt (2 Pers.). In die Natur mit bis zu 500 Jahre alten Baumbestand integrierte Anlage mit 40 Bungalows aus Naturmaterialien, die alle mit AC und Bad/WC ausgestattet sind; einige wenige haben Fan anstatt AC. Preiswerter kann man hier nicht am Strand wohnen.

Essen & Trinken

Exquisite Küche – **O'Rendez-vous:** 5/42 Moo 7, Bang La On, Tel. 084 325 81 06, www.restaurant-khaolak.com, tgl. ab 17 Uhr, Hauptgerichte 130–500 Bt. Abwechslungsreiche und geschmacklich sehr gute französische, internationale und thailändische Küche zu etwas gehobenen, aber adäquaten Preisen. Hier kommen auch Vegetarier und Veganer auf ihre Geschmackskosten, eine Bar ist angeschlossen, abends gibt's musikalische Untermalung (Jazz und Soul). Etwas störend ist nur, dass das Restaurant an der Durchgangsstraße liegt, daher zumindest tagsüber etwas laut ist.

Thailändische Köstlichkeiten aus dem Meer – **Khao Lak Seafood:** 19/1 Moo 7 Thanon Petkasem, Kuk Kak/Nang Thong Beach, am Highway, Tel. 076 48 53 18, www.khaolakseafood.com, tgl. ab 9 Uhr, Hauptgerichte 170–380 Bt. Nicht nur Meeresfrüchte, sondern auch sehr geschmackvolle Currys (ab 150 Bt). Lecker das Barracudafilet im Bananenblatt für 320 Bt.

Unser Tipp

Beliebt bei deutschen Gästen

Nach der Zerstörung durch den Tsunami stieg das **Nang Thong Bay Resort** bereits zur Saison 2005/2006 wie Phönix aus der Asche und präsentierte sich schöner und komfortabler als zuvor. Seit seiner Gründung ist es vor allem bei Reisenden aus Deutschland beliebt. In eine anmutige Gartenanlage fügen sich dezent 25 exklusive Strand- und Gartenbungalows und ein Pool. Auch die 20 Zimmer im Seaview-Haus nebst den 22 Zimmern im Apartmenthaus genügen hohen Ansprüchen. Der Küchenchef des Spitzenklasse-Restaurants kreiert mit seinen thailändischen Geschmacksbomben wahre Meisterwerke, die in Sachen Schärfe aber dem Gaumen der Touristen angepasst sind. Das Management des Resorts arbeitet professionell, ein eigenes Wachsystem sorgt für Sicherheit (Tel. 076 48 50 88, www. nangthong.com, 1000–2500 Bt je nach Saison im DZ und 1200–3000 Bt im Bungalow).

Der Atmosphäre wegen – **Andanan:** nördl. Nang Thong Beach, am Strand des J W Marriott Hotel, tgl. 10–22 Uhr, Hauptgerichte 120–180 Bt. Unter den zahlreichen Strandrestaurants erfreut sich das Andanan wegen seiner Lage, der ausgezeichneten Thaigerichte (vor allem die Currys sind unschlagbar gut) sowie der gemütlich-romantischen Atmosphäre größter Beliebtheit. Falls voll, empfiehlt sich das nahe gelegene Phen's Restaurant.

Unvergesslich! – **Hill Tribe Restaurant:** 13/22 Moo 6, Bang Niang (beim RT Hotel), Tel. 093 648 38 60, www.hill

Lieblingsort

Stausee Chiew Lan – herrlich wie am ersten Tag ▶ B/C 7

Mit Fug und Recht kann man die Behauptung aufstellen, dass die vielfältigen Formen, in denen sich in Südthailand die Tropennatur darbietet, jeder Reise einen ganz besonderen Zauber verleihen. Am zauberhaftesten und spektakulärsten präsentiert sich die Landschaftsmajestät vielleicht im zentralen Bergland der Malaiischen Halbinsel, wo sich mit dem 165 km² großen und über 100 Inseln umfassenden Chiew Lan (s. S. 193) einer der womöglich schönsten Seen von Südostasien erstreckt. Die fjordartig verzweigte Wasserfläche liegt zu Füßen eines ursprünglichen Urwalds, aus dem bis über 1000 m hohe Kalksteingiganten wie Skulpturen aufragen.

Andamanenseeküste und zentrales Bergland

tribe-restaurant.com, tgl. ab 13 Uhr, Hauptgerichte ab 120 Bt. Liebevoll mit Dekor der Bergvölker von Nordthailand eingerichtetes Restaurant, das in Sachen Thaiküche vielleicht das beste an der gesamten Küste ist. Der Chefkoch Khun San ist ein wahrer Meister und seinen Empfehlungen (Speisekarte auch auf Deutsch) kann man unbesehen folgen. Unbedingt probieren: die gebackenen Bananenblüten und das Zitronenhähnchen. Wenn's was ganz Ausgefallenes sein soll, empfiehlt sich die Khan-Tok-Schlemmerei, bei der vier oder fünf Spezialitäten aus Nordthailand mit Kleberreis, frischer Rohkost und Kräutern an einem niedrigen Tisch serviert werden.

Authentische Thaiküche – **Takieng:** 26/43 Moo 5, Bang Niang, Hauptgerichte um 150–400 Bt. Das vielleicht beste Restaurant für Thaiküche. Die Preise sind etwas überhöht und den Straßenlärm kann man mitunter als störend empfinden.

Aktiv

Tauchen – **Tauchzentrum Wetzone:** Khao Lak, Tel. 076 48 58 06, www.wetzonedivers.com. Zu den versiertesten Unterwasserspezialisten der Region zählt der Schwabe Michael Reinhardt, der auf über 2000 Tauchgänge zurückblickt. Er und sein Team leiten Tauchkurse (Open Water 15 600 Bt) und organisieren Fahrten zu allen Tauchspots rund um Khao Lak. Zwischen November und April/Mai bieten auch viele andere Tauchzentren tgl. Tauch- und Schnorchelgänge zu den Spots an.

Bootstouren – **Similantour:** Tel. 076 44 32 58, www.similantour.com. Topempfehlung sind die dreitägigen Boots-/Schnorcheltouren zu den Similan-Inseln, die inkl. Transport, Unterkunft, Verpflegung und Schnorchelausrüstung nur 8900 Bt kosten.

Ausflüge rings um Khao Lak – **Khao Lak Guide:** Tel. 076 48 51 77, 081 728 27 23, www.khaolakguide.de. Der Anbieter unter deutscher Leitung organisiert Ausflüge z. B. nach Phuket (1600 Bt), in die Phang-Nga-Bucht (2500 Bt), nach Khao Sok (ab 2500 Bt), in die Mangroven (2100 Bt) und Elefantenritte (1300 Bt). Ausflüge ins Umland organisieren auch die Resorts, s. dort.

Infos

Internet: www.khaolak.de, www.khaolak-today.com, umfassende deutschsprachige Informationen sowie Onlinebuchung für Bungalowanlagen und Resorts. Interessante Websites sind außerdem www.khaolak.net, www.khaolak.com, www.khaolakonline.com.

Geld: An Banken und Geldautomaten herrscht kein Mangel, die größte Dichte findet sich an der Durchgangsstraße.

Gesundheit: Die Unterkünfte vermitteln einen Arzt. Bei ernsthafteren Problemen empfehlen sich die Krankenhäuser im nahen Phuket.

Flugzeug: Phuket International Airport, ca. 80 km südlich. Festpreis fürs Taxi 1800 Bt, Minibustransfer 2000 Bt. Alternativ per Motorradtaxi oder Tuk-Tuk zum Flughafen zur Hauptstraße (um 100 Bt), dort weiter per Bus links Richtung Takua Pa/Ranong/Surat Thani (90/120 Bt ohne/mit AC).

Bus: vom Highway 4 Tag- und Nachtbusse in verschiedenen Komfortklassen nach Bangkok (590 Bt, Abfahrt ab 16 Uhr, ca. 11 Std.) sowie Verbindungen mit allen Städten in Südthailand. Außerdem private VIP-Busse nach Bangkok (1045 Bt). Nach Ko Samui und Ko Pha Ngan gibt es Kombitickets für Bus und Fähre.

Minibus: mehrmals tgl. Minibus von/nach Phuket (300 Bt), nach Ko Lanta (600 Bt), nach Krabi (370 Bt) und Ban

Pakbara (850 Bt; von Ban Pakbara weiter nach Tarutao und Ko Lipe), Buchung in den Reisebüros vor Ort. **Mietfahrzeuge:** Motorräder (100 ccm) ab ca. 150 Bt, Leihwagen ab ca. 1000 Bt (Suzuki-Jeep).

Ko Similan Marine National Park ❗ ▸ A 8

Similan, vom malaiischen *sembilan,* bedeutet ›neun‹, denn so viele Insel bilden den unbewohnten Archipel. Zusammen mit mehreren anderen Inselsplittern umfasst er ein insgesamt 140 km^2 großes Areal, das seit 1982 unter Naturschutz steht. Die oft wie Skulpturen geformten Granitbuckel mit ihrem weißen Strandsaum im weiten Blau des Meeres geben ein exotisches Bild ab.

Atemberaubend vielfältig zeigt sich vor allem die Unterwasserwelt, deren Korallenriffe zu den farbenprächtigsten und belebtesten von Thailand zählen. Laut dem amerikanischen Tauchmagazin »Skin Diving« gebührt den Similan-Inseln sogar ein Platz unter den Top-Ten-Tauchspots auf Erden. Die Korallenstöcke wachsen bereits in etwa 2 bis 3 m Tiefe. Da zudem im glasklaren Wasser die Sicht über 30 m weit reicht, kommen nicht nur Gerätetaucher, sondern auch Schnorchler voll auf ihre Kosten. Wer landfest bleiben möchte, wird die berückend schönen Strände der einzelnen Inseln genießen. Zwischen den Inseln, die offiziell sowohl Namen wie auch Nummern tragen, verkehren Zubringerboote des Nationalparkamtes.

Von Insel zu Insel ▸ A 8

Alle Boote legen vor **Ko 4** (Ko Miang) an, der zweitgrößten Insel der Gruppe und Sitz des Nationalparkamtes mit Unterkunftsmöglichkeiten. Die beiden Inselstrände sind weiß und weich wie Puderzucker und werden von vorgelagerten Korallenriffen geschützt. Beide Strände verbindet ein etwa 20-minütiger Fußweg, in dessen Verlauf man mit Glück einige der insgesamt 39 Vogelarten beobachten kann, die im Archipel ihre Heimat haben.

Vorgelagert ragt das winzige Eiland **Ko 5** (Ko Ha bzw. Ko Suan Pla Lai) aus den Fluten, das mit seinen reichen Korallenstöcken und einer großen Aal-population vor allem Taucher begeistert. Auch das vollkommen strandlose **Ko 6** (Ko Payu) weiter nördlich zieht mit seinem extrem reichen Bestand an Korallen und Korallenfischen – insbesondere an der West- und Ostseite – in erster Linie Unterwassersportler an.

Das nur rund 30 m im Durchmesser große Eiland **Ko 7** (Ko Hin Pousar) ist wegen seiner eindrucksvollen Felsformation unter dem Namen Elefantenkopf bekannt. Taucher schätzen vor allem die zahlreichen Höhlen und bizarren Felsformationen unter Wasser sowie den enormen Fischreichtum, auch an großen Fischen.

Ko 8 (Ko Similan) ist mit gut 2,5 km Länge und bis zu 1 km Breite die größte Insel der Gruppe. Wegen ihrer gewaltigen Granitformationen wird sie am häufigsten abgelichtet und ist dadurch am bekanntesten. Die Boote legen in einer kleinen Sandbucht im Inselwesten an, der sogenannten **Donald Duck Bay.** Wer die Granitblöcke besteigt, wird mit herrlichen Fotomotiven belohnt. Von der Donald Duck Bay abgesehen, die besonders für Tauchgänge in der Nacht zu empfehlen ist, laden drei weitere hervorragende Spots zum Tauchen und Schnorcheln ein.

Nur ein kurzes Stück entfernt liegt die nördlichste Insel **Ko 9** (Ko Bangu),

Andamanenseeküste und zentrales Bergland

die ausschließlich von Tauchern aufgesucht wird. Mantas und Barracudas sind hier u. a. häufige Besucher. **Ko 3** (Ko Payan) südlich von Ko 4 ist ebenfalls nur für Taucher von Bedeutung, denn das **Shark Fin Reef** trägt seinen Namen nicht ohne Grund.

Ko 2 (Ko Payang) bietet mit seinen bizarren Felsformationen schöne Fotomotive, wohingegen **Ko 1** (Ko Huyong) mit dem längsten Sandstrand der Similan-Gruppe und einer reichen Korallenwelt in relativ flachem Wasser aufwartet – ideal für Schnorchler.

Übernachten

Bungalows – **Nationalparkverwaltung:** Ko 4, Reservierung online unter www.thaiforestbooking.com. Es gibt über 20 AC-Bungalows (2000 Bt) und 15 Fan-Bungalows (1000 Bt).
Camping – **Campingareale auf Ko 4 und Ko 8:** Mietzelt mit Platz für 3 Pers. 450 Bt, eigenes Zelt 150 Bt.

Essen & Trinken

Auf Ko 4 – **Restaurant der Nationalparkverwaltung:** s. u. Gerichte der thailändischen Küche ab ca. 80 Bt.

Aktiv

Tauchen und Schnorcheln – Alle Tauchzentren von Phuket und Khao Lak haben die Similan-Inseln im Programm, u. a. Similan Diving, Tel. 076 48 52 37, www.similandiving.com. Tagesausflüge während der Saison tgl. ab Phuket und Khao Lak zu etwa 2600 Bt für Schnorchler und 4300 Bt für Taucher, alles inkl. Natürlich werden auch mehrtägige Touren angeboten, 3 Tage und 2 Nächte kosten im Durchschnitt alles inkl. für den Schnorchler ab 8900 Bt, jeder Tauchgang kommt auf 1400 Bt extra (s. S. 186).

Infos

Mu Ko Similan Marine National Park: Thap Lamu (etwa 500 m vor dem Bootspier), Tel. 076 45 32 72; auf Ko 4 befindet sich ebenfalls ein Parkhauptquartier, Tel. 076 42 13 65, www.dnp.go.th, www.thainationalparks.com, www.thaiforestbooking.com, Eintritt in den Park 500 Bt/Pers.; geöffnet nur Nov.–Mitte Mai.
www.similans.net: Die Insel im Web.
Für Taucher: Eine Übersicht bietet die o. g. Website, die auch ausführliche Informationen über die einzelnen Divespots gibt, teils mit genauen Lageplänen der Korallenriffe. Anklickenswert sind auch www.similandiving.com und www.similan-diving-safaris.de.
Boot: Nov.–April tgl. um 8 Uhr ab Thap Lamu (nahe Khao Lak South Beach), Rückfahrt gegen 14 Uhr (pro Weg ca. 4 Std., 1500–2300 hin/zurück Bt), Reservierung des Bootstickets unter www.thaiforestbooking.com. Schnellboote ab Thap Lamu (2000 Bt/Weg), Boots-transfer zwischen den Inseln Ko 4 und Ko 6 (150 Bt), Ko 4 und Ko 8 (200 Bt), Ko 4 und Ko 9 (300 Bt), Umrundung von Ko 8 und Ko 9 (300 Bt/Pers.).

Khao Sok National Park! ▶ B/C 7

Bizarr geformte Berge gelten im Allgemeinen als schöne Berge, und diejenigen, die man in diesem rund 750 km^2 großen Nationalpark zu sehen bekommt, sind bizarrer, als man es sich vorstellen kann. Wie in einem Märchenland ragen fantastisch anmutende Kalksteinformationen als Pyramiden, Pilze oder spitze Nadeln bis zu 1000 m hoch aus den grünblauen Fluten eines fjordartig verzweigten Sees. Andere wiederum haben die Form von Keulen,

Khao Sok National Park

Kegeln oder Tafelbergen, die meisten sind durchzogen von teils noch unerforschten Höhlensystemen. Dank eines durchschnittlichen Niederschlags von etwa 3500 mm sind sie allesamt von tropischem Regenwald bewachsen.

Die Infrastruktur in diesem meistbesuchten Schutzgebiet von Südthailand ist perfekt, und wer noch nie in einem Baumhaus gewohnt, in Urwaldflüssen gebadet oder das Geschrei von Affen im Morgengrauen vernommen hat, der weiß gar nicht, was er verpasst hat. Es locken Dutzende Touren und Aktivitäten sowie Unterkünfte aller Kategorien. Und all das im Schnittkreuz zwischen den Strandzentren des Südens – nur 80 km von Khao Lak, 150 km von Phuket und Krabi sowie 120 km von Surat Thani entfernt.

Wandern im Khao Sok National Park

Wanderungen im Khao Sok National Park

Im Besucherzentrum des Nationalparkamtes und in den meisten Unterkünften erhält man eine Karte, auf der grob die Highlights des Parks und Wanderwege eingezeichnet sind. Wenn die Zeit auch noch so knapp bemessen sein sollte, darf man zumindest den Waterfall Trail nicht missen. Er ist insgesamt (hin und zurück) rund 14 km lang, in seinem schönsten (und ersten) Abschnitt hingegen nur 6 km, für die man aber im Hinblick auf das Erlebnis gut 2–3 Stunden an reiner Wanderzeit mitbringen sollte. Hinzu addieren sich mögliche Aufenthalte, alles in allem sollte man sich wenigstens auf einen halben Tag einrichten.

Los geht es direkt am **Besucherzentrum,** wo Fotos, Karten und Schautafeln über die Landschaft sowie Flora und Fauna am Weg informieren. Dann wird eine Flussbrücke gequert, es geht geradeaus weiter, und für die folgende Stunde etwa ist der mal hellblau, mal türkisgrün durchs oft dichte Blattwerk des Regenwaldes schimmernde Khao-Sok-Fluss ein ständiger Begleiter. Dann wird der Weg immer schmaler und schließlich zum Pfad, schlängelt sich hangauf, hangab und stets parallel zum Fluss durchs satte Grün auch ausgedehnter Bambusdickichte, bevor der Wald ein Stück zurücktritt und den Blick öffnet auf den hier mit kleinen Poolen gespickten Fluss. Am Kieselufer lässt es sich herrlich sitzen und die Myriaden Fische beobachten, die sich im klaren Wasser tummeln. Dieser **Wang Yoaw** genannte Platz markiert den Höhepunkt der Wanderung, und eine Stunde wird man schon wenigstens damit verbringen wollen, im zumindest morgens als angenehm kühl empfundenen Nass herumzuplantschen, kleine Katarakte hinunterzurutschen und zu beobachten, wie die Fische an einen heranschwimmen und an der Haut herumzupfen. Das tut ▷ S. 193

189

Auf Entdeckungstour:
Dschungeltour durch den Regenwald

Der König aller Wälder wächst langsam und stirbt schnell. Unaufhaltsam fressen sich die Kettensägen durch das grüne Universum, um Platz für Plantagen und Menschen zu schaffen. Nur in den Nationalparks ist der Regenwald noch als Relikt vorhanden. Am entspanntesten genießt man ihn vom Stausee Chiew Lan aus.

Reisekarte: ▶ B/C 7
Ausgangspunkt: Rangerstation Krai Sorn; organisierte Tour ab Khao Sok National Park oder Charter-Longtailboot ab Besucherzentrum am Ufer
Dauer: 30 Min. Fahrt (bis zu 1 Tag)
Kanutour: Sea Canoe (geführt), www.seacanoe.net. Touren (2–4 Tage) ab 13 500 Bt. Kanuverleih für individuelle Touren kostenlos für Gäste der Rangerstationen Tone Teuy und Krai Sorn sowie der privaten Unterkünfte am See

Kein Windhauch geht, es herrscht vollkommene Stille, die nur unterbrochen wird durch das rhythmische Eintauchen der Paddel. Das Kanu gleitet langsam von der offenen Seefläche des Chiew Lan aus dem leuchtenden Tag in die blaugrün schimmernde Dämmerwelt eines schmalen Wasserarms, der sich wie ein Tunnel in den primären Regenwald des **Khao Sok National Park** hineinschlängelt. Dann nimmt der Urwald das Kanu auf.

Im Dschungel

Von einem Paddelschlag zum anderen ist die Luft auf dem See von zäher Feuchtigkeit erfüllt. Es riecht nach Moder und einem in Jahrmillionen gewachsenen Kompostboden aus toten Blättern und faulendem Holz. Aus umgestürzten Stämmen wuchern weiße und rosafarbene Giftpilze und an den Rinden der oft meterdicken Baumriesen sprießen büscheldicke Parasitengewächse mit aufreizend gelben und violetten Blüten. Dunkelgrüne, armdicke Lianen ranken wie eine zweite Rinde zum 50 m entfernten Licht empor und verwickeln sich zu monströsen Strängen, die in der Höhe diese grünen Kathedralen zu tragen scheinen.

Ein grünes Universum

Während die Eiszeiten auf der nördlichen Erdhalbkugel weitreichende Veränderungen der Vegetation hervorriefen, blieb die äquatornahe Malaiische Halbinsel, auf der Südthailand liegt, über einen Zeitraum von rund 130 Mio. Jahren von Klimawechseln unberührt. So konnte sich die Natur seit dem frühen Tertiär ungestört entwickeln. Diese Stabilität hat in Verbindung mit einer über das ganze Jahr verteilten Regenmenge von mindestens 1500–2000 mm, einer relativen Luftfeuchtigkeit von 75–80 % und nur geringfügig schwankenden Temperaturen von über 24 °C die Formation des tropischen Regenwaldes hervorgebracht. Außer in Südostasien findet sich das Ökosystem Regenwald auch in Süd- und Mittelamerika, in Afrika und im Norden von Australien. Der Regenwald weist die mit Abstand höchste Artendichte – sowohl hinsichtlich der Fauna als auch der Flora – aller Vegetationsformen der Erde auf. Rund die Hälfte der insgesamt etwa 10 Mio. bekannten Gattungen des Pflanzenreiches wachsen hier, darunter über 3500 verschiedene Baumarten, von denen manche wiederum bis zu 1700 Insekten als Lebensraum dienen.

Wald mit Stockwerken

Je weiter das Kanu von der Rangerstation Krai Sorn aus in den nach Norden weisenden Kanal vordringt, desto deutlicher wird im vorübergleitenden Regenwald dessen charakteristisches Kennzeichen: sein stockwerkartiger Aufbau aus sechs Etagen. Vom Boden geht es über die Kraut- und Strauchschicht zu den Kronen der niedrigen Bäume und weiter hinauf zum dichten Hauptkronendach in 40 m Höhe, das von vereinzelten, bis 60 m hohen Baumgiganten überragt wird. Zwischen den Etagen siedeln parasitäre Schmarotzerpflanzen und Epiphyten, die zwar ebenfalls auf anderen Pflanzen wachsen, aber ihre eigene Nahrung produzieren. Vor allem Letztere, zu denen Tausende von Orchideen, Lianen, Farne und Rhododendren zählen, tragen zum vielfältigen Erscheinungsbild des Regenwaldes bei.

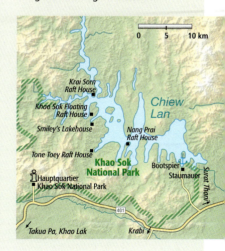

Riesen aus Holz

Ins Auge fallen natürlich gerade auch die Riesenbäume, die zu über 50 % als Hartholzgewächse zur Familie der Flügelfruchtgewächse *(Dipterocarpaceae)* gehören, nicht selten Stämme von mehr als 5 m Durchmesser haben und sich erst ab etwa 30 m über dem Boden verzweigen. Ihr auffälligstes Merkmal sind ihre am Boden tellerförmig extrem weit auslaufenden Wurzeln. Die Bäume schlagen keine tiefen Wurzeln, da die Erde aufgrund der Witterungsverhältnisse ausgelaugt ist und keine Nährstoffe liefert. Der Regenwald, der ein in sich geschlossenes Ökosystem bildet, nutzt nahezu ausschließlich seine eigene verwesende organische Substanz als Nahrungsquelle.

Tabula rasa im Regenwald

Diese üppigste und älteste Pflanzenformation der Erde, die gleichzeitig ihr größtes genetisches Reservoir ist, schrumpft täglich um ca. 340 km². Das entspricht einem jährlichen Verlust von etwa einem Drittel der Fläche Deutschlands. Alles in allem wurden in den letzten Jahrzehnten rund vier Fünftel des Regenwalds zerstört, in Plantagen umgewandelt, durch Straßen, Siedlungen, Industrie zersplittert.

Und die Zerstörung schreitet unaufhaltsam voran. Thailand, wo allein zwischen 1961 und 1985 rund 45 % der Regenwälder abgeholzt wurden, macht da keinen Unterschied. Deutlich wird das schon, sobald man nur den Bereich des Khao Sok National Park verlässt und auf dem **Highway 401** fährt. Egal welche Richtung man wählt: Die Folgen der Rodungen sind überall zu sehen. Besonders gen Takua Pa wird nach Überquerung der Wasserscheide das Ausmaß der Zerstörung offenbar, denn in vielen Abschnitten, wo einst üppiger Wald wucherte, stehen nur noch niedrige, artenarme Sekundärwälder zwischen kaum je wieder zu kultivierenden Grasflächen. Ohne schützenden Pflanzenbewuchs reißen Monsunregen die ohnehin relativ nährstoffarme Erdkrume fort. In der Folge kommt es bald schon zu irreparabler Erosion und Verkarstung.

Der Welt größtes Ökozid

Laut Prognose der Europäischen Weltraumagentur ESA, die u. a. die globale Veränderung des Waldes und der Erdoberfläche untersucht, wird der Regenwald in etwa 20 Jahren von unserem Planeten verschwunden bzw. nur noch als Relikt in Nationalparks vorhanden sein. Eine Ursache für die Dezimierung der Regenwälder liegt sicherlich in der Bevölkerungsexplosion, die die Erschließung neuer landwirtschaftlicher Anbauflächen erfordert. Lebten im Bereich des heutigen Staates Thailand vor 40 Jahren etwa 20 Mio. Menschen, sind es heute mehr als dreimal so viele.

Aber vor allem sind die holzverarbeitenden Industrienationen für diesen gigantischen Ökozid verantwortlich. Für die Menschen ist der Organismus Regenwald lediglich ein Rohstoff unter vielen, den es kostengünstig und gewinnbringend auszubeuten gilt. Doch sind erst die Regenwälder verschwunden, beschleunigt sich die Erwärmung der Erdatmosphäre in noch viel schnellerem Maße als bisher. Die Folge, von der die Welt schon jetzt einen Vorgeschmack zu spüren bekommt, wird eine Klimakatastrophe von nicht abzuschätzendem Ausmaß sein. »Nur eine atomare Katastrophe könnte die globalen Auswirkungen des Abholzens der tropischen Wälder übertreffen«, urteilte die UNO-Entwicklungshilfe-Organisation UNDP schon vor fast zwei Jahrzehnten.

Khao Sok National Park

Artenreiche Flora und Fauna

Hier gibt es Regionen, die seit 160 Mio. Jahren unangetastet geblieben sind, und wie Untersuchungen ergeben haben, zählt jeder Hektar Land gut und gerne 200 verschiedene Pflanzenarten, darunter solche Raritäten wie die Rafflesia, die mit einem Durchmesser von bis zu 80 cm die größten Blüten der Welt bildet. Auch die Fauna steht dieser Vielfalt in nichts nach – 188 Vogelarten und etwa 50 Säugetiere kommen vor, u. a. Tiger und Leoparden, Bären und Elefanten, von Lemuren und Makaken, Gibbons und Languren ganz zu schweigen. Kaum irgendwo sonst lassen sich Tiere so gut beobachten wie in diesem Schutzgebiet und auch organisiert kann man den Vögeln und Säugern nahe kommen.

nicht weh, es kribbelt nur ein wenig. Noch weiter kann man von hier aus dem Wanderweg zu den **Wasserfällen Than Sawan** und **Ton Kloi** folgen, aber der Pfad wird immer unwegsamer, ist zudem nicht immer leicht zu finden – und bringt kaum mehr an Urwald-Eindrücken, als man schon bekommen hat. So geht es den gleichen Weg wie hin auch wieder zurück, die vor der Brücke markierte Abzweigung zum **Sit-et-Chan-Wasserfall** kann man sich schenken: Es gibt nichts Neues zu sehen, und wesentlich eindrucksvoller, als auch diesen Schlenker noch zu begehen, ist auf alle Fälle, an einer **River-Tubing-Tour** teilzunehmen. Angeboten wird sie in jeder Unterkunft, und da sitzt man dann in seinem großen Tube (Lastwagenreifen-Schlauch) und gleitet ganz entspannt und an eindrucksvollen Kalksteinmassiven vorbei für ein, zwei Stunden weiter flussabwärts zu einem Abholpunkt.

Über den See

Vom **Parkzentrum** in **Khao Sok** führen rund ein Dutzend Wanderwege, darunter auch Tagestouren, in die tropische Bilderbuchlandschaft – entlang von Urwaldflüssen, zu Wasserfällen und Höhlen.

Der atemberaubend schöne Stausee **Chiew Lan** (s. Lieblingsort S. 184, s. Entdeckungstour S. 190) liegt rund 65 km vom Parkzentrum entfernt und ist nicht mit öffentlichen Verkehrsmitteln erreichbar. Am besten schließt man sich einer der zahlreichen organisierten Touren ab Khao Sok an (s. S. 195). Den See erkundet man im Rahmen einer Bootsfahrt oder idealerweise mit dem Kanu, das vor Ort u. a. bei den Rangerstationen Nang Prai, Tone Teuy und Krai Sorn ausgeliehen werden kann. Die urwelthafte Unterwasserlandschaft des Sees und sein extremer Fischreichtum, u. a. Giant Mekong Catfish (Riesenwels), garantieren auch Tauchern ganz und gar ausgefallene Erlebnisse.

Übernachten

Zwischen dem Highway 401 und dem Besucherzentrum des Nationalparks hat sich eine Bungalowsiedlung mit zahlreichen Anlagen aller Preisklassen gebildet. Die meisten liegen romantisch am Flussufer, darunter viele, die auch Übernachtung in Baumhäusern *(tree tops)* anbieten.
Erste Baumhaus-Wahl – **Khao Sok Paradise Resort:** 119 Moo 6, Klong Sok, Tel. 083 306 10 44, www.khaosokparadise.com, 1100–3500 Bt. Die 8 Baumhäuser dieser Anlage sind alle mit Bad/WC und heißem Wasser ausgestattet und bieten einen guten Gegenwert. Das Essen im angeschlossenen Restaurant ist eine Wucht, es werden auch Kochkurse (1200 Bt) angeboten.

193

Andamanenseeküste und zentrales Bergland

Unser Tipp

Schwimmende Bungalows
Auf dem See nächtigt man unvergleichlich romantisch in Floating Bungalows (auch: Rafthouses), die sowohl vom Nationalparkamt als auch von privaten Anbietern unterhalten werden. Erstere bucht man über www.thaiforestbooking.com oder im Besucherzentrum von Khao Sok (s. Infos S. 195) für etwa 700–1000 Bt/Pers. (alle Mahlzeiten inkl.). Von den insgesamt vier staatlichen Rafthouses liegen diejenigen der **Rangerstation Krai Sorn** (s. auch S. 190) am schönsten; aber sie sind denkbar einfach eingerichtet (nur mit Matratze und Moskitonetz). Einen besseren Gegenwert bieten die privaten Anlagen, von denen es mittlerweile ein halbes Dutzend gibt. In der unteren Preisklasse empfiehlt sich das bei Backpackern beliebte **Smiley's Lakehouse** (Tel. 089 871 57 44, www.khaosok-smiley.com) mit schlichten schwimmenden Bungalows zu 1000 Bt/Pers. (alle Mahlzeiten/Kajak inkl.). Da die private Anreise zum See recht aufwendig ist, empfiehlt es sich, an einer organisierten Seetour teilzunehmen, die tgl. von Smiley Bungalows in Khao Sok (s. u.) angeboten wird und für 2 Tage alles inkl. 2500 Bt kostet. Wer das Besondere sucht, wird auf dem See im **Khao Sok Floating Rafthouse** nächtigen (Tel. 077 95 30 13, www.khaosok-tourism.com, ab 4700 Bt/Pers. für 2 Nächte bei Buchung einer Package Tour; Mittag- und Abendessen jeweils 300 Bt extra, ein Kajak inkl.). Vom Komfort her möchte man dieser Anlage mindestens vier Sterne geben – ein schwimmender Traum!

Spektakulär – **Our Jungle House**: 83, Moo 6, T. Klong Sok, Tel. 081 417 05 46, www.khaosokaccommodation.com, 1100–3500 Bt (je nach Ausstattung). Eine der gepflegtesten Adressen, teils urige Bungalows (z. B. das Mango-Haus, ab 1500 Bt), teils Baumhäuser (ab 2300 Bt) in spektakulärer Flusslage.

Das Beste fürs Budget – **Smiley Bungalows**: 35/5 Moo 6 Klong Sok, Tel. 077 39 51 56, www.khaosok-smiley.com, 350–900 Bt. *Der* Treff für Rucksackreisende in Khao Sok: Der landfeste Ableger von **Smiley's Lakehouse** (s. o.) bietet gepflegte Steinbungalows in Reih und Glied auf hohen Pfosten, die mit Bad/WC ausgestattet sind (600 Bt); die Holzbungalows sind schlichter und ein wenig verwohnt (350 Bt). Die angebotenen Touren, insbesondere die Übernachtungstour zum Stausee, haben ein außerordentlich gutes Preis-Leistungs-Verhältnis.

Essen & Trinken

Viele Restaurants laden ein. In den **Floating-Bungalow-Anlagen** am Chiew-Lan-See bucht man üblicherweise die Unterkunft inkl. der köstlichen Mahlzeiten. Beim gebratenen Fisch handelt es sich in der Regel um Giant Mekong Catfish, der hier im See besser gedeiht als in seiner Flussheimat.

Aktiv

Outdoor-Aktivitäten – Es gibt zahlreiche Anbieter im Park mit vielfältigem

Khao Sok National Park

Programm, u. a. River Tubing (auf einem Riesenschwimmring sitzend einen Fluss hinuntertreiben, ab 350 Bt), Kayaking (ab 900 Bt), Caving (2200 Bt mit privatem Führer, Höhlenexkursionen), Canoeing (800 Bt, meist auf dem Stausee), Trekking (ab 900 Bt/Tag), Tauchexkursionen im Stausee (10 300 Bt/2 Tage inkl. Transfer bei 2 Pers., Übernachtung, 2 Tauchgänge), Elefantenreiten (1100 Bt/2 Std.), botanische Wanderungen auf der Spur der Rafflesia (350 Bt), Nachtsafaris (700 Bt/2–4 Std.) und Dschungelcamps (3500 Bt, 2 Tage).

Touren – Tagesexkursion von Khao Sok zum Chiew-Lan-Stausee (ab 1500 Bt inkl. Transfer, Bootsfahrten, Lunch etc.), 2 Tage mit Übernachtung ab 2500 Bt (jeder weitere Tag 1000 Bt extra), Tagesausflug in den Nationalpark ab Phuket und Khao Lak (ab 3000 Bt alles inkl.), 2 Tage mit Besuch des Stausees ab 5000 Bt. Auch Wildlife-Touren sind im Angebot (ab 3500 Bt/Pers.).

Infos

Khao Sok National Park: Besucherzentrum Khao Sok, Tel. 077 39 51 54, www.dnp.go.th, www.thaiforestbooking.com. Eintritt 200 Bt.
Internet: www.khaosok.com (auf Englisch), www.thainationalparks.com.
Bus: 4 x tgl. Bus von Krabi via Khao Lak und Takua Pa zum Khao Sok National Park (4 Std. bzw. 1,5 Std. ab Khao Lak), von Phuket (ca. 3 Std.) und Surat Thani aus (ca. 1 Std.) ist der Park per Bus stdl. erreichbar (160 bzw. 180 Bt).
Minibus/Taxi: ab Phuket, Krabi und Surat Thani um 350–400 Bt/Pers., Buchung in Reisebüros. Ab Khao Lak in der Regel nur Taxis, ca. 2000 Bt/Pkw. One-Way-Transfer von den anderen Ferienzentren ca. 2500–3000 Bt/Pkw.

Luftiges Wohngefühl auf den schwimmenden Bungalows

Das Beste auf einen Blick

Phuket

Auf Entdeckungstour

Kautschuk – der Stoff, aus dem die Kondome sind: Ob Sie Fußball spielen oder joggen, Auto fahren, sich zum Schlafen niederlegen oder ein Kondom benutzen: Ein Stückchen Thailand ist immer dabei, denn Thailand ist der größte Kautschukproduzent auf Erden. Der Siegeszug des weißen, klebrigen Saftes, der nicht nur für die Produktion von Autoreifen unentbehrlich ist, nahm vor etwa 100 Jahren von Phuket aus seinen Anfang. S. 214

Kultur & Sehenswertes

Phuket Butterfly Garden & Insect World: Die Anlage ist eine Institution auf Phuket und mittlerweile einer der renommiertesten Schmetterlingsparks weltweit. Angeschlossen ist eine in Thailand einzigartige Insektenausstellung. S. 202

Phuket Aquarium: Das Aquarium in Phuket Town gilt als eines der bedeutendsten und meistbesuchten von ganz Südostasien. S. 203

Aktiv unterwegs

Paddeltouren: Die Vielzahl der Anbieter macht Phuket zur idealen Basis für kurze wie lange Individualtrips sowie organisierte Touren per Kajak. S. 201

Segeln: Phuket ist das Zentrum für organisierte Segeltörns und Jachtcharter in Südostasien. S. 201

Genießen & Atmosphäre

Baan Rim Pa: Im preisgekrönten Restaurant am Patong Beach mit königlich-thailändischer Küche genießt man das romantische Panorama. S. 211

Abends & Nachts

Wonderland: Das Nonplusultra in Phuket Town für gepflegtes Nightlife. S. 205

Patong: Neben Bangkok und Pattaya hat Patong das größte Nightlife-Angebot in Südostasien. Besonders auf der Soi Bangla pulsiert das Leben und die unzähligen Bars füllen sich mit Animierdamen und Transvestiten. S. 212

Simon Cabaret: Eine der größten und renommiertesten Transvestiten-Shows Asiens am Patong Beach. S. 212

Thailands populärste Badeinsel

Sonne, Strand und Spaß – von diesem Dreiklang träumen alle, die Phuket, größte Insel des thailändischen Königreiches, zu ihrem Urlaubsziel erkoren haben. Das sind Jahr für Jahr schon gut 10 Millionen kältegeschädigter Besucher aus aller Welt. Sie machen Phuket mit seinen mehr als 50 000 Fremdenzimmern zur beliebtesten Badeinsel von Asien schlechthin, aber auch zum reichsten und zugleich teuersten Ort in Thailand. Wer nicht, wie die allermeisten Feriengäste, pauschal anreist, dem kann die sogenannte ›Perle des Südens‹ beachtliche Löcher in die Reisekasse fressen. Phuket ist selbst nach europäischen Maßstäben längst kein Billigziel mehr. Mit seinen zwar fraglos schönen, aber teils auch hoffnungslos zugebauten Stränden verkörpert es für viele mittlerweile nicht mehr das Tropenparadies, das die Prospekte versprechen.

Zumindest beim Landeanflug präsentiert sich das rund 50 x 20 km messende Eiland ganz und gar exotisch. Der Blick schweift über die märchenhafte, mit Dschungelinseln gesprenkelte Phang-Nga-Bucht, umfasst Mangrovengürtel, üppig grüne Plantagen und bewaldete Bergzüge (*phuket* bedeutet ›Hügel‹) und bleibt schließlich an von Wogen umspülten kilometerlangen Sandstränden und dem malachitgrünen Meer haften. Dort an der Westküste sind die Copacabanas von Südostasien zu finden. Wassersportlern ebenso wie Nachtschwärmern sind hier keine Grenzen gesetzt. Dazu garantiert eine perfekte Infrastruktur einen komfortablen und abwechslungsreichen Aufenthalt. Ruhe und Entspannung findet man jedoch, abgesehen von wenigen Ausnahmen, nur in Highclass-Resorts, die das Erlesenste bieten, das man sich in Asien an Luxus für Geld gönnen kann.

Aktiv auf Phuket

Dutzenderlei Aktivitäten werden auf der Insel angeboten, in allen Unterkünften und Restaurants liegen Prospekte von Outdoor- und Tourenveranstaltern aus. Die meisten Anbieter offerieren einen kostenlosen Abholdienst vom Feriendomizil. Das breite Angebot erlaubt es, an jedem Urlaubstag eine andere Sportart zu erproben. Den besten Überblick bietet die Website www.phuket-travel.com, über die man auch alle Aktivitäten online buchen kann. Das Angebot ist

---

Phuket im Internet

www.phuket-online.de und www.phuket-thailand.de: die beiden größten deutschsprachigen Inselportale

www.phuket.net: das umfassendste englischsprachige Inselportal; auch Tagesnachrichten, Bildergalerie und vieles mehr.

www.phuket.com: Onlinereiseführer im Web, außerdem Hotelbuchungsmaschine; viel Werbung

www.phuketdir.com: alphabetisch aufgebaute Suchmaschine

www.phuketgazette.com: Onlinetageszeitung

www.phukettourism.org: nichtkommerzielle Infoseite

Phuket

Infobox

Reisekarte: ▶ B 8–9, Karte 4 und 5

Touristeninformation
Tourist Office: Phuket Town, 191 Thanon Thalang, Tel. 076 21 10 36, www.tourismthailand.org/Phuket, tgl. 8.30–16.30 Uhr.
Phuket Tourist Association: 100/429 Thanon Chalermprakiat Ror 9 (7 km nördl. von Phuket am Weg nach Patong), Tel. 076 61 03 65, www.phuket tourist.com.

Service
Tourist Police: Tel. 076 22 38 91, Hotline 11 55, www.phukettouristpolice.go.th.
Krankenhäuser: Die zwei besten Krankenhäuser ganz Südthailands sind das Bangkok Phuket Hospital (2/1 Thanon Hongyok Utis, Tel. 076 25 44 25, www.phukethospital.com) und das Phuket International Hospital (44 Thanon Chalermprakiat Ror, Tel. 076 24 94 00, www.phuketinternationalhospital.com).
Phuket Immigration Office: Thanon Phuket, Tel. 076 21 21 08, Mo–Fr 8.30–12, 13–16.30 Uhr; Zweigniederlassung am Patong Beach, Tel. 076 21 21 08.

Anreise
Flugzeug: tgl. zahlreiche Flüge ab Bangkok (ca. 1 Std.) sowie ab Ko Samui, Hat Yai, Singapore, Penang, Kuala Lumpur und den meisten Großstädten Südostasiens; Flugverbindungen ab Europa, im Winterhalbjahr Charterflüge (11–12 Std.), s. S. 22. Phuket International Airport (www.phuketairportonline.com) im Norden der Insel, rund 31 km nördlich von Phuket Town. Airport Information Counter, Tel. 076 32 72 30–37. Inlandlinienflüge u. a. von/nach Bangkok mit Thai Air-

ways (ab ca. 1500 Bt), Bangkok Air (ab 1775 Bt), Air Asia (ab 999 Bt), Nok Air (ab 1100 Bt), Orient Thai (ab 1850 Bt), von/nach Ko Samui mit Bangkok Air (3100 Bt). **Weiterfahrt:** am Taxistand Festpreis-Coupons nach Phuket Town (500 Bt), Kata/Karong (700 Bt), Patong (650 Bt). 7–18 Uhr stdl. Minibus des Phuket Airport Limousine Service nach Phuket Town (100 Bt), Kata/Karong (180 Bt), Patong (150 Bt).
Bus/Minibus: Von allen Städten des Südens verkehren Busse nach Phuket, von allen Ferienzentren Minibusse.
Boot: Schnellboote von/nach Krabi, Ko Phi Phi und Ko Lanta.

Inselverkehr
Boot: Fähren nach Ko Phi Phi (800 Bt) und Ao Nang (Krabi, 700 Bt) sowie Rai Leh (Krabi, 700 Bt), teils mit Anschluss nach Ko Lanta, mit PhiPhiFerry (www.phiphiferry.com) ab Rassada Pier östl. von Phuket Town, s. S. 206. U. a. mit Tiger Line (www.tigerlinetravel.com) Nov./Dez.–Mitte Mai tgl. via Ko Jum, Ko Phi Phi, Ko Lanta, Ko Ngai, Ko Muk, Ko Kradan nach Ko Lipe (7 Std., 2400 Bt).
Bus: Busbahnhof Phuket Town s. S. 206
Kombitickets (Bus/Schnellboot): Buchung in den örtlichen Reisebüros, nach Ko Samui (650 Bt.), Ko Pha Ngan und Ko Tao 1000 Bt.
Minibus: von/nach Krabi (350 Bt), Khao Lak (300 Bt), Khao Sok National Park (400 Bt), Ban Pakbara (650 Bt). Tickets in den örtlichen Reisebüros.
Mietfahrzeug: nationale und internationale Firmen in Phuket Town, am Flughafen und in den Strandorten. Buchung über alle Reisebüros und die meisten Unterkünfte. Pkw ab 1000 Bt/Tag, Motorrad ab ca. 150 Bt/Tag.

schier überwältigend und die Preise sind eher günstig: **Elefantenritte** kosten ab 900 Bt/Std., **Radtouren** ab 1750 Bt/Tag, **Schnorcheltouren** ab 2100 Bt, **Speedboot-Touren** nach Ko Phi Phi (ab 3100 Bt), nach Krabi (3300 Bt) und zu den Similan-Inseln (ab 4200 Bt), **Öko-touren** in die Mangroven (ab 2800 Bt), **Raftingtouren** (ab 1250 Bt), **Ausritte** (1 Std. ab 800 Bt), **Surfkurse** (3 Std. ab 2800 Bt), **Speed & Fun** (Kombitour mit Wasserski, Bungee Jumping und Go Carting ab 3800 Bt), aber auch **Kochkurse** (5 Std. ab 1600 Bt) sowie **Yoga** und **Reiki, Healing** und **Ayurveda, Massage** und **Meditation** diverser Richtungen und Schulen.

Segeln

Phuket ist *das* Zentrum für Jachtcharter in Südostasien schlechthin. Die Auswahl an Schiffen – mit oder ohne Skipper – ist vielfältig. Prospekte in allen Unterkünften; umfassende Information über Törns, Reviere, Infrastruktur etc. unter www.phuket.com/sailing und die Website von Asia Marine (s. u.). *Größte Charterbootadresse* – **Asia Marine:** Tel. 076 23 91 11, www.asia-marine.net. Bavaria 33 ab 190 €/Tag, Bavaria 46 ab 310 €/Tag, Katamarane ab 315 €/Tag; mit Skipper mind. 380 €/Tag. Auch an organisierten Segeltörns von wenigen Stunden bis zu mehreren Tagen Dauer herrscht kein Mangel (Viertagestour in die Phang-Nga-Bucht ab 25 000 Bt/Pers. alles inkl.).

Tauchen

Im nahen Umfeld von Phuket finden sich neun bemerkenswerte Tauchspots, von denen der **Shark Point** und das **Anemone Reef** die bekanntesten sind. Aber auch die Inseln der nördlichen und südlichen Andamanensee

Zum Sonnenuntergang am Meer passt ein kühler Drink auf der Veranda

Paddeltouren

Mit seinen zahlreichen Kajakzentren bietet sich Phuket als Ausgangspunkt für kurze wie lange Individualtrips und organisierte Touren an. Das Angebot umfasst Dutzende Routen, von nur wenigen Stunden Dauer bis hin zu mehrwöchigen Paddelexpeditionen. Zu den wichtigsten Kajakzentren zählen John Gray Sea (Tel. 076 25 45 05, www.john gray-seacanoe.com), Sea Cave Canoe (Tel. 076 21 04 34, www.seacavecanoe.com) und Sea Canoe Thailand (Tel. 076 52 88 39, www.seacanoe.net).

sind relativ schnell erreicht. Zwischen November und April herrschen die besten Sichtverhältnisse. Auf Phuket gibt es mittlerweile über 100 Tauchzentren und -schulen, sodass aufgrund der großen Konkurrenz die Preise teils denkbar günstig sind (4-tägiger Open-Water-Tauchkurs ab ca. 15 000 Bt, Bootsfahrt mit zwei/drei Tauchgängen ca. 4000 Bt). Umfassende Infos unter www.diving.phuket.com und www.phuket-thailand.de, die diverse Tauchzentren vorstellt.

Phuket Town

▶ Karte 5, E 10/11

Die Hauptstadt der Insel und gleichnamigen Provinz bildet das wirtschaftliche Zentrum des gesamten Südwestens von Thailand. Rund 90 000 der ca. 600 000 Einwohner (2015) Phukets leben in der lebhaften Provinzstadt. Schon lange bevor der Tourismus für Wohlstand sorgte, war **Phuket Town** dank der inseleigenen Zinnminen, der Kautschukplantagen und der Perlenzucht eine der reichsten Städte des gesamten Landes.

Phuket Town

Sehenswert

1 On On Hotel
2 Standard Chartered Bank
3 Anwesen eines Minen-besitzers
4 Put Jaw
5 Mae Yanang
6 Sanjao Sam San
7 Phuket Butterfly Garden & Insect World
8 Phuket Aquarium

Übernachten

1 Metropole Hotel
2 Phuket Backpacker
3 Sleep Sheep Phuket Hostel

Essen & Trinken

1 China Inn Café
2 Tamachart Restaurant
3 Café Tung-Ka
4 Essensmarkt

Einkaufen

1 Obst- und Gemüsemarkt

Abends & Nachts

1 Wonderland
2 Music Matters

Bauten im Kolonialstil

Im Stadtbild ist der Einfluss der chinesischstämmigen Bevölkerung deutlich spürbar. An mehreren Straßen reihen sich die alten zweistöckigen Geschäftshäuser in sino-portugiesischem Stil aneinander und verleihen dem Zentrum einen an die Kolonialzeit erinnernden Reiz. Die schönsten Fassaden säumen die Thanon Deebuk und die Thanon Thalang sowie die zwischen beiden verlaufende Soi Rommanee. Viele wurden prachtvoll restauriert und beherbergen kleine Läden oder schön eingerichtete Restaurants. Das **China Inn Café** 1 (s. S. 204) gilt als eines der am besten instand gesetzten Gebäude aus dieser Epoche auf der gesamten Insel.

Auch das **On On Hotel** 1 (Thanon Phang Nga) aus dem Jahr 1927 an der Thanon Phang Nga ist unübersehbar chinesisch geprägt. Das älteste Hotel der Insel empfiehlt sich heute allerdings nicht mehr zum Übernachten.

Gegen Ende des 19. Jh. ließen sich Phukets Zinnbarone stuckverbrämte Paläste im Kolonialstil erbauen. Ein Zeugnis dieser Epoche ist das Gebäude der ehemaligen **Standard Chartered Bank** 2 an der Thanon Phuket, Ecke Thanon Phang Nga.

Etwas weiter an der Thanon Ranong lockt der große, offene **Obst- und Gemüsemarkt** 1 mit einer ungeheuren Vielfalt an tropischen Früchten und fernöstlichen Lebensmitteln. Am Markt, gleich neben dem Büro von Thai Airways, blieb ein weiteres **prächtiges Anwesen** 3 reicher Minenbesitzer erhalten.

Sonstige Sehenswürdigkeiten

Einen Besuch lohnen auch die chinesischen **Tempel Put Jaw** 4 , **Mae Yanang** 5 und insbesondere **Sanjao Sam San** 6 , die mit tanzenden Drachenfiguren auf geschwungenen Dächern und mit farbenfrohen Götterbildern einen wahrhaft exotischen Anblick bieten.

Die Thanon Padiphat führt vom Tempel Sanjao Sam San hinauf zum etwa 3 km entfernten **Khao Rang,** dem 139 m hoch aufragenden Hausberg der Stadt. Stilvollendet kann man von der Gartenterrasse des **Cafés Tung-Ka** 3 die Aussicht genießen (tgl. 11–23 Uhr).

Phuket Butterfly Garden & Insect World 7

71/6 Soi Paneung, Thanon Rassada (außerhalb Richtung Patong Beach), Tel. 076 21 08 61, www.phuketbutterfly.com, tgl. 9–17 Uhr, 300 Bt, inkl.

Anfahrt im Songthaew 20 Bt, Tuk-Tuk 80 Bt, Taxi 300 Bt

Die Anlage ist eine Institution auf Phuket und einer der renommiertesten Schmetterlingsparks weltweit. Monat für Monat werden hier über 6000 Schmetterlinge mehr als 40 verschiedener Spezies gezüchtet und Tausende der prächtig bunten Falter flattern im rund 1300 m² großen tropischen Garten der Anlage frei umher. Angeschlossen ist zudem ein Seidenmuseum sowie eine Insektenausstellung, die auch in didaktischer Hinsicht beeindruckt und in ihrer Art einzigartig ist in Thailand.

Phuket Aquarium

Cape Panwa, 51 Sakdidech Rd. (rund 8 km südl. Phuket Town), Tel. 076 39 11 26, www.phuketaquarium.org, Anfahrt mit Songthaew 20 Bt, Tuk-Tuk 50 Bt, Taxi 300 Bt, tgl. 8.30–16.30 Uhr, 100 Bt

Das Phuket Aquarium ist Teil des Phuket Marine Biological Center und gilt als eines der bedeutendsten und meistbesuchten von ganz Südostasien. Insgesamt sind hier über 150 verschiedene Arten von Süß- und Salzwasserbewohnern zu sehen. Highlight des Besuchs ist ein Gang unter Wasser

Phuket

durch die Glastunnel, bei dem man Rochen, Haie, Riesenzackenbarsche und Dutzende anderer Spezies aus nächster Nähe betrachten kann. Interaktive Displays entführen auf eine Reise durch Flüsse und Seen, Mangroven und zu Korallenriffen. Draußen im Freien lädt der **Science & Nature Trail** zu einer Wanderung durch die typischen Lebensräume der Küste ein.

Übernachten

Reisende aus westlichen Ländern nächtigen zum allergrößten Teil an den Stränden, wohingegen asiatische Besucher Stadtquartiere bevorzugen. Generell bieten die Unterkünfte von Phuket Town das beste Preis-Leistungs-Verhältnis auf der ganzen Insel.
Bezahlbarer Luxus – **Metropole Hotel** **1** : 1 Soi Surin, Thanon Montri, Tel. 076 21 40 20, www.metropole phuket.com, DZ ab 1262 Bt, Deluxe ab 1430 Bt bei Onlinebuchung, sonst wesentlich teurer. Das 18-stöckige Luxushotel gilt als eines der besten der Stadt. Die 242 Zimmer messen selbst in der günstigsten Kategorie noch 35 m². Die Bars und Restaurants zählen zu den stadtbeliebten Treffs. Am Pool mit Poolbar in der 4. Etage lässt es sich herrlich relaxen. Der Service ist aufmerksam. Dafür sind die Preise fast geschenkt.
Nicht nur für Rucksackreisende – **Phuket Backpacker** **2** : 167 Thanon Ranong, Tel. 076 25 66 80, www. phuketbackpacker.com, DZ ab 500 Bt (Fan), ab 700 Bt (AC), Mehrbettzimmer (gemischt oder nach Geschlechtern getrennt) 250 Bt/Pers. (Fan), 350 Bt (AC). Phukets populärstes Gästehaus, sehr sauber und gepflegt, komfortabler Aufenthaltsraum mit moderner Kunst an den Wänden.
Für Budgetbewusste – **Sleep Sheep Phuket Hostel** **3** : 245 (Soi Dtac Shop)

Thanon Talang Tel. 076 21 64 64, DZ (AC) 750 Bt, Mehrbettzimmer (AC) 300 Bt inkl. Frühstück. Viergeschossiges Stadthaus, farbenfroh gestrichen sowie auch von innen schön bunt gestaltet und modern ausgestattet. Allen Zimmern ist ein eigenes Bad/WC angeschlossen, zu jedem Bett im Mehrbettzimmer gehört ein eigener Spind (mit Schloss).

Essen & Trinken

Schlemmen im China-Stil – **China Inn Café** **1** : 20 Thanon Thalang, Tel. 076 35 62 39, Mo–Mi 11–18, Do–Sa 11–15, 18–23 Uhr. Hauptgericht 150–450 Bt. Das Café-Restaurant in einem Geschäftshaus im sino-portugiesischen Baustil beeindruckt mit schmuckem Ambiente und begrüntem Innenhof, mit einer erlesenen Weinkarte (Frankreich, Australien, Südafrika) und ausgezeichneten authentisch thailändischen oder auch internationalen Gerichten. Die Currys, insbesondere das *massaman*, sind eine Wucht. Wer Schärfe ertragen kann, sollte *laab pla tuna* kosten, eine Spezialität aus dem Nordosten von Thailand.
Ambitionierte Thaiküche – **Tamachart Restaurant** **2** : 62/5: Soi Phu Ton, Tel. 076 21 40 37, tgl. 11–23 Uhr, Hauptgerichte ab 200 Bt. Eine der besten Adressen der Stadt für Thaiküche, in einem ebenso geschmackvoll wie ausgefallen mit Trödel dekorierten Holzhaus. Die Speisekarte listet rund 200 Gerichte auf, darunter viele leckere Salate, etwa *Sour mango and crispy prawn salad.*
Auf dem Hausberg – **Café Tung-Ka** **3** : Khao Rang, tgl. 11–23 Uhr, Hauptgerichte 150–250 Bt. Das Café ist bekannt für gute Thaiküche, göttliche Ice Cream Sundaes und die Aussicht.
Die Welt der Garküchen – **Essensmarkt** **4** : Ab dem späten Nachmit-

Phuket Town

tag bieten die Garküchen eine große Auswahl an stets frisch zubereiteten Gerichten an. Gut und günstig (um 80 Bt).

Einkaufen

Zahlreiche Geschäfte und Boutiquen mit thailändischem Kunsthandwerk, Antiquitäten und Textilien gibt es in Downtown Phuket, insbesondere entlang den Straßen Yaowaraj, Deebuk, Phang Nga, Rassada und Thanon.
Tropische Vielfalt – **Obst- und Gemüsemarkt** [1] : Thanon Ranong, s. S. 202.

Abends & Nachts

Edle Cocktailbar – **Wonderland** [1] : 104 Thanon Yaowarat, Tel. 086 024 19 07, www.wonderlandphuket.com, tgl. 18–0 Uhr, Cocktails um 220 Bt, Bier ab 80 Bt. Für gepflegtes Nightlife gibt es in der Stadt keine angesagtere Adresse als diese neue Cocktail- und Champagner-Bar (die Flasche ab 2650 Bt) in einem alten Kolonialbau, im edlen Vintage-Look eingerichtet, mit roten Wänden, hohen schwarzen Stühlen, viktorianischen Kandelabern, Spiegeln und Antiquitäten. Musikalische Untermalung mit softigem Jazz.
Jazz & Mojitos – **Music Matters** [2] : Off Surin Circle in einem kleinen Soi zwischen der ThanonTilok Utis 1 und der Thanon Phuket, Tel. 095 88 23 47, tgl. ab 19 Uhr, Bier ab 60 Bt, Mojitos 150 Bt. In dieser winzigen Open-Air-Bar dreht sich alles um Salsa, Carribean und vor allem Jazz (jeden Mi Jamsessi-

---

Vegetarian Festival

Zu Ehren ihrer Schutzgeister zelebrieren die chinesischen Bewohner von Phuket Town alljährlich im September/Oktober ein neuntägiges Fest. Die Teilnehmer tragen Weiß und essen nur vegetarische Speisen. Bizarr muten manche Rituale an. So etwa, wenn sich junge Männer in Trance Speere durch die Wangen stecken oder über glühende Kohlen laufen. Die Feierlichkeiten enden mit einer lärmenden Mitternachtsprozession durch die Stadt bis ans Meer (www.phuketvegetarian.com).

Phuket

on) sowie Mojitos, die nirgends in der Stadt besser sind als hier.

Infos

Touristinformation: s. Infobox S. 199
Bus: Busbahnhof östlich des Zentrums von Phuket Town an der Thanon Phang Nga, Info Tel. 076 21 19 77. Tag- und Nachtbusse verschiedener Komfortklassen nach Bangkok, Abfahrt ab 15 Uhr (ca. 12 Std.) und zu allen Städten in Südthailand. Busse von/nach Bangkok (628–1058 Bt).
Boot: Fährboote ab Rassada Pier östlich von Phuket Town. Ganzjährig u. a. 2–6/12 x tgl. nach Ko Phi Phi (90 Min., 800 Bt), mind. 2 x tgl. nach Ao Nang und Rai Leh (2 Std., 700 Bt) sowie Ko Lanta (4,5 Std., ab 660 Bt).
Songthaew/Tuk-Tuk: von der Thanon Ranong (beim Markt) 7–17 Uhr regelmäßig zu den Inselstränden (20–150 Bt, je nach Entfernung). Zu anderen Zeiten Charter der Fahrzeuge (ca. 200–500 Bt).
Motorradtaxi: ca. 50 Bt innerhalb der Stadt.

Phukets Strände

Nai Yang Beach

▶ Karte 5, B 4

Wenn man einfach nur Erholung sucht, ist man am **Mai Khao Beach** und dem südlich angrenzenden **Nai Yang Beach** gut aufgehoben. Sie ziehen sich von der Brücke **Sarasin Bridge**, die Phuket mit dem Festland verbindet, über rund 15 km nach Süden. Abgesehen von den Bungalowanlagen und Resorts im südlichen Abschnitt gibt es keine touristische Infrastruktur, denn die Strandzone nördlich des Phuket International Airport wurde als **Si-**

rinath Marine National Park unter Schutz gestellt. Grund dafür sind die Lederschildkröten, die dort alljährlich zwischen November und Februar zur Eiablage an Land gehen. Der teilweise bis zu 80 m breite Strand wird von Kasuarinen gesäumt. Er ist für Kinder ideal und bietet Schnorchelfreuden an einem vorgelagerten Korallenriff. Schnorcheln, Baden, kilometerlange Strandspaziergänge und ab und an ein Ausflug in das rund 30 km entfernte Phuket Town erfüllen die Urlaubstage.

Übernachten

Tradition postmodern verbrämt – **Indigo Pearl Hotel Phuket** **1**: Nai Yang Beach, Tel. 076 32 70 06, www.indigo-pearl.com, DZ ab 8100 Bt. Luxuriöses Fünf-Sterne-Resort in einer weitläufigen Parkanlage hinter dem Strand. Die Architektur ist traditionell, die Inneneinrichtung ein Designtraum aus alt und postmodern. Das Haus verfügt über mehr als 200 aufwendig und geschmackvoll dekorierte Zimmer und Bungalows in unterschiedlichen Komfortstufen.
Schick am Strand – **Nai Yang Beach Resort** **2**: Nai Yang Beach, Tel. 076 32 83 00, www.naiyangbeachresort.com. Komfortresort mit Garten am Südrand des Strandes. Große Auswahl an Bungalows, 1900–5900 Bt (Nebensaison) bzw. 2000–9850 Bt (Hochsaison).

Bang Tao Beach

▶ Karte 5, B 7

Der **Bang Tao Beach** – ein 7 km weißer Sandsaum vor der Kulisse von Kasuarinen und Palmen – gilt als einer der schönsten und längsten Strände Phukets und verspricht ungetrübte Badefreuden. Aufgrund seines Tropenzaubers kann er die größte Ansammlung erstklassiger Resort-Hotels in ganz Asien vorweisen. Sie befinden sich im Bereich des Touristenzentrums **Laguna Phuket Resort** 1 , einer ca. 150 ha großen Parkfläche mit exotischer Seenlandschaft, die mit unglaublichem Aufwand in einer ehemaligen Zinnmine angelegt wurde. Das Angebot an Luxus ist umwerfend, ebenso sind es die Preise.

Übernachten

Billig am Beach – **Andaman Bangtao Bay Resort** 3 : Tel. 076 27 02 46, www.andamanbangtaobayresort.com, 1700–4500 Bt (Nebensaison) bzw. 2500–9850 Bt (Hochsaison), im Sommer stets Discountpreise. Gepflegte kleine Anlage direkt hinter dem Strand, der hier gut zum Baden geeignet ist. Mehrere im Thaistil eingerichtete Bungalows (mit AC, Kühlschrank, TV, Minibar) und attraktiver, aber kleiner Pool.

Essen & Trinken

Das Feinste der Feinen – **Laguna Phuket Resort** 1 : www.lagunaphuket.com, Menüs ab ca. 1250 Bt/Pers. Die Restaurants des Laguna Phuket Resort Complex gehören mit zu den besten, aber auch zu den teuersten der Insel. Hier gibt es Restaurants, in denen schon für das Frühstück 820 Bt/Pers. berechnet werden und entsprechend wird auch mit dem teuersten Dinner überhaupt auf der Insel geworben: fast 15 000 Bt für 2 Pers. bei 5 Gängen. Topempfehlungen sind u. a. das Lagunenrestaurant **Ruen Thai** im Dusit Laguna Hotel mit authentischer Thaiküche, das **Saffron** im Banyan Tree Resort, das die Küche des Mittleren Ostens pflegt, und das **Chao Lay** im Sheraton Grande Laguna Phuket, wo zu regionalen Gerichten klassische thailändische Musik

gespielt wird und die Gäste nach Sitte des Landes an niedrigen Tischen auf dem Boden sitzen.

Surin Beach ▶ Karte 5, B 7/8

Südlich der Landspitze, die den Bang Tao Beach begrenzt, wird eine Ansammlung kleiner Badebuchten unter dem Namen **Surin Beach** zusammengefasst. Der nördliche Küstenabschnitt, wo u. a. schon Mick Jagger residierte und die Übernachtungspreise in Euro bis in vierstellige Sphären klettern, ist allerdings den erklärten Promis vorbehalten. Der weitläufigere Sandsaum im Süden wird hingegen in erster Linie von Tagesausflüglern besucht und am Wochenende finden sich thailändische Familien zum Picknick ein. Da der Strand nur zum Sonnenbaden ideal ist, geht es am Wasser und auf der Strandpromenade im Schatten von Kasuarinen geruhsam und ruhig zu.

Übernachten

Boutiquestil – **Surintra Resort** 4 : 49/1 Moo 3, Thanon Surin Beach, Tel. 076 27 00 41, www.surintra.com, DZ 2600–4000 bei Online-Buchung (sonst wesentlich mehr). Obwohl etwa 10 Gehminuten vom Strand entfernt, erfreut sich dieses rings um einen Pool errichtete Hotel mit gehobenem Mittelklassekomfort großer Beliebtheit. Die 50 ansprechend im modernen Thaistil dekorierten Zimmer sind hell, luftig und mit Balkon ausgestattet.

Essen & Trinken

Die südliche Hälfte des Surin Beach ist von einfachen Strandrestaurants gesäumt. Dort sitzt man nicht nur gemütlich, sondern isst auch durchweg gut und günstig.

Phuket

Sehenswert

1. Laguna Phuket Resort
2. Phuket FantaSea
3. Laem Phrom Thep

Übernachten

1. Indigo Pearl Hotel Phuket
2. Nai Yang Beach Resort
3. Andaman Bangtao Bay Resort
4. Surintra Resort
5. Kamala Dreams
6. Benjamin Resort
7. Impiana Resort Patong
8. Patong Bay Garden Resort
9. Center Patong Expat Hotel
10. Beyond Resort Karon
11. Kata Beach Resort
12. Phuket Orchid Resort
13. Princess Seaview Resort & Spa
14. Casa Brazil
15. Nai Harn Garden Resort

Essen & Trinken

1. Rockfish
2. Silk Restaurant
3. Baan Rim Pa
4. Lim's
5. On the Rocks
6. Ratri Jazztaurant
7. Mom Tri's Boathouse

Abends & Nachts

1. Simon Cabaret
2. Banana Disco
3. Seduction Beach Club
4. New Tiger Disco

Kamala Beach ▶ Karte 5, B 8

Die etwa 3 km lange, halbmondförmige Bucht erscheint am gefälligsten in ihrem nördlichen Abschnitt, wo Kasuarinen Schatten werfen. Von dort ist es nur ein kurzes Wegstück hinüber zum zwar kleinen, aber unbebauten und malerischen **Laem Sing Beach,** den viele für den schönsten der Insel halten. Kamala selbst bietet Badefreuden auch für Kinder. Familien machen sich dennoch immer rarer, seit hier stark in Hotelbauten investiert wurde, die nach und nach die kleinen Bungalowanlagen ersetzen. Zur Saison herrscht teils schon drangvolle Enge.

Übernachten

Seeblick-Studios – **Kamala Dreams** 5: 74/1 Moo 3, Kamala, Tel. 076 27 91 31, www.kamaladreams.net, ab 2600 Bt (Garten-Studio) bzw. 3600 Bt (Beachfront-Studio). Nach der Zerstörung durch den Tsunami wurde die zweigeschossige Hotelanlage direkt am Strand schöner als zuvor wieder errichtet. 18 mit Teakmobiliar komfortabel eingerichtete Studios von 35–40 m^2 Größe, die alle Seeblick genießen und mit Kitchenette, Kühlschrank, TV, Telefon, Internetanschluss und AC ausgestattet sind, umschließen U-förmig einen kleinen Pool.

Für den kleinen Geldbeutel – **Benjamin Resort** 6: 83 Moo 3, Kamala, Tel. 076 38 51 45, www.phuketdir.com/benjaminresort, DZ 300–1500 Bt (je nach Saison) bzw. 750–2500 Bt mit Seeblick. Die meisten der rund drei Dutzend Zimmer dieses mittlerweile etwas in die Jahre gekommenen Hotels bieten einen weiten Seeblick und sind durchaus korrekt möbliert (u. a. AC, TV, Kühlschrank, Minibar). Das Frühstück wird auf der Dachterrasse serviert, das Meer ist nur 10 m entfernt.

Essen & Trinken

An der parallel zum Strand verlaufenden Straße laden zahlreiche Restaurants zu Gaumenfreuden ein.

Innovative Thaiküche – **Rockfish** 1: 33/6 Kamala Beach Rd., Tel. 076 27 97 32, www.rockfishrestaurant.com, tgl. ab 18 Uhr. Vorspeisen 250–320 Bt, Hauptgerichte 200–700 Bt. Die mit Abstand beste Adresse am Strand, die sich wegen ihrer innovativen Küche

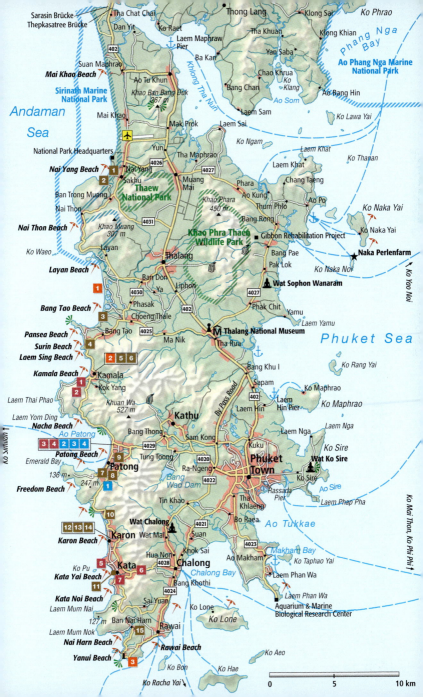

Phuket

unter Thailands besten Restaurants auf einem der vorderen Plätze wiederfindet. Hier kommen auch Vegetarier auf ihre Kosten, die Speisekarte listet zehn Gerichte der internationalen und thailändischen Küche auf, die zwischen 200 und 250 Bt kosten.

Spitzengastronomie – **Silk Restaurant** 2: Andara Resort, 15 Moo 6, Kamala, Tel. 076 33 87 77, www.silkphuket.com, tgl. ab 12 Uhr, Vorspeisen ca. 200–520 Bt, Hauptgerichte ab 450 Bt. Das ›Seiden‹-Restaurant gilt als eines der besten Feinschmeckerrestaurants der Insel, ja sogar Südthailands, das mit thailändischer Küche aufwartet. Serviert werden klassische Gerichte und unglaublich köstliche Drinks (!) in einem Ambiente, das Ultramodernes und Traditionelles zu einem elegant-gemütlichen Ganzen vereint. Die Speisekarte ist ein Gedicht, die aufmerksame Bedienung steht beratend zur Seite.

Patong Beach ▶ Karte 5, B 10

Der knapp 3 km lange Strand bildet das Epizentrum eines ganz und gar auf Entertainment eingestellten Pauschaltourismus – mit allem, was nun einmal dazugehört, von den Bierkneipen à la Ballermann bis zu den Go-go-Bars. Auch die Prostitution treibt Blüten. Die Urlauber brauchen auf nichts zu verzichten, was sie von zu Hause gewohnt sind, sei es die heimische Tageszeitung oder europäische Kost. Obendrein sorgt das überaus vielfältige Wassersportangebot dafür, dass auch tagsüber keine Langeweile aufkommt.

Übernachten

Renommiert – **Impiana Resort Patong** 7: 41 Thanon Thaweewong, Tel. 076 34 01 38, www.impiana.com, DZ ab 6000 Bt, in der Nebensaison ab 4500 Bt. Zu diesem Boutique-Hotel der Spitzenklasse gibt es keine Alternative am Patong Beach! In der ebenso weitläufigen wie exotischen Gartenanlage stehen locker verteilt Bungalows und ein toller Pool direkt hinter dem Strand. Die Zimmer mit allerfeinstem thailändischen Dekor sind wunderschön und, zumindest bei Online-Buchung, auch relativ günstig.

On the beach – **Patong Bay Garden Resort** 8: 33/1 Thanon Thaweewong, Tel. 076 34 02 97, www.patongbaygarden.com, DZ 2900–8800 Bt bei Online-Buchung. Anlage der gehobenen Mittelklasse direkt am Strand. Rund 70 Zimmer in sechs Komfortstufen

Phuket Town

Phuket ist nicht ohne Grund eines der schönsten Urlaubsziele weltweit

gruppieren sich auf drei Seiten rings um einen Pool.

Poolhotel am Rand – **Center Patong Expat Hotel** 9 : 184/24 Thanon Phang Muang Sai Kor, Tel. 076 34 21 43, www.expathotel.com, DZ 1200–1700 Bt (Nebensaison) bzw. 2400–2600 Bt (Hochsaison). Hotel in Patong-Zentrum, jedoch so ruhig gelegen, dass man ungestört schlafen kann. 29 schlicht und gemütlich möblierte, helle und relativ große Zimmer. Zum Strand sind es etwa 10 Min.

Essen & Trinken

Schlemmen mit Blick – **Baan Rim Pa** 3 : 223–223/1 Phrabaramee Road, Tel. 076 34 07 89, www.baanrimpa.com, tgl. ab 12 Uhr, Vorspeise und Hauptgericht ab 1000 Bt, aber auch 4000 Bt kann man problemlos ausgeben (ohne Getränke). Das bereits vielfach preisgekrönte, zweigeschossige Open-Air-Restaurant fasziniert nicht nur mit seiner romantischen Panoramalage über dem Meer, sondern auch mit klassischen Thaigerichten nach Art der königlichen Palastküche, die man in ähnlich authentischer Zubereitung heute kaum noch erhält. Auch das Auge isst mit. Die Preise sind vergleichsweise günstig. Um gepflegte Kleidung wird gebeten, Tischreservierung (insbesondere für die Panoramatische) ist ein Muss.

Tropisch-urban – **Lim's** 4 : 28 Soi 7, Phrabaramee Road, Tel. 076 34 48 34,

Phuket

Unser Tipp

Fantastisch – Phuket FantaSea [2]
Rund 3,5 Mrd. Baht hat es gekostet, den 35 ha großen Themenpark im Tempelstil zu errichten. In seinen Restaurants finden sich allabendlich über 5000 Gäste zur Schlacht am Gigabuffet mit Delikatessen aus Europa und Asien ein. Anschließend wird im Palace of the Elephants ein faszinierendes Asia-Spektakel geboten. Wer die Mischung aus Las Vegas und Disneyland mag, wird begeistert sein und das Eintrittsgeld sicherlich gerne ausgeben (Kamala, Tel. 076 38 50 00, www.phuket-fantasea.com, tgl. 17.30–23.30 Uhr, Eintritt für Dinner und Show 2200 Bt, nur Show 1800 Bt).

---

www.limsphuket.com, tgl. ab 18.30 Uhr, Vorspeisen ab 250 Bt, Hauptgerichte um 500 Bt. Das Restaurant gilt derzeit als eine der trendigsten Inseladressen. Das Ambiente gibt sich tropisch-urban, die gepflegte Küche ist der Nouvelle Thai Cuisine verpflichtet, die Klassisches mit Mediterranem verbindet.

Abends & Nachts

Neben Bangkok und Pattaya gilt Patong als das größte Nightlife-Zentrum von Südostasien. Insbesondere auf dem Strip, der von der Strandpromenade abzweigenden Soi Bangla, pulsiert ab etwa 22 Uhr das Leben, wenn sich die unzähligen Bars mit Animierdamen und Transvestiten füllen. Wenn das Tanzbein juckt, bieten zahlreiche Discos Abhilfe.

Die Ladyboys auf dem Parkett – **Simon Cabaret** [1]: 8 Thanon Sirirat, Patong Beach, Tel. 076 34 20 11–15, www.phuket-simoncabaret.com, tgl. 18, 19.45 und 21.30 Uhr, 700–800 Bt. Seit rund 20 Jahren eine der größten und renommiertesten Transvestitenshows von ganz Südostasien und außerdem ein farbenreich-exotisches Kabarettspektakel ohnegleichen.

Technotempel – **Banana Disco** [2]: 124 Thanon Thaweewong, tgl. ab 21 Uhr. Schmelztiegel der Technolust ist die an der als Beach Road bekannten Promenade gelegene Disco, wo ab ca. 23 Uhr und bis 3 Uhr auf zwei Etagen die Post abgeht. Eintritt 400 Bt inkl. 2 Getränke.

Cooler Club – **Seduction Beach Club and Disco** [3]: 39/1 Thanon Bangla, www.seductiondiscotheque.com, tgl. 22–4 Uhr, Eintritt 400 Bt, aber draußen auf der Straße erhält man bei Schleppern die Tickets auch für 200 Bt. Guter DJ-Sound auf 2 Etagen, die Preise sind für Patong-Verhältnisse noch einigermaßen vernünftig, die Atmo ist locker, einen Dresscode gibt es nicht (man kann auch mit Shorts auflaufen). Selbst ältere Semester können sich wohlfühlen, obwohl das Durchschnittsalter des Publikums um Mitte 20 liegt. Allabendlich gibt es wechselnde Partys, an den Wochenenden bis in die frühen Morgenstunden.

Die Flintstones lassen grüßen – **New Tiger Disco** [4]: Thanon, Tel. 076 34 51 12, ab 22 Uhr, 200 Bt. Mit über 5000 m^2 auf drei als Höhle gestalteten Etagen die mit Abstand größte, heißeste und angesagteste Disco der Insel. Die vielen Hostessen kann man als sehr nervig

Phuket Town

empfinden, auch wenn die meisten Gäste nur deshalb kommen.

Infos & Termine

Internet: aktuelle Informationen unter www.beachpatong.com.
Mietfahrzeuge: In Patong werden vorzugsweise Choppers *(big bikes)* verliehen. Dank der großen Konkurrenz sind die Preise teilweise extrem günstig: ab etwa 600/Tag bzw. 3500 Bt/Woche, z. B. bei www.bigbike-company.com.
Phuket Gay Festival: Febr., www.gaypatong.com (Schwulen-Portal). Das Schwulen- und Lesbenfest gilt als das größte und schrillste seiner Art in ganz Asien.
Phuket Bike Week: Mitte April, www.phuketbikeweek.com, s. S. 36.
Patong Carnival: 1. Novemberwoche. 3 Tage lang wird der Beginn der neuen Saison am Patong Beach ausgelassen gefeiert.

Karon und Kata Beach

▶ Karte 5, B 11–13

Auch der **Karon Beach** ist auf seiner gesamten Länge von gut drei Kilometern touristisch voll erschlossen. Neben dem nördlich gelegenen Patong Beach ist er der am dichtesten bebaute Küstenabschnitt der gesamten Insel.

Jenseits der Uferstraße hat sich in den letzten Jahren eine regelrechte Stadt entwickelt mit großen Hotels, Apartmentgebäuden und Einkaufszentren. Anders als am Nachbarstrand werden in Karon mehr Stil und internationale Atmosphäre gepflegt, sodass abgesehen vom Wassersport- und Shoppingangebot nicht gar so viel Rummel herrscht. Der schnurgerade und fast schattenlose Strand beeindruckt durch seine Breite. Zum Schwimmen ist es im Winterhalbjahr

ideal, während im Sommer wegen gefährlicher Strömungen mitunter das Baden verboten ist.

Im Süden schließt sich nahtlos der Ort **Kata** an, der sich hinter einem etwa 2 km langen, durch eine Felszunge zweigeteilten Strand erstreckt. Gewaltige Hotelanlagen säumen die Doppelbucht. Der Club Med beherrscht den nördlichen **Kata Yai Beach**, das Kata Thani Beach Resort den südlichen **Kata Noi Beach**. Beide Strandabschnitte sind fest in pauschaler Hand. Wo noch Platz ist, wird weiter gebaut. Während sich der Nordstrand recht gut zum Baden eignet, kommen am Südstrand Surfer und Bodysurfer auf ihre Kosten. Rings um das vorgelagerte Inselchen Ko Jum finden Schnorchler ein überaus gutes Revier.

Übernachten

Markante Strandlage – **Beyond Resort Karon** ⑩: 51 Karon Road, Karon, Tel. 076 33 00 06, www.katagroup.com/beyond-karon, DZ ab 8000 Bt, über zahlreiche Hotel-Buchungsseiten ab 6500 Bt. Am Südende von Karon, wo der Strand mit Abstand am schönsten ist, erstreckt sich das zweigeschossige, außerordentlich gepflegte Spitzenhotel. Es ist das einzige, das direkt am Strand steht. Der Blick aus den 81 Zimmern, alle mit Balkon zum Meer, und aus dem Strandrestaurant ist perfekt. Zur Anlage gehören u. a. zwei Pools.
Komfort am Meer – **Kata Beach Resort** ⑪: 1 Pakbang Road, Kata Yai, Tel. 076 36 03 00, www.katagroup.com/katabeach, DZ ab 12 000 Bt, über Hotel-Buchungsseiten ab 7000 Bt. Wie das Karon Beach Hotel, so bietet auch das zur gleichen Kette gehörige Kata Beach Resort allerhöchsten Standard direkt am Strand. Mehrere Restaurants und Bars sowie ein Pool vervollständigen das Angebot.   ▷ S. 217

213

Auf Entdeckungstour: Kautschuk – der Stoff, aus dem die Kondome sind

Wer Fußball spielt, Auto fährt oder ein Kondom benutzt: Ein Stückchen Thailand ist immer dabei. Denn Thailand ist der größte Kautschukproduzent weltweit. Der Siegeszug des klebrigen Saftes nahm vor 100 Jahren von Phuket seinen Anfang. Im Rahmen einer Kautschuk-Plantagentour lernt man den gesamten Arbeitsprozess vom weißen Saft zur Gummimatte kennen.

Reisekarte: Karte 4 und Karte 5

Touranbieter: Exotravel, Tel. 076 61 01 81, www.exotravel.com

Dauer: 2,5 Std. (7–9.30 Uhr)

Preis: 2045 Bt/Pers., mind. 2 Pers. (inkl. Transport, Führung und einem üppigen Frühstück)

Grinsend zieht der Arbeiter sein halbmondförmiges Hohlmesser aus dem Gürtel. Angesichts der lässigen Art, wie er seinen Daumen in ›Hitman‹-Manier schärfeprüfend über die Klinge fahren und dabei seinen stechenden Blick über die Teilnehmer der Rubber Plantation Tour schweifen lässt, verstummen sogar die Kinder, die auf dem Plantagenrundgang dabei sind. Der Kautschukarbeiter zieht sich das rote Band tiefer in die Stirn, tritt an einen Baum von etwa 20 cm Durchmesser heran und kerbt dessen Rinde spiralförmig ein. An das untere Ende des Schnitts befestigt er sogleich eine gespaltene Kokosnussschale als Auffangbehälter. Schon wenig später bilden sich erste weiße Tropfen, die zäh wie Honig in das Gefäß hineinfließen – der Kautschuk.

Caucho – der weinende Baum

Es sind dies die ›Tränen‹ des ›weinenden Baums‹, wie die Übersetzung des indianischen Namens *cahuchu* bzw. *caucho* für das Wolfsmilchgewächs Kautschukbaum lautet. *Hevea brasiliensis* ist seine botanische Bezeichnung, denn ursprünglich war er im Amazonasbecken beheimatet, dessen Urvölkern schon vor mindestens 3500 Jahren bekannt war, dass man aus diesem Saft, dem Latex oder Rohkautschuk, nützliche Dinge wie etwa Schläuche, Gefäße und Fackeln, aber auch Bälle herstellen kann.

Amerikanische Erfindung

Doch erst dem Amerikaner Charles Nelson Goodyear gelang es 1839, Kautschuk durch Vulkanisation in ein dauerhaft elastisches Material, Gummi also, zu verwandeln. Seine Erfindung kurbelte die Nachfrage nach Kautschuk an und löste in der Region um Manaus und Belém einen wahren Wirtschaftsboom aus, denn Brasilien besaß das weltweite Monopol auf diese Pflanze. 1876 schmuggelte der britische Abenteurer Henry Wickham im Auftrag seiner Majestät Samen des Kautschukbaums außer Landes. Und schon bald entstanden Plantagen in Asien und Afrika.

Ein Königreich für Gummi

Der Großteil der Kautschukproduktion erfolgt auf diesen kleinen Planta-

gen, durch die auch die Tour führt. Sie sind etwa 1 ha groß mit insgesamt ungefähr 400 Gummibäumen. Auf der Tour erfährt man, dass der Kautschukbaum besonders gut im sogenannten Kautschukgürtel zwischen ungefähr 30° nördlicher und 30° südlicher Breite gedeiht. In diesem Bereich liegt auch Südthailand. Da die Region im ausgehenden 19. Jh. zum allergrößten Teil mit Tiefland-Regenwald bedeckt war und landwirtschaftlich nicht genutzt wurde, waren hier die Bedingungen für das Entstehen großer Plantagen ideal.

Nachdem der Provinzgouverneur von Trang im Jahr 1901 den ersten Setzling eines Kautschukbaums gepflanzt hatte, wurde der Primärwald nach und nach gerodet und die Plantagenwirtschaft dehnte sich ab etwa 1903 von Phuket aus über ganz Südthailand aus. Deckte das Königreich noch Ende der 1980er-Jahre nur etwa 15 % des gesamten Weltbedarfs an Rohgummi, so sind es heute mit nahezu 4 Mio. t jährlich gut 35 %. Damit ist Thailand der größte Kautschukproduzent der Welt und längst ist Kautschuk, der thailandweit rund 1,3 Mio. Arbeitsplätze schafft, das mit Abstand wichtigste Exportgut des Landes.

Vom Latex zur Kautschukmatte

Weiter geht die Führung zu einem benachbarten Kautschukbaum, dessen Napf bereits randvoll mit der milchigen Latexflüssigkeit ist. Hier wurde der Schnitt, wie üblich, bereits nachts angebracht. Gut 300 ml können pro Erntevorgang, der etwa 3–4 Std. dauert, abgezapft werden. Da die Rinde schon nach ein bis zwei Tagen wieder verheilt ist, kann jeder Baum etwa zweimal pro Woche zur Ader gelassen werden, und das 20 Jahre lang. Die nächste Station auf der Tour ist das ›Hauptquartier‹ der Plantage, ein einfacher Palmwedelschuppen, in dem demonstriert wird, wie man den Saft durch Zusatz von Ameisensäure oder Natriumsulfit zum Gerinnen bringt. Anschließend wird die so erzeugte zähe Masse zwischen ›Heißmangel‹-Walzen zu dünnen Matten gepresst, schließlich für rund 24 Stunden zum Trocknen aufgehängt, nach Qualität sortiert und als Ballen von rund 100 kg Gewicht verkauft.

Im Schatten der Krise
Den Verkaufspreis des Kautschuks bestimmt die Nachfrage, die aber derart rückläufig ist, dass 2015 nur noch Gummipreise von ca. 65 Bt/kg erzielt wurden (2013: 134 Bt/kg). Wie so oft gibt es Gewinner und Verlierer einer solchen Entwicklung: Während insbesondere für die Reifenproduzenten die momentane Preislage einen Segen bedeutet, ist sie für die Kautschukbauern eine Herausforderung, da sie kaum noch die Produktions- und Vertriebskosten deckt. So manchem Plantagenbesitzer bleiben nur noch wenige tausend Baht im Monat netto, und so nimmt es nicht wunder, dass es in Südthailand zurzeit immer wieder zu Demonstrationen der Kautschukbauern kommt, die vom Staat einen garantierten Mindestpreis von 95 Bt fordern, was momentan schlicht utopisch ist. Sollte sich die Marktlage nicht ändern, werden bald schon mehr und mehr Kautschukplantagen brachliegen oder wieder in landwirtschaftliche Nutzflächen umgewandelt werden.

Durch die Mangel gedreht und aufgehängt – aus Saft wird harter Stoff

Phuket Town

Die günstige Variante – **Phuket Orchid Resort** 12 : 34 Luangporchuan Road, Karon, Tel. 076 35 83 00, www.kata group.com/phuketorchid, DZ ab 6200 Bt. Zwar mit drei Pools ausgestattet, aber nicht direkt am Strand gelegen und daher bei gleicher Komfortklasse wie das Karon Beach Hotel wesentlich günstiger. Sehr beliebt, nicht nur bei Reisenden mit Kindern.

Panoramareich & günstig – **Princess Seaview Resort & Spa** 13 : 382 Thanon Patak, Karon,Tel. 076 37 22 00, www. princessseaview.com, DZ in drei Komfortstufen von 3200–8000 Bt (Nebensaison) bzw. 7200–15 000 Bt (Hochsaison), über Hotel-Buchungsseiten ab 2000 Bt (Hochsaison!). Rund 150 Terrassenzimmer große Anlage der gehobenen Mittelklasse am Hang über dem Ort mit allen Annehmlichkeiten eines Spitzenhauses. Zum Strand kostenloser Shuttle.

Homestay & Galerie – **Casa Brazil** 14 : 9 Luangpochuan Soi 1, Karon, Tel. 076 39 63 17, www.phukethomestay.com, DZ 1000–1400 Bt (Nebensaison) bzw. 1200–1500 Bt (Hochsaison), Mai–Mitte Okt. geschl. 19 farbenfroh gestrichene und mit Liebe dekorierte AC-Zimmer, die alle u. a. mit Kühlschrank und Balkon sowie Bad/WC ausgestattet sind; beim Frühstück kann man zwischen Continental und American wählen. Ruhig in einer Nebengasse gelegen, zum Strand sind es rund 5 Gehminuten.

Essen & Trinken

Speisen mit Traumblick – **On the Rocks** 5 : Marina Phuket Resort, 47 Karon Road, Karon, Tel. 076 33 06 25, www. marinaphuket.com, tgl. ab 12 Uhr, abends unbedingt reservieren, Vorspeisen ab 350 Bt, Hauptgerichte ab 450 Bt. Kaum eine andere Adresse auf Phuket kann es hinsichtlich der Aussicht auf Strand, Meer und Sonnenuntergänge mit diesem in die Klippen integrierten und unlängst komplett renovierten Seafood- und Barbecue-Restaurant aufnehmen. Thailändische und internationale Küche, köstlich z. B. der mit Käse überbackene Rock Lobster oder die Seafood Satays sowie, als Dessert, Banana flambé.

Jazz-Schlemmertempel – **Ratri Jazztaurant** 6 : Kata Hill, Kata Yai, Tel. 076 33 35 38, www.ratrijazztaurant. com, tgl. ab 17 Uhr, Vorspeisen um 220– 400 Bt, Hauptgerichte ab 350 Bt. 2012 komplett renoviertes Panoramarestaurant, das zu den besten Adressen für italienische Küche auf der Insel gerechnet wird. Wer das Besondere sucht, wählt die große Meeresfrüchte-Platte (1500 Bt).

Schlemmen mit Stil – **Mom Tri's Boathouse** 7 : s. Unser Tipp unten.

Unser Tipp

Schlemmen mit Stil – Mom Tri's Boathouse 7

Das Bootshaus gilt als Phukets feinstes Gourmetrestaurant. Als einziges Restaurant in ganz Thailand erhielt es den begehrten Award of Excellence des »Wine Spectator-Magazine«. Und dies schon seit 1995 jedes Jahr aufs Neue! Das spricht für Weltklasse. Auch Service, Einrichtung und Panorama erfüllen die hohen Erwartungen. Wer sich das Besondere gönnen will, wählt das viergängige Menü der französischen oder thailändischen Küche (1750 Bt, mit Wein 3430 Bt). À la carte muss man 280–580 Bt für eine Vorspeise ansetzen, 640–1470 Bt für ein Hauptgericht (12 Thanon Kata Noi, Kata, Tel. 076 33 35 68, www.villaro yalephuket.com, tgl. ab 18.30 Uhr).

Phuket

Nai Harn Beach

▶ Karte 5, B 13/14

Am Südzipfel von Phuket schmiegt sich der **Nai Harn Beach** in eine etwa 1 km lange, sanft geschwungene Bucht, die beidseitig von Klippen begrenzt wird. Hinter dem Strand greift eine Lagune weit ins Land, davor schauen einige Inselchen aus dem Meer. Der etwa 20 bis 50 m breite Strand ist makellos weiß und zählt sicherlich zu den schönsten der Insel. Doch kein Paradies ohne Schatten: Seit Mitte der 1980er-Jahre wird die gesamte Bucht vom Royal Meridien Phuket Yacht Club beherrscht. Wer nicht dort absteigt, kann den Meeressaum nur im Rahmen eines Tagesausflugs bzw. mit einem Strand-Shuttlebus von einem der weiter landeinwärts gelegenen Hotels besuchen. Die malerische Bucht und die fantastischen Sonnenuntergänge am Meer bleiben daher weitgehend einer zahlungskräftigen Klientel vorbehalten.

In Sachen Sonnenuntergang können sich allerdings nur wenige Plätze auf der Insel mit dem frei zugänglichen **Laem Phrom Thep** **3** messen. Am Leuchtturm auf Phukets felsigem Südkap finden sich daher allabendlich oft Hunderte Sonnenanbeter ein.

Übernachten

Naturnah im Binnenland – **Nai Harn Garden Resort** **15**: Viset Road, Saiyuan, Tel. 076 28 83 19, www.naiharngarden resort.com, Bungalows ab 1500 Bt bzw. 3500 Bt (Hochsaison). Über 3 ha große Gartenanlage ein Stück vom Strand entfernt in naturnaher Umgebung an der malerischen Lagune. Verstreut liegende Bungalows (alle u. a. mit AC, Kühlschrank, TV, Safe) in 3 Komfortstufen und ein großer Pool.

Termine

King's Cup Regatta: Anfang Dez., www.kingscup.com. Die unter der Schirmherrschaft des Königs stehende berühmteste Segelregatta Asiens lockt seit 1987 die besten Segler der Welt nach Nai Harn.

Inseln um Phuket

Abgesehen von der Phang-Nga-Bucht mit ihren bizarren Eilanden liegen rings um Phuket in der Andamanensee knapp 40 *islands in the sun*. Mit einem Longtail- oder Schnellboot kann man alle 40 Inseln ab dem Chalong Pier im Südosten Phukets erreichen, wo auch die meisten organisierten Touren beginnen.

Ko Lone ▶ Karte 5, D–E 13

In der Chalong-Bucht, nur etwa 2 km von der Küste entfernt, liegt **Ko Lone**. Die etwa 3 km lange und 800 m breite Insel erinnert an das Phuket der 1970er-Jahre. Sie erhebt sich 250 m hoch aus dem Meer, ist mit Dschungel und vorwiegend Kautschukbäumen bewachsen und von Fußwegen durchzogen. Ein kleines Fischerdorf und mehrere Strände bilden ein ideales Ziel für einen Tagesausflug weitab vom Touristentrubel. Wer länger verweilen will, findet Unterkunft in mehreren teuren Resorts. Die Überfahrt im Longtailboot kostet ca. 1200 Bt, organisierte Touren werden nicht angeboten.

Ko Hae ▶ Karte 5, D/E 14

Die Bootsfahrt zum 9 km entfernten **Ko Hae,** auch als Coral Island bezeich-

Inseln um Phuket

net, beträgt rund 20 Minuten. Die etwa 2,5 km lange und nur wenige hundert Meter breite Insel steigt auf nahezu 200 m an und ist dicht bewaldet. Der makellos weiße Strand lädt zum Sonnen, Schwimmen und Relaxen ein. Unterkunft bietet nur das Coral Island Resort.

Ko Racha Yai ▶ Karte 1, B 9

Rund 20 km südlich von Phuket erstreckt sich wenig mehr als 1 km² groß **Ko Racha Yai**, das voll und ganz dem gängigen Klischeebild einer tropischen Paradiesinsel entspricht, perfekt zum Tauchen, Schnorcheln, Schwimmen und Entspannen. Etwa ein halbes Dutzend Bungalowanlagen ermöglicht einen längeren Aufenthalt.

Übernachten

Eine Insel, ein Resort – **Coral Island Resort:** Coral Island, Tel. 076 28 10 60, www.coralislandresort.com. 64 gepflegte AC-Bungalows, Pool und Restaurant, 1900–3600 Bt (Nebensaison) bzw. 3200–6000 Bt (Hochsaison).

Großzügig angelegt – **Ban Raya Resort:** Ko Racha Yai, Tel. 835 91 20 95, www.banraya.com, ab 3200 Bt (Fan) bzw. 4700 Bt (AC). Mehrere Dutzend Holzbungalows in einem großen Palmenhain, der sich zwischen zwei Sandbuchten erstreckt. Zur Anlage gehören ein Pool, ein Tauchzentrum und Fahrradverleih.

Infos

Bootscharter: ab Chalong Pier (östl. Kata/Karon) Longtailboot (6 Pers.) ca. 3500 Bt/Tag, Schnellboot (max. 6 Pers.) ca. 3000 Bt/Tag für Coral Island, 4000 Bt für Ko Racha Yai. Das reguläre Boot nach Ko Racha Yai verkehrt bis zu 3 x tgl. und kostet 800 Bt/Pers.
Tour: Am günstigsten ist der Besuch der Inseln im Rahmen einer Halb- oder Ganztagestour (ab 1500 Bt).

Garantieren entspannten Inselaufenthalt – die Ko Racha Yai Bungalows

Das Beste auf einen Blick

Provinz Krabi – das Festland

Highlight!

Krabi: Wahrlich märchenhaft mutet die Landschaft in der Provinz Krabi an. Nicht ohne Grund wurden hier zahlreiche Spielfilme und einige Folgen der Fernsehserie »Traumschiff« gedreht. Ob an der Küste, auf den vorgelagerten Inseln oder im urwaldreichen Hinterland, stets wird nur der Superlativ der Realität gerecht. Vom Budgetreisenden bis hin zum Jetsetter findet jeder sein persönliches Paradies. S. 222

Auf Entdeckungstour

Im Rausch der Gewürze – thailändisch kochen lernen: Liebe geht durch den Magen, schon gar diejenige zu Thailand. Doch wie bereitet man süßsaures Hähnchen oder sauerscharfe Suppe, Fried Rice oder Curry, wenn nicht gar die Currypaste selbst, die aus einer Vielfalt exotischer Gewürze und duftender Kräuter besteht? Die Antworten auf diese und viele weitere kulinarische Fragen erhält man in einer Kochschule. 5 S. 228

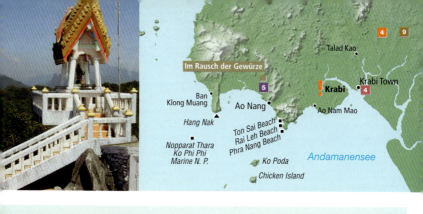

Kultur & Sehenswertes

Rai Leh und Phra Nang Beach: Die in bizarre Kalksteinformationen gefassten Strände sind eine Sensation – auch für Kletterer. S. 231, 232

Wat Tham Sua: Der Tiger Cave Temple am Rand eines Felsmassivs im Urwaldsaum gehört zu den Klosteranlagen des Südens, die auf jeden Fall den Besuch lohnen. 4 S. 237, 238

Aktiv unterwegs

Bootsausflüge: Eine Tour in die Inselwelt vor Krabi darf man sich einfach nicht entgehen lassen. S. 222

Mangroventouren: Am schönsten ist es, die Wildnis vor Krabi per Kajak zu entdecken. S. 223

Wandern im Nopparat Thara Ko Phi Phi Marine National Park: Vom gut 500 m hohen Hang Nak genießt man einen Rundumblick auf Meer, Inseln und säumende Bergwelt. S. 233

Genießen & Atmosphäre

Hong Ming Vegetarian Food: Derart gutes und dabei derart günstiges Vegetarisches bekommt man kaum irgendwo sonst in Südthailand. Ab 35 Bt für ein Hauptgericht ist man dabei. 4 S. 227

Phanom Bencha Mountain Resort: In einem von Kalksteinmassiven und Urwaldhängen umgebenen Tal liegt dieses ungewöhnliche Resort. Hier werden u. a. auch Dschungeltreks organisiert. 9 S. 236

Abends & Nachts

Rai Leh und Ton Sai Beach: Dutzende exotisch aufgemachte Bars verlocken zu langen Nächten. Berühmt sind die All Night Beach Parties am Ton Sai Beach, die nicht nur zu Voll- und Neumond stattfinden. S. 236

Die Perle des Südens – Krabi!

Die rund 4600 km² große Provinz Krabi umfasst ein Reich, in dem die Natur ihre spektakulärsten Seiten zeigt und oftmals wie ein surreales Traumbild erscheint. Vor der mehr als 160 km langen Küstenlinie ragen wie in einem Märchenland die bizarren Kalkstein-formationen der einzigartigen Phang-Nga-Bucht aus türkisgrünen Fluten. Aber auch Mangrovensümpfe und bis über 1300 m hohe Berge, tosende Wasserfälle, weltentrückte Seen und heiße Quellen sowie unauslotbare Höhlenlabyrinthe sind in der Region zu finden, die einen der größten Regenwaldbestände von Südthailand aufweist. Diese überwältigende Symphonie der Natur macht Krabi zum Tummelplatz von kältegeschädigten Sonnensuchern und Aktivurlaubern. Neuere archäologische Funde weisen übrigens darauf hin, dass in der Region um Krabi das älteste Siedlungsgebiet in ganz Thailand liegt. Bereits vor etwa 36 000 Jahren lebten hier Menschen als Sammler und Jäger.

Bootsausflüge

Auch wenn die Zeit noch so knapp bemessen ist, einen Bootsausflug in die märchenhafte Inselwelt vor Krabi darf man sich einfach nicht entgehen lassen! Dazu mietet man entweder in Krabi Town (s. S. 230) oder an den Stränden (s. S. 236) zu festen Preisen ein Longtailboot bzw. im Reisebüro ein schnittiges Motorboot oder man schließt sich einer der vielen All-inclusive-Touren an (Prospekte liegen in Restaurants, Unterkünften und Reisebüros aus). Diese führen auch in die Phang-Nga-Bucht, nach Phuket, Ko Lanta und Ko Phi Phi.

Four-Island-Tour

Renner ist in jeder Saison die Four-Island-Tour. Vom **Ao Nang Beach** aus geht es üblicherweise zuerst zur rund 10 km weit vorgelagerten Insel **Ko Poda**, wo in erster Linie ein Strand einlädt. Nächster Stopp ist **Chicken Island** mit erstklassigen Schnorchelmöglichkeiten, bevor die Fahrt via **Ko Tup** und **Ko Taloo** zum **Phra Nang Beach** und retour nach Ao Nang führt. Alle Inseln stehen unter Naturschutz (organisierte Tour ab 500 Bt/Pers. im Longtailboot, 1100 Bt/Pers. im Schnellboot).

Five-Island-Tour

Bei der Five-Island-Tour wird auch der weiter nördlich gelegene **Ko-Hong-Archipel** angesteuert. Die von Kalksteinklippen gesäumten Inselstrände sind paradiesisch. Ein Highlight ist die Fahrt durch einen schmalen Kanal in eine Kraterlagune, die auf Thailändisch *hong* (Zimmer) heißt (mit dem Schnellboot rund 2600 Bt/Pers., wird nur der Ko-Hong Archipel angesteuert, kostet die Tour 1300 Bt/Pers.; mit dem Longtailboot dauert es zu lange).

Bamboo Island

Eine weitere Tagestour hat das weit draußen vor der Küste gelegene **Bamboo Island** zum Ziel, das auf organisierten Fahrten zusammen mit Ko Phi Phi besucht wird. Die zum **Ko Phi Phi Marine National Park** gehörende Insel blickt über weiße Strände auf Ko Phi Phi. Die vorgelagerten Korallenriffs mit idealen Schnorchelbedingungen zählen zu den intaktesten weit und breit. Mit etwas Glück sieht man den ungefährlichen Leopardenhai, der hier tagsüber auf dem Meeresboden liegt und schlummert (ca. 800 Bt/Pers. im Longtailboot, 1300 Bt im Schnellboot).

Krabi

Infobox

Reisekarte: ▶ C 8/9 und Karte 4, D–E 5/6

Touristeninformation
Krabi Tourist Association: 289/22 Thanon Uttarakit, Krabi 81000, Tel. 086 810 34 13, www.krabi-tourism.com (sehr gute Seite zu Krabi), tgl. 8.30–16.30 Uhr. Monatlich Infos per Flyer.
Internet: Die besten deutschsprachigen Seiten sind www.krabi-thailand-infoportal.de und www.krabi-thailand.de, www.krabi.com, www.yourkrabi.com.

Service
s. Krabi Town S. 227

Verkehr
Flugzeug: Krabi wird von Bangkok, Ko Samui, Kuala Lumpur und Singapur angeflogen. Krabi International Airport, ca. 17 km außerhalb der Stadt am Highway gen Süden. Infos www.krabiairportonline.com, Tel. 076 63 65 41–42. Verbindung u. a. von/nach Bangkok mit Thai Airways 4 x tgl. (ab 1500 Bt) und 6 x tgl. mit Asia Air (ab 690 Bt), von/nach Kuala Lumpur (mit Asia Air ab 1500 Bt). Mit dem Flughafenbus für 90 Bt nach Krabi Town, 150 Bt nach Ao Nang, mit dem Taxi 600/800 Bt.
Boot: Krabi Passenger Port, Thanon Tharua. Sept.–Mai 1 x tgl. Schnellboot nach Ko Lanta via Ko Jum (2 Std., 550 Bt), ganzjährig mehrmals tgl. nach Ko Phi Phi (1,5 Std., ab 450 Bt),

nach Phuket (ab 700 Bt), Songthaew ins Stadtzentrum 50 Bt. Weitere Verbindungen vom Pier in Ao Nang (s. S. 236).
Bus: Busbahnhof ca. 4 km außerhalb der Stadt am Highway 4 in Talad Kao. Information Tel. 075 61 18 04. Verbindungen in verschiedenen Komfortklassen mit Bangkok (Nachtbusse Abfahrt ab 17 Uhr, ca. 12 Std.) und allen Städten in Südthailand. Private VIP-Busse von/nach Bangkok (vorzugsweise mit Lignite Tours, Tel. 075 61 28 47, 553–1250 Bt). Außerdem nach Kuala Lumpur/Malaysia (1100 Bt) und Singapur (um 1350 Bt). Songthaew ins Stadtzentrum 10 Bt. Tickets: Buchung in örtlichen Reisebüros, auch Kombitickets u.a. Ko Samui und Ko Pha Ngan (ca. 500/650 Bt).
Minibus: u. a. Phuket International Airport (350 Bt), Phuket Town (500 Bt), Khao Sok National Park (350 Bt), Khao Lak (350 Bt), Ko Lanta (350 Bt), Hat Yai (350 Bt), Ban Pakbara (450 Bt), Satun (350 Bt) und Penang/Malaysia (900 Bt). Tickets in den örtlichen Reisebüros.
Taxi: nach Ko Lanta (3000 Bt), Khao Lak (2700 Bt), Khao Sok (3300 Bt), Surat Thani (2800 Bt) oder zum Phuket Airport jeweils ca. 2700 Bt; von Krabi Town zum Ao Nang Beach ca. 600 Bt.
Mietfahrzeug: Buchung in allen Reisebüros und den meisten Unterkünften. Suzuki-Jeeps ab etwa 1000 Bt/Tag, Motorräder ab ca. 150 Bt/Tag.

Mangroventouren
Die Mangrovensümpfe erkundet man besser per Kajak als im Longtailboot. Dann stört kein Motorengeräusch die Stille und kann Affen, Otter und Vögel nicht aufschrecken. Vom Kajak aus bieten sich wahrhaft fantastische Ausblicke in schroffe Canyons und malerische Lagunen (ab 500 Bt/Pers. für den halben Tag, ab 1000 Bt für den ganzen Tag jeweils inkl. Transport, Lunch, Drinks).

Aktiv in Krabi

Kajak – **Sea Kayak Krabi** 1: 40 Thanon Maharat, Soi 2, Tel. 075 63 02 70, www.seakayak-krabi.com. Tagesexkursion nach Ko Hong 1800 Bt, Ban Bor Thor 1700 Bt, Ao Thalane 900 Bt (Mangroventour), Ko Phi Phi 1800 Bt. Es gibt zahlreiche weitere Veranstalter, die organisierte Touren anbieten.

Tauchen – **Kon-Tiki** 2: Ao Nang Beach, 161/1 Moo 2, Tel. 075 63 78 26, www.kontiki-krabi.com. Das Dive Center hat beste Referenzen, alle gängigen Kurse bis zum Master, viertägiger PADI Open Water 15 000 Bt, Tauchfahrten ab 3900 Bt alles inklusive. In der Provinz Krabi gibt es über 30 Dive Spots und viele Tauchschulen.

Fahrradtouren – **Krabi Eco Cycle** 3: Ao Nang Beach, 41/2 Moo 5, Tel. 075 63 72 50, www.krabiecocycle.com. Krabi ist ein Paradies auch zum Radfahren und der zurzeit einzige Anbieter für geführte Radtouren ist Krabi Eco Cycle. Auf dem Programm stehen Halbtagestouren, z. B. rund um Ao Nang (800 Bt) sowie zum Wasserfall Huay To (1350 Bt), Tagestouren zu den Highlights in der Umgebung (2000 Bt) sowie darüber hinaus Mehrtagestouren, u. a. nach Ko Lanta (1 oder

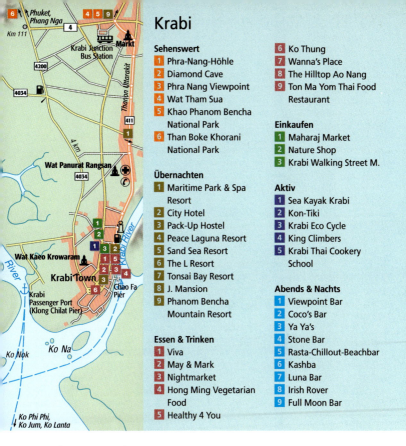

Krabi

Sehenswert
1. Phra-Nang-Höhle
2. Diamond Cave
3. Phra Nang Viewpoint
4. Wat Tham Sua
5. Khao Phanom Bencha National Park
6. Than Boke Khorani National Park

Übernachten
1. Maritime Park & Spa Resort
2. City Hotel
3. Pack-Up Hostel
4. Peace Laguna Resort
5. Sand Sea Resort
6. The L Resort
7. Tonsai Bay Resort
8. J. Mansion
9. Phanom Bencha Mountain Resort

Essen & Trinken
1. Viva
2. May & Mark
3. Nightmarket
4. Hong Ming Vegetarian Food
5. Healthy 4 You
6. Ko Thung
7. Wanna's Place
8. The Hilltop Ao Nang
9. Ton Ma Yom Thai Food Restaurant

Einkaufen
1. Maharaj Market
2. Nature Shop
3. Krabi Walking Street M.

Aktiv
1. Sea Kayak Krabi
2. Kon-Tiki
3. Krabi Eco Cycle
4. King Climbers
5. Krabi Thai Cookery School

Abends & Nachts
1. Viewpoint Bar
2. Coco's Bar
3. Ya Ya's
4. Stone Bar
5. Rasta-Chillout-Beachbar
6. Kashba
7. Luna Bar
8. Irish Rover
9. Full Moon Bar

2 Tage), Ko Yao Noi (2 Tage) und zum Khao Sok National Park (3 Tage).
Asiens Kletterparadies – **King Climbers** 4: s. S. 232
Thailändisch kochen lernen – **Krabi Thai Cookery School** 5: Ao Nang, s. Entdeckungstour S. 228

Krabi Town

▶ Karte 4, E 6 und oben

Die am Westufer des Krabi River gelegene etwa 30 000 Einwohner zählende Provinzhauptstadt kra-bie (wie die Thailänder sagen) präsentiert sich als Neubau-Metropolchen mit regulierten Straßennetzen im rechtwinkligen Rastersystem. Vom quirligen **Maharaj Market** 1 abgesehen gibt es keine nennenswerten Sehenswürdigkeiten. Doch dank der traumhaften Lage, der ausgezeichneten Gastronomie und der vielen Ausflugsmöglichkeiten bietet sich ein Aufenthalt an, auch ein Gang entlang der langen Flussuferpromenade sei empfohlen. Die meisten Besucher kommen allerdings nur zum Einkaufen nach Krabi oder um von hier zu den Stränden und Inseln der Provinz aufzubrechen.

225

Provinz Krabi – das Festland

Übernachten

Dutzende Guesthouses gibt es in der Stadt und jedes Jahr kommen mehr hinzu (Preise ab ca. 250 Bt für ein DZ ohne eigenes Bad, mit Bad ab 350 Bt), insbesondere in den Straßen Thanon Chao Fah (off Thanon Uttrakit) sowie Thanon Maharat (die kleine am Markt vorbeiführende Straße gegenüber dem City Hotel, s. u.).

Traumlage – **Maritime Park & Spa Resort** **1**: 1 Thanon Tungfah, Tel. 075 62 00 28, www.maritimeparkandspa. com, DZ ab 1900 Bt bei Online-Buchung, sonst wesentlich teurer. In traumhafter Lage an Fluss und Lagune, ca. 2 km außerhalb des Zentrums. Klassisch-elegante Einrichtung, noble geräumige Zimmer (ab 40 m²), Spitzenrestaurant, herrlicher Pool und ein umfassendes Spa-Angebot.

Beste Zentrumswahl – **City Hotel** **2**: 15/2–4 Thanon Sukon (Maharat Soi 10), Tel. 075 62 12 80–81, www.city krabi.com, DZ (Fan) ab 550 Bt, mit AC ab 650 Bt. Mitten im Zentrum gelegenes Mittelklassehotel mit Budgetpreisen. Die Zimmer im alten Flügel sind zwar etwas in die Jahre gekommen, aber dennoch tipptopp fürs Geld. Wer Komfort sucht, wählt am besten ein AC-Zimmer im neuen Flügel. Alle sind mit Bad/WC, TV und Telefon ausgestattet. Da die zur Straße gelegenen Zimmer teils laut sein können, empfehlen sich diejenigen nach hinten raus.

Backpackers first – **Pak-Up Hostel** **3**: 87 Thanon Uttrakit/Ecke Thasnon Chao Fah, Tel. 075 61 19 55, www. pakuphostel.com. Mehrgeschossiges Boutique-Hostel der modernsten Art mit tiptoppen Aircon-Dormitorys, in denen das (sehr bequeme) Bett generell 280 Bt kostet. Im ganzen Haus gibt es WIFI, die coole Rooftop-Bar bietet allabendlich Livemusik und herrliche Ausblicke, im Innenhof laden immer wieder Partys ein, die Mitarbeiter sprechen ausgezeichnetes Englisch, und ein Reisebüro ist angeschlossen.

Essen & Trinken

Prima Pizzen – **Viva** **1**: Thanon Preuksa Uthit, Tel. 075 63 05 17, tgl. ab 9/10 Uhr, Pizzen und sonstige Hauptgerichte ab 180 Bt. Korbsessel und -stühle verleihen dem luftigen italienischen Restaurant eine gemütliche Note und die Pizzen des Schweizers Renato gelten vielen als die besten des Südens überhaupt; Pasta und Antipasti sind ebenfalls vom Allerfeinsten und natürlich werden auch Kaffeetrinker zufriedengestellt; außerdem gibt es italienische Weine und köstlichen Grappa.

Klein, aber fein – **May & Mark** **2**: Thanon Ruen Rudee, tgl. ab 6.30 Uhr, Hauptgerichte ab etwa 80 Bt. Kleines Restaurant mit dutzenden Gerichten (u. a. Thai, italienisch, mexikanisch) für wenig Geld. Hier ist alles köstlich, besonders die Salate und das Frühstück (u. a. mit diversen Brotsorten). Gegenüber vom City Hotel (s. o.) gibt es nun einen Ableger von May & Mark (tgl. ab 7 Uhr).

Atmosphärisch – **Nightmarket** **3**: Thanon Khong Ka, bei der Flusspromenade, tgl. ab etwa 18 Uhr, Hauptgerichte um 80 Bt. Authentische Thaigerichte, vor allem Currys und Seafood in vielen Variationen, an Dutzenden Essensständen. Viel Atmosphäre und qualitativ gutes Essen zu denkbar günstigen Preisen. Tee wird kostenlos zum Essen serviert.

Go green – **Hong Ming** **4** **und Healthy 4 You** **5** s. Unser Tipp S. 227

Thai at its best – **Ko Thung** **6**: Thanon Kongkha, gegenüber Nightmarket, Mo–Sa 11–22 Uhr, Gerichte um 80–120 Bt. Die Gerichte der authentisch

Krabi

Unser Tipp

Go Green: Hong Ming Vegetarian Food und Healthy 4 You
Die Räumlichkeiten des **Hong Ming** 4 sind nicht der Rede wert, sehr wohl aber der Geschmack der zu 100 % vegetarischen bzw. auch veganen Speisen, die man sich am kleinen Buffet dieses von einer buddhistischen Sekte aufgezogenen Restaurants aussucht. Auch die Preise sind beeindruckend, denn für 35 Bt (Reis mit einem Gericht) inkl. Tee und Wasser bzw. 60 Bt für Reis mit 2 Gerichten bekommt man nicht einmal auf dem Markt eine sättigende Mahlzeit. Außerdem werden hier auch organisch angebaute Tees und Kaffeesorten sowie Tofuprodukte verkauft (4/1 Thanon Pruksa Uthit, nahe City Hotel, bei Lignite Tours um die Ecke, Tel. 075 62 12 73, Mo–Sa 9–17 Uhr).
Healthy 4 You 5, die farbenfrohe Juicebar, serviert die köstlichsten Fruchtsäfte (um 50 Bt), die man sich nur vorstellen kann. Außerdem im Angebot: Kräutertees, Spirulina, Salate aus organischem Anbau und andere pflanzliche Leckereien mehr (9/3 Room 6, Thanon Chao Fa, Tel. 088 316 47 13, Mo–Sa 9–17 Uhr).

südthailändischen Küche sind schlicht Spitze bei moderaten Preisen. Leider gibt es nur zwei Außentische, innen klimatisiert.

Einkaufen

Das gesamte Stadtzentrum bildet eine große Shoppingmeile. Schwerpunkt sind die Straßen Thanon Phattana, Thanon Prachacheun und Thanon Maharat, an der auch ein Kaufhaus liegt.
Quirlig – **Maharaj Market** 1: Thanon Maharat, Soi 7, tgl. 5–10 Uhr.
Thailändische Naturmedizin und Kosmetik – **Nature Shop** 2: Thanon Maharat/Ecke Soi 7 (am ausgeschilderten Weg zum Maharaj Market), Mo–Sa ab 10 Uhr. *Die* Adresse für thailändische Naturmedizin und -kosmetik.
Abendbummel – **Krabi Walking Street Market** 3: immer Fr–So 17–22 Uhr, Platz hinter dem City Hotel. Hunderte Verkaufs- und Essensstände, Vorführung von Shows.

Aktiv

s. Aktiv in Krabi S. 224

Abends & Nachts

Das Nachtleben spielt sich zumeist an den Stränden ab, s. S. 236.

Infos

s. auch Infobox S. 223
Tourist Police: Ecke Moo 2/Thanon Klong Haeng, Ao Nang, Tel. 075 63 73 08, Hotline 11 55. Zuständig für die gesamte Provinz.
Krabi Hospital: 325 Thanon Uttrakit, Tel. 075 61 12 10. Nur bedingt im Notfall ist dieses Krankenhaus zu empfehlen, vorzugsweise sollte man die beiden Krankenhäuser in Phuket aufsuchen.
Krabi Immigration Office: 382 Moo 7, Thanon Tharuea (außerhalb Krabi, Motorrattaxi 50 Bt), Tel. 075 61 10 97, Mo–Fr 8.30–16 Uhr. ▷ S. 230

Auf Entdeckungstour: Im Rausch der Gewürze – thailändisch kochen lernen

Liebe geht durch den Magen, besonders diejenige zu Thailand. Doch wie bitte bereitet man süßsaures Hähnchen oder sauerscharfe Suppe, Fried Rice oder Curry, wenn nicht gar die Currypaste selbst zu, die aus einer Vielfalt exotischer Gewürze und duftender Kräuter besteht? Die Antworten auf diese und viele weitere kulinarische Fragen erhält man in einer Kochschule.

Krabi Thai Cookery School [5] : 269 Moo 2, Ao Nang, Tel. 075 66 21 55 u. 081 979 06 77, www.krabicookery-school.com

Öffnungszeiten: während der Saison tgl., Morgenkurse (9–13 Uhr), Nachmittagskurse (13–18, 14.30–18 Uhr)

Preis: Morgenkurs 1500 Bt, Nachmittagskurs 1500 bzw. 1200 Bt (je nach Dauer), Ganztageskurs 2200 Bt

Es zischt und spritzt das bis nahe an den Flammpunkt erhitzte Kokosnussöl im Wok. Mit Händen, so flink, dass man ihnen kaum mit den Augen folgen kann, befördert die Meisterköchin der Krabi Thai Cookery School Schalotten und Knoblauch, Gemüsescheibchen, gekochten Reis und Hähnchenhäppchen, Soja- und Fischsauce, Pfeffer, Chili und Limettensaft ins siedende Öl, zieht alle Zutaten wirbelnd unter – fertig ist *khaao phat gai,* das ebenso leckere wie minutenschnell bereitete Fried Rice Chicken, das in keinem Thairestaurant auf der Speisekarte fehlt.

Wok und weg

Thailand ist ein einziger Sinnenreiz, selbst noch in einer Kochschule, und wenn Chonlaya Ya Lao Tong den Wok bedient, sind alle Teilnehmer des Kurses ›wok und weg‹, denn Ya ist eine diplomierte Meisterin der klassischen Thaiküche mit mehrjähriger Erfahrung als Chefköchin in internationalen Spitzenhäusern. Das kann man sehen und vor allem auch schmecken. Wer in ihrer Schule die Grundbegriffe der Thaiküche erlernt hat, für den geht auch zu Hause die Liebe zu Thailand immer wieder durch den Magen.

Aller Anfang ist schwer

Doch Fried Rice ist gewissermaßen nur das *hors d'œuvre* des morgendlichen Kochkurs-Menüs, in dessen Verlauf man nicht nur zuschaut und anschließend genießt, sondern unter Anleitung selbst zum Koch wird. Dabei sind Hürden zu nehmen, denn schon das Vorbereiten der Zutaten selbst für ein so einfaches Gericht wie gebratenen Reis hat seine Tücken.

Am gewöhnungsbedürftigsten ist vielleicht der Umgang mit dem großen Breitklingenmesser, das zum Zerkleinern der Zutaten benutzt wird, denn nicht die Messerspitze, wie in der europäischen Küche üblich, dient diesem Zweck, sondern vielmehr ist es das untere, schaftnahe Ende. Auch das feine Dekorieren von Karotten, Tomaten und anderen Gemüsen ist anspruchsvoll, denn Thaigerichte wollen nicht nur Gaumenschmaus, sondern auch Augenweide sein. Und gerade auch die Komposition der Kräuter und Gewürze für eine Currypaste ist kein Kinderspiel, zumal es viele Currypasten gibt, etwa rote, grüne und gelbe – um nur die offenkundige Unterscheidung nach Farben zu nennen.

Thaiküche leicht gemacht

Doch Buddha sei Dank gibt es überall in Thailand sowie zu Hause in den Asialäden auch fertig gemischte Currypasten. Und so kann man sich im Kurs darauf konzentrieren, aus diesen Grundpasten ein deftiges, sämiges *gaeng massaman,* ein angenehm mildes grünes Curry, ein chilirotes *gaeng phet* oder gar ein cremiggelbes *gaeng penaeng* (s. S. 29) zu bereiten. Letzteres ist freilich so scharf, dass den meisten, die es kosten, schlicht die Spucke wegbleibt.

Aber auch Nudelgerichte (etwa die thailändische ›Spaghettiversion‹ *phat thai*) und Suppen (etwa die Kokosnusssuppe *tom kha* oder die säuerliche *tom yam*) stehen auf dem Kochplan, ebenso wie rein vegetarische Speisen nebst curryfreien Fleisch- und Fischgerichten und Salaten (u. a. der aus grüner Papaya bereitete *som tam*). Wer sowohl den Morgen- als auch den Nachmittagskurs belegt, kann schließlich zu Hause auf ein Repertoire von immerhin rund 16 traditionellen Gerichten der Thaiküche zurückgreifen. Und damit auch später gelingt, was man erlernt hat, kann man alle erforderlichen Gewürze und Pasten sowie Wok, Topf, Tiegel und sonstige Geräte in der Schule erwerben. Ein Kochbuch mit den Rezepten auf Englisch und Deutsch ist im Kurspreis inklusive ebenso wie ein Mittag- bzw. Abendessen und der Transport von/zur Unterkunft. Apropos: Mit zur Kochschule gehört ein im traditionellen Thaistil errichtetes Haus, in dem Homestay in geradezu schon luxuriös eingerichteten Zimmern angeboten wird.

Provinz Krabi – das Festland

Flug, Bus und Boot: s. auch S. 223
Taxi: von Krabi Town zum Ao Nang Beach ca. 600 Bt.
Longtailboote: ab dem Chao Fa Pier am Fluss per Taxiboot zum Rai Leh Beach (ca. 50 Min., 200 Bt, mindestens 6 Pers.).
Songthaew/Tuk-Tuk: regelmäßig u. a. zum Ao Nang Beach (50 Bt/Pers.). Einzelbeförderung 300 Bt.

Krabis Strände
Ao Nang
▶ Karte 4, D 6 und S. 225

Ao Nang Beach
Als das touristische Zentrum von Festland-Krabi gilt der **Ao Nang Beach,** wo der Tsunami im Dezember 2004 vergleichsweise wenig Schaden anrichtete. Der 17 km von Krabi Town entfernte Küstenabschnitt hat sich mit einer Strandpromenade samt schicker Restaurant- und Boutiquenzeile für den Pauschaltourismus – insbesondere aus Skandinavien, England und Deutschland – fein herausgeputzt. Der Strand aus recht grobkörnigem Sand, knapp 1,5 km lang und steil abfallend, ist weniger attraktiv. Reizvoll hingegen sind das Hinterland mit dschungelbewachsenen Kalksteinbergen und das bis zum Horizont reichende Panorama mit unzähligen Felsinseln.

Nopparat Thara Beach
Unmittelbar nördlich steigt aus hellblau leuchtendem Meer der sanft geschwungene Bogen des schneeweißen **Nopparat Thara Beach** auf. Als Teil des **Nopparat Thara Ko Phi Phi Marine National Park** blieb er bislang zumindest von großflächiger Bebauung verschont. Die Straße liegt hinter Kasuarinen verborgen. Erklärte Strandläufer finden hier alles zum Besten, Schwimmer hingegen kommen nur bei Flut auf ihre Kosten, da das Wasser flach ist.

Im Norden, unweit des Nationalparkhauptquartiers, endet der etwa 2,5 km lange Küstenabschnitt an einem schmalen Kanal. Dank zahlreicher Essensstände ist die Stelle bei Thais als Picknickplatz beliebt.

Nördliche Strände
Longtailboote setzen bei den Essensständen zum anderen Ufer des Klong Son über (20 Bt/Pers.), wo mehrere

Krabi

Komfortanlagen Urlauber empfangen. Je weiter man in Richtung Norden kommt, desto weniger taugen die Strände wegen vorgelagerter Muschelbänke und Riffreste zum Baden, so auch der **Klong Muang Beach** und der **Tup Kaek Beach,** an dem nun mehrere Vier-Sterne-Resorts liegen.

Pai Plong Beach

Südlich des Ao Nang Beach türmt sich die Küste zu einem urtümlich anmutenden Felskap von mehreren hundert Metern Höhe auf. Jenseits des Kaps erstreckt sich der von Steilklippen eingefasste feinsandige **Pai Plong Beach,** der seit Kurzem allerdings im Besitz des Central Krabi Bay Resort und daher nicht mehr frei zugänglich ist. Diese Exklusivität lassen sich die Gäste ab 200 € pro Nacht kosten.

Rai Leh und Phra Nang Beach ▶ Karte 4, D/E 6, S. 225

Zwar ist die Landzunge und Bucht ca. 5 km südlich von Ao Nang nur mit

Abendlicher Hochbetrieb am Rai Leh West Beach

Provinz Krabi – das Festland

Unser Tipp

Asiens Kletterparadies

Die Strände Rai Leh, Phra Nang und Ton Sai gelten bei Klettersportlern als die besten Spots von ganz Südostasiens. Nicht weniger als fast 1000 präparierte Felsrouten vom Grad F4 (leicht) bis zum Grad F8c gilt es zu begehen. Die Angebote der zahlreichen Kletterschulen ähneln sich: Ein halbtägiger Schnupperkurs kostet ca. 1000 Bt, der Tageskurs 1800 Bt und der Dreitageskurs 6000 Bt (mit Zertifikat). Für einen Privatlehrer oder privaten Kletterführer zahlt man alles inklusive 4500 Bt pro Tag bzw. 12 000 Bt für drei Tage. Eine der bekanntesten und versiertesten Kletterschulen der Region ist **King Climbers** 4 , Tel. 081 476 60 35, dessen Website (www.railay.com) alle Fragen beantwortet, die man als Kletterer nur haben kann.

dem Longtailboot zu erreichen, doch ist die Infrastruktur gut ausgebaut. Die Fahrt von Ao Nang (oder Krabi Town, S. 230) ist ein einmaliges Erlebnis, geht es doch vorbei an lauter Felsskulpturen aus Türmen, Spitzen, Buckeln und Fingern: Gestaltgewordenes aus Kalkstein, von Höhlenlabyrinthen durchbohrt, von Vögeln und Fledermäusen belebt, mit sattem Grün bewachsen und von blaugrünem Meer umkränzt.

Rai Leh West Beach

Die Ankunft in der seichten Bucht am etwa 700 m langen **Rai Leh West Beach** ist überwältigend. Jenseits der makellosen Sandfläche erstrecken sich im Schatten lichter Palmenhaine mehrere geschmackvolle Mittelklasseresorts bis an den Fuß eines wild zerklüfteten Gebirgsrückens heran, dessen Felswände im Ruf stehen, das mit Abstand beste Kletterrevier von Südostasiens zu sein. Baden und Schnorcheln sind ebenfalls bestens, die Sonnenuntergänge legendär. Dementsprechend groß ist aber auch der Andrang von Strandliebhabern und Partyvolk, und wer seine Ruhe sucht, ist hier viel fehl

am Platz. Dies auch, weil die ständig hin und her pendelnden Boote und die Stromgeneratoren (der Strand ist nicht ans Netz angeschlossen) nicht gerade den deutschen Lärmschutzstandards entsprechen.

Ton Sai Beach

Doch es gibt Alternativen zum Rai Leh West Beach. Nördlich angrenzend, nur durch ein Felskap vom Hauptstrand getrennt (in ca. 10 Min. zu Fuß mit Seilhilfe zu umwandern), lockt der mehrere hundert Meter lange **Ton Sai Beach**, der ringsum in monumentale Kalksteinformationen gefasst und daher optisch vielleicht noch eindrucksvoller als der Rai Leh West Beach ist. Zum Baden aber ist er nicht ganz optimal: Bei Ebbe liegen Muschelbänke frei, der Sand ist recht grob. Doch Naturliebhaber und Felskletterer finden hier ihr Paradies, Letztere auch eine Infrastruktur, die ihresgleichen sucht.

Phra Nang Beach

Südlich vom Hauptstrand, minutenschnell zu Fuß (oder ebenfalls per Boot ab Ao Nang/Krabi) erreichbar, finden Adel und Geldadel dieser Welt, was sie

Krabi

an Luxus begehren mögen: Dort nämlich, direkt hinter dem zwar kleinen, aber, wie der Prospekt sagt, legendär schönen **Phra Nang Beach,** versteckt sich eine der edelsten Resortanlagen von Südostasien im Palmengrün.

Direkt an den Strand angrenzend, zu Füßen eines gewaltigen Kalksteinmassivs liegt die **Phra-Nang-Höhle** 1, ein mit Opfergaben und vor allem Phallussymbolen geschmücktes Heiligtum einer ›Fruchtbarkeitsgöttin‹, der sowohl Buddhisten als auch Muslime huldigen.

Rai Leh East Beach

Einige hundert Meter weiter östlich grenzt der **Rai Leh East Beach** an, der gen Sonnenaufgang schaut, eine dramatisch schöne Felskulisse und gute Unterkünfte bietet, aber nicht zum Baden tauglich ist. Es lohnt ein Abstecher vom Strand in die beleuchtete und durch Wege erschlossene **Diamond Cave** 2 (Tham Phra Nang Nai) mit beeindruckenden Tropfsteinformationen. Über einen Dschungelpfad geht es hoch hinauf zum **Phra Nang Viewpoint** 3, einem Aussichtspunkt auf dem Bergrücken über dem Phra-Nang-Strand, in dessen Zentrum ein mit dem Meer verbundener Felskessel klafft, zu dem man hinabsteigen kann.

Wanderung im Nopparat Thara Ko Phi Phi Marine National Park

Reine Gehzeit der Tour: hin und zurück ca. 4–5 Std.

Der **Nopparat Thara Ko Phi Phi Marine National Park** umfasst nicht nur Meer und Inseln, sondern auch ein großes Festlandstück südlich von Ao Nang. Sein höchster Punkt ist gut 500 m hoch und präsentiert sich vom Meer aus betrachtet als ein gewaltiger grauer Tafelberg, der aus dem großen Grün herausragt: Es ist der **Hang Nak,** und wer noch nie in seinem Leben einen halben Kilometer hoch über der bizarren Inselwelt der Phang-Nga-Bucht gestanden hat, der muss sich den ins-

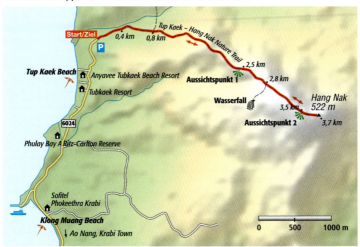

Wandern im Nopparat Thara Ko Phi Phi Marine National Park

233

Provinz Krabi – das Festland

gesamt rund 4 km langen Aufstieg über den **Tup Kaek-Hang Nak Nature Trail** einfach gönnen! Das Rundumpanorama aufs Meer, die Inseln und die säumende Bergwelt ist schlicht atemberaubend und ganz sicher die 2,5 bis 3 Std. wert, die man benötigt, um durch den teils schwülheißen Regenwald an den Flanken des Berges aufzusteigen.

Zum Ausgangspunkt der Tour folgt man von Ao Nang aus der Straße am Nopparat Thara Beach vorbei, bis es nach links zum **Tup Kaek Beach/Thai Muang Beach** ausgeschildert ist. Es geht bald an den (relativ unschönen) Strand heran, am Sheraton, Sofitel und weiteren Fünf-Sterne-Resorts vorbei ins Landesinnere, wo die Straße schließlich an einem **Parkplatz** mit Infotafel über den Trail und seine Aussichtspunkte endet. Der Pfad ist breit und nicht zu verfehlen und quert zwei kleine Brücken, bevor es nach etwa 700 m steiler und rutschiger wird. Dann wird bald ein erster **Aussichtspunkt** (auf den unten liegenden Strand) erreicht und wenig später, nach rund 2,8 km, eine Gabelung: Rechts ab geht es zu einem **Wasserfall**, links ab ist nach rund 700 letzten Metern das Wegende und damit der **finale Aussichtspunkt** erreicht. Für den Weg zurück muss man etwa 1 Std. ansetzen.

Übernachten

Hunderte von Guesthouses, Hotels, Bungalowanlagen und Resorts in allen Preisstufen finden sich insbesondere in Ao Nang und jährlich werden es mehr. Die Preise sind entsprechend der Nachfrage in der Saison (Dez./Jan.) relativ hoch, im Nov. und Febr.–April gut 30 % billiger, in der Nebensaison meist nicht einmal halb so teuer. Während Unterkünfte der Spitzen- und Mittelklasse reichlich vertreten sind, schrumpfen die Angebote in der Budgetklasse, und nur am Ton Sai Beach dominieren noch immer die günstigeren Anlagen mit Bungalows von etwa 500 Bt an aufwärts.

Exotische Gartenanlage – **Peace Laguna Resort 4** : Ao Nang Beach, 193 Moo 2, Tel. 075 63 73 44, www.peacelagunaresort.com, DZ/Bungalows 2800–6800 Bt (Nebensaison), 4700–9000 Bt (Hochsaison). Unlängst komplett restauriertes Resort auf über 3 ha Fläche mit 83 Zimmern und Cottages rings um einen kleinen See. In der exquisiten Gartenanlage laden drei Pools ein, zum Strand sind es nur ein paar Meter. Die Unterkünfte sind farbenfroh und stilvoll zugleich möbliert und bieten gehobenen Standard.

Günstig am Rai Lee – **Sand Sea Resort 5** : Rai Leh West Beach, Tel. 075 81 94 63, www.krabisandsea.com, Bungalows 3300–5900 Bt (Nebensaison) bis 4300–8400 Bt (Hochsaison) inkl. Frühstück. Beidseits eines üppigen Gartens mit schönem Pool reihen sich gepflegte und geschmackvoll ausgestattete Bungalows. Guter Mittelklassekomfort für, für Rai Leh-Verhältnisse, relativ wenig Geld direkt hinter dem Strand.

Zum Wohlfühlen – **The L Resort 6** : Ao Nang Beach, 31 Moo 2, Tel. 075 63 74 84, www.thelresort.com, 4100–12 000 Bt bzw. 4800–15 500 Bt (Neben-/Hochsaison. Im Sommer 2015 komplett renovierte Anlage der gehobenen Mittelklasse (unter Schweizer Leitung), das mit seinen ungemein schicken und mit jeglichem technischem Luxus ausgestatteten Bungalows, Zimmern und Suiten, dem Pool und Restaurant eine der besten Adressen am Strand ist.

Climber's Komfortwahl – **Tonsai Bay Resort 7** : Ton Sai Beach, Tel./Fax 075

63 72 34 und 089 874 39 69, www.
tonsaibaykrabi.com, Bungalows 1100–
2950 Bt (je nach Saison). Sehr gepflegtes Mittelklasseresort in einer Gartenanlage im Schatten eines gewaltigen
Kalksteinmassivs direkt hinter dem
Strand. Alle Bungalows mit AC.

Treff der Rucksackreisenden – **J. Mansion** 8 : Ao Nang Beach, 302 Moo 2,
Tel. 075 69 51 28,www.jmansionaon
ang.com, DZ 400–1500 Bt (Fan) bzw.
500–1700 Bt (AC), je nach Saison. Drei-
geschossiger Neubau, nur ca. 100 m
vom Strand entfernt, mit auffallend
sauberen Zimmern (alle mit AC, Bad/
WC, TV, Kühlschrank). Der Treff der
(meist jungen) Budgetreisenden aus
aller Welt.

Traumhaft wohnen – **Phanom Bencha
Mountain Resort** 9 : s. Unser Tipp
S. 236

Essen & Trinken

Zu jeder Bungalowanlage/Hotel gehört ein Restaurant. Die der o. g.
Unterkünfte können durchweg empfohlen werden. Auf der Speisekarte
stehen Thaigerichte und Spezialitäten aus aller Welt. In den Budgetunterkünften kostet das preiswerteste
Menü ca. 80–100 Bt, in den Resorts
etwa ab 150 Bt.

Spitze zu günstigen Preisen – **Wanna's
Place** 7 : im The L Resort (S. 234). Eines der beliebtesten Restaurants. Unbedingt zu empfehlen! Man sitzt gemütlich mit Blick aufs Meer und kostet
thailändische Spezialitäten oder bo-
denständige Schweizer Küche. Fisch
und Meeresfrüchte sind stets frisch.
Salate um 80 Bt, Thaigerichte um
150 Bt, Schweizer Küche 280–450 Bt,
Seafood ab 180 Bt.

Sunset-Schlemmen – **The Hilltop Ao
Nang** 8 : s. Unser Tipp rechts.

Authentisch Thai – **Ton Ma Yom Thai
Food Restaurant** 9 : 262/7 Moo 2, Soi

11 Leelavalley, Ao Nang, Tel. 089 735
06 05, www.facebook.com/TonMaYom
Restaurant, tgl. 8–14, 17–21.30 Uhr,
Frühstück 120 Bt, Hauptgerichte ca.
150 Bt. Etwas versteckt gelegene
Oase der Ruhe im sonst so hektischen
Ao Nang und *der* Tipp für außerordentlich gute und dabei günstige
Thai-Küche. Die Auswahl ist üppig,
das Personal superfreundlich, der Be-
liebtheitsgrad entsprechend hoch,
weshalb man für abends unbedingt
reservieren sollte.

Aktiv

s. Aktiv auf Krabi S. 224 und S. 232

Unser Tipp

Sunset-Schlemmen: The Hilltop Ao Nang 8

Zum Sonnenuntergang muss man
einfach mal in den bequemen Rat-
tansesseln auf der Panoramaterrasse
des Hilltop gesessen haben, denn einen vergleichbaren Sunset in einem
ähnlich romantisch-eleganten Setting
wird man nirgends in Ao Nang genießen können! Dazu dann einen Cocktail (ab 180 Bt), ein Glas Wein (240 Bt)
oder eine Flasche Champagner (1200–
6000 Bt), bevor man sich nach dem
Dunkelwerden an einen edel mitsamt Stoffservietten gedeckten Tisch
setzt. Was folgt, ist ein Schwelgen in
kulinarischen Genüssen, denn auch
die klassisch thailändische Küche, die
hier gepflegt wird, hat kein Pendant
in Ao Nang (99 Moo 3, Ao Nang, Tel.
075 63 71 95, www.thehilltopaonang.
com, tgl. von 11–1 Uhr, Hauptgerichte 220–480 Bt, Hummer wird mit 300
Bt/100 g berechnet).

Provinz Krabi – das Festland

Unser Tipp

Traumhaft wohnen – Phanom Bencha Mountain Resort 9
In einem von märchenhaft geformten Kalksteinmassiven und sattgrünen Hängen umgebenen Tal, am Fuß des 1397 m hohen Khao Phanom Bencha, lädt ein ausgefallenes Resort zum Aufenthalt im Dschungel ein. Es liegt in einer liebevoll gepflegten, mit über 1500 Obstbäumen und exotischen Pflanzen paradiesisch anmutenden Gartenanlage. Ein Urwaldfluss speist anmutige Lotosteiche, eine künstliche Wasserkaskade ergießt sich über das Dach des luftigen Restaurants. Vom Naturpool aus genießt man Fernblicke über Palmenwipfel bis zum Meer. Auch die schicken Holzbungalows, alle mit Bad/WC, Fan und großer Veranda, fügen sich perfekt ins malerische Bild. Für Naturliebhaber stehen komfortable Zelte in Panoramalage bereit. Aktivurlauber können an dreistündigen Jungle Walks (800 Bt) oder siebenstündigen Jungle Treks (1200 Bt) durch den Nationalpark teilnehmen, auch der Nam Tok Huay To (s. S. 237) ist im Rahmen eines Treks erreichbar (1500 Bt). Durchtrainierte können sogar den Khao Phanom Bencha besteigen (3500 Bt; Tel. 081 089 61 35, www.phanombenchamountainresort.com, Bungalow 600–900 Bt/2 Pers., 1100–1500 Bt/4 Pers., Familienbungalow 1000–2500 Bt).

Abends & Nachts

Coole Treffs – **Rai Leh Beach:** Der Strand wird vorzugsweise von eher jüngeren Reisenden besucht und entsprechend viel los ist dort allabendlich während der Saison. Beliebte Adressen sind die Bars **Viewpoint** 1, **Coco's** 2, **Ya Ya's** 3 am Rai Leh East Beach und ganz besonders die taleinwärts gelegene **Stone Bar** 4, die oft auch treffend als ›Stoned Bar‹ bezeichnet wird.
Wie anno dazumal – **Ton Sai Beach:** Berühmt sind die All Night Beach Parties zu jedem Voll- und Neumond am Ton Sai Beach. Am schönsten sitzt man dort in der **Rasta-Chillout-Beachbar** 5, die aus Treibgut zusammengebastelt wurde, und taleinwärts in der **Kashba** 6.
Eher für die Oldies – **Ao Nang Beach:** Hier spielt sich das Nachtleben in Pubs und Bars entlang der Strandpromenade und der Hauptstraße ab. Angesagte Treffs sind u. a. die **Luna Bar** 7, der **Irish Rover** 8 und die **Full Moon Bar** 9, wo die Preise durchschnittlich bei 80–100 Bt für ein kleines Bier und 150–200 Bt für einen Cocktail/Longdrink liegen.

Infos & Termine

Internet: www.aonang.de, www.aonang.com, www.railay.com
Boot: ab Ao Nang/Rai Leh Sept./Okt.–Mai tgl. nach Ko Lanta (2 Std., 520 Bt), Ko Phi Phi (1,5 Std., 490 Bt), Phuket (3 Std., 650 Bt).
Songthaew/Tuk-Tuk: regelmäßige Verbindung zwischen Ao Nang und Krabi Town (50 Bt).
Longtailboote: von Ao Nang (100 Bt, nach 19 Uhr 120–150 Bt; Ticketkauf am Schalter direkt am Strand) und Krabi Town nach Rai Leh/Phra Nang (s. auch Krabi Town S. 230).

Krabis Hinterland

Die zahlreichen Sehenswürdigkeiten auf dem Festland erkundet man individuell im Mietwagen bzw. auf dem Motorrad oder heuert in Ao Nang ein Taxi oder Tuk-Tuk an. Organisierte Touren sind in den Reisebüros und in vielen Unterkünften zu buchen. Wer viel Zeit hat, kann auch teilweise auf die öffentlichen Verkehrsmittel (vor allem Songthaew) ausweichen.

Wat Tham Sua 4

Krabi Noi, 8 km nördlich von Krabi Town, Songthaew ab Krabi 20 Bt, Tuk-Tuk 150 Bt

Unbedingt lohnend ist ein Besuch des Höhlen- und Waldklosters, auch als **Tiger Cave Temple** bekannt. Es zählt zu den berühmtesten Klöstern für Meditationslehre in Thailand. Die Meditation wird nach der analytisch-nüchternen Vipassana-Methode vermittelt. Die sehenswerte Haupthalle des Klosters prunkt in der namengebenden Tigerhöhle. Zahlreiche Mönchszellen liegen in Felsnischen, die in einer imponierend hohen Kalksteinwand klaffen.

Von der Tigerhöhle führt ein Pfad durch dichten Urwald, vorbei an teils monumentalen Bäumen, zum Fuß eines ca. 300 m hohen Kalksteinfelsens mit einem Fußabdruck Buddhas. Höhepunkt des Besuchs ist im Sinne des Wortes der Aufstieg über die in Fels gehauene Treppe mit über tausend Stufen zum Gipfel, wo ein atemberaubendes Rundumpanorama die Anstrengung belohnt (s. Lieblingsort S. 238); Wasser für den Aufstieg nicht vergessen, der für die meisten mindestens 30 Min. währt.

Khao Phanom Bencha
National Park 5

Direkt östlich des Klostergebiets verläuft die Grenze zum **Khao Phanom**

Bencha National Park, der sich als ein Regenwaldrefugium mit überaus reicher Tierwelt und Dutzenden Wasserfällen präsentiert. Hier sollen u. a. noch Panther, Leoparden, Tiger und Bären leben. Vom Parkzentrum, rund 25 km von Krabi entfernt und nicht mit öffentlichen Verkehrsmitteln zu erreichen, führen verschiedene Wege durchs dichte Urwaldgrün. Beliebtes Ziel ist der Wasserfall **Nam Tok Huay To** (Eintritt in den Nationalpark 200 Bt), der sich über insgesamt elf Fallstufen aus über 80 m Höhe in Felsbassins ergießt. Ein Pfad erschließt alle Kaskaden, doch vor allem die unteren Pools eignen sich zum Baden. Im Rahmen einer zweitägigen Trekkingtour kann der 1397 m hohe und wie ein Vulkan geformte Khao Phanom Bencha bestiegen werden (s. Unser Tipp S. 236; Tuk-Tuk ab Krabi zum Parkzentrum ca. 500 Bt). Er ist der höchste Berg der Provinz, dessen Gipfel, zu Sonnenaufgang erreicht, für ein unvergessliches Panorama gut ist.

Than Boke Khorani
National Park 6

Songthaew ab Krabi ca. 50 Bt, Taxi 900 Bt, Eintritt 200 Bt

Knapp 50 km nördlich von Krabi Town befindet sich bei der Kleinstadt **Ao Luk** das Hauptquartier des ca. 100 km² großen Schutzgebiets mit u. a. 23 Inseln. Es ist vor allem wegen seiner ausgedehnten Höhlensysteme bekannt. Der See **Than Boke Khorani** wirkt mit Grotten, kleinen Wasserfällen, Teichen und wild verwitterten Kalksteinmassiven wie ein Fantasieland. Spazierwege führen vom Parkzentrum durch das schattenreiche Terrain. Badezeug nicht vergessen, denn man kann u. a. von einem idyllischen Pool aus in eine Tropfsteinhöhle hineinschwimmen. Vor dem Park laden Essensstände zu kulinarischen Abstechern ein.

237

Lieblingsort

Wat Tham Sua 4 **– dem Himmel nah**

»1237 Steps To Top Mountain« verkündet ein Schild lakonisch, und wer Muskulatur und Kreislauf überschätzt, der wird es auf der ›Himmelsleiter‹ des Tiger Cave Temple bitter bereuen: Eine Stufe ist noch schmaler als die andere, jeder Absatz hat eine andere Höhe, oft bis über kniehoch, und oft genug windet sich die Stiege an fast senkrecht aufsteigenden Felswänden empor. Doch plötzlich ist man oben, ganz oben auf dem vielleicht 300 m messenden Gipfel des Klosterbergs, eine Insel im Meer von Kalkstein-Gebirgswogen, die sich nach Norden hin bis zum Horizont erstrecken. Gen Süden reicht der Blick bis zum Meer, und dorthin ist es auch, wohin der riesige golden schimmernde Buddha blickt, der die markante Bergspitze krönt (s. auch S. 237).

Das Beste auf einen Blick

Die Inselwelt vor Krabi

Highlights!

Ao Phang Nga Marine National Park: Die weltberühmte Bucht von Phang Nga gilt als Inbegriff einer tropischen Meereslandschaft und liegt mit Aberhunderten Kalksteininseln wie ein über 400 km² großer Kessel in der Andamanensee. S. 242

Ko Phi Phi: Dass die Wirklichkeit mitunter schöner sein kann als Postkarten, davon kann man sich auf Ko Phi Phi überzeugen. Die rund 35 km² Fläche umfassende Doppelinsel wurde einst zu einer der schönsten Inseln auf Erden erklärt und stand bereits als Drehort im Rampenlicht. S. 253

Auf Entdeckungstour

Tung Yee Peng – eine Ökotour in den Mangroven: Die Mangrovenwälder schwinden weltweit noch schneller als die Regenwälder. In Thailand stehen sie heute größtenteils unter Naturschutz. Auf Ko Lanta kann man nicht nur tiefe Einblicke in diesen faszinierenden Lebensraum nehmen, sondern auch aktiv zu seinem Erhalt beitragen. S. 262

Kultur & Sehenswertes

Ko Jum: Das authentische Thailand genießen, wie Robinson leben und dabei nicht auf Komfort verzichten – auf der Insel Ko Jum ist es möglich. S. 249

Ko Lanta: Strände in allen Varianten von kilometerlang mit feinem weißem Sand bis winzig klein mit grobkörniggelbem Sand finden sich hier. S. 258

Aktiv unterwegs

Ko Yao Noi: Highlight des großen Aktivangebots der Insel sind die Boots- und Kajaktouren in die Phang-Nga-Bucht. S. 245

Ko Phi Phi: Neben Klettern und Tauchen gehört eine Bootstour nach Ko Phi Phi Leh, einst Thriller-Drehort, zu den Attraktionen. S. 255

Ko Lanta Diving Center: Das älteste Tauchzentrum von Ko Lanta ist auch heute noch die erste Adresse am Platz. S. 264

Genießen & Atmosphäre

Koh Yao Noi Eco Tourism Club: Das Homestay-Projekt von Ko Yao Noi, das in der traditionellen Gastfreundschaft der Bevölkerung gründet, ist in seiner Art einzigartig in Südthailand. S. 247

Siboya Bungalows: In der von einer internationalen Community getragenen Anlage auf Ko Siboya kann man die Seele baumeln lassen. S. 249

Abends & Nachts

Ko Phi Phi: Was Ko Pha Ngan am Golf von Thailand, das ist Ko Phi Phi an der Andamanenseeküste, das Partyzentrum schlechthin für junge und jung gebliebene Reisende. Die Reggae Bar ist der größte Nightlife-Komplex der Provinz Krabi und in der Hippies Bar herrscht die mit Abstand beste Stimmung. S. 257

Inbegriff eines exotischen Tropenparadieses

Hunderte von Inseln zählt die amphibische Welt vor Krabi, die mit palmengesäumten Sandstränden, verführerisch schimmerndem Meer und bunt belebten Korallenriffen als Inbegriff eines exotischen Tropenparadieses gilt. Ob man nostalgische Palmwedelrefugien sucht oder ruhige Urlaubsinseln mit Komfort, berühmte Filmstrände und Party Beaches oder Robinson-Eilande ohne Fußspuren – im ›Archipel des Glücks‹, größtenteils Nationalpark, werden Träume erfüllt.

Jede Insel hat ihren eigenen Charakter. Ist den Naturbegeisterten die tropische Traumlandschaft der Phang-Nga-Bucht mit ihren bizarr erodierten Inseln und Inselsplittern das höchste der Gefühle, so findet der an unverfälschtem Inselleben interessierte Reisende auf Ko Yao Noi und auf Ko Siboya alles nach seinem Maß. Auf Ko Jum kann man sich wie Robinson fühlen, ohne auf Annehmlichkeiten einer guten touristischen Infrastruktur verzichten zu müssen, während auf Ko Phi Phi, durch die Verfilmung von »The Beach« zu Weltruhm gelangt, die Infrastruktur unerhörte Blüten treibt und das Nachtleben heißer nicht sein könnte. Weitaus entspannter geht es in Sachen Nightlife auf Ko Lanta zu, einer ruhigen Ferieninsel, die insbesondere Familien mit Kindern und auch Senioren begeistert.

Infobox

Reisekarte: ▶ B/C 8/9 und Karte 4

Touristeninformation
Zuständig für alle Inseln ist die **Krabi Tourist Association** (s. S. 223) sowie diejenigen Internet-Seiten, die auch Krabi abdecken (s. S. 223).

Verkehr
Alle Inseln sind perfekt ans Festland angebunden. Ausgangspunkt der Fähr- und Schnellboote sind insbesondere Phuket und Krabi, tgl. dutzende Male von Bangkok aus angeflogen und von allen Ferienzentren des Südens innerhalb weniger Stunden erreichbar. Zwischen den Inseln verkehren ebenfalls Fährboote und Schnellboote nach genauem Fahrplan; bis nach Ko Lipe an der malaysischen Grenze reicht das außerordentlich dichte und effiziente Verkehrsnetz.

Ao Phang Nga Marine National Park ❗ ▶ Karte 4, B–D 4–5

Die weltberühmte Bucht von Phang Nga, in zahllosen Zeitungs- und Fernsehreportagen gewürdigt und seit 1981 als Nationalpark ausgewiesen, gilt als Inbegriff einer tropischen Meereslandschaft. Sie liegt nordöstlich von Phuket an der Andamanensee, wie ein über 400 km^2 großer Kessel, übersät mit Aberhunderten skurril geformter Kalksteininseln. Blaue und regengrüne Berge, bis über 600 m hoch, bilden den Saum mit von Wolken umhangenen Gipfeln und aus dem irisierend grünblauen, weil flachen Meer ragen Hunderte von der Erosion zerfressene und

Ao Phang Nga Marine National Park

Beliebtes Ausflugsziel in der Phang-Nga-Bucht: James Bond Island (Ko Phingan)

mit Stalaktiten behangene Kalksteinfelsen wie Skulpturen auf. Mal bilden sie mächtige Inseln, mal der Schwerkraft spottende Monolithen, mal kleine Hügel, mal Türme von 300 m Höhe und mehr, die sich in allen Grün- und Grauschattierungen gegen den Vorhang des Himmels abheben. Den jeweiligen Inselcharakter mit Worten zu beschreiben ist unmöglich – man kann die Inseln nur erleben, diese steinernen Denkmäler früherer Erdzeitalter, und muss sich daher per Boot durch die Landschaft bewegen. Mit Abstand am eindrucksvollsten ist eine Seekajaktour, für die man mindestens zwei, besser drei Tage einplant.

Bootstouren

In allen Ferienzentren zwischen Khao Lak im Norden und Krabi im Süden kann man sich einer organisierten Bootsfahrt durch den Nationalpark anschließen oder individuell mit einem gecharterten Boot aufbrechen, doch bester Ausgangspunkt ist die mitten in der Bucht gelegene Insel Ko Yao Noi (s. S. 245). Die Ausflugsprogramme ähneln einander: Von **Ban Tha Dan** aus, rund 9 km nördlich von Phang Nga Town, verläuft die Fahrt zunächst durch ausgedehnte Mangrovensümpfe, aus deren Dickicht das Kreischen und Fiepen von Vögeln und Insekten dringt. Nach dem Verlassen dieser ›grünen Hölle‹ passiert man zahlreiche bizarr geformte Inseln, deren Gestalt jeweils namengebend ist: Da gibt es die Insel des kleinen Hundes, die Eierinsel, die Kröteninsel und so fort. Durch einen natürlichen Tunnel von gewaltigen Dimensionen geht es mitten durch eine der Inseln hindurch, hinter der sich die eigentliche Bucht öffnet. Der Reisende schaut auf ein märchenhaftes Panorama. Erstes Etappenziel ist **Ko Panyi**, ein rund 200 Familien zählendes Stelzendorf am Saum der 300 m hohen gleichnamigen Insel. Die Bewohner, allesamt Muslime, partizipieren am Tourismus: Souvenirshops prägen den Ort und an der Uferfront drängen sich Seafoodrestaurants. Dort kehrt man meist ein, bevor es zum berühmten **James Bond Island (Ko Phingan)** weitergeht, das

Die Inselwelt vor Krabi

in den 1970er-Jahren Kulisse für den Actionfilm »Der Mann mit dem goldenen Colt« war. Nächstes Etappenziel ist die lang gestreckte und von Höhlensystemen durchlöcherte Insel **Ko Phanak** (s. auch S. 246), in deren bizarr skulptiertes Innere man über einen schmalen Kanal vom Meer aus gelangen kann. Abschließend werden der ›Bilderberg‹ **Ko Khian** mit 4000 Jahre alten Felsmalereien und eine Tropfsteinhöhle besucht.

Buchung und Preise

Pauschalarrangements über alle Reisebüros und viele Unterkünfte in Phuket, Krabi und Khao Lak, inkl. Transfer, Mittagessen etc. ab 2000 Bt ab Phuket bzw. 2500 Bt ab Khao Lak und Krabi. Außerdem ab Phuket Tagestouren mit einer Dschunke, 3700 Bt/ Pers. Individualfahrt im Longtailboot, Standardroute 2500–3500 Bt/Boot je nach Verhandlungsgeschick; zahlreiche Anbieter am Bootspier in Ban Tha Dan beim Nationalparkzentrum.

Aktiv

Kajaktouren – Anbieter u. a. in Phuket und Krabi, z. B. Sea Canoe Thailand, Tel. 076 76 52 88 39–40, www. seacanoe.net, ab ca. 3200 Bt/1 Tag, ab 20 000 Bt /3 Tage, jeweils inkl. Transfer, Verpflegung und Übernachtung.

Infos

Ao Phang Nga National Park: 80 Mu 1, Ban Tha Dan, Phang Nga, Tel. 076 41 11 36, www.dnp.go.th. Im Nationalparkzentrum ist der Eintritt von 400 Bt/Pers. zu entrichten.
Bus/Songthaew: aus Richtung Phuket, Khao Lak oder Krabi mit dem Bus bis Phang Nga Town, dort per Songthaew zum Nationalparkzentrum und Bootspier in Ban Tha Dan (20 Bt).

Ko Yao Noi ► Karte 4, C 5

Im Zentrum der Phang-Nga-Bucht, vis-à-vis der atemberaubenden Kulisse des Ko-Hong-Archipels (s. S. 222), präsentiert sich die ›kleine, lange Insel‹, so die wörtliche Übersetzung, als ein einzigartiger Logenplatz der Natur. Zusammen mit seiner Schwesterinsel Ko Yao Yai stellt das rund 50 km² umfassende Eiland das größte Wildnisrefugium der gesamten Region dar.

Trotz der Nähe zu Thailands beliebtesten Urlaubszielen hat Ko Yao Noi ein ursprüngliches Gepräge bewahrt. Zum Großteil ist die Insel von dichtem Regenwald bedeckt. Das Hauptdorf **Ta Khai,** eine malerische Holzhaussiedlung, hat sich seit Anfang der 1990er-Jahre, als die erste Bungalowanlage der Insel eröffnet wurde, kaum verändert. Selbst die Strände, die vorzugsweise die sandige Ostküste säumen, scheinen noch in tiefem Dornröschenschlaf zu liegen, obwohl bereits etliche Ferienanlagen um Kundschaft werben. Das Homestay-Projekt des **Yao Noi Eco Tourism Club** (s. Unser Tipp S. 247) ermöglicht interessante Begegnungen mit der Inselbevölkerung. Die ca. 4000 Einwohner sind in der Mehrheit Muslime und leben größtenteils von der Fischerei.

Inselexkursionen

Entdeckernaturen können auf der Insel spannende Exkursionen unternehmen, ob zu Fuß, mit dem Fahrrad oder Moped. Einen Besuch verdient der **Hornbill Viewpoint,** der etwa 3 km nördlich vom Tha Khao Pier liegt. In den Bäumen am Mangrovenrand sitzen häufig bis zu vier Dutzend der sonst so raren schwarz-gelben Nashornvögel. Bei einem Tagesausflug mit dem Fahrrad folgt man dem

Ko Yao Noi

Weg vom Aussichtspunkt weiter nordwärts. Bald wird es sehr gebirgig und Dschungel breitet sich aus. Durch eine urwüchsige Landschaft geht es bis zum **Paradise Ko Yao Resort** im hohen Norden.

Bootstour in der Phang-Nga-Bucht

Die Preise für eine Tagestour sind inselweit ziemlich identisch (um 3000 Bt fürs Boot bei max. 6 Pers. inkl. Lunchpaket und Mitnahme eines Kajaks) Aufgrund der Lage im Zentrum der Phang-Nga-Bucht ist Ko Yao Noi geradezu prädestiniert als Ausgangspunkt für Bootstouren und anders als etwa in Krabi oder Phuket ist hier noch das Longtailboot (und nicht das Schnellboot) das gängige Transportmittel. Die Standardroute führt von **Ko Yao Noi** in den der Ostküste nur etwa 5 km weit vorgelagerten **Ko-Hong-Archipel** (s. auch S. 222), wo u. a. der namengebende Felskessel (*hong*: Zimmer) und der Traumstrand der Insel **Phak Bia** angefahren werden. Etwa 2 Std. nimmt der Besuch dieser umwerfend schönen Inselgruppe schon in Anspruch und gemäß der Standardroute geht es anschließend an der teils felsigen, teils sandigen Ostküste von Ko

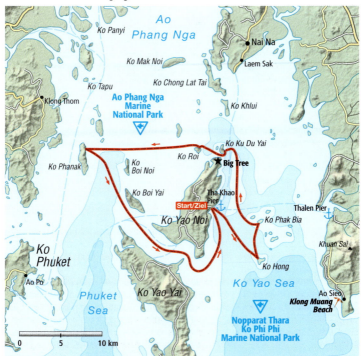

Mit dem Boot in der Phang-Nga-Bucht

Die Inselwelt vor Krabi

Yao Noi entlang zu ihrem stark gebirgigen und mit Urwald überwachsenen Nordzipfel. Dort öffnet sich eine paradiesisch anmutende Halbmondbucht mitsamt Sandstrand und Palmengürtel hintendran. Folgt man von diesem Refugium aus (an dem ab 2014 evtl. ein Beachclub entstehen soll) dem inseleinwärts führenden Pfad für ein paar Minuten, kommt man staunend vor dem **Big Tree** zu stehen, einem wahren Monsterbaum aus der Gattung der *Dipterocarpaceae*. Wie die Einheimischen (denen er heilig ist) sagen, ist er der größte Baum von Südthailand überhaupt, und ob das nun stimmt oder nicht: Der Anblick des gut und gerne 8 m oder mehr durchmessenden Holzgiganten ist zutiefst beeindruckend.

Nächstes Etappenziel ist die vorgelagerte Doppelinsel **Ko Ku Du Yai** (mit einem weiteren Traumstrand im Innern eines Felskessels), weiter geht es nach **Ko Roi**, etwa 5 km nordwestlich von Ko Yao Noi gelegen und beliebter Ankerplatz für Weltumsegler. Wieder lädt ein in bizarre Kalksteinklippen gefasster Sandstrand ein, wieder auch ein malerischer *hong* (der nur durch ein Felstor betreten werden kann). Doch mit *dem* Hong schlechthin in der Phang-Nga-Bucht macht man erst etwa eine Bootsstunde weiter westlich auf der Phuket vorgelagerten Insel **Ko Phanak** (s. auch S. 244) Bekanntschaft. Mit dem Kajak kann man hier (außer bei hoher Flut) eine Höhle durchpaddeln, die sich nach wenigen Minuten in eine felsumkränzte Lagune öffnet, und auch zu Fuß lassen sich auf dieser lang gestreckten Insel mehrere zu *hongs* führende Höhlen begehen. Vorbei an Ko Boi Noi (berüchtigt wegen ganzer Horden höchst aggressiver Affen) und Ko Boi Yai geht es abschließend um den Südzipfel von **Ko Yao Noi** herum. Gegenüber erstreckt

sich die Schwesterinsel **Ko Yao Yai,** wo weiße Sandstrände vor tiefblau schimmerndem Meer zum Baden einladen.

Übernachten

Mehrere Dutzend Ferienanlagen gibt es, insbesondere an der Ostküste. Bei der Ankunft stehen am Inselpier üblicherweise Songthaews bereit, in denen man zur Unterkunft nach Wahl fahren kann, sofern man nicht reserviert hat und abgeholt wird.

Edle Villen im exotischen Stil – **Ko Yao Island Resort:** Tel. 076 59 74 74, www. koyao.com, 4100–7000 Bt (Nebensaison) bzw. 8400–17 700 Bt (Hochsaison). In der Mitte der Ostküste direkt am Strand gelegenes Resort mit zahlreichen Villen in fünf verschiedenen Komfortstufen, die aus edlen Naturmaterialien im thailändisch-balinesischen Stil errichtet wurden. Ansprechende Einrichtung, gepaart mit moderner Ausstattung (TV, Telefon, Kühlschrank, Minibar).

Romantisch am Beach – **Lom' Lae Beach Resort:** Tel. 076 59 74 86, www. lomlae.com, Okt.–April, 3000–7000 Bt (je nach Komfortstufe/Saison). Ganz im Südosten der Insel an einer privaten Sandbucht mit guten Bademöglichkeiten, die von einem Mangrovengürtel umschlossen ist. Auf einer großen Wiese direkt am Strand steht unter Palmen rund ein Dutzend romantischer Bungalows aus Naturmaterialien (alle mit Fan). Gemütliches Restaurant, großes Aktivitätsangebot.

Tradition verpflichtet – **Sabai Corner:** Tel. 076 59 74 97, www.sabaicorner bungalows.com, 800–1500 Bt (Nebensaison) bis 1300–2900 Bt (Hochsaison), auch günstige Wochenmieten von 6900–14 900 Bt. Die älteste Anlage der Insel, Anfang der 1990er-Jahre im südlichen Drittel der Ostküste von einem Italiener gegründet, ist noch immer die

Ko Yao Noi

Unser Tipp

Zu Gast bei einer thailändischen Familie auf Ko Yao Noi
Auf Koh Yao Noi machen große geschnitzte Holzschilder auf Privatunterkünfte aufmerksam. Insbesondere rings um Ban Ta Khai gehören zahlreiche einheimische Familien dem Koh Yao Noi Eco Tourism Club an und nehmen ausländische Besucher bei sich zu Hause auf. Die Gäste wohnen in einem adretten Zimmer oder Bungalow, nehmen zusammen mit ihrer Gastfamilie die Mahlzeiten ein, begleiten sie zur Plantagenarbeit aufs Feld oder zum Fischen aufs Meer. Auf diese Weise erhalten die Gäste Einblicke in das Alltagsleben der Inselbewohner, die Touristen normalerweise verborgen bleiben. Dieses Homestay-Projekt von Ko Yao Noi, das in der traditionellen Gastfreundschaft der Bevölkerung fußt, wurde 2002 von National Geographic Traveller und Conservation International mit dem begehrten World Legacy Award für nachhaltigen Tourismus ausgezeichnet. Weitere Informationen und Anmeldung beim Koh Yao Noi Eco Tourism Club, Mr. Sumreong Rakhet (Bangmee), Tel. 081 968 08 77, 086 943 87 77, www.koh-yao-noi-eco-tourism-club.com (Website unaktuell). Aktuelle Infos über www.kohyaotravel.com/homestay.htm.

beste Wahl in der gehobeneren Budgetklasse. Die elf gepflegten, luftigen Bungalows in zwei Komfortstufen (alle mit Bad/WC) gruppieren sich rings um einen kleinen Felsvorsprung, der ins Meer ragt. Das schön dekorierte Restaurant verströmt gemütliche Wohnzimmeratmosphäre, das Essen und die Shakes (!) sind Spitze.
Sehr gepflegt und mit Pool – **Lam Sai Village Hotel:** Tel. 082 289 42 76, www.lamsaivillagehotel.com, Fan-Bungalows 800–1200 Bt, mit AC 2000–3000 Bt (je nach Saison). Hübsches kleines Resort unter deutscher Leitung mit sehr gepflegten Bungalows in zwei Komfortstufen, auch einem eigenen Pool, eigenem Tauchzentrum sowie großem Aktivitätsangebot (s. u.).
Budgetwahl mit Traumblick – **Tha Khao Bay View:** Hat Tha Kao Beach (vom Tha Khao Pier aus rund 10 Gehminuten nach links), Tel. 076 58 27 14 und 086 942 08 12, thakhaobayview@hotmail.com, Bungalows 600 und 700 Bt (Fan) sowie 1400 Bt (AC). Etwa 20 m über dem Strand an einem Hang gelegene Anlage mit großzügigen Holzbungalows, die sehr behaglich und mit Liebe zum Detail eingerichtet sind. Im Bett liegen und den Sonnenaufgang über den Felstürmen des Ko-Hong-Archipels bestaunen: Hier ist es in Vollendung möglich. Auch von der Speiseterrasse des urgemütlichen Restaurants aus kann man zu leckeren und relativ günstigen Gerichten der Thaiküche ein 180°-Panorama genießen. Herz und Seele dieser Anlage sind der liebenswerte Mr. Ling und sein Bruder Mr. Sem, die zu äußerst fairen Preisen u. a. auch Bootstouren organisieren und sich rührend um ihre Gäste kümmern (von denen die meisten immer wieder kommen).

Essen & Trinken

Speisen mit Traumblick – **Tha Khao Bay View:** s. Übernachten. Zu jeder

Die Inselwelt vor Krabi

Bungalowanlage gehört ein Restaurant und das beste ist das von Mr. Ling. Es bietet leckere und ohne Verwendung von Geschmacksverstärkern zubereitete Gerichte der authentischen Thaiküche. Besonders die Currys sind fantastisch – unbedingt probieren: Penang und Phat Phet (120 Bt). Wer hier ein Lunchpaket ordert, bekommt sein Essen umweltschonend in Bananenblätter gewickelt.

Thai-Frühstück – Von den Restaurants der Bungalowanlagen abgesehen, finden sich vor allem im Hauptdorf **Ban Ta Khai** ein paar schlichte Lokale, die auch auf Touristen eingestellt sind. Dort sowie auch in den kleinen und eigentlich nur von Einheimischen besuchten Restaurants am **Weg vom Strand ins Inselinnere** wird zwischen ca. 6.30 und 9.30 Uhr ein leckeres thailändisches Frühstück serviert, das mit Sticky Rice, Khao Yam, Fettgebackenem oder Pfannkuchen inkl. Kaffee oder Tee gerade mal 30 Bt kostet.

Aktiv

Ko Yao Noi punktet mit einem großen Angebot an Aktivitäten, und in den meisten Restaurants und Unterkünften liegen entsprechende Prospekte aus. Einfache Kajaks werden überall vermietet (ab 300 Bt/halber Tag, 500 Bt/Tag), auch Fahrräder (meist MTBs, 150–200 Bt/Tag). Diverse Tauchschulen bieten ihre Dienste an (Kurse ab 14 000 Bt, tgl. geführte Tauchgänge). Überall stehen geführte Radtouren ebenso wie Mangrovenfahrten und Klettertouren (50 Routen), Boots- und Kajakausflüge in die Phang-Nga-Bucht (s. S. 245) auf dem Programm.

Infos

Touristeninformation: Beste Websites zu Ko Yao Noi sind www.koyaoislands. com und www.kohyaotravel.com, Basisinformationen bieten die Websites www.koyao.com und www.kohyao. info. In den Unterkünften liegen Kopien von Inselkarten mit den wichtigen Stränden und Highlights aus.

Geld: Geldautomaten für alle gängigen Karten im Hauptdorf Ban Ta Khai; dort sowie über die meisten Bungalowanlagen auch Geldwechsel.

Boot: bis zu 14 x tgl. zwischen Phuket (Bang Rong Pier) und Ko Yao Noi (Manoh Pier) mit normalen Fährbooten (120 Bt, 70 Min.) und Schnellbooten (300 Bt, 30 Min.). Von Krabi aus (Thalen Pier, Taxi ab Krabi 600 Bt, Songthaew 60 Bt) 8 Verbindungen tgl. mit regulärem Fährboot (150 Bt, 1,5 Std.), ab der Ao Nang 1 x tgl. ein Schnellboot (500 Bt). Zwischen Ko Yao Noi und Ko Yao Yai verkehren Longtailboot-Fähren (15 Min., 30 Bt/Pers., 50 Bt/Motorrad).

Songthaew: auf der Ringstraße, die die verschiedenen Piers, das Hauptdorf und die Strände an der Ostküste miteinander verbindet.

Mietfahrzeug: Ideale Transportmittel sind Fahrrad und Motorrad, sie werden von allen Bungalowanlagen für 100–150 Bt (Fahrrad) bzw. 250–300 Bt (Motorrad) verliehen.

Ko Siboya ▶ Karte 4, E 6/7

Rund 20 km südwestlich von Krabi Town, wo ein regelrechter Archipel aus Dutzenden kleinen und größeren Inseln die Krabi Bay zur offenen Andamanensee hin abgrenzt, erstreckt sich die etwa 20 km² große ›Alligatoreninsel‹ – so die wörtliche Übersetzung von **Ko Siboya** (s. Lieblingsort S. 251). Die Insel zählt rund 1000 Einwohner und viele Affen: Ihr rund 10 km langer Weststrand, von Palmen, Kasuarinen und Urwaldbäumen gesäumt und oft mit kleinen Mangrovenhainen bestan-

248

den, eignet sich vorzüglich für stundenlange Wanderungen in vollkommener Einsamkeit. Nur zum Baden ist er kaum geeignet, da Korallenriffe und Muschelbänke an vielen Stellen bis ans Ufer reichen, das extrem seicht ist. Wer ein wenig sucht, kann aber vereinzelt auch reine Sandabschnitte finden.

Aktiv

Einmalige Möglichkeiten zum **Joggen** und **Strandwandern** sowie Spielfelder für **Volleyball, Takraw** und **Badminton**.

Infos

Songthaew/Tuk-Tuk/Boot: per Boot nach Ko Siboya ab Laem Hin Fähranleger (10 Min., 20 Bt). Man kann sich in Krabi und am Flughafen abholen lassen (800–1000 Bt/Fahrzeug), ansonsten nimmt man um 11 oder 14 Uhr ab Krabi den Songthaew zum Fähranleger in Laem Hin (ca. 2 Std., 180 Bt), alternativ von Krabi per Tuk-Tuk nach Laem Hin (500–800 Bt, je nach Verhandlungsgeschick).
Boot: per Longtailboot direkt zur Insel (ab Krabi mind. 4000 Bt). Am Inselpier auf Bestellung Abholung von den Siboya Bungalows (50 Bt/Pers.) oder ca. 5 km Fußweg zur Unterkunft, alternativ einen Mopedfahrer um Hilfe bitten.

Ko Jum (Ko Pu)

▶ Karte 4, E 8

Noch ein echtes Stück authentisches Thailand genießen, ein bisschen wie Robinson leben und dabei nicht auf Komfort verzichten: Diese drei Vorzüge vereint das etwa 30 km² große, auch als **Ko Pu** bekannte Eiland, auf dem Moped- und Fußwege noch heu-

Unser Tipp

Zum Wohlfühlen: Siboya Bungalows

In den Siboya Bungalows wohnt man romantisch in luftigen Palmwedelbungalows (erst Ende 2012 errichtet) oder recht komfortabel in Häusern mit ungestörter Privatsphäre, die einzeln am Strand, am Hang oder im Wald stehen. Das Angebot reicht bis hin zu kleinen gemütlichen Villen. Allabendlich vor dem Essen trifft sich die internationale Community auf dem Badminton-, Volleyball- oder Takraw-Feld zum Spiel in den Sonnenuntergang hinein. Herz dieser liebevoll gestalteten und in ihrer Art in Thailand durchaus einzigartigen Anlage ist der Krabi-Tourismus-Pionier Mr. Chung, der 1986 die erste Bungalowanlage von Krabi überhaupt eröffnete (Tel. 075 61 80 26 und 081 979 33 44, www.siboyabungalows.com, 350–1200 Bt je nach Komfort).

te die Straßen ersetzen. Auf der Insel liegen nur drei Dörfer mit zusammen etwa 1500 Einwohnern, die in Fischfang und Kautschukproduktion ein Auskommen finden. Mehr und mehr aber spielt der Tourismus eine wichtige Rolle.

Strände auf Ko Jum

Die Strände entlang der ca. 12 km langen Westküste sind von berückender Schönheit, wenn auch teils zum Baden nicht gar so optimal. Je weiter im Norden sie liegen, desto mehr Muschelbänke finden sich im seichten Uferwasser, aber desto urwüchsiger auch präsentiert sich das bis zu 400 m hoch

Lieblingsort

Die Seele baumeln lassen – Ko Siboya ▶ Karte 4, E 6/7
Will man einfach mal die Seele baumeln lassen, gibt es kaum ein Pendant zu dieser Insel, die dank ihrer suboptimalen Strände im Abseits der Vermarktung liegt. Das Fährboot von Laem Hin ist eine Zeitmaschine, denn, von einem kurzen Betonweg abgesehen, ziehen sich nur Fuß- und Mopedpfade durchs Grün der Kautschukplantagen von Dorf zu Dorf sowie zur einzig nennenswerten Bungalowanlage, die schon für viele zur Urlaubsfalle geworden ist: Es fällt nicht leicht, wieder zu gehen (s. S. 249).

Die Inselwelt vor Krabi

ansteigende und noch mit Regenwald bewachsene Hinterland.

Nur im flachen Inselsüden kann man sich unabhängig vom Gezeitenstand in die klaren Fluten stürzen. Am lang gestreckten **Andaman Beach** findet sich die größte Dichte an Bungalowanlagen. Er zieht sich als goldgelbes und gut 3 km langes, von Palmen und Kasuarinen gesäumtes Sandband bis zum Südkap, das gen Ko Lanta blickt. Am Kap bestehen leidlich gute Schnorchelmöglichkeiten und lädt eine populäre Rasta-Beach-Bar ein. Gen Norden geht der Andaman Beach in den teils stark mit Korallenstückchen durchsetzten **Golden Pearl Beach** über, der von allen Inselstränden vom Tsunami am stärksten getroffen wurde. Die Wellen zerstörten die meisten Bungalows, Tote gab es allerdings hier, wie auf ganz Ko Jum, glücklicherweise nicht zu beklagen. Heute sind alle Schäden längst wieder behoben.

Am nördlich angrenzenden **Ao Si Beach** wird das Hinterland hügeliger und einige Bungalows liegen panoramareich am Waldhang. Es folgen der kleine, noch ganz naturbelassene **Magic Beach** und der **Ting Rai Bay Beach,** hinter dem das Land steil ansteigt. Das Landschaftsbild ist beeindruckend. Wer absolute Ruhe sucht, ist hier bestens aufgehoben, ebenso wie am **North Beach,** hinter dem die mit Urwald bedeckte Flanke des **Mount Pu** ansteigt. Die Atmosphäre und auch die Preise lassen Erinnerungen an vergangene Globetrotterzeiten wach werden.

Wanderung auf den Mount Pu

Ein Weg ca. 4 Std.; Tour am besten mit Führer unternehmen: Buchung über Bungalowanlagen (800–1000 Bt) Zu Fuß bietet es sich an, den knapp 400 m hoch aufragenden Hausberg der Insel zu besteigen, was mit einem atemberaubenden Panorama über Ko Jum und auch Ko Siboya hinweg bis nach Krabi, Ao Nang und Ko Phi Phi hinüber belohnt wird. Ausgangspunkt für die teils recht beschwerliche, weil steile Tour ist der Golden Pearl Beach, aber da der Pfad schwer zu finden ist und sich unterwegs immer wieder verzweigt, sollte man einen Führer mitnehmen. Und Wasser nicht vergessen, denn unterwegs gibt es nichts!

Übernachten

Ökolodge mit Robinsontouch – **Koh Jum Lodge:** Golden Pearl Beach, Tel. 075 61 82 75 www.kohjumlodge.com, 3000–7500 Bt (je nach Saison). Die 19 Bungalows, die der Franzose Jean Michel Limandas vorwiegend aus Holz und Rattan direkt hinter dem Golden Pearl Beach am Rand eines tropischen Gartens errichtet hat, gehören mit zum Ästhetischsten in Sachen ›Robinson-Style‹, das man in Südthailand für Geld bekommen kann! Sie sind individuell gestaltet, haben eine eigene Energieversorgung (Solar) und bieten mehr als 50 m² Wohnfläche mit höchst geschmackvollem thailändischem Interieur, wie auch das Restaurant seinesgleichen sucht. Mit zur Anlage gehört ein Swimmingpool, kleine Pavillons und ein Lese-/Spieleraum laden zum Entspannen ein, es wird Pétanque und Volleyball gespielt.

Für jeden etwas – **Joy Bungalow:** Andaman Beach, Tel. 081 398 65 15, www.kohjum-joybungalow.com, Bungalows 650–2800 Bt (Nebensaison) bis 800–3400 Bt (Hochsaison). 1990 gegründet, ist es die mit Abstand älteste Anlage der Insel. Auch wenn sie mit inzwischen 36 Bungalows in sieben Preisklassen sehr gewachsen ist, erfreut sie sich nach wie vor größter

Ko Phi Phi

Beliebtheit. Die günstigen Häuschen liegen inseleinwärts im Palmenhain, die ebenso luxuriösen wie edlen Bungalows im klassischen Thaistil direkt hinter dem von alten Kasuarinen gesäumten Strand, der zum Baden perfekt ist. Unter einem Palmwedeldach lockt das Restaurant, die Thaiküche ist gut und die Pizzen sind super.

Wohnen mit Blick – **Ting Rai Bay Resort**: Ting Rai Bay Beach, Tel. 087 263 38 81, www.tingrai.com, 950–2800 Bt (Nebensaison) bis 1150–3200 Bt (Hochsaison). Mit viel Liebe zum Detail am Wiesenhang errichtete romantische Holzbungalows. Keines der 14 Gebäude gleicht dem anderen, alle sind urgemütlich und erfreuen mit Meerblick. Das Restaurant bietet supergute Küche, und der Besitzer sorgt dafür, dass man sich wirklich wohlfühlt. Gutes Preis-Leistungs-Verhältnis.

Palmwedelhütten-Perle – **Freedom Hut Resort**: Andaman Beach, Tel. 085 655 30 20, www.kohjumfreedomhut.com, 500–2500 Bt (je Komfortstufe). Nostalgiker auf den Spuren der Palmwedelhüttenzeit können hier, ganz im Süden der Insel, ihren Traum finden. Die rund 20 Bambus-/Holzbungalows liegen teils direkt am Strand (ab 2000 Bt), teils in den Bäumen darüber (Treetops: ab 300 Bt), am angrenzenden Palmhang (ab 500 Bt) bzw. am/auf einem Felskap, sind alle mit Bad/WC und einem Bett ausgestattet. Sonstigen Komfort gibt es nicht, dafür aber Romantik und Aussicht satt, im luftigen Open-Air-Restaurant üppige Gerichte der Thaiküche für 120–150 Bt. Viele Familien mit Kindern.

Aktiv

Die Aktivitäten erschöpfen sich in **Strand- und Inselwanderungen** sowie vereinzelten **Beachvolleyball**turnieren zum Sonnenuntergang. Zunehmend werden **Kajaks** aus Kunststoffschalen verliehen. Sporadisch finden **Bootstouren** nach Ko Siboya, Bamboo Island und Ko Phi Phi statt.

Infos

Infos im Internet: www.kohjumonline.com, mit viel Liebe gestaltete Website, jährliche Aktualisierung, zahlreiche Bilder. Außerdem www.kohjum.com.

Geld: Keine Geldautomaten; Geldwechseln nur zu sehr schlechten Kursen über diverse Bungalowanlagen sowie Travel Agencies.

Schnellboot: Während der Saison Ende Okt.–April/Mai) liegt Ko Jum auf der Route des zwischen Krabi und Ko Lanta verkehrenden Schnellbootes, sodass man dann 1 x tgl. Verbindungen in jede Richtung hat (550 Bt). Das Boot stoppt vor dem North Beach sowie vor dem Andaman Beach und die meisten Bungalowanlagen unterhalten einen Longtailbootzubringer.

Songthaew/Longtailboot: Alternativ und rund ums Jahr nimmt man von Krabi aus das etwa stdl. verkehrende Songthaew nach Laem Kruat (120 Bt, 1,5 Std.), von wo aus stdl. bis mehrmals tgl. Longtailboot-Fähren für 100 Bt/Pers. nach Ban Ko Jum im Inselsüden verkehren (40 Min.). Von dort aus dann weiter mit dem Motorradtaxi für 50–200 Bt zu einer Unterkunft nach Wahl. Dritte Möglichkeit ist, von/nach Ko Siboya ein Longtailboot zu nehmen (ca. 600 Bt).

Ko Phi Phi!

▶ Karte 4, D 7–8

Dass die Wirklichkeit mitunter schöner sein kann als Postkarten, davon kann man sich mit eigenen Augen auf **Ko Phi Phi** (auch Ko Phee Phee) überzeugen – auch wenn der Touris-

Die Inselwelt vor Krabi

mus Einzug in das Paradies gehalten hat. Die rund 35 km² Fläche umfassende Doppelinsel, bestehend aus Ko Phi Phi Don (28 km²) und Ko Phi Phi Leh (7 km²), wurde einst zu einer der schönsten Inseln auf Erden erklärt und stand im Jahr 2000 als Drehort für den Thriller »The Beach – Der Strand« mit Leonardo DiCaprio in der Hauptrolle im Rampenlicht. Ein Südseetraum aus bizarren Kalksteinklippen, Dschungel und Puderzuckerstränden, der als solcher touristisch vermarktet und in der Folge verschandelt wurde.

Im Dezember 2004 verwüstete der gewaltige Tsunami große Teile der Insel und riss offiziellen Angaben zufolge 753 Menschen in den Tod. An den zwei berühmtesten Stränden Thailands stand kein einziges Bauwerk mehr. Nur der aufopfernden Arbeit von teilweise bis zu 1000 Helfern aus aller Welt ist es zu verdanken, dass bis Sommer 2006 die mehr als 7000 t Schutt entfernt und die meisten Schäden behoben waren. In der darauf folgenden Saison lief schon wieder business as usual und heute präsentiert sich alles wie gehabt, nur noch wesentlich verbauter als zuvor. Schade, dass man beim Wiederaufbau nicht die Gelegenheit genutzt hat, mehr Rücksicht auf die Umwelt zu nehmen. Dennoch: Wer erstmals nach Ko Phi Phi kommt, wird schlichtweg begeistert sein, insbesondere beim ausgeschilderten **Viewpoint** (etwa 20 Gehminuten). Von dort aus, hoch über der Ton Sai Bay (s. u.) und der Lo Dalam Bay (s. u.) eröffnet sich das grandioseste Inselpanorama überhaupt.

Ko Phi Phi Don

▶ Karte 4, D 7–8

Phi Phi Don besteht aus zwei mit Dschungel überwucherten Kalkstein-

massiven, die durch einen schmalen Isthmus aus Sand verbunden sind.

Die Westseite

Am Südufer der Landbrücke erstreckt sich die halbmondförmige und etwa 1 km lange **Ton Sai Bay** mit dem ehemaligen Vorzeigestrand der Insel. Heute ist er vor lauter Booten kaum noch zu sehen. Es lohnt sich auch nicht mehr, hier zu baden, wie auch das Schnorcheln vor der Bucht definitiv nicht mehr empfohlen werden kann.

Nicht versäumen sollte man den am Strand ausgeschilderten 20-minütigen Aufstieg zum Aussichtspunkt auf dem westlichen Inselteil. Das nördliche Ufer in der **Lo Dalam Bay** begeistert nur bei Flut, denn bei Ebbe zeigt sich der schlickige Grund. In der Mitte zwischen den Buchten liegt **Ton-sai Village**, das dem Tsunami nahezu vollständig zum Opfer fiel. Seitdem herrscht hier rege Bautätigkeit, obwohl schon längst jedes Fleckchen Erde nahtlos bebaut ist mit Shopping Malls und Restaurants, Pubs und Bars, Shops und Kiosken

Der Küstenabschnitt südöstlich des Inseldorfs, der **Hin Khom Beach,** wird aus Felsen und vereinzelten winzigen Sandbuchten gebildet. Vorzug des etwa 1 km langen und sehr engen Strands ist die Aussicht auf die Ton-Sai-Bucht. Weiter gen Süden schließt sich jenseits einer Felsnase der Yao Beach, der lange Strand, an. Er ist recht schmal, teilweise mit Steinen und scharfen Korallen durchsetzt und fällt verhältnismäßig steil ins Meer ab. Dank eines vorgelagerten Korallenriffs – vor allem im Bereich des Südkaps – bietet er sehr gute Schnorchelmöglichkeiten.

Die Ostseite

Die Strände an der lang gestreckten Ostseite der Insel führten bislang mehr

Ko Phi Phi

oder weniger ein Schattendasein und zogen nur wenige Bungalowanlagen an. Im Norden erstreckt sich der **Poh Beach**, gefolgt vom langen **Laem Thong Beach**. Im Zentrum lädt der schöne Pak Nam Beach ein, der benachbarte **Rantee Beach** im Süden wurde lange als Geheimtipp gehandelt.

Ko Phi Phi Leh ▶ Karte 4, D 8

Die Schönheit von Phi Phi Don wird von der rund 5 km südlich gelegenen und gänzlich unbebauten Schwesterinsel, die unter Naturschutz steht, noch übertroffen. Spektakuläre Felsformationen, Puderzuckerstrände und Lagunen bildeten die perfekte Kulisse für »The Beach«. Die grenzenlose Kreativität der Natur versetzt jeden Besucher in Staunen. Auch die Unterwasserwelt der Insel erfüllt alle Superlative. Einen Schatten auf das Paradies wirft nur der Touristenandrang. Täglich werden im Rahmen organisierter Touren mehrere Tausend Besucher nach Phi Phi Leh gebracht und man blickt vom Inselstrand aus vor allem auf Longtail- und Speedboote, die in mehreren Reihen hintereinander verankert sind und das Baden und Entspannen schlicht unmöglich machen.

Auf Bootstour

Üblicherweise fahren die Ausflugsschiffe zu der durch den Film berühmt gewordenen **Maya Bay**, fraglos eine der schönsten Lagunen Thailands. Sie und die gegenüberliegende **Pilay Bay** sind ideal zum Schnorcheln.

Angesteuert wird ebenfalls die **Viking Cave**, deren berühmte Felszeichnungen jedoch chinesische Dschunken und portugiesische Galeeren zeigen und keine Wikingerschiffe, wie man früher glaubte. Die Höhle hat gigantische Ausmaße und ist ungemein reich an Tropfsteinformationen und großen Kalksteinplateaus. In Kreisen chinesischer Feinschmecker war die Viking Cave auf Ko Phi Phi Leh schon vor etwa 1000 Jahren bekannt, denn hier nisten Hunderttausende von **Sa-**

Filmreif: Maya Bay auf Ko Phi Phi Leh

Die Inselwelt vor Krabi

langanen. Die Nester dieser zur Familie der Segler gehörenden Vögel gelten den Chinesen seit alters her als potenzfördernde und lebensverlängernde Delikatesse. Da in China jedoch nahezu keine Salanganenkolonien vorkommen, muss der Luxusartikel aus Thailand, Indonesien und Indien importiert werden.

Zur Brutzeit sondern die Vögel große Mengen eines eiweißreichen, zähen Speichels ab, der an der Luft erhärtet und den sie zusammen mit Pflanzenresten und gelegentlich einigen Federn zu Nestern verbauen. Jährlich werden etwa 200 kg der äußerst seltenen und daher extrem teuren Spezialität in der Viking Cave geerntet. Während der dreimonatigen Sammelzeit, der jeweils eine Ruhephase von ebenfalls drei Monaten folgt, arbeiten die Sammler unter Lebensgefahr auf wackeligen Bambusstangen und -leitern in schwindelerregender Höhe. Vor dem Verzehr werden die gelatinösen Nester, im Deutschen fälschlich als ›Schwalbennester‹ bezeichnet, eingeweicht und gründlich gereinigt. Dann lässt man sie in Brühe garen, wobei sie sich auflösen und die Suppe leicht binden. Besonders begehrt sind die weißen Nester, die nur aus Speichel bestehen und weniger Reinigung erfordern.

Übernachten

Zur Saison 2014/2015 waren gut 100 Resorts und Bungalowanlagen geöffnet. Dennoch kommt es immer wieder zu Engpässen, und ohne rechtzeitige Reservierung ist es oft unmöglich, ein Zimmer zu bekommen.

Ruhe und Komfort – **Phi Phi Natural Resort:** Laem Thong Beach, Tel. 075 81 87 06-7, www.phiphinatural.com, DZ ab 3200 Bt, Bungalows ab 4200 Bt, Nov.–März plus 1000 Bt. Rund 80 Bun-

galows und Zimmer der gehobenen Mittelklasse (alle mit AC) und überaus gemütlich eingerichtet am Nordrand des Strands in einer gepflegten Gartenanlage. Ruhiger wohnt man in keiner anderen Inselherberge. Auch ein herrlicher Pool ist vorhanden.

Preiswertes Panorama – **Phi Phi View Point Resort:** Lo Dalam Beach, Tel. 081 892 31 50, www.phiphiviewpoint. com, ab 1800–3000 Bt (AC/Hügellage, je nach Saison) bis 2500–5500 Bt (AC, Beachfront). Dank der Hanglage am Ende der Lo Dalam Bay blieb das große Drei-Sterne-Resort durch den Tsunami nahezu unzerstört. Bungalows in fünf Komfortstufen liegen direkt am Strand (AC) und in panoramareicher Hügellage (Fan), mit Pool.

Dem Namen verpflichtet – **Relax Beach Resort:** Pak Nam Beach, Tel. 089 725 44 11, www.phiphirelaxbeach.com, Bungalows ohne Seeblick 1400–2200 Bt (je nach Saison), mit Blick 1900–2900 Bt, Komfort-Bungalows 2300–5500 Bt. Rund vier Dutzend romantische Bambusbungalows (mit Bad/WC, Veranda, Moskitonetz), relativ teure Häuschen direkt am Strand, aber in unvergleichlicher Lage, preiswertere Hütten in zweiter Reihe. Anreise per Longtailboot (150 Bt) ab dem Inselpier oder zu Fuß zu Aussichtspunkt (rund 1 Std., gut 250 m Aufstieg).

Traveller's Choice – **Andaman Beach Resort:** Hin Khom Beach, Tel. 075 60 10 77, www.andamanbeachresort. com, 1100 Bt (mit Fan, je nach Saison), 1350–8250 Bt (AC). Die mehr als 60 Bungalows stehen zwar zum Teil recht eng beisammen, doch das Preis-Leistungs-Verhältnis stimmt. Restaurant mit Meerblick und schöner Pool.

Aktiv

Kajak – Verleih an den Stränden der Insel (ca. 150 Bt/Std. bzw. ca. 500–

Ko Phi Phi

800 Bt/Tag). Es werden geführte Touren rings um die Insel und mehrtägige Exkursionen angeboten.

Kletterschule – **Ibex Climbing:** Tel. 093 732 48 04, www.ibexclimbingand tours.com. Eine der besten Informationsquellen und Kletterschulen der Insel. Die mehrere Dutzend Kletterrouten von Ko Phi Phi genießen Weltruhm. Am berühmtesten ist der direkt aus dem Meer ragende und etwa 150 m hohe Tonsai Tower, an dessen Wand sage und schreibe 48 Routen der Schwierigkeitsgrade 5b–7b geboltet sind. Es werden Kurse und tgl. geführte Touren angeboten (1100 Bt/ Halbtag, 1950 Bt/Tag). Buchung von Kletterkursen (3 Tage mit Zertifikat 5800 Bt) und geführten Touren, Privatunterricht kostet 2100 Bt (halber Tag) bzw. 3200 Bt (ganztags).

Schnorcheln – An Schnorchelspots herrscht hier kein Mangel. Beliebt ist z. B. das Südkap beim Yao Beach. Die meisten Unterkünfte verleihen Tauchermaske und Flossen (ab 150 Bt/ Tag).

Tauchen – Die Reviere der Insel sind vor allem wegen ihrer bis zu 30 m abfallenden Steilwände berühmt. Sechs Tauchschulen bieten Tauchkurse (ab 13 800 Bt), Tagesausflüge inkl. 2 Tauchgänge (ab 2500 Bt), Wracktauchen (3500 Bt). Als beste Adresse gilt das Moskito Diving Center, Tel. 075 60 11 54, www.moskitodiving.com.

Abends & Nachts

Was Ko Pha Ngan am Golf von Thailand, das ist Ko Phi Phi an der Andamanenseeküste: das Partyzentrum überhaupt für junge und jung gebliebene Reisende. Auf kleinstem Raum im Bereich der Ton Sai Bay hat man hier die Wahl zwischen rund einem Dutzend In-Treffs, in denen allnächtlich ab etwa 22 Uhr und oftmals bis zum Morgengrauen zu Reggae, Hip-Hop, Soul, Trance & Techno sowie vor allem auch Entertainment in Form von Feuershows und Thaiboxing-Spektakeln schlicht ›die Sau tobt‹.

Entertainment satt – **Reggae Bar:** Tonsai; teuer (großes Bier ab 200 Bt). Mit fünf Open-Air-Bars unter einem ›Dach‹, Poolbillard, einem Thai-Boxing-Ring (mindestens drei Boxnächte pro Woche) und einem großen Dancefloor ist der Komplex mit Abstand der größte und populärste auf der Insel. Hier herrscht stets eine bärenstarke Stimmung zu ultralautem Sound und Alkohol, der in Strömen vorzugsweise aus *buckets* (Kübeln) in durstige Kehlen fließt.

Stoned again – **Rolling Stoned Bar:** Ton Sai. Wem die Szene in der Reggae Bar zu alkohollastig ist, der geht ins Rolling Stoned, wo allabendlich heiße Livemusik fetziger Thaibands zu hören ist.

Hot stuff – **Phi Phi Hippies Bar:** Ton Sai. Direkt am Strand und der Happening Place auf der Insel: Nacht für Nacht kann man hier das Gefühl haben, auf einer Neujahrsparty zu weilen. Die Musikanlage ist die wattstärkste der Insel und ab 21 Uhr werden zum ständig wilder und lauter werdenden Sound die abgefahrensten Feuershows des Südens zelebriert. Schon das Zuschauen törnt unerhört an, auch alles andere, was antörnt, wird reichlich genossen, und wer es zu guter Letzt nicht mehr ins Bett schafft, bleibt einfach sitzen oder liegen. Zur Halbmondzeit geht´s noch ein wenig wilder zu, denn dann trifft sich alles, was Beine hat, am Strand zu Trance Music & Tribal Beats.

Musikalische Themennächte – **Tintin's Bar:** Ton Sai, beim Baracuda-Tauchzentrum. Ab 21, eher 22 Uhr trifft sich hier das Tanzvolk zu Tanznächten, die stets unter einem anderen Motto

257

Die Inselwelt vor Krabi

stehen. Mal dreht sich alles um schmusigen Klammer-Blues, mal um fetzigsten Rock, heißesten Rap oder was immer sonst, frei nach Tintins Motto ›We bring you up, take you down, smoothes those rough edges away‹.

Kid's zone – **The Beach Club:** Ton Sai. Hier kommen auch Familien mit Kindern auf ihre Nightlife-Kosten, denn am Strand vor dem Club werden alkoholfreie Getränke serviert, die Atmosphäre ist entspannt und wird vereinzelt durch Feuershows aufgelockert.

Infos

Krabi Tourist Association: s. S. 242
Internet: www.gokohphiphi.com, www.phi-phi.com.
Boot: ganzjährig bis zu 12 x tgl. von Phuket (ab 400 Bt) und 4 x tgl. von Krabi (ab 450 Bt, 1,5 Std.). Sept./Okt.–Mai zudem tgl. ab Ao Nang/Rai Lee bei Krabi (450 Bt, 1,5 Std.), 2 x tgl. ab Ko Lanta (450 Bt, 2 Std.) und mit mehreren Gesellschaften (www.phuket ferry.com, www.tarutaolipeisland. com, www.tigerlinetravel.com) Nov./ Dez.–Mitte Mai tgl. via Ko Lanta, Ko Ngai, Ko Muk, Ko Kradan nach Ko Lipe (6 Std., ab 1657 Bt).
Organisierte Touren: Wer sich einen Überblick über Ko Phi Phi verschaffen möchte, sollte die Insel im Rahmen einer organisierten Tagestour besuchen, wie sie auf Phuket, in Krabi und Ao Nang dutzendweise angeboten wird. Die Preise liegen zwischen 2800 und 3500 Bt inkl. Lunch für eine Schnellboottour von rund 8–9 Std. Dauer.

Ko Lanta ▶ C 9

Ko Lanta Noi im Osten und **Ko Lanta Yai** im Westen, nur durch einen schmalen Meereskanal voneinander getrennt, fügen sich zu einer Dop-

pelinsel, die nur einen Katzensprung vom Festland entfernt ist. 1989 eröffnete auf Ko Lanta Yai die erste Bungalowanlage. Dass man nun schon mehr als 200 zählt, Tendenz steigend, ist in erster Linie den Sandstränden zu verdanken, die die Westküste dieser 24 km langen Insel säumen. Sie variieren in allen Abstufungen von kilometerlang mit feinkörnig-weißem Sand bis zu winzig klein mit grobkörnig-gelbem Sand. Doch trotz all ihrer Vielfalt und Schönheit können sie in Sachen Exotik nicht mit denen anderer Touristenzentren der Andamanensee konkurrieren. Zum einen fehlen die spektakulären Kalksteinformationen, zum anderen sind Kokospalmen eine Rarität.

Die meisten Küstenabschnitte laufen flach ins Meer aus, was auch Kindern und älteren Menschen perfekten Badespaß garantiert. Entsprechend hoch ist der Anteil an zumeist pauschal reisenden Familien (vor allem aus Schweden und Deutschland) sowie Senioren auf Langzeiturlaub. Aber auch für Aktivurlauber, insbesondere Taucher, ist Ko Lanta attraktiv, zählen doch einige der vorgelagerten Tauchspots, die oft von imposanten Walhaien besucht werden, mit ihren einzigartig strukturierten Korallenriffen zur Weltklasse.

Zwar hat der Tourismus das Leben der rund 20 000 Inselbewohner und das Bild der Küste nachhaltig verändert, doch das Inselinnere präsentiert sich noch immer ländlich und oft vollkommen unberührt. Es wird von einem bis 500 m hoch aufragenden Gebirgsrücken gebildet, über den sich primärer Regenwald zieht. An der Ostküste wurden Kautschukpflanzungen angelegt, die in ausgedehnte Mangrovenwälder übergehen. Fast 70 % von Ko Lanta sind mit geschütztem Wald bedeckt.

Ko Lanta

Strände

Alle Touristen betreten **Ko Lanta Yai** in **Ban Saladan,** das ganz im Norden gegenüber der Schwesterinsel Ko Lanta Noi liegt. Im Hauptdorf der Insel, teils noch malerisch auf Pfählen errichtet, finden sich außer den Fähranlegern auch Einkaufsmöglichkeiten und Banken mit Geldautomaten. Von hier aus verläuft eine Straße entlang der Westküste von Strand zu Strand bis hinunter zum Südkap, wobei es auf dem südlichen Abschnitt ständig auf und ab geht und sich schöne Ausblicke öffnen.

Klong Dao Beach

Von Ban Saladan erstreckt sich der rund 3 km lange **Klong Dao Beach,** der weitaus die meisten Besucher zählt, mit sanftem Schwung nach Süden. Am Rand des hellen Sandbands liegen im Schatten von Kasuarinen mehrere Dutzend Bungalowanlagen, die zunehmend den höheren Preiskategorien angehören. Da das Meer eher seicht ist, dominieren hier Familien und meist ältere Langzeitgäste.

Long Beach

Der angrenzende **Long Beach** (Hat Phra Ae), ein mehrere Kilometer langes weißes Sandband, ist in erster Linie Ziel jüngerer Reisender aus aller Welt. Das Preisniveau in den mehr als drei Dutzend Bungalowanlagen tendiert zur Budgetkategorie, obwohl auch an teuren Resorts kein Mangel herrscht.

Klong Khong Beach

Am nachfolgenden **Klong Khong Beach** erschweren Steine und Muschelbänke das Baden in vielen Abschnitten. Entsprechend niedrig sind die Preise in den rund 20 meist von Backpackern frequentierten Anlagen.

Klong Nin Beach

Mehr oder weniger feinsandig zeigt sich der **Klong Nin Beach,** der im südlichen Abschnitt immer schöner wird. Viele Auswanderer aus westlichen Ländern haben sich hier niedergelassen und ein kleines Geschäft im Tourismus aufgebaut. Es gibt etliche günstige, aber ebenso auch sündhaft teure Unterkünfte.

Kan Thiang Beach

Der erste Preis für den romantischsten Inselstrand würde fraglos an den **Kan Thiang Beach** vergeben werden, der sich sichelförmig auf etwa 1 km zwischen zwei Felskaps spannt und mit puderzuckerfeinem, schneeweißem Sand erfreut. Zwischen den neun Bungalowanlagen ist noch reichlich Platz vorhanden. Doch seit hier ein Fünf-Sterne-Resort eröffnet hat, ist abzusehen, dass sich das ändern wird und auch die Preise anziehen werden.

Mai Phai Beach

Höchst idyllisch ist auch der als Last Beach bekannte **Mai Phai Beach,** eine weit geschwungene, halbmondförmige Bucht von gut 2,5 km Länge, die von Klippen und Urwald umkränzt wird. Es gibt nur drei Ferienanlagen, die sich auf die Bedürfnisse des jungen und budgetbewussten Publikums eingestellt haben.

Inselexkursion

Ideale Transportmittel für eine Inselrundfahrt (ca. 60 km) sind ein Suzuki-Jeep oder ein Moped. Die bis ins Jahr 2010/2011 hinein teils desolaten Straßen sind nun alle asphaltiert, mit Ausnahme der letzten 10 km der zur Südspitze der Insel führenden Küstenstraße, die äußerst holprig ist und noch viele Schlaglöcher hat.

259

Die Inselwelt vor Krabi

Unser Tipp

Ko-Rok-Robinsonade

Die dem Festland und Ko Lanta etwa 50 km weit vorgelagerte Doppelinsel **Ko Rok Nok/Ko Rok Nai** ist Teil und Highlight des Ko Lanta Marine National Park (400 Bt Eintritt) und, bis auf eine kleine Parkrangerstation auf Ko Rok Nok, auch völlig unbewohnt. Weißere Strände und ein noch intensiver türkisfarbenes Meer kann man sich kaum vorstellen. Aufgrund der exponierten Lage und der ungemein reichen Korallenriffe nah unter Land sind hier die Tauch- und Schnorchelbedingungen ganz und gar fantastisch. Hin kommt man am besten und günstigsten im Rahmen der tgl. auf Ko Lanta angebotenen Speedboot-Inseltouren, und anstatt sofort mit zurückzufahren, kann man das auch zu einem späteren Zeitpunkt tun und bleibt dann auf Ko Rok Nok, wo Camping erlaubt ist und man auch Zelte ausleihen kann (1500 Bt für 4 Pers.). Infos über das Parkamt auf Ko Lanta (Tel. 075 66 07 11, www.dnp.go.th) und www.thaiforestbooking.com.

Zur Südspitze

Die gesamte Südspitze der Insel umfasst den **Ko Lanta Islands National Park** (400 Bt Eintritt), durch den einige Naturpfade führen. Es empfiehlt sich ein Besuch des Leuchtturms am Südkap, von wo der Blick hinüber nach Ko Ngai wandert.

An der **Klong Jak Bay,** rund 3 km vor dem südlichen Inselende, lädt der ausgeschilderte **Waterfall Walk** zu einem erfrischenden Abstecher ein. Es ist auch möglich, auf Elefanten zu reiten (ca. 1000 Bt).

Entlang der Ostseite

Vom Klong Nin Beach führt eine Straße quer über die Insel zur Ostküste. Beim Dorf Klong Nin folgt man den deutlichen Hinweisschildern zur Höhle **Tham Khao Mai Kaeo.** Am Wegende werden Elefantenritte (um 1000 Bt) und geführte Touren ins Innere der Tropfsteinhöhle angeboten, die als ein Highlight der Insel gilt (200 Bt Eintritt).

Rund 3 km weiter auf dem Weg zur Ostküste passiert man einen **Aussichtspunkt** mit zwei Panoramarestaurants. Von der Passhöhe ergibt sich eine atemberaubende Aussicht auf die Ostküste von Ko Lanta, vor der etliche kleine, von Sandstränden umkränzte Urwaldinseln im Wasser liegen.

Vom Besuch des Dorfes **San-Gha-U** im Süden der Ostküste ist abzuraten, da die dort lebenden Chao Lee (s. S. 68) es längst leid sind, wie Sehenswürdigkeiten begafft und abgelichtet zu werden. Stattdessen geht es Richtung Norden, nah vorbei an dichten Mangrovensümpfen und dem in Sachen Ökotourismus bedeutsamen Dorf **Tung Yee Peng** (s. Entdeckungstour S. 262) zurück nach Ban Saladan.

Übernachten

Luxusresorts verdrängen zunehmend die Bungalowanlagen der Budgetklasse. Mitte Dez.–Mitte Jan. kann es mehr als doppelt so teuer wie zu anderen Zeiten sein. Die unten genannten Preise umfassen das gesamte Spektrum. Mitte Mai–Mitte Okt. haben viele Anlagen geschlossen.

Erste Budgetwahl – **Sunset Bungalows:** Klong Nin Beach, Tel. 075 66 26 11, www.thesunsetbungalows.com, 400–800 Bt (Nebensaison) bis 1800–2200 Bt (Hochsaison). Das Günstige ist rar auf Ko Lanta und wenn Geld ein Thema ist, empfiehlt sich dieses klei-

Ko Lanta

ne Resort mit freundlichen Besitzern, netten Bungalows (alle Fan/AC), teils direkt am Strand, wo auch das gemütliche und preiswerte Restaurant einlädt.

Zum Wohlfühlen – **Andaman Lanta Resort:** Klong Dao Beach, Tel. 075 68 42 00, www.andamanlanta.com, DZ 1200–3500 Bt, Bungalow 1500–4800 Bt. Am südlichen Strandende gelegene Komfortanlage mit Swimmingpool und freundlich eingerichteten Zimmern.

Markante Panoramalage – **Lanta Marine Park View:** Kan Tiang Beach, Tel. 075 66 50 63, www.lantamarinepark.com, 1300–3050 Bt (je nach Komfort/Saison). Die 26 AC-Bungalows liegen in traumhafter Panoramalage über der Bucht.

Privat und behaglich – **Relax Bay Resort:** Long Beach, Tel. 075 68 41 94, www.relaxbay.com, 1050–3100 Bt (Nebensaison) bis 2150–5300 Bt (Hochsaison). Durch einen Felsabschnitt vom eigentlichen Long Beach getrennt, bietet diese Anlage eine größtmögliche Privatsphäre und viel Gemütlichkeit in 37 Rattan- und Steinbungalows mit Fan bzw. AC. Französisches Management und französische Küche.

Familientreff – **D. R. Lanta Bay Resort:** Klong Dao Beach, Tel. 075 66 83 83, www.drlantaresort.com, Zimmer 1050–2650 Bt (je nach Saison), Bungalows 1350–4950 Bt. Optisch nicht so *fancy* wie die Nachbarresorts, aber die Zimmer sowie die 20 m vom Strand stehenden Steinbungalows (alle mit AC) gleichen das bestens aus. Mit Pool.

Gutes Preis-Leistungs-Verhältnis – **Lanta Island Resort:** Klong Dao Beach, Tel. 075 68 41 24, www.lantaislandresort.com, 700–2000 Bt (Nebensaison) bis 1700–4900 Bt (Hochsaison). Tropisch begrünte Anlage unter deutschem

Management in der Mitte des Klong Dao Beach. Rund 60 Steinbungalows in fünf verschiedenen Kategorien und Swimmingpool. Da hier das Ko Lanta Diving Center seinen Strandsitz hat, beziehen viele Taucher Quartier.

Klein und fein – **Lanta Bee Garden:** Klong Dao Beach, Tel. 075 68 42 27, www.lantabeegarden.com, 500–1500 Bt (Nebensaison) bis 1200–3500 Bt (Hochsaison). Kleine Anlage mit 22 Bungalows mit Fan oder AC in zwei sich gegenüberstehenden Reihen. Einfache, aber saubere Zimmer, ansprechendes Restaurant direkt über dem Strand.

Palmwedelbungalows – **Lanta River Sand:** Klong Khong Beach, Tel. 075 66 26 60 und 08 14 76 01 65, www.lantariversand.com, 500 Bt (Nebensaison) und 1500–2500 Bt (Hochsaison). Eines der ursprünglichsten und romantischsten Resorts am Ort mit 25 originellen Bambusbungalows auf Stelzen, einem kreisrunden Restaurant und einer Strandbar am Meer.

Tiptop am Traumstrand – **Baan Phu Lee:** Last Beach, Tel. 075 66 51 00, www.baanphulae.com, generell 2500–3000 Bt (je nach Komfortstufe). Der erste Blick bei Ankunft wird auf den Strand fallen, der zweite auf die hübschen Bambusbungalows (teils Fan, teils AC) direkt am Beach sowie am angrenzenden Hang – und stets wird man begeistert sein. Auch von innen halten die mit Palmwedeln gedeckten Häuschen, was sie versprechen.

Essen & Trinken

Will man frischen Fisch und Meeresfrüchte im luftigen, authentisch thailändischen Ambiente eines Pfahlbau-Restaurants genießen, führt kein Weg um Ban Saladan herum. Am Klong Dao Beach sitzt man in fast allen Restaurants roman- ▷ S. 264

Auf Entdeckungstour: Tung Yee Peng – eine Ökotour in den Mangroven

Die Mangrovenwälder schwinden weltweit noch schneller als die Regenwälder. In Thailand stehen sie heute größtenteils unter Naturschutz. Auf Ko Lanta erhält man nicht nur tiefe Einblicke in diese faszinierende Vegetationszone, sondern kann aktiv zu ihrem Erhalt beitragen.

Reisekarte: ▶ C 9
Öko-Touren: Die meisten Tourveranstalter auf Ko Lanta haben die Mangroventour als ›Eco Tour‹ im Programm.
Dauer: 8.30–16 Uhr
Preis: Mangroventour 1000 Bt (alles inkl.); für Individualreisende: Transport von den Stränden 500 Bt, Mangroventour im Dorf gebucht ab 500 Bt (halber Tag) bzw. ab 800 Bt (ganzer Tag); Übernachtung: 2000 Bt (mit VP)

Die teilweise extrem flache und damit im Einflussbereich der Gezeitenzone stehende Ostseite von Ko Lanta umfasst eines der größten Mangrovengebiete von Südthailand, die man im Rahmen einer Tour erleben kann. Bestandbildend ist der salzwassertolerante Mangrovenbaum, von dem hier rund 75 verschiedene Arten vorkommen. Das gilt als Weltrekord, und kaum irgendwo sonst in den Tropen wird so viel zum Schutz der Mangrovenwälder getan wie in Thailand, wo im Bereich der Andamanenseeküste noch rund 80 % dieser Vegetationseinheit intakt sind. Zusammen mit anderen wichtigen Mangrovenbereichen des Landes wird auch auf Ko Lanta der Schutz dieser weltweit nur in den Tropen in mindestens 23 °C warmem Meerwasser vorkommenden Vegetationszone groß geschrieben.

Lebenskünstler zwischen Land und Meer

Flaggschiff des gesteigerten Umweltbewusstseins auf Ko Lanta ist das direkt an der Ostküste gelegene Dorf Tung Yee Peng. Diese traditionelle Siedlung wurde bereits im Jahr 2003 vom United Nations Development Program zum Standort eines Coast Ecology Learning Center ernannt, in dem die Einwohner angeleitet werden, schonend mit ihrer Umwelt umzugehen und im Einklang mit der Natur zu leben.

Doch auch am Tourismus soll das Dorf gemäß dem UN-Projekt partizipieren, und entsprechend viel Gewicht wird seitdem auf die Ausbildung gelegt, weshalb die allermeisten jungen Dörfler gutes Englisch sprechen. Damit war der Grundstein für Ökotourismus gesetzt.

Heute ist der Ort Ausgangspunkt für sachkundig geführte Mangroventouren, und kaum hat man den Bereich von Tung Yee Peng Village verlassen, erlebt man vom Boot aus, wie glitzernden Wolken gleich Schwärme von winzigen Fischen in dem flachen Mangrovenkanal vorbeischweben; Algen, Schwämme und Seeanemonen wogen im sanften Gezeitenstrom. Der Uferschlick ist von Taschenkrebsen und Schlammspringern bevölkert – beides Arten, die sowohl auf dem Land als auch im Wasser zu Hause sind. Angrenzend erstreckt sich wie ein Geisterwald ein undurchdringliches Geflecht aus grauen Stelzwurzeln, an die sich Muscheln und Seepocken klammern und die in der Höhe ein bis über 20 m hoch aufragendes Kronendach bilden.

Während das Boot langsam an dieser ›grünen Hölle‹ vorübergleitet, erfährt man von dem sachkundigen Führer viel Wissenswertes über Flora und Fauna sowie über die empfindliche Ökologie der gefährdeten Vegetationszone Mangrove. Auch die schwimmenden Fischfarmen, die in den Mangrovenkanälen befestigt sind, sowie neu angelegte Mangrovenanpflanzungen werden angesteuert, bevor es gegen Ende der Tour ins Dorf zurück und zu den Produktionsstätten des lokalen Kunsthandwerks geht.

Become a villager

Wer einen tieferen Einblick in die Mangroven und das Dorfleben nehmen will, kann im **Tung Yee Peng Village** im Rahmen eines Homestay-Programms selbst an der Wiederaufforstung der Mangroven mitarbeiten, auf den Fischfarmen mithelfen, den Fischern auf dem Meer zur Hand gehen, angeschwemmten Müll beseitigen – kurz: am täglichen Leben der Einwohner von Tung Yee Peng teilnehmen.

Die Inselwelt vor Krabi

tisch, die Preise variieren von gut und günstig bis sündhaft teuer.

Schlemmerküche – **Red Snapper:** Long Beach, Tel. 080 78 85 69 65, www.redsnapper-lanta.com, Hauptgerichte ca. 250–480 Bt. Spitzenempfehlung für einen Schlemmerabend. Die beste internationale Küche weit und breit, von einem innovativen holländischen Koch zubereitet und in einem tropischen Garten serviert. Hier zelebriert man ein Menü aus verschiedenen Gängen und genießt dazu Wein aus erlesenen Lagen (um 900 Bt die Flasche) und exotische Cocktails.

Kerzenlichtromantik – **Orchid Restaurant:** Klong Nin Beach, im Lanta Palace Resort, Tel. 075 66 25 71, Hauptgerichte ab 100 Bt. Allabendlich wird zum Candlelight Dinner direkt am Strand geladen.

Kultig – **Drunken Sailors Coffeeshop:** Kan Tiang Beach, an der Hauptstraße nahe dem Seven-Eleven-Laden, Tel. 075 66 50 76, tgl. 9–22 Uhr. Entspanntes Ambiente (u. a. laden Hängematten und flauschige Sitzkissen zum Relaxen ein), herzlicher Service und ausgezeichnetes Essen der thailändi-schen und europäischen (insbesondere italienischen) Küche zu korrekten Preisen – kein Wunder, dass dieses kleine Restaurant (nicht nur fürs Frühstück) eines der beliebtesten im Süden von Ko Lanta ist. Auch Vegetarier und Veganer finden hier eine große Auswahl. Ein wenig schade ist nur, dass das Lokal an der Hauptstraße und nicht am Strand gelegen ist.

Fisch frisch – **Lanta Seafood:** Ban Saladan, an der Uferstraße, tgl. bis gegen 21 Uhr, Hauptgerichte um 150 Bt, Fisch nach Gewicht, etwa 600 Bt für 2 Pers. Frischester Fisch und Meeresfrüchte in einem typischen thailändischen Pfahlbau-Restaurant. Da stark nachgefragt, sollte man während der Saison möglichst vor 19 Uhr kommen; falls belegt, bietet sich das benachbarte Saladan Seafood mit gleichem Angebot an.

Gestrandet – **Same same but different:** Kan Tiang Beach, Tel. 081 787 86 70, tgl. ab 10 Uhr. Hauptgerichte ab 80 Bt. Rustikal und unvergleichlich gemütlich direkt am Strand. Stilvoll mit Strandgut dekoriert.

Konkurrenzlos billig – **Seaview Restaurant:** Klong Dao Beach, im Klong

Ko Lanta Diving Center

Die 1992 eröffnete erste Tauchschule im Süden Thailands ist auch heute noch die erste Adresse in Thailand. Sie steht unter Leitung von Christian Mietz, einem der versiertesten deutschen Taucher in Südostasien, der durch Publikationen in der Fachpresse und durch das Fernsehen bekannt wurde. Das Trainingsprogramm umfasst ebenso Ein-Sterne-Kurse oder Open Water Diver (12 500 Bt) wie Divemaster, Zwei-Sterne-CMAS-Tauchlehrer und Rebreather-Tauchlehrer. Außerdem ermöglichen die extrem schnellen und speziell für Taucher konzipierten Boote des Zentrums vielseitige und exklusive Exkursionen. Jeweils ein qualifizierter Führer begleitet maximal vier Taucher, sodass sowohl Tauchsicherheit als auch Tauchfreiheit garantiert sind. Tagestouren mit Frühstück, Mittagessen, freien Getränken und zwei Tauchgängen kosten 3000 Bt, Tauchpakete mit 12 Dives 14 800 Bt, eine komplette Ausrüstung gibt es für 600 Bt/Tag (Ban Saladan, Tel. 00 66 75 66 80 65, www.kolantadivingcenter.com, Niederlassungen am Klong Dao Beach im Lanta Island Resort und am Klong Khong Beach im Blue Marlin Resort).

Ko Lanta

Dao Beach Resort an der Strandmitte, Gerichte ab etwa 100 Bt. Großes, kahles und eher ungemütliches Restaurant, in dem viele deutsche Überwinterer verkehren. Speisen der thailändischen und internationalen Küche sowie Bier sind konkurrenzlos billig.

Aktiv

Elefantenreiten – Angebote an den meisten Stränden (mit Transfer ab etwa 1000 Bt).

Kajak – Geführte Touren in die Mangroven an der nördlichen Inselseite und Verleih, u. a. über Rapu Sea Kayaking, Tel. 092 87 17 49 (nach Chutima fragen).

Segeln – **Lanta Sailing:** Tel. 08 48 41 82 70 und 081 101 74 40, www.lantasailing.com. Yacht-Charter, Sunset-Törns, Ganztages- und Mehrtagestouren.

Tauchen – Zahlreiche Tauchzentren und u. a. acht ausgewiesene Tauchreviere vor Ko Lanta und sieben weitere vor Ko Phi Phi gewährleisten tägliche Abwechslung. Auch mehrtägige Touren und Kurse (s. Tipp S. 264).

Inselhopping-Touren – Mit Ausflugs- oder Schnellbooten zu den vorgelagerten Inseln Ko Rok, Ko Muk, Ko Kradan, Ko Ngai, Ko Phi Phi u. a. Verschiedene Kombinationen sind wählbar. Am meisten nachgefragt ist die Vier-Insel-Tour nach Ko Ngai, Ko Muk Yacht-Charter und Ko Kradan (ab 1200 Bt/Pers.).

Abends & Nachts

Von einigen Beachbars abgesehen ist nicht viel los. Die Taucher treffen sich mit Vorliebe in der **Mook Bar** am Klong Dao, während die Long Beach junge Nachtschwärmer anzieht. Insbesondere im freakig aufgemachten **Reggae House** am Südende des Strands finden sie Musik nach ihrem Geschmack.

Infos & Termine

Touristeninformation: s. S. 242

Internet: www.lanta.de, www.lantalanta.com, www.kolanta.net, www.kohlanta-hotels.com, www.lantainfo.com (kommerzielle Websites). Informativ ist auch das »Ko Lanta Guidebook«, www.lantapocketguide.com.

Geld: Banken in Ban Saladan, ATMs auch an den populärsten Stränden.

Flugzeug: Krabi International Airport, ca. 70 km nördlich. Taxi ca. 3000 Bt.

Boot: Sept.–Mai 1 x tgl. Schnellboot von/nach Krabi via Ko Jum (2 Std., 550 Bt); von/nach Ko Phi Phi (2 Std., 450 Bt), teils mit Anschluss nach Phuket (2 Std., plus 500 Bt); von/nach Phuket mit Highspeed-Motorbooten (www.phuketferry.com, www.tarutaolipeisland.com, tigerlinetravel.com) tgl. um 10 Uhr nach Ko Lipe (5 Std., 1445 Bt) via Ko Ngai (635 Bt), Ko Muk (722 Bt), Ko Kradan (722 Bt), Ko Libong (892 Bt) und Ko Lipe (Ankunft 15 Uhr, 1445 Bt); außerdem tgl. um 16 Uhr nach Ko Phi Phi (680 Bt) und Phuket (1275 Bt).

Minibus: regelmäßige Verbindungen mit Krabi (350 Bt) und Trang (300 Bt) und allen anderen Ferienzentren des Südens.

Pickup/Minibus: bei Ankunft der Fähren in der Regel kostenlose Abholung durch die Bungalowanlagen. Rückfahrt meist nicht kostenlos (50–250 Bt, je nach Entfernung).

Motorradtaxi: vor allem im nördlichen Inselteil gibt es diese bequeme Transportmöglichkeit (50–500 Bt, je nach Entfernung).

Mietfahrzeug: Verleih in allen Reisebüros. Mietwagen (meist Suzuki-Jeep) ab etwa 1200 Bt/Tag, Mopeds ab 150 Bt/Tag.

Lanta Beach Festival: März/April. Das größte Happening der Insel mit Folklore und Kulturshows, Wettkämpfen etc. am Long Beach.

Das Beste auf einen Blick

Südliche Andamanensee

Highlight!

Tarutao Marine National Park: Zwischen 20 und 70 km vom Festland entfernt erstreckt sich dieses Schutzgebiet, das 51 Inseln und über 1400 km² umfasst. Ko Tarutao ist die größte unbewohnte Insel Thailands, die Chao-Lee-Insel Ko Lipe ist das touristische Highlight des tiefen Südens. Nirgendwo sonst findet man weißere und feinsandigere Strände als hier, wo auch Korallenriffe von einzigartiger Schönheit einladen. S. 278

Auf Entdeckungstour

Dugong Spotting – den Seekühen auf der Spur: Kontakt mit Meerjungfrauen erwünscht? Ko Libong macht's möglich, denn die Insel ist Heimat der letzten thailändischen Seekühe – die vom Aussterben bedrohte Meeressäugerspezies ist angeblich der Ursprung des Meerjungfrauen-Mythos. Im Rahmen von Dugong Spotting Tours hat man eine gute Chance, ein Exemplar zu Gesicht zu bekommen. S. 274

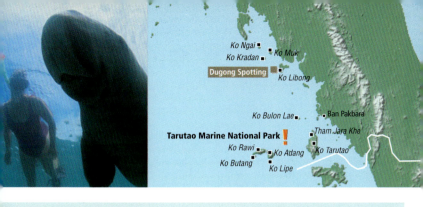

Kultur & Sehenswertes

Tham Morakot: Die ›Smaragdhöhle‹ auf Ko Muk führt vom Meer in eine fels- und waldumkränzte Lagune mit traumhaftem Sandstrand. S. 270

Tham Jara Khe: Die ›Krokodilgrotte‹ führt durch einen Berg hindurch. S. 279

Aktiv unterwegs

Ko Libong: Diese Insel ist mit dem Ko Libong Wildlife Sanctuary eine der bedeutendsten Zwischenstationen für Zugvögel. S. 273

Ko Tarutao: Wo sonst kann man auf Wegen rund 25 km weit durch den Regenwald oder von menschenleeren Traumstränden zu malerischen Wasserfällen wandern und unberührte Mangrovenwälder entdecken? S. 279

Ko Lipe: Die Sightseeing-/Schnorcheltouren nach Ko Adang, Ko Rawi oder Ko Butang sind ein Muss! S. 286

Genießen & Atmosphäre

Ko Ngai: Wer sich das Paradies vorstellt als eine Idylle aus weißen Sandstränden an einer smaragdfarbenen Meeresbucht, wird es auf dieser nur 4 km langen und maximal 2 km breiten Insel finden. S. 268

Ko Kradan: Mit der schneeweißen, von Palmen und Wald gefassten Ostküste entspricht Ko Kradan stark dem Klischeebild vom Tropentraum. S. 271

Ko Bulon Lae: Auf der hübschen kleinen Insel ist man vom Brimborium touristischer Vermarktung weit entfernt und braucht doch auf nichts zu verzichten, was das Leben angenehm macht. S. 277

Abends & Nachts

Ko Lipe: Fürs Nachtleben ist im tiefen Süden der Andamanensee die Insel Ko Lipe zuständig, wo am Pattaya Beach freakige Rasta Bars und im Inselinnern Pooh's Musikpub einladen. S. 287

Inselhüpfen in einer marinen Märchenwelt

Rund 120 km sind es in der Luftlinie von Ko Lanta bis hinunter an die Grenze zu Malaysia, und während die Festlandküste zum allergrößten Teil in ausgedehnte und oft unzugängliche Mangrovenwälder gefasst ist, so präsentieren sich die meisten der zahlreichen vorgelagerten Inseln als bizarre Kalksteingebilde, die bis zu 400 m hoch aus den tiefblauen bis türkisfarbenen Fluten des Meeres aufragen. Hier eine Höhle, die sich in eine fels- und wald-

umkränzte Lagune öffnet, dort eine kleine Quarzsandbucht, ein kilometerlanger Muschelstrand. Und Korallenriffe, immer wieder Korallenriffe, die oft nur wenige Meter von den Stränden entfernt in marine Traumwelten mit ungemein reicher Unterwasserflora und -fauna entführen.

Aber auch über Wasser präsentiert sich die größtenteils unter Naturschutz stehende südliche Andamanensee als ein wahres Refugium, denn nahezu jede Insel ist mit primärem Regenwald überwuchert. Die Urwaldinseln des Ko-Tarutao-Nationalparks sind gar die größten unbewohnten Inseln von Thailand überhaupt und nur wenige Kilometer sind es von dort bis hinüber nach Ko Lipe, der Hauptinsel der als ›Seezigeuner‹ bekannten Chao Lee und neueste Hochburg des Individualtourismus im tiefen Süden. Die Nachbarinsel Ko Bulon ist eine Alternative für Ruhe suchende Gäste, Ko Ngai steht im Ruf eines exklusiven Urlaubsparadieses, Ko Kradan entspricht vielleicht am stärksten dem Klischeebild vom Tropentraum, Ko Libong ist die Heimat der letzten Seekühe des Landes und bedeutendster thailändischer Transitplatz für Zugvögel, auf Ko Sukon und Ko Muk scheint die Zeit noch langsamer zu vergehen als ohnehin schon in diesem Teil der Welt.

Infobox

Reisekarte: ▶ C/D 9–11

Internet
www.thailands-inseln.de, www.sued thailand.info: Die Websites stellen auf Deutsch die meisten Inseln der Andamanensee vor, teils sehr ausführlich, meist sogar mit brauchbaren Karten, auch Aktivitäten sind beschrieben und viele Unterkünfte kann man online zu günstigen Preisen buchen.

Verkehr
Alle Inseln sind perfekt ans Festland angebunden, Ausgangspunkt der Fähr- und Schnellboote sind vor allem Ko Lanta, der Pak Meng Pier bei Trang und Pan Pakbara im tiefen Süden – alle werden von den Ferienzentren aus mit Bussen und Minibussen bedient. Zwischen den Inseln verkehren größtenteils ebenfalls Fährboote und Schnellboote nach genauem Fahrplan und auch Charter-Longtailboote bieten sich zu günstigen Preisen an.

Ko Ngai (Ko Hai)

▶ C 9

Wer sich das Paradies vorstellt als eine Idylle aus weißen Sandstränden an einer smaragdfarbenen Meeresbucht,

Ko Ngai (Ko Hai)

Spektakel am Strand: Feuerkünstler auf Ko Ngai

umkränzt von einer Kulisse aus vielgestaltigen Felsinselchen, wird es auf dieser gerade mal 4 km langen und maximal 2 km breiten Insel finden. Ihr Inneres ist mit Urwald bedeckt. Vor dem von Palmen gesäumten Strand an der Ostküste erstreckt sich ein buntes, von Anemonenfischen umschwärmtes Korallenriff. Bereits beim Schnorcheln offenbart sich der Reichtum des Meeres. Vor allem Wasserratten auf Entspannungstrip fühlen sich auf dem auch als Ko Hai bekannten Eiland wohl, das zum Had Chao Mai National Park gehört.

Übernachten

Acht Bungalowanlagen am Oststrand der Insel. Da der Anteil der Pauschalreisenden recht hoch ist, ist das Preisniveau oft völlig überzogen.
Exotik pur – **Thapwarin Resort:** Tel. 081 894 35 85, www.thapwarin.com, AC-Cottages 2500–4600 Bt (je nach Saison), Strandvillen 4100–6000 Bt. Die 28 unlängst renovierten Cottages und Strandvillen dieser Komfortanlage präsentieren sich exotisch im Palmwedellook. Sie halten auch von innen, was sie von außen versprechen, und bieten ein ausgezeichnetes Preis-Leistungs-Verhältnis. Schöner kann man nicht wohnen auf der Insel!
Die günstige Alternative – **Koh Ngai Villa:** Tel. 085 224 87 02, www.kohngaivilla.com, Fan-Bungalows 600–800 Bt (je nach Saison), AC-Bungalows 1200–2000 Bt. Relativ günstige, aber kleine und recht stickige Bungalows auf einer Wiese mit Palmschatten.

Aktiv

Die Betreiber der Bungalowanlagen organisieren **Schnorchel- und Tauchtrips** sowie **Bootsfahrten** zu den vorgelagerten Inseln. Die besten Schnorchelgründe finden sich am Südrand der Insel, etwa ab dem Strand vor dem Ko Ngai Resort. Bei ruhiger Wetterlage empfiehlt sich eine Paddeltour

Südliche Andamanensee

rings um die Insel (Verleih von Kajaks über die Unterkünfte), die auf ihrer dem Meer zugewandten Seite größtenteils Felsküste besitzt.

Infos

Krabi Tourist·Association: s. S. 242
Internet: www.kohngai.net
Bus/Songthaew/Boot: mit dem Bus/Minibus von allen Ferienzentren des Südens aus nach Trang (350 Bt), weiter per Songthaew zum Pak Meng Pier (50 Bt), von dort Nov.–April mehrmals tgl. Fähre zur Insel (1 Std., 350 Bt), außerdem Schnellbootverbindungen mehrmals tgl. (30 Min., 450 Bt), Longtailboot-Charter vom Pak Meng Pier ca. 1500 Bt. Außerdem Transfer durch alle Inselresorts (600–800 Bt ab Trang Busbahnhof, 3000 Bt ab Krabi Airport). **Zwischen den Inseln:** Von Phuket verkehren tgl. um 8 Uhr Highspeed-Motorboote (www.phuketferry.com, www.tarutaolipeisland.com, tigerline travel.com) nach Ko Phi Phi (680 Bt) und Ko Lanta/Ban Saladan (1275 Bt); um 10 Uhr geht es weiter nach Ko Ngai (635 Bt) und via Ko Muk (722 Bt) und Ko Kradan (722 Bt) nach Ko Lipe (1445 Bt); um 14 Uhr ab Ko Ngai retour nach Phuket via Ko Lanta.

Außerdem verkehren Ausflugsboote von Ko Lanta/Ban Saladan tgl. gegen 8.30 und 10 Uhr (1 Std., 400 Bt), Mitnahme von Individualreisenden. Longtailboot-Charter von Ko Lanta ca. 2500 Bt/Boot, von Ko Kradan ca. 1500 Bt, von Ko Muk ca. 1200 Bt/Boot.

Ko Muk ▶ C 9

Die etwa 18 km² große, sehr gebirgige und noch größtenteils mit Urwald bewachsene ›Perleninsel‹ wird von Touristen im Rahmen von Rundfahrten ab Ko Lanta und Ko Ngai aus besucht.

Tham Morakot

Die Besucher kommen vor allem wegen der **Tham Morakot** nach Ko Muk. Die ›Smaragdhöhle‹, die an der klippenreichen Westküste auf Höhe des Meeresspiegels klafft, verdankt ihren Namen den fantastischen Farbschattierungen des Wassers. Longtailboote fahren zur Höhle, die man bei Ebbe – vorzugsweise mit Schwimmweste und in Begleitung eines ortskundigen Führers – durchschwimmen kann. Nach rund 80 m öffnet sich eine fels- und waldumkränzte Lagune mit traumhaftem Sandstrand. Der Anblick ist umwerfend und entschädigt reichlich für das ungewohnte Schwimmabenteuer und den teilweise extrem starken Besucherandrang.

Inselexkursion

Weiteres Highlight von Ko Muk sind die Schnorchelgründe beidseits der Höhle und entlang der gesamten Westküste, während eine Umrundung der zum **Had Chao Mai National Park** gehörigen Insel wildromantische Klippenbilder verspricht und, insbesondere im Nordosten, einen Blick auf ausgedehnte Fächerkorallen-›Wälder‹, die im dort sehr seichten Wasser wogen. Auf der Insel selbst, die von rund 300 muslimischen Familien bewohnt wird, kann man über Fuß-/Mopedwege noch ein Stück authentisches Landleben entdecken und im Südwesten den goldfarbenen **Farang Beach,** wo man auch wohnen kann.

Übernachten

Alles unter einem ›Dach‹ – **Koh Mook Charlie Beach Resort:** Farang Beach, Tel. 075 20 32 81, www.kohmookcharlie resort.com, Fan-Bungalows 1150–1690 Bt (je nach Saison), mit AC 2200–3490 Bt. Mehrere Dutzend Bungalows in drei verschiedenen Komfortstufen im lichten Palmenhain direkt hinter dem Strand. Mit Restaurant, Bar, Internetcafé und Geldwechselmöglichkeit sowie Swimmingpool, Tauch- und Wassersportzentrum. Die mit Abstand beliebteste Anlage auf der Insel.

Aktiv

Smaragdhöhle und mehr – **Charlie Beach Resort:** s. S. 270. Trip in die Höhle, Angel-, Schnorchel-, Kajak- und Tauchexkursionen sowie Bootsfahrten zu allen Inseln der Region.

Infos

Internet: www.kohmook.info
Bus/Songthaew/Boot: mit dem Bus/Minibus von allen Ferienzentren des Südens nach Trang, von dort per Songthaew zum Kuan Tungku Pier (200 Bt), Privattransport kostet ca. 1500 Bt, Taxi ab Krabi 3000 Bt; weiter per Fähre (50 Bt) auf die Insel.
Zwischen den Inseln: Von Phuket verkehren tgl. um 8 Uhr Highspeed-Motorboote (www.phuketferry.com, www.tarutaolipeisland.com, tigerline travel.com) via Ko Phi Phi, Ko Lanta, Ko Ngai und Ko Kradan nach Ko Muk (1487 Bt); um 11.30 Uhr fahren sie weiter via Ko Libong (807 Bt) nach Ko Lipe (1360 Bt); um 13 Uhr geht es ab Ko Muk retour nach Ko Kradan (467 Bt), Ko Ngai (637 Bt), Ko Lanta (722 Bt) und Ko Phi Phi (1317 Bt) nach Phuket (1487 Bt). Per Longtailboot Ko Lanta 3500 Bt, ab Ko Ngai ca. 1200 Bt, ab Ko Libong 1500 Bt.

Ko Kradan (Ko Ha)

▶ C 9–10

Kaum 1 km^2 Fläche umfasst das Inselchen bei 2 km Länge. Zusammen mit

Ko Ngai und Ko Muk gehört es zum Had Chao Mai National Park. Mit der schneeweißen, von Palmen und Wald gefassten Ostküste entspricht Ko Kradan, auch Ko Ha genannt, stark dem Klischeebild vom Tropentraum. Auch die marine Märchenwelt, die sich direkt vor dem Korallenstrand des Südkaps öffnet, steht ganz unter exotischen Vorzeichen.

Sehenswert

Doch das Paradies ist bedroht. Denn zur Saison fallen tgl. ab 10 Uhr Hundertschaften von Touristen auf die Insel ein, die ungeschickt und unachtsam wie Trampeltiere über das Korallenriff stampfen, das sich entlang der gesamten Südküste hinzieht und als eines der besten Schnorchelreviere in Thailand überhaupt gilt. Dort kann man Stunden mit Staunen verbringen, während sich die Ostküste für Strandspaziergänge anbietet.

Alle Boote legen direkt vor dem unschönen Ko Kradan Beach Resort an: Dort beginnt ein ausgeschilderter Pfad, der vorbei an der Bungalowanlage **Paradise Lost** (s. u.) durch dichten Wald zu einem **Aussichtspunkt** führt, der auf den Klippen über der Westküste liegt und einen prächtigen Platz zur Beobachtung des Sonnenuntergangs abgibt. Zum Strand kann man hinabsteigen, und ein anderer Pfad führt ab dem Paradise Lost auf die andere Inselseite, wo sich ein weiterer Strand erstreckt.

Übernachten

Innerhalb der letzten Jahre hat Ko Kradan einen regelrechten Boom erlebt, die Anzahl der Bungalowanlagen hat sich verdoppelt. Generell sind die Preise stark überhöht und überall

Südliche Andamanensee

dröhnen abends die Stromgeneratoren, denn ans Stromnetz ist Ko Kradan nicht angeschlossen.

Luxus satt – **The Sevenseas Resort:** Tel. 075 20 33 89, www.sevenseasresorts. com, 4400–11000 Bt (Nebensaison), 8900–20 600 Bt (Hochsaison). Neuestes und mit Abstand edelstes Resort der Insel, dessen 32 Villen auch den höchsten Ansprüchen genügen.

Willkommen im Paradies – **Paradise Lost:** Tel. 089 587 24 09, www.kokra dan.wordpress.com, Fan-Bungalows 700–1200 Bt, Dormitory 250 Bt. Rund fünf Gehminuten vom Bootsanlageplatz im Zentrum der Insel auf einer malerischen Wiesenlichtung im Urwaldsaum gelegene Anlage unter Leitung von Wally, einem liebenswerten und segelerfahrenen Amerikaner, und seiner Frau. Das Umfeld ist schlicht atemberaubend, doch leider stehen die neun Holzbungalows recht eng. Mit Restaurant (s. u.).

Robinson lässt grüßen – **Kradan Island Resort:** Tel. 088 821 37 32, www. kohkradanislandresort.com, Strandbungalows 1000–1500 Bt (je nach Saison), Gartenbungalows 500–700 Bt, Familien-Bungalows (zweigeschossig) 1500–3000 Bt. Die 22 Bungalows dieser am vielleicht schönsten Strandabschnitt errichteten Anlage wurden 2012 eröffnet und präsentieren sich im Rattan-Palmwedeldach-Look. Sie bieten je eine kleine Terrasse, Bad/WC und Matratzen mit Moskitonetz auf dem Boden. Es ist gemütlich und man fühlt sich wohl, am wohlsten in den 12 direkt am Strand stehenden Bungalows.

Essen & Trinken

Die Strandrestaurants des Ko Kradan Beach Resort und Kradan Island Resort bieten einfache Thaiküche zu überzogenen Preisen, während das auf den Urwald hin ausgerichtete Restaurant des Lost Paradise ist es zwar ebenfalls zu teuer (im Durchschnitt um die 200 Bt), doch schmeckt es hier wenigstens.

Infos

Internet: www.kohkradan.com.

Nationalpark: 200 Bt bei Betreten der Insel.

Boot: Ab Phuket verkehren tgl. um 8 Uhr Highspeed-Motorboote (www. phuketferry.com, www.tarutaolipeis land.com, tigerlinetravel.com) nach Ko Kradan. Um 11 Uhr fahren sie weiter via Ko Muk (467 Bt) und Ko Libong (977 Bt) nach Ko Lipe (1530 Bt), um 13.30 Uhr geht es via Ko Ngai (467 Bt) und Ko Lanta (722 Bt) sowie Ko Phi Phi (1487 Bt) nach Phuket (1657 Bt) zurück. Ansonsten bleiben die Ausflugsboote von Ko Lanta via Ko Ngai, die auch Individualreisende mitnehmen.

Zubringerdienste: Die o. g. Strandunterkünfte bieten Transfer ab Trang, die 450 Bt (Longtailboot) oder 800–1200 Bt (Speedboot) kosten.

Ko Libong ▸ C–D 10

Die nur etwa 3 km vom Festland entfernte Insel **Ko Libong** ist mit einer Fläche von rund 40 km^2 die größte der Trang-Provinz, wird aber, da abseits der Standardroute des Tourismus, eher selten besucht. Für Naturliebhaber jedoch ist das vorwiegend von Muslimen bewohnte und durch einen beeindruckenden Mangrovenkanal zweigeteilte Eiland ein wahres Refugium.

Inseltour

Wer die Insel näher kennenlernen will, unternimmt am besten eine Mopedtour (Mopedvermietung über die beiden Inselresorts für 300 Bt/Tag) und folgt von den Resorts aus der

Ko Libong

Schotter-bzw. Lehmstraße, die vorbei am Bootspier zum Nordzipfel mit dem Insel-Hauptdorf **Ban Maphrao** und dem nahe gelegenen Hauptquartier des Nationalparkamts führt. Von dort bzw. dem angrenzenden Strand aus genießt man herrliche Ausblicke über die schmale Wasserstraße zum mit Kalksteinfelsen gespickten Festland. Die Distanz beträgt rund 40 km (zurück über die gleiche Straße).

Übernachten

Erste Strandwahl – **Libong Beach Resort:** Tel. 075 22 52 05, www.libong-beach.com, Bungalows mit Fan 300–700 Bt (je nach Saison), mit Meerblick 500–1000 Bt, mit AC 2000–2500 Bt. Teils überaus attraktive Bungalows mit großen Fensterfronten. Insbesondere diejenigen mit Meerblick bieten ein gutes Preis-Leistungs-Verhältnis.

Gepflegt – **Libong Relax Beach Resort:** Tel. 091 825 48 86, www.libongrelax. com, Bungalows mit Fan 900–2000 (je Saison/Komfort), mit AC 1500–2800 Bt. Neue Gartenanlage unter Palmen zwischen Strand und einem Fluss mit gepflegten Holzbungalows (Fan und AC) in 5 Komfortstufen. Angeschlossen ist ein gemütliches Restaurant und eine Strandbar.

Der Name ist Programm – **Libong Sunset Resort:** Tel. 082 411 21 02, www. libongsunsetresort.com, Bungalows 700–1800 Bt (je nach Saison/Komfort). Sehr gepflegte neue Anlage an einem schönen, aber zum Baden nicht perfekten Strandabschnitt mit Holz-/Rattanbungalows in drei Komfortstufen. Das Restaurant ist passabel, Hängematten laden zum Entspannen ein.

Aktiv

Tauchen – Das Tauchzentrum des Libong Beach Resort bietet vor den Ko

Vögel beobachten

Am im Osten von Ko Libong gelegenen und unter Naturschutz stehenden **Kap Laem Juhoi** findet sich mit dem **Ko Libong Wildlife Sanctuary** (Lage s. Karte auf S. 274) einer der bedeutendsten thailändischen Rastplätze für Zugvögel auf ihrem Weg von Sibirien nach Süden, und beste Beobachtungszeit für die oft nach tausenden zu zählenden Vögel sind die Monate November und Dezember.

Libong vorgelagerten Inseln Open-Water-Kurse ab 13 500 Bt, Bootstouren mit zwei Tauchgängen 3000 Bt.

Inseltouren – Das Libong Beach Resort bietet u. a. Tagesbootstouren rund um Ko Libong an (2000 Bt/Boot) und auch Ko Petra steht auf dem Programm (2000 Bt/Pers.).

Infos

Bus/Songthaew/Boot: Mit dem Bus/Minibus gelangt man von allen Ferienzentren des Südens aus nach Trang, von dort per Songthaew etwa stdl. zum Hat Yao Pier (1 Std., 80 Bt) mit Bootsanschluss zum Hauptdorf der Insel Ban Maphrao (20 Min., 50 Bt). Ab dem Pier gibt es Charterboote zur Unterkunft nach Wahl um 800 Bt.

Zwischen den Inseln: Seit 2014 liegt Ko Libong auch auf der Linie der High-Speed-Motorboote (www.phuketferry.com, www.tarutaolipeisland.com, tigerlinetravel.com), die tgl. Phuket mit Ko Lipe verbinden. Nach Ko Lipe bezahlt man 892 Bt, nach Ko Kradan 977 Bt, nach Ko Muk 807 Bt, nach Ko Lanta 892 Bt, nach Ko Phi Phi 1402 Bt, nach Phuket 1572 Bt.

Inselverkehr: Motorradtaxi ab dem Bootsanleger zu den o. g. Unterkünften für 120–150 Bt.

Auf Entdeckungstour: Dugong Spotting – den Seekühen auf der Spur

Wer Kontakt mit Meerjungfrauen wünscht, fährt nach Ko Libong, denn die Insel ist die Seekuh-Heimat in Thailand und Seekühe sollen am Anfang des Mermaid-Mythos stehen. Im Rahmen von Dugong Spotting Tours hat man gute Chancen, ein Exemplar dieser vom Aussterben bedrohten Spezies zu sehen.

Reisekarte: ▶ C–D 10

Touranbieter: Libong Beach Resort, Tel. 075 22 52 05, www.libong-beach.com

Zeitraum: Nov./Dez.–April tgl.

Dauer: ca. 2–4 Std., je nach Beobachtungsglück

Preis: 1000 Bt/Pers. (bei mind. 4 und max. 8 Teilnehmern)

Im Rahmen der etwa halbstündigen Bootsfahrt zum Seekuh-Spot geht es halb um die Insel herum. Genießt man erst Ausblicke auf steile Klippen und kleine Sandbuchten, so folgt bald eine wunderbare Sicht auf ausgedehnte Mangrovenwälder. Dann ist das Ostkap erreicht. Antriebslos liegt das Longtailboot etwa 200 m weit vor der Küste auf der unbewegten Jadefläche des flachen Wassers. Wenn man Glück hat, sieht man auf der Dugong Spotting Tour schon bald eine Seekuh, ansonsten muss man ausharren und geduldig sein.

Auf Anhieb sympathisch

Doch schnell sind alle Unannehmlichkeiten vergessen, wenn sich dicht an der Bordwand langsam und gemächlich ein graubraunes Etwas aus dem Meer emporhebt, das die rundlich-zylindrische Gestalt eines massigen Tieres von vielleicht 3 m Länge annimmt. Der Rumpf hebt sich deutlich vom großen Kopf mit der stumpfen und behaarten Schnauze ab, und gutmütig-freundlich aus zwei frontal stehenden Augen blickt die in der zoologischen Terminologie *Dugong dugong* genannte Seekuh den Beobachter an. Noch etwas höher schiebt sich der Körper heraus, dann dreht er seitlich weg und taucht wieder ab.

Arielle lässt grüßen

Der Bewegungsablauf wirkt wellenförmig, durchaus elegant, und er ruft bei aller Plumpheit des gewöhnlich um 400 kg schweren Seekuhkörpers Erinnerungen an Disneys Film »Arielle, die Meerjungfrau« wach. Kein Wunder also, dass Christoph Kolumbus, als er im Golf von Mexiko drei Seekühe sichtete, diese in seinem Tagebuch als Sirenen oder Meerjungfrauen beschrieb. Wie viele Wissenschaftler glauben, steht die Seekuh sogar am Anfang des Mythos von berückenden Meerjungfrauen oder auch grausamen Meerweibern (Sirenen). Diese Assoziation war vermutlich gerade auch durch die menschenähnliche Stellung der Augen und die Zitzen der weiblichen Tiere, die stark an menschliche Brüste erinnern, bedingt.

Elefant im Meer

Auf der Tour im Longtailboot erfahren die Teilnehmer, dass die Seekuh das einzige ausschließlich Pflanzen fressende und im Meer lebende Säugetier der Welt ist. Neben den Walen und Robben bildet der *Dugong dugong* die dritte Ordnung der Meeressäuger, doch ihr nächster Verwandter ist der Elefant. Wie aus 50 Mio. Jahre alten Fossilien gefolgert wird, ist die heutige Seekuh Nachfahrin einst vierbeiniger Pflanzenfresser, die sich nach und nach ins flache Küstengewässer insbesondere der Tropenzonen zurückgezogen haben, um im Laufe ihres durchschnittlich 60 Jahre währenden Lebens die dort wogenden Seegraswälder abzuweiden.

Vom Aussterben bedroht

Da aber die nahen Küstenzonen in Thailand stark unter der u. a. durch Shrimpfarmen hervorgerufenen Verschmutzung leiden, schrumpfen die Seegraswälder und mit ihnen der Bestand der Dugongs, von denen hier nur noch im Bereich um Ko Libong ein fester Stamm von geschätzt 100 bis 120 Tieren lebt. Tendenz fallend, trotz Natur- und Artenschutz, denn auch die Netze der immer zahlreicher werdenden Fischerboote fordern ihren Tribut. Und last but not least tut auch die Potenzsucht der Männer ihr Übriges, denn wie es heißt, lassen sich aus Dugongs Aphrodisiaka herstellen.

Südliche Andamanensee

Ko Sukon ▸ D 10

Die Strände von **Ko Sukon** (auch Ko Sukorn) sind nicht schneeweiß, sondern eher von bräunlicher Färbung. Wen das nicht stört und wer darüber hinaus ein Faible für Ruhe und beschauliches Ferienglück hat, der wird sie mögen, diese rund 4 x 8 km messende und von etwa 4000 Menschen bewohnte Insel, auf der die Zeit noch langsamer zu vergehen scheint als ohnehin schon in diesem Teil der Welt.

Inselexkursionen
Das Inselinnere, bis auf zwei 150 m hohe Hügel ziemlich flach, ist von schmalen Zementwegen durchzogen, die wie geschaffen sind für Wanderungen oder Radtouren: Da gibt es u. a. zwei Schulen, vier Dörfer, einen Krabbenmarkt, einen Aussichtspunkt – für sich allein betrachtet nichts Besonderes, aber alles in allem wunderschön. In allen Unterkünften liegen Kartenkopien aus, in denen alles Sehenswerte eingezeichnet ist. Eine Inselumrundung misst etwa 14 km. Ansonsten kann man Kajaks ausleihen und vor allem auch an Bootstouren teilnehmen, die von hier bis hinunter ins Tarutao-Archipel und hinauf bis Ko Ngai führen. Besonders empfehlenswert ist eine Tour in den **Ko Petra Marine National Park**, dessen Inselklippen bis zu 380 m hoch aus dem Meer ragen und Wahrzeichen des etwa 500 km² großen Schutzgebietes sind.

Übernachten

Mittlerweile gibt es schon sieben Bungalowanlagen, die meisten liegen nahe beieinander an den Weststränden der Insel, die auf die Kalksteinformationen der vorgelagerten Nationalparkinsel Ko Petra blicken und gut zum Baden geeignet sind.

Am populärsten – **Sukorn Beach Bungalows:** Tel. 089 647 55 50, www. sukorn-island-trang.com, Zimmer generell 1350 Bt, Bungalows 2200–2750 Bt. Tadellose Anlage unter wogenden Palmen und umgeben von üppigem Grün. Sehr gepflegte und u. a. mit AC, Fan, Kühlschrank, Safe und Föhn ausgestattete Bungalows direkt hinter dem Strand. Es werden Kajaks und Fahrräder vermietet und Touren zu den Inseln angeboten; mit Pool. Achtung: Soll ab 2015/2016 mit dem Yataa Island Resort (www.yataaresort.com) zusammengelegt werden und wird dann über 30 Bungalows haben.
Eine Alternative – **Sukorn Cabana:** nördlich an Sukorn Beach Bungalows angrenzend, Tel. 089 724 23 26, www. sukorncabana.com, Bungalows in drei Komfortstufen (alle mit AC) 1200–4000 Bt (je nach Saison). Etwas in die Jahre gekommene Anlage.

Infos

Bus/Songthaew/Boot: per Bus/Minibus von allen Ferienzentren des Südens aus nach Trang, wo man einen Transfer-Service für rund 500 Bt zur Insel buchen kann (die Inselresorts bieten den Transfer für ab 2100 Bt an). Oder man nimmt den Bus nach Palian und steigt in Yantakao aus (30 Bt), von wo Songthaews zum Tasae Pier verkehren (50 Bt) mit Bootsanschluss (60 Bt) zum Hauptdorf der Insel Ban Siam Mai; ab dort Mopedtaxi zur Unterkunft für etwa 50–70 Bt. Oder tgl. um 11 Uhr ab Trang das direkt zum Tasae Pier verkehrende Songthaew nehmen (200 Bt inkl. Longtailboot zur Insel); Transferzeit insgesamt etwa 2,5 Std.
Zwischen den Inseln: Longtailboot ab Ko Bulon Lae und Ko Libong 2900 Bt, ab Ko Muk und Ko Ngai 3200 Bt.
Inselverkehr: Motorradtaxi; vom Dorf zu den Unterkünften ca. 70 Bt.

Ko Bulon Lae ▶ D 10

Strände ohne Fußspuren wird man zwar keine mehr finden, aber das nur etwa 1 km² große und bis über 170 m hoch aufragende Eiland ist noch weit davon entfernt, überlaufen zu sein.

Insbesondere an der Ost- und an der Südküste locken schöne Strände zwischen hellem Weiß und sanftem Gold, die teilweise mit Steinen durchsetzt sind. Dort liegen die populären Resorts, die auffallend viele Stammgäste, vor allem Reisende mit Kindern, haben. Im hügeligen Inselinnern, noch dicht mit Urwald bestanden, laden alternative Anlagen mit den wahrscheinlich günstigsten Bungalows ein, die man heute in Südthailand noch finden kann – ab 300 Bt in der Hochsaison!

Ausflüge

Ko Bulon Lae ist Teil des knapp 500 km² großen **Ko Petra Marine National Park,** der 21 Inselsplitter umfasst. Ein Inselchen ist schöner als das andere. Einige werden von zauberhaften Felsformationen geschmückt, alle sind wie geschaffen für Schnorcheltouren oder für ein Leben à la Robinson.

Übernachten

Hinter dem Bulone Resort (s. Unser Tipp rechts) beginnt ein Zementweg, der innerhalb weniger Minuten steil über einen Hügel führt, an dem mehrere Bungalow-Anlagen liegen.

Viel Freiraum – **Pansand Resort:** Tel. 081 693 36 67, www.pansand-resort.com, Bungalows 1300–1800 Bt (Nebensaison) bzw. 1600–2100 Bt (Hochsaison). Etwas in die Jahre gekommene Holzbungalows mit Fan in fünf verschiedenen Komfortstufen im Baumschatten hinter dem hier teils etwas steinigen Strand. Angenehme Atmosphäre, schönes Strandrestaurant mit leider überzogenen Preisen und eher mittelmäßigem Essen.

Zum Wohlfühlen – **Chaolae Homestay:** unterhalb von Ban Sulaida, an der Panka Bay, Tel. 086 290 25 19. Schicke Bambus-, Holz- und Rattanbungalows zum Preis ab 450 Bt.

Günstiger geht's nicht – **Jungle Hut:** Tel. 086 965 71 90. Die Anlage liegt von Ban Sulaide aus ein Stückchen weiter Richtung Mango Bay (ausgeschildert). Sie blickt auf die Urwaldhügel, vermietet werden Rattanbungalows, die mit Bad/WC ausgestattet sind und nur 300 Bt kosten.

Aktiv

Von den Unterkünften werden **Boots-** und **Schnorcheltrips** zu den umliegenden Inseln angeboten. Der Preis pro

---

Unser Tipp

Erste Strandwahl – Bulone Resort

Der von Palmen und Kasuarinen gesäumte Strand ist weiß und fein – der Vorzeigestrand der Insel. Die stets guten Badebedingungen locken insbesondere Familien an. Die komfortableren Bungalows sind aus Stein, die einfacheren aus Holz, alle sind mit Fan ausgestattet und die Strandbungalows sind von ihrer Lage her schlicht fantastisch. Dazu ein ausgezeichnetes Restaurant mit sehr leckeren Gerichten zu günstigen Preisen und unheimlich nette Vermieter – man fühlt sich auf Anhieb wohl (Tel. 08 18 97 90 84 und 08 69 60 04 68, www.bulone-resort.com und www.bulone-resort.net, Bungalows in fünf Komfortstufen von 2000–4000 Bt, je nach Lage, Saison und Komfort).

Südliche Andamanensee

Boot für einen halben Tag liegt bei 1800 Bt, für Ko Petra (Tagestour) muss man mit gut 3000 Bt rechnen. Sehr lohnend ist eine Schnorcheltour rings um Ko Bulon Lae (Fels-/Klippenküste im Osten und Norden), wofür rund 5–6 Stunden anzusetzen sind.

Infos

Bus/Boot: mit dem Bus/Minibus von allen Ferienzentren des Südens aus nach Ban Pakbara, dort 1 x tgl. ein Schnellboot (350 Bt) zur Insel. Da es keinen Pier gibt, weiter per Longtailboot zur Ferienanlage nach Wahl (50 Bt).
Zwischen den Inseln: Ko Bulon Lae liegt seit neuestem auch auf der Route der Highspeed-Motorboote (www.phuketferry.com, www.tarutaolipeisland.com, www.tigerlinetravel.com), die tgl. Phuket mit Ko Lipe verbinden. Tgl. um 13 Uhr geht es nach Ko Lipe (700 Bt), tgl. um 10 Uhr nach Phuket. Der Longtailboot-Charter nach Ko Sukorn kostet um 2500 Bt.

Tarutao Marine National Park!

▶ C/D 10/11

Zwischen 20 und 70 km vom Festland entfernt, an jener Stelle, wo die zwischen Malaysia und Sumatra verlaufende Straße von Malakka in den Indischen Ozean übergeht, erstreckt sich der 51 Inseln und über 1400 km² umfassende Tarutao-Archipel (auch Terutao). So manches Eiland ist nicht mehr als die Spitze eines aus der Andamanensee hervorgewachsenen Korallenriffs, während die namengebende Insel Ko Tarutao immerhin 700 m hoch ist. Sie ist wie alle anderen Inseln – mit Ausnahme von Ko Lipe – unbewohnt.

Vor gar nicht allzu langer Zeit diente der Archipel Schmugglern und Seeräubern als Schlupfwinkel. 1946 kam es zwischen einem Kommando der Royal British Navy und den Piraten zu einer regelrechten kleinen Seeschlacht. Noch 1974, als die gesamte Inselgruppe, auf der 1937 vorübergehend ein Strafgefangenenlager eingerichtet worden war, durch königlichen Erlass zum ersten Meeresnationalpark Thailands erklärt wurde, soll es hier diverse Piratenstützpunkte gegeben haben.

Die Inselwelt, zu einem Großteil mit primärem Regenwald bedeckt, umfasst imposante Wasserfälle und monumentale Höhlensysteme, Dutzende von unberührten Sandstränden nebst Mangrovensümpfen und eine ungemein reiche, nur hier vorkommende Flora und Fauna. Insbesondere die Vogelwelt ist mit mehr als 100 Spezies reich vertreten; allein von den sonst seltenen Nashornvögeln gibt es verschiedene Arten.

Noch spektakulärer präsentiert sich die Unterwasserwelt, in der laut offizieller Darstellung rund ein Viertel aller in den Ozeanen lebenden Fisch- und Säugetierarten vertreten sein soll, darunter auch Wale. Hinzu kommen verschiedene Schildkrötenarten, u. a. die Lederschildkröte, mit bis zu 2,5 m Länge und 700 kg Gewicht die größte auf Erden. Da aber an den Grenzen des Schutzgebietes extrem gefischt wird, vor allem gar mit Schleppnetzen, machen sich die Meeresbewohner äußerst rar, sodass es schon fast einem Sechser im Lotto gleichkommt, sollte man Wale und Schildkröten beobachten können.

Infos

Tarutao National Park: Amphur Langu Satun, Ban Pakbara, Tel. 074 78 34

Tarutao Marine National Park

85, www.dnp.go.th. Im Hauptquartier des Parks auf Ko Tarutao sowie auf Ko Adang Anmeldung und Eintritt. Das Ticket gilt für alle Inseln und kostet 200 Bt. Offizielle Öffnungszeit des Nationalparks ist Mitte Nov.–Mitte Mai, beste Besuchszeit Mitte/Ende Dez.–Ende März, da das Meer sonst sehr rau sein kann.

Ärztliche Versorgung: Die Krankenstation von Ko Lipe ist gut ausgestattet und modern und mit einem Arzt besetzt. Das nächste Krankenhaus befindet sich auf dem Festland in Satun.

Geld: Nur auf Ko Lipe gibt es (drei) ATM, dort kann man zudem (gegen Gebühr) auch Bargeld auf Kreditkarten bekommen (s. S. 287).

Ko Tarutao ▸ D 10–11

Der Name Tarutao entstammt dem Malaiischen und bedeutet ›alt‹. In der Tat besteht ein Großteil der Insel aus Sandstein und ist in geologischer Hinsicht wesentlich älter als die meisten anderen Inseln der Andamanensee. Mit gut 151 km² Fläche ist Tarutao die größte unbewohnte Insel des thailändischen Königreichs. Einzigartig ist sie jedoch vor allem wegen des Regenwalds, der sie zu mehr als 60 % bedeckt.

Ao Phante Malaka

Ausgangspunkt für alle Inselexkursionen ist das Hauptquartier des Nationalparks an der mehrere Kilometer langen, weißsandigen Bucht **Ao Phante Malaka,** wo auch die Boote anlegen. Zum Baden ist der flach abfallende Strand ideal, zumal er von Schatten spendenden Kasuarinen gesäumt ist und auch Picknickplätze sowie Duschen einladen. Nicht versäumen sollte man den rund 20-minütigen Dschungelspaziergang hinauf zum **Toe Boo Cliff,** ein Logenplatz nicht

nur bei Sonnenuntergang. Der Weg ist beim Hauptquartier ausgeschildert und in der Höhe lädt ein Pavillon zum Genießen der Aussicht ein.

Bootsausflug zur Krokodilgrotte

Ein Highlight ist der von dichtem Mangrovenwald eng umschlossene längste Fluss der Insel, **Khlong Phante Malaka.** Zur Vogelbeobachtung gibt es keinen besseren Platz, als beste Zeit gelten die frühen Morgenstunden. Täglich werden organisierte Beobachtungstouren angeboten. Auch führen mehrere Kilometer lange Bootstouren zur **Tham Jara Khe (Krokodilgrotte).** Hier tritt der Fluss zu Füßen eines Kalksteinmassivs ins Freie, nachdem er sich seinen unterirdischen Weg durch Höhlen gebahnt hat. Früher soll es dort von Salzwasserkrokodilen gewimmelt haben; aber heute kann man über einen Plankenweg und Styropor-›Pontons‹ gefahrlos in die Höhle einsteigen und bis ans andere Ende vordringen. Um die Grotte zu erkunden, kann man – alternativ zur Bootstour – auch Kajaks (›Sit-on-Top‹) ausleihen, aber da der Fluss weit verzweigt ist, fällt es schwer, die Grotte zu finden; noch schwerer dann ist das Aussteigen aus dem Kajak und in die Höhle sollte man alleine besser nicht vordringen.

Wanderungen auf Ko Tarutao

Ao Jak und Ao Molae

Am Südende des Strandes der Ao Phante Malaka gelangt man nach Umrundung eines Felskaps, was nur bei Ebbe möglich ist, an die einsame Sandbucht **Ao Jak** (ca. 3 km). Bei Flut folgt man ab dem Nationalparkhauptquartier der an den Bungalows vorbeiführenden Betonstraße, von der nach etwa 2 km eine ausgeschil-

279

Südliche Andamanensee

derte Schotterpiste zum »Jak Beach« abzweigt. Die Piste geleitet weiter an den rund 2 km entfernten Palmenstrand der **Ao Molae,** wo eine weitere Parkrangerstation liegt. Es laden gepflegte Bungalows und ein Restaurant ein, auch zum Campen ist es hier ideal, und der etwa 1,5 km lange Halbmondstrand ist ein Traum aus weißem Sand vor blau-grün schillerndem Meer, in Felsklippen gefasst und von Urwald gesäumt. Wer Entspannung sucht, ohne auf Komfort zu verzichten, ist hier richtig.

Ao Sone

Die Straße führt von der Ao Molae hügelauf, hügelab durch den Urwald und endet 3 km weiter an der ebenfalls von Dschungel gesäumten **Ao Sone,** wo schon seit 2009 ein neues Parkzentrum mitsamt Bungalows und Restaurant geplant ist; die Arbeiten waren aber zum Zeitpunkt der Recherchen noch nicht beendet. Der etwa 4 km lange und schneeweiße Sandstrand, an dessen südlichem Ende sich eine malerische Lagune öffnet, diente in früheren Jahren den Riesenschildkröten zur Eiablage (Nov.–April), doch seit Längerem schon wurden keine der Reptilien mehr gesichtet.

Wasserfall Lu Du

Landeinwärts lohnt vom Ao Sone eine Wanderung zum Wasserfall **Lu Du** (ca. 1,5 Std. pro Weg). Der Einstieg ist ausgeschildert (vor Erreichen der Ao-Sone-Bucht bei der Brücke), der Weg sporadisch markiert. Er führt durch primären Urwald und durch eine eindrucksvolle Dschungelschlucht, dann schließlich am Flussbett entlang zu einem felsgefassten Naturpool, in den sich der Wasserfall ergießt.

Quer durch die Insel

An der Abzweigung zum Ao Jak vorbei erreicht man auf der auch fahrzeugtauglichen Betonstraße nach insgesamt 12 km (ca. 3 Std.) durch primären Regenwald die Parkrangerstation **Ao Talo Wao** auf der anderen Inselseite. Der Weg ist beeindruckend, immer wieder genießt man herrliche Aussicht auf und über den Urwald, der zur Ostküste hin in Mangrovenwald übergeht. Am Rand dieses schlickigen Dickichts stehen die **Ruinen des alten Gefängnisses,** zu denen ab der Rangerstation ein mit Infotafeln ausgestatteter Rundweg führt. Folgt man dem ausgeschilderten Pfad nach Süden, wird nach weiteren 12 km (2,5–3 Std.) durch primären Regenwald die **Ao Talo Udang** erreicht. Diese weit gestreckte Bucht, die bei Ebbe nahezu völlig trockenfällt,

Wandern auf Ko Tarutao

Tarutao Marine National Park

blickt auf die malaysische Insel Pulau Langkawi und ist ebenfalls mit einer Parkrangerstation ausgestattet. Ein Restaurant gibt es jedoch nicht, auch keine Unterkünfte, und wer hier übernachten will, muss schon sein eigenes Zelt mitbringen. Zurück geht es dann wieder per pedes, so man nicht zuvor im Hauptquartier einen Bootsabholdienst organisiert hat.

Übernachten

Da die Unterkünfte während der Saison knapp sind, empfiehlt sich eine Reservierung möglichst schon vor der Anreise, telefonisch bzw. online beim Nationalparkamt (s. u.).
Ao Phante Malaka: große Holzbungalows mit Fan/Bad für 600–1500 Bt, simple Zimmer in einem Langhaus für 500 Bt.
Ao Molae: nette Steinbungalows mit Fan und Bad/WC, sehr idyllisch direkt am Strand, 600 Bt – mit Abstand bester Gegenwert!
Ao Sone: neue Steinbungalows (im Bau, Fertigstellung evtl. 2016) nicht direkt am Strand, sondern in einem angrenzenden Waldtal.
Camping – An allen Stränden ist Zelten gestattet (150 Bt für 2 Pers.). Toiletten/Duschen gibt es an der Ao Phante Malaka, der Ao Molae und der Ao Sone. An der Ao Phante Malaka werden zahlreiche Zelte vermietet (250 Bt), mitunter auch an der Ao Molae.

Essen & Trinken

Im Restaurant der Parkverwaltung an der Ao Phante Malaka kann man gut und günstig essen, große Auswahl an Thaigerichten (ab etwa 80 Bt). Es gibt auch einen kleinen Lebensmittelladen. Je ein weiteres Restaurant findet sich an der Ao Molae, der Ao Sone (evtl. ab 2016) und der Ao Talo Wao.

Infos

Nationalparkamt: am Ao Pante Malaka, Tel. 074 78 34 85, tarutaosatun.go@hotmail.com. Im Besucherzentrum Informationen über Ökologie und Geschichte der Insel sowie allabendliche Diashow. Buchung von Boots- und Vogelbeobachtungstouren.
Bus/Boot: per Bus/Minibus nach Ban Pakbara (ab Krabi 650 Bt, ab Ko Lanta 500 Bt, ab Surat Thani 600 Bt, ab Phuket 700 Bt). Dort Nov.–April mehrmals tgl. Schnellboot zur Ao Phante Malaka (30 Min., 300 Bt/Pers., je nach Gesellschaft).
Zwischen den Inseln: mindestens 1 x tgl. um 11.30 Uhr Schnellboot nach Ko Lipe/Ko Adang (1,5 Std., 400 Bt/Pers., www.bundhayaspeedboat.com).

Ko Adang ▶ C 11

Die sehr gebirgige, 30 km² große Insel rund 40 km westlich von Ko Tarutao und direkt gegenüber von Ko Lipe ist mit Primärwald bewachsen, von weißen Stränden aus Quarzsand gesäumt und von Korallenriffs umgeben. Das Meer ist so klar wie Glas und versorgt auch heute noch die Chao Lee (s. S. 68) mit fast allem, was sie zum Leben benötigen: Rings um die Insel finden sich mehrere feste Siedlungen dieser Ethnie, manche ständig bewohnt, manche nur während der Regenzeit, und insbesondere an der Westküste bestehen zur Trockenzeit ab November/Dezember kleine Hüttencamps nomadisierender Stämme.

Sehenswert

Am sowohl zum Baden als auch Schnorcheln perfekten Südstrand von Ko Adang findet sich die Parkrangerstation der Insel. Ein lohnenswerter Ausflug führt von dort zu den etwa

Südliche Andamanensee

1,5 Gehstunden entfernten **Pirate's Falls** (Wasserfall), ein anderer hat einen Aussichtspunkt zum Ziel (s. Foto S. 283, ca. 30 Min., anstrengend).

Weitere Highlights von Ko Adang und den Inseln der Umgebung sind einer großen Infokarte an der Parkrangerstation zu entnehmen, wo während der Saison täglich zahlreiche Bootstouren angeboten werden (Ziele und Preise wie von Ko Lipe aus, s. S. 286).

Übernachten

Komfortbungalows in panoramareicher Hanglage über der Rangerstation für 600 Bt, außerdem werden direkt am Strand urig-romantische, aus Palmwedeln errichtete Unterstände (*shelter*) mitsamt Moskitonetz (350 Bt) und etliche Zelte (250 Bt) vermietet. Auch kann man sein eigenes Zelt aufschlagen, was an der Rangerstation 100 Bt kostet, an allen anderen Stränden kostenlos ist.

Essen & Trinken

Über der Rangerstation am Hang luftiges und panoramareiches Restaurant, recht große Auswahl an guter Thaiküche für wenig Geld (ab 80 Bt). Außerdem ein kleiner Laden für Süßigkeiten und Getränke.

Infos

Parkrangerstation: am Südstrand von Ko Adang, mit kleinem Infozentrum.
Anreise: Transfer von Ko Lipe mit Longtailbooten (100 Bt/Pers.).

Ko Rawi ▶ C 10–11

Ein Muss ist ein Besuch des benachbarten **Ko Rawi**, das in Größe, Topografie und Schönheit mit Ko Adang vergleich-

bar ist. Als ein Höhepunkt gilt die Fahrt zum **White Sand Beach,** wo eine intakte Unterwasserwelt direkt vor dem Strand einlädt und man sich als Schnorchler an einem gespannten Seil mehrere hundert Meter weit über das Riff ziehen kann. Wer ein eigenes Zelt oder eine Hängematte hat und einen Hang zum Abenteuer, der kann hier wahre Robinsonaden erleben (s. Lieblingsort S. 284). Insbesondere die Rangerstation **Tao Palian** am Südostende der Insel bietet sich dazu an, denn im Hinterland gibt es einen Wasserfall, und ein anderer Weg hat den unwirklich schönen Strand **Ao Leuk** zum Ziel.

Essen & Trinken

Am White Sand Beach, wo eine kleine Rangerstation eingerichtet ist, findet sich ein schlichtes Restaurant, in dem stets ein, zwei Gerichte und Getränke zu bekommen sind (um 100 Bt).

Infos

Boot: Transfer von Ko Lipe mit Longtailbooten (1000 Bt je Boot).

Ko Lipe ▶ C 11

Die 4 km^2 große Insel, oft auch **Ko Leepae** geschrieben, weist als einzige im Nationalpark touristische Infrastruktur auf, da sie nicht den sonst so strengen Regeln unterliegt. Denn hierher wurde das Volk der Chao Lee, die als Seenomaden im Bereich von Ko Adang und Ko Rawi lebten, nach Einrichtung des Tarutao National Park umgesiedelt. Die insgesamt rund 700 Stammesangehörigen leben vorwiegend an der Ostküste des leicht hügeligen Eilands, das ringsum von Sandstränden gesäumt ist. Die Strände und die atemberaubende Unter-

Tarutao Marine National Park

wasserwelt nebst dem Umfeld von Ko Adang & Co locken schon seit Jahren Individualtouristen an. Mittlerweile herrscht hier während der Saison bereits so drangvolle Enge, dass die rund drei dutzend Resorts nicht mehr ausreichen und Dutzende Zelte als Notunterkünfte aufgestellt werden. Mit der Wasserqualität der Brunnen steht es auch nicht gerade zum Besten und selbst der naivste Besucher wird das Müllproblem der Insel stellenweise kaum übersehen und -riechen können.

Pattaya Beach

Die vier bedeutendsten Strände der Insel, von denen es heißt, sie seien die feinsten, weichsten und weißesten von Südthailand schlechthin, sind untereinander über Fußwege verbunden. Der Hauptstrand heißt **Pattaya Beach.** Auch wenn er dank perfekter Infrastruktur der mit Abstand populärste ist, so hat er doch nichts mit seinem Namensvetter unweit von Bangkok gemeinsam. Er erstreckt sich entlang einer etwa 2,5 km langen Halbmondbucht, blickt nach Süden und ist idyllisch in Hügel gefasst. Die einzigen Schatten, die hier fallen, werden von den vielen Longtail- und Fährbooten geworfen, die in der Bucht vor Anker liegen bzw. lautstark von sich hören machen.

Sonstige Strände

Die Shopping- und Restaurantmeile Walking Street führt vom Pattaya zum **Sunrise Beach,** der nahezu die gesamte Ostküste säumt. Hier befindet sich das **Dorf der Chao Lee,** wo man interessante Einblicke, z. B. in die direkt hinter dem Strand liegende Open-Air-Schule, nehmen kann. Aber im Dorfbereich sieht man oft das Meer vor lauter Longtailbooten kaum. Wesentlich schöner wohnt oder badet man daher am Südrand des Strandes oder insbesondere an seinem Nordzipfel, der als **Karma Beach** bekannt ist. An der Nordküste schließt sich bald der **Sunset Beach** an, der zurzeit ruhigste der Insel.

Übernachten

Jährlich entstehen neue Unterkünfte. Zurzeit sind es schon viele Dutzend, davon die meisten am Pattaya Beach,

Vom Aussichtspunkt auf Ko Adang geht der Blick hinüber nach Ko Lipe

Lieblingsort

Auf Ko Rawi für immer bleiben
▶ C 10–11

Wer hat nicht schon einmal davon geträumt, allein auf einer Insel zu weilen, sich der Unendlichkeit des Meeres zu stellen, Seeadler zu beobachten, hinabzutauchen in glasklare Tiefen zu schillernden Korallenriffen, hinaufzusteigen in steile Urwaldhöhen und sich nach des Tages ›Mühen‹ unter einem Wasserfall oder in einem Süßwasserpool ein verdientes Bad zu gönnen? Auf Ko Rawi (s. S. 282) kann man sich diese und andere Träume erfüllen, kann Wanderer und Fischer sein, Entdecker von Stränden, Beobachter von Vögeln und unberührten Landschaften und sich eine unvergessliche Weile lang auch dem Gedanken hingeben, wie es wäre, nicht dorthin zurückzukehren, woher man gekommen ist …

Südliche Andamanensee

und die Mehrzahl ist nur während der Saison (Nov.–April ist Hochsaison) geöffnet. Da die Nachfrage oftmals größer als das Angebot ist, sind die Preise teils sehr hoch und es empfiehlt sich eine rechtzeitige Reservierung. Einen Überblick über einen Großteil der Bungalowanlagen auf Ko Lipe bieten die Insel-Websites (s. S. 237), über die man seine Unterkunft teils direkt online buchen kann.

Wohnen mit Traumblick – **Mountain Resort:** Sunrise Beach, Tel. 081 540 41 63, www.mountainresortlipe.com, Bungalows mit AC 2100–7500 Bt (am günstigsten über Hotel-Buchungsseiten). Die Höhenlage rund 10 Gehminuten über dem Strand garantiert ein herrliches Panorama auf Ko Adang. Die 50 Bungalows sind auffallend groß und gepflegt, und nirgends sitzt man luftiger als im angeschlossenen Restaurant.

Große Auswahl – **Andaman Resort:** Sunrise Beach, www.andamanresort kohlipe.com, Bungalows mit AC 2700–3800 Bt (über Buchungsseiten, sonst bis 100 % teurer). Mit mehreren Dutzend Bungalows, größtenteils direkt hinter dem im Kasuarinenschatten gelegenen Strand eine der größten Anlagen der Insel. Leider sind die meisten Bungalows aus Naturstoffen ein wenig verwahrlost und werden mehr und mehr durch relativ lieblose Billigbau-Steinbungalows ersetzt, von denen viele keinen Meerblick haben.

Back to nature – **Cafe Lipe & Resort:** Pattaya Strand, Tel. 086 969 94 72, www.cafe-lipe.com, Bungalows zu 500–1500 Bt (je Standort). Unter Schweizer Leitung stehende Budgetanlage mit ausgezeichnetem Restaurant und extrem einfachen Hütten, die komplett aus Naturstoffen errichtet sind (alle mit Bad).

Bambus stilvoll – **Forra Bamboo:** Sunrise Beach, Tel. 08 05 45 50 12, www.

forradiving.com, Bungalows mit Fan 600–800 Bt (Nebensaison), 1200–1400 Bt (Hochsaison). Die vielleicht urigsten und gemütlichsten Bungalows der Insel, alle aus Bambus errichtet, teils direkt am Strand, aber wer hier reservieren will, muss Taucher sein bzw. an Tauchfahrten teilnehmen.

Ruhig und gemütlich – **Daya Resort:** Pattaya Strand, Tel. 081 542 98 66, Fan-Zimmer 600 Bt, Bungalows 800–1500 Bt. Am relativ ruhigen Westrand des Strandes gelegene Budget-Anlage mit Beton- sowie auch farbenfroh gestrichenen Holzbungalows (alle mit Fan) in vier Komfortstufen. Eine der günstigsten Anlagen am Strand.

Aktiv

Ein Muss! – **Bootstouren:** In der Saison tgl. dutzende Sightseeingtouren in Longtailbooten nach Ko Adang, Ko Rawi, Ko Butang und vielen weiteren Inseln. Strand- und Schnorchelstopps werden dabei reichlich eingelegt. Die Programme sind relativ identisch bei Preisen zwischen 500 Bt und 1000 Bt/ Pers. alles inkl. (auch Lunch) für eine Tour (9–16 Uhr); Longtailboot-Charter um ca. 4000 Bt.

Thailands Traumrevier – **Kajak:** Vielfältige Ausflugsmöglichkeiten in der Inselwelt, doch leider werden nur ›Sit-on-tops‹ vermietet (200 Bt/Std.), die für größere Touren nicht geeignet sind. Wer den Archipel in seiner ganzen Schönheit erleben will, muss ein eigenes Kajak mitbringen oder auf die Angebote z. B. von Sea Canoe (www. seacanoe.net) zurückgreifen, die zahlreiche Mehrtagestouren im Programm haben.

Atemberaubende Einblicke – **Schnorcheln:** Interessante Stellen finden sich z. B. direkt vor dem Sunrise Beach zwischen den beiden kleinen vorgelagerten Inseln (Achtung! starke Strö-

Tarutao Marine National Park

mungen) und am Ostrand des Pattaya Beach. Schnorchelausrüstung ab ca. 200 Bt/Tag, auch Schnorcheltouren (s. o., Bootstouren), außerdem können Schnorchler auch preisgünstig an Tauchtouren teilnehmen (s. u.).

Einzigartig in Südostasien – **Tauchen:** Die Tauchgründe im Umfeld des Tarutao-Archipels gelten als einzigartig in Südostasien. Allein im Bereich von Ko Lipe und den Nachbarinseln haben sich ein rundes Dutzend Spots einen herausragenden Namen gemacht. Tauchzentren gibt es entsprechend viele. Seit Jahren beliebt sind u. a. Ko Lipe Diving (Tel. 087 622 62 04, www.kolipediving.com) und Forra Dive (Tel. 080 545 50 12, www.forradiving.com). PADI Open-Water-Kurs 13 500 Bt, Tagestouren mit 2 Dives 2400–2800 Bt (für Schnorchler ab 600 Bt), komplette Tauchausrüstung ca. 1500 Bt/Tag.

Abends & Nachts

Chill out – **Rasta Bars:** Pattaya Beach. Am Pattaya Beach öffnen abends mehrere freakige Rasta Bars, in denen man zu musikalischer Untermalung und durch Feuershows unterhalten auf Sitzmatten/Liegenstühlen direkt auf dem Sand sitzt.

Top Sound – **Pooh's Bar:** Walking Street, Tel. 089 463 50 99, www.poohlipe.com. Kleiner, aber üppig begrünter Garten mit einem guten Restaurant, einer kleinen Bar und einem Musikpub, in dem allabendlich topaktuelle Musik-DVDs auf einen überdimensional großen Bildschirm projiziert werden. Man sitzt entspannt auf Kissen auf dem Boden und lässt es sich zu Wasserpfeifen, köstlichen Cocktails und Long Drinks (ab 150 Bt) gut gehen.

Live-Music satt – **Elephant Bar:** Walking Street, nahe Pattaya Strand, Tel. 089 646 10 82, tgl. 16–4 Uhr. 2014 eröffnet (auch als Longtail Bar bekannt) und schon der populärste Musik-Hangout auf der Insel mit Live-Bands ab 20 Uhr und Superstimmung bis früh morgens.

Sunset-Tip – **Peace & Love Bar:** Pattaya Strand, tgl. ab 11 Uhr. Palmwedelbar in Top-Lage, um den Sunset zu einem guten Cocktail und gemischter Musik zu genießen. Abends abgefahrene Fire-Shows.

Infos

Internet: Infos auf www.koh-lipe.de und www.kohlipe.net, wesentlich umfassender auf www.kohlipethailand.com.

Geld: Seit 2014 gibt es 3 ATMs (die aber nicht immer funktionieren!), aber in Pooh's Bar & Restaurant (s. links) bekommt man Cash auf Card (Visa, Mastercard und AmEx) gegen 8 % Provision.

Krankenstation: Hinter der Schule beim Sunlight Beach befindet sich ein Health Centre, in dem stets ein Arzt oder zwei Ärzte Dienst tun.

Bus/Boot: per Bus/Minibus nach Ban Pakbara (ab Krabi 650 Bt, ab Ko Lanta 500 Bt, ab Surat Thani 600 Bt, ab Phuket 700 Bt), dort Nov.–April mindestens 6–12 x tgl. Verbindungen nach Ko Lipe (1,5 Std., 650 Bt), teils via Ko Tarutao (1 Std.), teils direkt.

Zwischen den Inseln: Von Phuket verkehren tgl. um 8 Uhr Highspeed-Motorboote (www.phuketferry.com, www.tarutaolipeisland.com, tigerlinetravel.com) nach Ko Lipe (2040 Bt) und weiter nach Langkawi/Malaysia (1200 Bt). Um 10 Uhr fahren sie tgl. via Ko Muk (1360 Bt), Ko Ko Kradan (1530 Bt), Ko Ngai (1360 Bt) und Ko Lanta (1445 Bt) via Ko Phi Phi (1657 Bt) nach Phuket zurück. Zwischen Ko Lipe und Ko Bulon verkehrt 1 x tgl. ein Schnellboot (700 Bt).

287

Sprachführer

Thai zu sprechen ist selbst mit einem Wörterbuch schwierig, denn es gibt 44 Konsonanten und 32 Vokale sowie verschiedene Tonhöhen, mit denen eine Bedeutungsverschiebung einhergeht. Doch lohnt es sich, wenigstens Begrüßungsformeln und Zahlen zu lernen. Wichtig: Männer beenden Sätze mit der Höflichkeitsfloskel ›khrap‹, Frauenmit ›kha‹.

Allgemeines

Guten Morgen/Tag/ Abend/Auf Wiedersehen	sawat-dee kha (Sprecherin = Frau), sawat-dee khrap (Sprecher = Mann)
bitte (einladend)	tschuhn
bitte (fordernd)	prott
danke (Frauen)	kop khun kha
danke (Männer)	kop khun khrap
Das macht nichts!	mai pen rai
ein bisschen	nitnoi
Entschuldigung	khoo thoot
Es tut mir leid	tschan (Frau)/phom (Mann) sia chai
Freund	püan
gut	die
gut, clever	gäng
haben ...	mie ...
hübsch	suäi
ja	dschai
Junge	dek pu-dschai
Kind	dek
klein	lek
können	dai
Mädchen	dek pu-jing
mögen	schop
müssen	tong
nein	mai, plaao
nicht gut	mai die
nicht	mai
schmutzig	sockapock
sehr gut	die mahk
sehr	mahk mahk
sich wohl fühlen	sabai
Spaß haben	sanuk

vielleicht	bangti
westlicher Ausländer	farang
wollen, möchten	jaak

Zeit

Abend	jen
gestern	müa wan-nie
heute	wan-nie
Jahr	bi
jetzt	diao-nie
Minute	natie
Mittag	tiang
Monat	düan
Morgen (früh am Tag)	tschao
morgen	prung-nie
Nacht	khühn
später	tie-lang
Stunde	tschua mohng
Tag	wan
Woche	athit
Welche Zeit/ wie viel Uhr ist es?	kie mohng

Unterwegs

Wohin gehen Sie?	khun tschai pai nai?
Ich gehe nach ...	tschan (Frau)/phom (Mann) pai ...
geradeaus	trong pai
(nach) links	(liao) sai
(nach) rechts	(liao) khwa
Stopp!	jut
Welche Straße ist das?	thanon nih arai?
Auto	rot jon
Bahnhof	sathani rot fai
Benzin	bensin
Berg	doi
Boot	rüha
Bucht	ao
Bus	rot meh
Busbahnhof	sathani rot meh, bo ko so
Dorf	ban
Eisenbahn	rot fai
Fahrrad	dschakrajahn

Flugplatz	sahnam bin	Wie viel kostet das?	raka tao-rai/kih baht?
Flugzeug	krüang bin		
Hafen	tah rüha	Das ist zu teuer.	an-nii phääng bai.
Gasse/Straße	soi/thanon	Können Sie den	lot raka nooi
Insel	ko	Preis senken?	daai mai?
Motorrad	mohtöhsai		
mieten	tschau		
Stadt	müang		

Gesundheit, Notfall

Strand	tschai haht
Taxi	teksi

Arzt	moo
Durchfall	tong döhn
Erbrechen	adschian
Fieber	kai

Unterkunft

Hotel	rong rähm
Wo ist das Hotel?	rong rähm ju tienai?

Hilfe	tschuai duai
krank	mai sabai
Krankenhaus	rong payabahn
Medizin	jah
Zahnarzt	moo fan

Zimmer	hong
Bett	tiang
Schlüssel	gun tschä
Moskitonetz	mung
Badezimmer	hong nahm
Wo ist die Toilette?	hong nahm ju tienai
Toilettenpapier	gradad samla

Zahlen

1	nöng	12	sip sohng
2	sohng	20	jie sip
3	sahm	21	jie sip et
4	sie	25	jie sip hah
5	hah	30	sahm sip
6	hock	100	nöng roy
7	dschät	200	sohng roy
8	bät	1 000	nöng pan
9	kao	10 000	nöng müün
10	sip	100 000	nöng sähn
11	sip et	1 000 000	nöng laan

Einkaufen

Gibt es …?	mie … mai?
Es gibt nicht	mai mie
kaufen	süh
teuer	phääng

Die wichtigsten Sätze

Willkommen! (Begrüßung)	jin die tohn rap	Wie alt sind Sie?	khun anju tao-rai?
Verstehen sie?	khun kao dschai mai?	Woher kommen Sie?	khun mahn dschak tienai?
Sprechen Sie Thai?	khun put Thai dai mai?	Wo wohnen Sie?	khun jü tienai?
		Wie geht es?	ben jang ngai bang?
Ich verstehe (nicht)	tschan (mai) kao dschai	Mir geht es gut	sabai die
		Kann man foto- grafieren?	tai ruhp dai mai?
Ich spreche ein wenig Thai	put Thai dai nitnoi	Bitte bringen Sie mich nach …	tschuai paa tschan/phom pai
Bitte sprechen Sie langsam!	prott put cha cha	Wann ist … geöffnet?	… pööt pratu kii moong?
Wie heißen Sie?	khun dschü arai ?	Tschüss	laa gon
Ich heiße …	tschan dschüa		

Kulinarisches Lexikon

Zubereitung

nüng	gedünstet, gekocht
phet	scharf
phat	gebraten
ping	getoastet
prih oh wahn	süß-sauer
tord	gebraten, gebacken
tom	gekocht
wahn	süß
yang	gegrillt

Eiergerichte

khai	Ei
khai gai	Hühnerei
khai ped	Entenei
khai luak/tom	weich/hart gekochtes Ei
khai tord	Omelett
khai yad sai	Gemüseomelette
khai yat sai muh	Omelette mit Gemüse und Schweinefleisch

Suppen

gaeng djüt	milde Suppe mit Gemüse und Fleisch
gaeng liang	Suppe mit Gemüse
gaeng ba tschor	Suppe mit Schweinefleisch

Im Restaurant

Das Essen schmeckt gut!	ahahn a-roi
Dasselbe noch mal	ao ik mai
durstig sein	hiu nham
essen gehen	pai tahn ahahn
essen	gin khaao
heiß	rohn
hungrig	hiju
Ich (weibl./männl.)	tschan (weibl.)/ phom (männl.) schop
mag ...	
kalt	jen
Restaurant	rahn ahahn
trinken	dühm
Zahlen, bitte!	tschek bin

khaao tom	Reissuppe, es folgt die Bezeichnung der jeweiligen Fleischsorte
khaao tom plah	Reissuppe mit Fisch
tom yam	scharfe, saure Suppe
tom yam gai	die Variante mit Hühnerfleisch

Currys

gaeng gariih	mildes indisches Curry
khiau wahn	sehr scharfes Curry
gaeng masman	mildes gelbes Curry
gaeng phet	scharfes Curry

Fleisch, Fisch, Meeresfrüchte

gai	Hühnerfleisch
gang	Garnele
gung	Hummer
muh	Schweinefleisch
nua wua	Rindfleisch
ped	Entenfleisch
plah	Fisch
plahmük	Tintenfisch
puh	Krebse

Reis- und Nudelgerichte

khaao plau	weißer, trockener Reis
khaao phat	gebratener Reis, ein typisches Gericht an den Essensständen
khaao phat gai	gebratener Reis mit Hühnerfleisch
khaao nie oh	klebriger Reis, vor allem als Nachspeise
guäi tiao	Reisnudeln (weiß)
ba mie	Weizenmehlnudeln (gelblich)
nham	Nudelsuppe
ba mie nham muh	Suppe mit Schweinefleisch und gelben Nudeln
guai tiau hang	Reisnudeln mit Gemüse und Fleisch
ba mie rahd nah	knusprig gebratene Weizenmehlnudeln

phat thai	trad. Nudelgericht

Nachspeisen und Snacks

khaao larm	gekochter Klebreis in einem Bambusrohr
khaao tom mat	mit Bananen gefüllter Klebreis, oft kunstvoll in einem Bananenblatt verpackt
gluei bod tschie	Bananen in süß-salziger Kokosnusscreme
gluei tord	gegrillte Bananen

Obst

farang	Guave
kha nun	Jackfrucht
gluei	Banane
ma la kor	Papaya
mamuang	Mango
mang kut	Mangostan
tunan	Durian

sap pa rot	Ananas
som	Orange/Mandarine
somoh	Riesenorange/ Pomelo

Getränke

bia	Bier
tschah	Tee mit süßer Milch
tschah dam	Tee mit Zucker
tschah manao	kalter Tee mit Zitrone
gafä	Kaffee
lao	alkoholische Getränke
nham (yen)	(Eis-) Wasser
nham mahprau	Kokosnussmilch
nham manao	Zitronensaft
nham sohm	frischer Orangensaft
nhom sot	frische Milch
nhom pan	Milchshake
oh liang	kalter chinesischer Kaffee, süß
witamilk	Sojabohnenmilch

Spezialitäten

gai phat baikrapao	gebratenes Hühnerfleisch mit thailändischem Basilikum
gai phat metmamuang	gebratenes Hühnerfleisch mit Cashewnüssen
gai phat nohmai gap het	gebratenes Hühnerfleisch mit Bambussprossen, Morcheln
gai takrai	Hühnerbrust mit Zitronengras
gai yahng	gegrilltes Hähnchen
khaao man gai	Reishähnchen mit pikanter Ingwersauce
gang nüng krathiam pak chii	gedämpfte Garnelen mit Knoblauch und Koriander
muh phat king	gebratenes Schweinefleisch mit Ingwer
muh tord krathiam	Schweinefleisch mit Knoblauch und Chilis
prikthai	

muh prih oh wahn	Schweinefleisch süß-sauer
nua phat nam manhoy	gebratenes Rindfleisch mit Austernsauce
ped op nam püng	Ente, gebacken mit Honig
phat nohmay sai	gebratene Bambuskhaisprossen mit Eiern
phat pak ruam	gemischtes gebratenes Gemüse
plahmük yat sai	Tintenfisch, gefüllt mit Gemüse und Hack
plah tord	gebackener Fisch
sate (gai, muh ...)	Fleischspießchen (von Huhn, Schwein ...) mit Erdnusssauce
tom yam talueram	sauer-scharfe Suppe mit Fisch, Garnelen und Muscheln
yam somoh	bitterscharfer Pomelo-Salat

Register

Aktivurlaub 32
Andaman Beach 252
Andamanensee 20
Andamanenseeküste 170
Andamanensee, südliche 266
Anemone Reef 201
Ang Thong Marine National
  Park 59, 147
Anreise 22
Ao Jak 279
Ao Khao Kwai 175
Ao Kwang Peeb 175
Ao Luk 237
Ao Manao Beach 126
Ao Molae 280
Ao Nang 230
Ao Nang Beach 222, 230
Ao Noi Beach 126
Ao Phang Nga Marine Natio-
  nal Park 59, 242
Ao Phante Malaka 279
Ao Si Beach 252
Ao Sone 280
Ao Talo Udang 280
Ao Talo Wao 280
Ao Yai 175
Apotheken 37
Apps 18
Ärztliche Versorgung 37
Ausrüstung 21

Bahn 23
Bamboo Island 222
Ban Chalok Lam 158
Bangkok 80
– Baiyoke 2 Tower 91
– Chatuchak Weekend
  Market 99
– Chinatown 92
– Emerald Buddha 85
– historischer Stadtkern 83
– Itsaranuphap Lane 93
– Königliches Barkenmuse-
  um 94
– Königspalast 84, 94
– Lak Muang 87
– liegender Buddha 87
– Little India 92
– Nationalmuseum 87
– Pahurat Market 93
– Ratchawong Pier 93
– Royal Grand Palace 84
– Sampeng Lane 93
– Sanam Luang 83
– Siri Guru Singh Sabha 93
– Skytrain 90
– Taling Chan Floating
  Market 95

– Temple of the Emerald
  Buddha 85
– The Shed of the Royal
  Barges 95
– Thonburi 91
– Wang Lang Food Market 94
– Wat Arun 87
– Wat Phra Kaeo 84, 94
– Wat Po 87
– Wat Rakhang Khosita-
  ram 94
– Wat Suwannaram 95
Bang Niang Beach 180
Bang Po Beach 132
Bang Sak Beach 181
Bang Saphan 127
Bangson Beach 152
Bang Tao Beach 206
Ban Kai 151
Ban Kai Beach 150
Banken 39
Ban Krut 127
Ban Mae Nam 132
Ban Sadet 156
Ban Saladan 259
Ban Tai Beach 150
Ban Tha Dan 243
Ban Thong Nai Paan 157
Behinderte 40
Bergland, zentrales 170
Bevölkerung 45
Bhumipol, König 55
Big Buddha Beach 136
Big Tree 246
Boot 24
Bo Phut Beach 133
Botschaften 37
Bottle Beach 158
Buddhismus 63
Büffelkampf 34, 137
Bungalowanlagen 27
Bus 24

Camping 27
Cha-am 122
Chalok Ban Kao Bay 169
Chao Lee 68, 260, 281, 283
Chao Phao Beach 159
Chaweng Beach 141
Chaweng Central Beach 141
Chaweng Noi Beach 141
Chaweng Yai Beach 141
Chicken Island 222
Chiew Lan, Stausee 182, 184,
  190, 193
Choeng Mon Beach 137
Chong Fah Waterfall 181
Chumpon 127, 173

Damnoen Saduak 104
Diamond Cave 233
Diplomatische Vertretun-
  gen 37
Donald Duck Bay 187
Dugong Spotting (Ko Li-
  bong) 274
Durian 31

Einreisebestimmungen 22
Elefantenreiten (Hua Hin) 118
Elektrizität 38
Essen 28

Fähre 24
Fahrrad 32
Farang Beach 270
Feiertage 38
Feste 35
Festkalender 36
Flüge 22
Fluggesellschaften 23
Frauen 38
Fremdenverkehrsämter 18
Früchte, tropische 30
Full Moon Parties 76, 152, 155

Garküchen 28
Geisterglaube 62
Geld 38
Geografie 44
Geschichte 44, 47
Gesundheitsvorsorge 39
Getränke 30
Gewürze 28
Golden Pearl Beach 252
Golfküste, südliche 127
Golf von Siam 20
Golf von Thailand 106
Guesthouses 26
Gummi 214

Had Chao Mai National
  Park 270
Handeln 41
Hang Nak 233
Hat Khom 160
Hat Khuat 158
Hat Phra Ae 259
Hat Rin Beach 152
Hat Rin Nai Beach 152
Hat Rin Nok Beach 152
Hat Sadet Beach 156
Hat Thian Beach 156
Hat Wanakon Marine National
  Park 126
Hat Yao 156
Hat Yao Beach 159

292

Register

Hat Yuan Beach 156
Hin Khom Beach 254
Hin Lor Beach 152
Hin Wong Bay 165
Homestay (Ko Yao Noi) 247
Horizon Muay Thai Boxing Camp 156
Hornbill Viewpoint 244
Hotels 27
Hua Hin 115
Hua Hin Beach 115
Hua Thanon Beach 146
Huay To, Wasserfall 237

Indischer Ozean 173
Informationsquellen 18
Inlandsflüge 103
Insekten 61
Internet 18, 39
Internetcafés 39
Islam 62, 66
Isthmus von Kra 173

Jachtcharter (Phuket) 201
Jackfrucht 31
James Bond Island 243

Kaeng Krachan National Park 59, 113
Kajak 32
Kamala Beach 208
Kan Thiang Beach 259
Kap Laem Juhoi 273
Karambole 31
Karma Beach 283
Karon Beach 213
Kata 213
Kata Noi Beach 213
Kata Yai Beach 213
Kautschuk 214
Khao Chong Krachok 125
Khao Daeng Viewpoint 123
Khao Hin Lek Fai 116
Khao Lak 177, 179
Khao Lak Beach 180
Khao Lak Lamru National Park 180, 182
Khao Luang 111, 112
Khao Phanom Bencha National Park 59, 237
Khao Sam Roi Yot National Park 59, 122
Khao Sok 193
Khao Sok National Park 59, 188
Khao Takeap Beach 116
Khao Tao Beach 116
Khao Wang 112

Khlong Phante Malaka 279
Khlong Thap Liang Estuary 182
Khok Kloi 182
Khuk Khak Beach 180
Kleidung 21
Klettern 232
Klimawandel 21
Klong Dao Beach 259
Klong Jak Bay 260
Klong Khong Beach 259
Klong Muang Beach 231
Klong Nin Beach 259
Ko 1 (Ko Huyong) 188
Ko 2 (Ko Payang) 188
Ko 3 (Ko Payan) 188
Ko 4 (Ko Miang) 187
Ko 5 (Ko Ha, Ko Suan Pla Lai) 187
Ko 6 (Ko Payu) 187
Ko 7 (Ko Hin Pousar) 187
Ko 8 (Ko Similan) 187
Ko 9 (Ko Bangu) 187
Ko Adang 281
Ko Bangu (Ko 9) 187
Ko Bulon Lae 277
Kochkurse 228
Ko Hae 218
Ko Hai 268
Ko Ha (Ko 5) 187, 271
Ko Hin Pousar (Ko 7) 187
Ko-Hong-Archipel 222, 245
Ko Huyong (Ko 1) 188
Ko Jan 126
Ko Jum 249
Ko Khian 244
Ko Kho Khao 179, 182
Kokospalmen 138
Ko Kradan 271
Ko Ku Du Yai 246
Ko Lanta 258
Ko Lanta Diving Center 264
Ko Lanta Islands National Park 260
Ko Lanta Noi 258
Ko Lanta Yai 258
Ko Leepae 282
Ko Libong 272
Ko Libong Wildlife Sanctuary 61, 273
Ko Lipe 282
Ko Lone 218
Ko Miang (Ko 4) 187
Ko Muk 270
Ko Nang Yuan 163
Ko Ngai 268
Konsulate 37
Ko Payang (Ko 2) 188

Ko Payan (Ko 3) 188
Ko Payu (Ko 6) 187
Ko Petra Marine National Park 276
Ko Phanak 246
Ko Pha Ngan 76, 148
Ko Phayam 174
Ko Phee Phee 253
Ko Phingan 243
Ko Phi Phi 253
Ko Phi Phi Don 254
Ko Phi Phi Leh 255
Ko Phi Phi Marine National Park 222
Ko Poda 222
Ko Pu 249
Ko Racha Yai 219
Ko Rawi 282, 284
Ko Rok Nai 260
Ko Rok Nok 260
Ko Samui 128
Ko Siboya 248, 251
Ko Similan (Ko 8) 187
Ko Similan Marine National Park 59, 187
Ko Suan Pla Lai (Ko 5) 187
Ko Sukon 276
Ko Sukorn 276
Ko Surin Marine National Park 59, 177
Ko Surin Neua 178
Ko Taloo 222
Ko Tao 148, 162
Ko Tarutao 279
Ko Tay Sri 126
Ko Tup 222
Ko Yao Noi 244, 245, 246
Ko Yao Yai 246
Krabi, Hinterland 237
Krabi, Inseln 240
Krabi, Provinz 220
Krabi Town 225
Kra, Isthmus von 173
Krokodilgrotte 279
Küche, thailändische 28, 228

Laem Pakarang 180
Laem Phrom Thep 218
Laem Sing Beach 208
Laem Thong Beach 255
Laguna Phuket Resort 207
Lamai Beach 145
Leela Beach 152
Lesetipps 19
Lichterfest 35
Lo Dalam Bay 254
Long Beach 259

293

Register

Longtailboot 24, 91
Lu Du, Wasserfall 280

Mae Hat Beach 163
Mae Nam Beach 132
Magic Beach 252
Mahlzeiten 29
Mai Khao Beach 206
Mai Phai Beach 259
Majestätsbeleidigung 56
Makha Bay 126
Mango 31
Mango Bay 165
Mangostan 31
Mangroven 123, 223, 262
Maya Bay 255
Meditation 65
Meditationskurse 65
Meeresschutzgebiete 59
Mietfahrzeug 25
Minibus 24
Mobilfunk 41
Monsun 20
Motorradtaxi 24
Mount Pu 252
Muay thai 34
Muslime 66

Nachtleben 35
Nahverkehr 24
Nai Harn Beach 218
Nai Yang Beach 206
Nakhon Si Thammarat 127
Nam Tok Huay To, Wasser-
    fall 237
Na Muang, Wasserfall 147
Nang Thong Beach 180
Narathiwat 66
Nashornvogel 60
Nathon 132
Nationalhymne 53
Nationalparks 57, 60
– Ang Thong Marine NP 59,
    147
– Ao Phang Nga Marine
    NP 59, 242
– Had Chao Mai NP 270
– Hat Wanakon Marine
    NP 126
– Kaeng Krachan NP 59, 113
– Khao Lak Lamru NP 180,
    182
– Khao Phanom Bencha
    NP 59, 237
– Khao Sam Roi Yot NP 59,
    122
– Khao Sok NP 59, 188, 190
– Ko Lanta Islands NP 260

– Ko Petra Marine NP 276
– Ko Phi Phi Marine NP 222
– Ko Similan Marine NP 59,
    187
– Ko Surin Marine NP 59, 177
– Nopparat Thara Ko Phi Phi
    Marine NP 230, 233
– Sirinath Marine NP 206
– Tarutao Marine NP 59, 278
– Than Boke Khorani NP 237
– Than Sadet-Ko Pha Ngan
    NP 156
Natur 44
Neujahr 35
Nopparat Thara Beach 230
Nopparat Thara Ko Phi Phi
    Marine National Park 230,
    233
North Beach 252
Notruf 39

Öffnungszeiten 39
Overlap Stone 146

Pai Plong Beach 231
Pa La U, Wasserfall 122
Papaya 31
Paradise Ko Yao Resort 245
Paradise Waterfall 158
Patong Beach 210
Pattani 66
Pattaya Beach 283
Phak Bia 245
Phang-Nga-Bucht 245
Phanom Bencha Mountain
    Resort 236
Phetchaburi 108
Phra Nang Beach 222, 232
Phra Nang Viewpoint 233
Phra Ratchaniwet Mrigaday-
    avan 121
Phraya Nakhon 122
Phuket 196
Phuket Aquarium 203
Phuket Butterfly Garden &
    Insect World 202
Phuket FantaSea 212
Phuket Town 201
Pilay Bay 255
Pirate's Falls 282
Poh Beach 255
Pomelo 31
Post 39
Prachuap Khiri Khan 125
Prostitution 73

Rai Leh East Beach 233
Rai Leh West Beach 232

Raksawarin Park Arbore-
    tum 174
Raksawarin-Thermalquel-
    len 173
Rambutan 31
Ranong 173, 177
Rantee Beach 255
Regenwald 190
Reisezeit 20
Religion 45
Reptilien 61
Resorts 27
Restaurants 28
River-Tubing-Tour (Khao Sok
    NP) 193

Sails Rock 166
Sai Ri Beach 163
Salanganen 255
Samui Aquarium & Tiger
    Zoo 146
Samui Butterfly Garden 146
Sanctuary, The 72
San-Gha-U 260
Sarasin Bridge 206
Säugetiere 60
Schmetterlinge 61
Schnorcheln 32
Seekuh 274
Segeln 33
Sepak Takraw 33
Sextouristen 73
Shark Fin Reef 188
Shark Point 201
Sicherheit 40
Silvester 35
Sirinath Marine National
    Park 206
Sit-et-Chan-Wasserfall 193
Songthaew 24
Souvenirs 40
Sport 32
Sportarten, traditionelle 33
Sprache 45
Staat 45
Stadt der Engel 83
Stausee Chiew Lan 182, 184,
    193
Sternfrucht 31
Strom 38
Suan Son Beach 116
Südliche Andamanensee
    266
Südliche Golfküste 127
Südwestprovinzen 66
Sunset Beach 180, 283
Surat Thani 127, 173
Surin Beach 207

294

Register

Takraw 33
Takua Pa 179, 181
Tao Palian 282
Tarutao-Archipel 278
Tarutao Marine National
    Park 59, 278
Tauchen 32
Taxi 24
Telefonieren 40
Temple of the Emerald Bud-
    dha 85
Thaiboxen 34, 156
Thailändische Küche 28, 228
Thaimassage 71
Thai Muang Beach 234
Thai Traditional Medical
    School 71
Tham Jara Khe 279
Tham Khao Mai Kaeo 260
Tham Morakot 270
Tham Phra Nang Nai 233
Tham Sai 122
Than Boke Khorani National
    Park 237
Than Sadet-Ko Pha Ngan
    National Park 156
Than Sawan, Wasserfall 193
The Sanctuary 72
Thian Ok Bay 169
Thong Nai Paan 156
Thong Nai Paan Noi 157
Thong Nai Paan Yai 157
Thorthip-Wasserfall 114
Thung Maphrao 182
Tierbeobachtungstouren 61
Tiere 60
Tiger Cave Temple 237, 238
Ting Rai Bay Beach 252
Ton Kloi, Wasserfall 193
Ton Sai Bay 254
Ton Sai Beach 232
Tonsai Village 254
Tourismus 45

Touristeninformationen 18
Trekking 34
Trinken 28
Trinkgeld 41
Tsunami-Warnung 41
Tuk-Tuk 24
Tung Yee Peng 260, 262
Tup Kaek Beach 231, 234
Tup Kaek-Hang Nak Nature
    Trail 234

Übernachten 26
Überwintern 21
Umgangsformen 41, 50
Unterwasser-Naturlehrpfad
    (Ko Surin Marine NP) 178

Vegetarian Festival 205
Veranstaltungen 35
Verhalten 41, 50
Verkehrsmittel in Thailand 23
Verkehrsregeln 25
Verlegenheit 50
Verwaltung 45
Victoria Point 173
Viking Cave 255
Vögel 60
Vogelbeobachtung (Khao Sam
    Roi Yot NP) 123
Vogelgesangswettbewerbe 34
Vollmondpartys 76, 152, 155
Vorwahlen, internationale 40

Währung 38
Wälder 59
Wang Yoaw 189
Wasserfälle
– Chong Fah 181
– Huay To 237
– Lu Du 280
– Nam Tok Huay To 237
– Na Muang 147
– Pa La U 122

– Paradise Waterfall 158
– Pirate's Falls 282
– Sit et Chan 193
– Than Sawan 193
– Thorthip 114
– Ton Kloi 193
– Waterfall Trail (Khao Sok
    NP) 189
– Waterfall Walk (Ko Lan-
    ta) 260
Wat Arun 87
Waterfall Trail (Khao Sok
    NP) 189
Waterfall Walk (Ko Lanta) 260
Wat Kamphaeng Laey 112
Wat Khao Noi 159
Wat Khao Phu Noi 159
Wat Khao Tham 155
Wat Mahatat 112
Wat Phra Kaeo 84, 94
Wat Po 87
Wat Po (Ko Pha Ngan) 155
Wat Po Thai Traditional Medi-
    cal School 72
Wat Rakhang Khositaram 94
Wat Suan Mokkh 127
Wat Suwannaram 95
Wat Tham Sua 237, 238
Wat Yai Suwannaram 112
Wellness 32, 34
Wetter 20
Wetterbericht 21
White Sand Beach 282
Wirtschaft 45

Yala 66

Zeit 41
Zeitschriften 41
Zeitungen 41
Zelten 27
Zentrales Bergland 170
Zoll 22

Autoren/Abbildungsnachweis/Impressum

Die Autoren: Michael Möbius und Annette Ster arbeiten als freie Reisejournalisten, denn Reisen und Schreiben sind ihre großen Leidenschaften. So haben sie in den vergangenen 30 Jahren zahlreiche Länder auf allen Kontinenten kennengelernt und häufig sind sie monatelang unterwegs, vorzugsweise mit dem Fahrrad, Kajak und per pedes. Doch selbst als ›manisch Reisende‹ brauchen sie immer wieder Ruhepunkte, die sie z. B. auf einer Insel vor Krabi gefunden haben, der in ihren Augen schönsten Provinz Thailands.

Abbildungsnachweis

Anantara Resort, Ko Samui/Thailand: S. 13 o. re., 129 li., 134/135
DuMont Bildarchiv, Ostfildern: S. 29, 33, 65, 66, 73, 81 li., 105, 140, 148 li.,165, 220 re., 228, 240 li., 255 (Sasse)
Glow Images, München: S. 241, 243 (Balaikin)
Huber-Images, Garmisch-Partenkirchen: S. 91 (Gräfenhain); 80 re., 84, 92 (Schmid)
laif, Köln: S. 220 li., 230/231 (Amme); 195 (Aurora/Diener); 54 (Bialobrzeski); 62, 70 (Biskup); 7 (Gerber); 12 o. li., 25, 76, 160/161 (hemis.fr); Titelbild (hemis.fr/Gardel); 80 li., 100 (Henseler); 214, 266 re., 269 (Heuer); 124 (Jonkmanns); Umschlagklappe vorn (Lengler); 68 (Modrow); 197 li., 205 (On Asia/Redfern); 53 (Pignatelli); 216 (Redux); 11 (Redux/Boitano); 262 (Rodtmann); 58 (Sasse)
Look, München: S. 12 u. li., 106 li., 107 li., 109, 110/111, 173 (Maeritz); 13 u. li., 98/99 (Pompe); 60 (Stankiewicz); 170, 180/181 (Stumpe)

Mauritius Images, Mittenwald: S. 128 re., 138 (Beuthan); 219 (ib/STELLA);166 (Oxford Scientific); 50 (Pacific Stock); 9 (Profimedia)
Christian Mietz, Ko Lanta/Thailand: S. 149 li., 168
Michael Möbius, Kabelvåg/Norwegen: S. 106 re., 118
picture-alliance, Frankfurt a. M.: S. 190 (KPA/Aquila); 42/43 (maxppp/Drouyer); 267 li., 274 (Photoshot/Ocean Images/Murray); 171 li., 176/177 (united archives)
Thomas Stankiewicz, München: S. 16/17, 26, 78/79, 148 re., 154, 196 (2 x), 200, 210/211
Annette Ster, Kabelvåg/Norwegen: S. 6, 12 o. re., 12 u. re., 13 o. li., 13 u. re., 57, 128 li., 142/143, 184/185, 221 li., 238/239, 240 re., 250/251, 266 li., 283, 284/285, 296

Kartografie
DuMont Reisekartografie, Fürstenfeldbruck
© DuMont Reiseverlag, Ostfildern

Titelbild: Maya Bay auf Ko Phi Phi Leh
Umschlagklappe vorn: Geisterhäuschen am Choeng Mon Beach auf Ko Samui

Hinweis: Autoren und Verlag haben alle Informationen mit größtmöglicher Sorgfalt geprüft. Gleichwohl erfolgen alle Angaben ohne Gewähr. Bitte schreiben Sie uns! Über Ihre Rückmeldung und Ihre Verbesserungsvorschläge freuen wir uns: **DuMont Reiseverlag**, Postfach 3151, 73751 Ostfildern, info@dumontreise.de, www.dumontreise.de

4., aktualisierte Auflage 2015
© DuMont Reiseverlag, Ostfildern
Alle Rechte vorbehalten
Redaktion/Lektorat: A. Winterling, N. Al Kureischi, H. Volz
Grafisches Konzept: Groschwitz/Blachnierek, Hamburg
Printed in China